Das große Ravensburger Buch der

KINDER-
beschäftigung

Herausgegeben von Bertrun Jeitner-Hartmann

In den Einzelbeiträgen verfaßt von
Dr. Helga Braemer (Natur und Sachwelt)
Renate Falk (Turnen und Bewegung)
Kraft Geer (Bildnerisches Gestalten)
Edith Harries (Sprache)
Bertrun Jeitner-Hartmann (Basteln und Kinderfeste)
Dorothée Kreusch-Jacob (Musik)

Illustrationen von Doris Rübel

Otto Maier Ravensburg

Zeichenerklärung
Die Symbole kennzeichnen Spiel- und Beschäftigungsanregungen für die Bereiche

 Sprache

  Turnen und Bewegung

  Musik

 Bildnerisches Gestalten

 Natur und Sachwelt

  Basteln

  Kinderfeste

Die Ziffern neben den Symbolen stehen für die Altersgruppen: 0-3 Jahre 3-5 Jahre 5-7 Jahre 7-10 Jahre, für die die jeweiligen Anregungen gedacht sind. Sie sollen als Vorschlag, nicht als absolutes Muß gesehen werden. Ältere Kinder werden sicher manche der Spiele für Kleinere gerne immer wieder aufgreifen.

01 00 99 98 97 27 26 25 24 23

© 1976 und 1991 (Neubearbeitung)
Ravensburger Buchverlag
Zeichnungen: Doris Rübel
Noten und Lieder geschrieben von Christl Burggraf
Layout: Doris Rübel
Umschlagentwurf: Doris Rübel
Printed in Germany

ISBN 3-473-41110-8

Inhalt

4 Vorwort
6 Anregungen zu
Spiel und Beschäftigung
Für ein Kind allein – Für eine Kindergruppe – Während der Hausarbeit – Im Frühjahr – Im Sommer – Im Herbst – Im Winter – Wartespiele. Um die Zeit zu überbrücken (Auf Reisen, Im Wartezimmer) – Wenn die Kinder ruhig sein sollen – Wenn die Kinder toben dürfen – Für das kranke Kind im Bett – Zur Förderung der Konzentration – Zur Stärkung von Kontaktfähigkeit und sozialem Verhalten – Zur Sinnesschulung – Zur Stärkung von Selbstvertrauen – Wenn Sie einmal sehr viel Zeit haben

0 bis 3 Jahre
17 Sprache
25 Turnen und Bewegung
31 Musik
41 Bildnerisches Gestalten
45 Natur und Sachwelt
53 Kinderfeste

3 bis 5 Jahre
55 Sprache
63 Turnen und Bewegung
73 Musik
87 Bildnerisches Gestalten
97 Natur und Sachwelt
107 Basteln
115 Kinderfeste

5 bis 7 Jahre
125 Sprache
141 Turnen und Bewegung
151 Musik
165 Bildnerisches Gestalten
177 Natur und Sachwelt
193 Basteln
215 Kinderfeste

7 bis 10 Jahre
227 Sprache
241 Turnen und Bewegung
253 Musik
263 Bildnerisches Gestalten
289 Natur und Sachwelt
303 Basteln
327 Kinderfeste

345 Anhang
346 Weiterführende Literatur
349 Gesellschaftsspiele für Kinder
352 Das richtige Spielzeug für jedes Alter
354 Wer sind die Autoren?
355 Quellen- und Bildnachweise
356 Register

Vorwort

Im Jahre 1930 erschien im Otto Maier Verlag Ravensburg „Das Buch der Kinderbeschäftigungen" von Johanna Huber, dem das nebenstehende Vorwort entnommen ist. In großen Zügen gilt das darin Gesagte auch noch für die Kinderbeschäftigung heute, denn sie hat sich nicht grundlegend gewandelt. Gute Pädagogen haben zu allen Zeiten gewußt, daß neben engem Kontakt zwischen Erzieher und Kind auch Auswahl und Angebot von Spiel, Spielzeug und Beschäftigungsmaterial sehr wesentlich zur Entwicklung und Förderung des Kindes beitragen können.

Trotzdem liegt seit 1976 ein völlig neues Buch der Kinderbeschäftigung vor. Die verschiedenen Beschäftigungsbereiche wurden in Altersgruppen aufgeteilt, um die Fülle von Vorschlägen und Anregungen leichter und praktischer zugänglich anzubieten. Die Beschäftigungsbereiche selbst wurden erweitert. So umschließen diese Anregungen jetzt auch Turn- und Bewegungsspiele, wurden um den Komplex der musikalischen Früherziehung erweitert und zeigen, wie man beim Kind bis zum Jugendlichen durch Spiel und Spaß mit der Sprache das Vergnügen am Sprechen und am geschriebenen Wort weiterentwickeln kann. Unter Natur und Sachwelt werden eine Vielzahl von Anstößen zur Beschäftigung mit Dingen aus dem Alltag gegeben. Das bildnerische Gestalten berücksichtigt den neuesten Stand auf dem Gebiet der Kunstpädagogik. Beim Basteln wurde auch dem Wohlstandsmüll, wie Styropor und Konservendosen, Platz eingeräumt. Als Abrundung folgt ein Kapitel über Kinderfeste mit Beschäftigungsvorschlägen und Spielen für Kindergruppen, die den Eltern unter anderem auch Mut machen sollen, Kontakte mit anderen Eltern aufzunehmen und sich bei der Beschäftigung der Kinder gegenseitig zu entlasten, die aber genauso der Kindergärtnerin und dem Lehrer neue Anregungen geben.

Die vorliegende Neuausgabe von 1991 wurde auf den neuesten Stand gebracht und gänzlich neu illustriert.

Wir hoffen, daß jeder in diesem Buch für sich und die Kinder die richtigen Anregungen findet, und möchten doch gleichzeitig die Bitte einschließen, die Kinder nicht mit all diesen reichhaltigen und bunten Anregungen zu überfüttern und zu überfordern, sondern zu bedenken, daß neben einer auch noch so sinnvollen Beschäftigung ein gewisses Maß an Ruhe, Auspendeln und „Gar-nichts-tun" für eine gesunde Entwicklung nötig ist.

Ravensburg, im Juli 1991

Das vorliegende „Buch der Kinderbeschäftigungen" ist geschrieben für Mütter und alle am Kinde Interessierten, im Familienkreise und auch für Erzieherinnen, Kindergärtnerinnen, Hortnerinnen, Lehrer und Lehrerinnen. Sie sollen in bunter Reihe alles herauslesen, was Kindern Freude macht in eifrigem Spiel und froher Tätigkeit. Alles Nötige hierzu ist in sorgfältiger Auswahl zusammengetragen. Darum zeigt unser Buch den Beteiligten vor allem ein Dreifaches: einmal, was die Überlieferung in dieser Beziehung Gutes geleistet hat, dann aber auch Neues, Zweckmäßiges, Buntes, Lustiges, was den Anforderungen der Jetztzeit entspricht und doch der kindlichen Entwicklung gemäß ist. Ferner weist uns das Beschäftigungsbuch die Wege, auf die wir das Kind führen sollen, wenn es einen Drang nach Anlehnung an Vorbilder hat; denn nicht immer ist das Kind „schöpferisch", auch im Kinde gibt es Ruhepausen für die Phantasietätigkeit – und das ist gut. Die „Kinderbeschäftigungen" wollen also keineswegs die originelle Schaffenslust des Kindes lahmlegen, sie wollen im Gegenteil dem kindlichen Schaffen neue Nahrung zuführen und neue Wege zeigen und außerdem auch dann eingreifen, wenn in weniger bewegten Stunden ein Bedürfnis zum Nachschaffen eintritt.

Unser „Buch der Kinderbeschäftigungen" hat aus diesem Grunde für alle kindlichen Altersstufen gesorgt. Angefangen beim einjährigen Spielkind, finden sich Vorbilder für die Arbeiten der Vorschulpflichtigen, Bau-, Lege-, Falt-, Flecht-, Ausschneide-, Ausnäharbeiten usw. in bewußter Steigerung vom Einfachsten zum Schwierigsten, das gewissermaßen den Übergang zum Können des Schulkindes bildet. Ferner ist das Schulalter in seinen Abstufungen nach jeder Richtung hin berücksichtigt. Der Abc-Schütze kommt ebenso zu seinem Recht wie das neun- und zehnjährige Schulkind. Alles wächst langsam: die Schwierigkeiten in den Motiven, die technischen Anforderungen an die kindlichen Fertigkeiten und ferner Anforderungen an die Arbeitskraft, an den Geschmack und die Ausdauer des Kindes. Möge das „Buch der Kinderbeschäftigungen" sowohl in seinen Bildern als auch in dem erläuternden Text Lust und Liebe zur Arbeit am Kinde und mit dem Kinde erwecken, den schöpferischen Kräften neue Bausteine zu frohem Schaffen geben und so seinen Zweck erfüllen: mit Kindern froh zu sein und sie durch Tätigkeit zu erziehen und glücklich zu machen.

München, im Januar 1930   Johanna Huber

Anregungen zu Spiel und Beschäftigung

Für ein Kind allein

0-3 Die meisten Beschäftigungen geschehen in diesem Alter noch durch Kontakt und Anregung mit dem Erwachsenen. Völlig allein und von sich aus sind die Spiele eher zufällig. Ganz allein lassen kann man das Kind für:
Bilderbücher 22 - Geräuschspiele mit verschiedenem Material 33 ff. - Kinder spielen auf Musikinstrumenten 35 ff. - Krikelkrakel 41 ff. - Kritzelbrief 43 - Schauen, Hinschauen, Zuschauen 45 ff. - Küchenkiste 47 - Sachkunde in der Küche 48 ff. - Spiele aus wertlosem Material 49 ff.

3-5 Rollenspiel 59 - Zuhören und Zuschauen 60 - Bilderbücher und Geschichten 62 - Geräuschspiele 73 - Akustische Versuche mit verschiedenem Material 74 ff. - Nagelschnur, Kastagnetten 76 - Gummizither 77 - Atem sichtbar machen 80 - Ein erstes Liederbuch entsteht 81 - Musikalisches Fingertheater 82 - Das Kind tanzt zur Musik 83 - Zeichnen und Malen 88 ff. - Selbstgeklebte Bilderbücher 93 - Spielsachenkiste 97 - Wasserspiele in der Badewanne 98 ff. - Spielzeug aus wertlosem Material 101 - Kinderfestvorbereitung 115 ff. - Einladung/Dekoration 116

5-7 Gespräche und Rollenspiele 130 ff. - Lumpensack, Kuckuckseier 133 - Für geschickte Füße 148 ff. - Horchspiele, Geräuschpuzzle 151 - Geräuschbilder 152 ff. - Akustische Spiele 153 ff. - Selbstgebaute Instrumente 155 ff. - Klavier 157 ff. - Erste Spielbewegungen 158 - Hören, Sehen, Vergleichen 158 - Suchspiele auf Instrumenten 158 - Sprechspiele mit Versen, Spiel mit der eigenen Stimme 159 - Singspiele mit Liedern 159 ff. - Zeichnen und Malen 166 ff. - Kleben 170 ff. - Kartoffelmann, steinerne Figuren 172 - Nadelstichtechnik 174 - Das eigene Reich einrichten 177 - Spielereien mit Magneten, Licht und Farbe 178 ff. - Wasserspiele in der Badewanne 180 - Farbwettrennen 182 ff. - Der Garten in der Wohnung 184 ff. - Das Kinderbeet im Garten 189 - Kugelbahn 190 - Bastelarbeiten: Papier und Pappe 193 ff./andere Materialien 199 ff./Naturstoffe 205 ff./Textilarbeiten 208 ff./Metall und Holz 212 ff. - Dekorationen für Kinderfeste 216

7-10 Sprache, Lesen und Schreiben 227 - Von links nach rechts sprechen 228 - Geheimsprachen 228 - Tier-ABC, Karten belegen 230 - Was steht in der Zeitung 231 - Aus Eins mach Zehn 232 - Silbenrätsel 233 - Riesenschlange 235 - Akrobatenspiele 241 - Ballproben 248 - Reporterspiel 253 - Körpergeräusche, Geräuschgeschenke 254 - Akustische Spiele 254 ff. - Xylophon,

Für ein Kind allein	Harfe, Panflöte, Bongos, Klangmobile 256 – Zupfinstrument, Klanggeschichte, Suchspiele 258 – Ein-Mann-Hörspiel 259 – Federzeichnungen 265 – Klecksographie 266 ff. – Collage-Brief 274 – Bewegte Bilder 283 ff. – Das eigene Reich einrichten 289 – Der eigene Körper 290 ff. – Optische Spielchen 292 ff. – Öldrucke 294 – Seifenblasen 295 – Geheimtinten 296 – Unwahrscheinliche Gleichgewichte 296 ff. – Pflanzen in Haus und Garten 300 ff. – Tiere drinnen und draußen 301 ff. – Bastelarbeiten 303 ff./Papier und Pappe 304 ff./andere Materialien 312 ff./Span, Stroh und Eier 320 ff./mit Nadel, Faden, Stoff und Perlen 324 ff. – Einladung und Dekoration für Kinderfeste 328 ff.
Für eine Kindergruppe	Die meisten Spiel- und Beschäftigungsanregungen in diesem Buch eignen sich zur Einzel- und Gruppenbeschäftigung. Die folgenden Vorschläge sind besonders auf mehrere Kinder oder eine Gruppensituation abgestimmt.

0-3 Bewegungsspiele mit anderen Kindern 39 – Sing- und Bewegungsspiele, Reaktionsspiele 40

3-5 Lieder zum Spielen 57 ff. – Rollenspiel 59 – Zuhören und Zuschauen 60 – Wartespiele 60 ff. – Reaktionsspiele 71 ff. – Spiel mit selbstgemachten Instrumenten 77 ff. – Spielbewegungen, Zaubermusik 79 – Lieder werden gespielt 80 – Ihr Täubchen, ihr Täubchen/Singspiele und Musiktheater/Menschliche Verhaltensweisen/Ausrufer- und Anruferspiele 81 ff. – Tanzspiele, Reaktions- und Bewegungsspiele 83 ff. – Ratespiel 91 – Schattenraten 99 – Zieltonne 110 – Papiermachéarbeiten 111 ff. – Alle Spiele unter Kinderfeste 115 ff.

5-7 Gespräche und Rollenspiele 130 ff. – Das Alphabet auf der Leine 135 – Silbenklatschen/Das Briefträgerspiel 136 – Gruppenspiele 138 ff. – Bewegungsspiele 141 ff. – Haben Sie vier bis sechs Stäbe 145 – Hörrätsel 152 – Kleine Hörspiele 152 – Trommelspiel, „Am Bahnübergang" 153 – Glasorgelspiel 154 – Kugelspiele 154 – Krimskramsspiele 155 – Singspiele mit Liedern 159 ff. – Musikalische Rollenspiele 160 – Pantomimisches Tanzspiel 160 – Der Anfang einer Geschichte 160 – Tanz- und Bewegungsspiele 161 ff. – Malen mit bunten Tafelkreiden 166 ff. – Fingerpüppchen 171 – Kinder im Museum 174 ff. – Gemüsesuppe kochen für sechs Kinder 187 – Papiermachéarbeiten 201 ff. – Alle Spiele unter Kinderfeste 215 ff.

7-10 Buchstabenspäße 228 – Geheimsprachen 228 – Wortspiele 229 ff. – ABC-Spiele 230 ff. – Gesellschaftsspiele 231 ff. – Schreibspiele 232 ff. – Geschichten erfinden 235 – Stegreifspiele 236 ff. – Bockspringen 243 – Kräftemessen 244 – Hüpfkarussell 247 – Ballspiele 248 ff. – Singspiele 250 – Laufen und Fangen 251 ff. – Geräusche aus der Umwelt 253 ff. – Kegeln 255 – Papierkonzert 255 – Klangwand/-raum 256 ff. – Geräuschlabyrinth 257 – Klanggeschichte 258 – Museumsbesuch 259 – Spiel mit Atem, Spiel und Stimme 259 ff. – Tanz- und Bewegungsspiele zur Musik 261 ff. – Ziehharmonika-Monster 267 – Gemeinschaftsarbeiten 277 – Vorspielen und Gestalten 277 ff. – Schattenrisse/Schattenspiele 278 ff. – Der echte Filmtrick 285 ff.

Für eine Kindergruppe		– Wer hat eine ruhige Hand? 291 – Spiegelzeichnen 292 – Das große Drachenspiel 311 – Großwildjagdspiel 311 – Puppen für das Puppenspiel 313 ff. – Alle Spiele unter Kinderfeste 327 ff.
Während der Hausarbeit	**0-3**	Laute und erste Worte 18 – Dinge beim Namen nennen 21 ff. – Gespräche 23 ff. – Nachahmungsspiele 30 – Kennst du das? 32 – Geräuschspiele mit verschiedenem Material 33 ff. – Kritzelbrief 43 – Mutter mit Arbeit im Blickfeld der Kinder 46 – Mutter/Vater im Laufstall 47 – Küchenkiste 47 – Sachkunde in der Küche 48 ff. – Haushaltsspiele 50
	3-5	Tips für Gespräche 58 ff. – An, auf, hinter, neben, in 61 ff. – Warte-Sätze/Was passiert dann? 62 Horchspiele 73 – Geräuschspiele 73 – Akustische Versuche 74/75 – Atem sichtbar machen 80 – Experimente mit Stimme und Sprache 80 – Spaßlieder 81 – Selbstgeklebte Bilderbücher 93 – Plätzchen für Krokodile 94 ff. – Sachkunde in der Küche 102 ff. – Ketten aus Büroklammern 114
	5-7	Gespräche und Rollenspiele 130 ff. – Das Warum-Spiel 133 – Für geschickte Füße 148 ff. – Geräuschbilder 152 ff. – Akustische Spiele mit Glas 154 – Krimskramsspiele 155 – Drucken mit Kartoffelstempeln 171 – Kartoffelmann 172 – Farbwettrennen 182 ff. – Der Garten in der Wohnung 184 ff. – Sachkunde in der Küche 188 – Familie Dose 199 – Dekoration für Kinderfeste 216
	7-10	Klingendes Innenleben 255 – Papierkonzert 255 – Atemspiele 259 – Klecksographie 266 ff. – Monotypie 271 – Stoffapplikation 273 ff. – Collage-Brief 274 – Geheimtinten 296 – In der Küche 298 ff. – Küchenwaage aus Papier 299 – Osterbasteleien 322 ff. – Mit Nadel, Stoff und Faden 324 ff. – Festvorbereitung 328 ff. – Backfest 331
Im Frühjahr	**0-3**	Psst! 31 ff. – Geräuschspiele: Gartenzaun, Steine 33 ff. – Atemspiele 36 – Erste Naturbeobachtungen 50 ff.
	3-5	Atem-, Sprach- und Liederspiele 80 ff. – Spaßlieder 81 – Tanzspiele, Reaktions- und Bewegungsspiele 83 ff.
	5-7	Bewegungsspiele 141 ff. – Tauziehen 143 – Mit vier bis sechs Stäben 145 – Akustische Spiele 153 ff. – Weidenflöten 156 und 315 – Tanz- und Bewegungsspiele 161 ff. – Weidenzweige 186 – Kinderbeet im Garten 189 – Masken 199 und 214 – Kränze 207 – Ostereier-Wettrennen 218 – Osterbasteleien 322 ff.
	7-10	Hüpfkarussell, Gummitwist 247 – Ballspiele und Ballproben 248 ff. – Hüpfspiele 251 – Laufen und Fangen 251 ff. – Reporterspiel 253 – Kegeln 255 – Aprilwetterspiel 260 – Masken aus Papiermaché 312 – Arbeiten aus Astholz 315 – Weidenflöte 315 – Wanderstab, Pfeil und Bogen 316 – Osterhase aus Holzspan 320 – Osterbasteleien 322 ff. – Pyramidenbaum 323 – Dreibeinlauf 333 – „Krankenfangerles" 335
Im Sommer	**0-3**	Psst! 31 ff. – Musik, Bewegung, Tanz 39 ff. – Im Sommer am offenen Fenster 46 – Erste Naturbeobachtungen 50 ff.

Im Sommer	**3-5**	Turnspiele mit dem Vater 63 – Rot-Grün 72 – Laute und leise Wasserspiele 74 – Tanzspiele, Reaktions- und Bewegungsspiele 83 ff. – Draußen im Sommer 103 ff. – Schiffchen 111 – Picknick-ausflug 118
	5-7	Bewegungsspiele 141 ff. – Tauziehen 143 – Mit vier bis sechs Stäben 145 – Akustische Spiele 153 ff. – Tanz- und Bewegungs-spiele 161 ff. – Sand- und Konfettibilder 170 – Gipsrelief aus der Sandform 172 ff. – Draußen im Sommer 189 ff. – Kugelbahn 190 – Papierschiffchen 193 – Wasserfeste Trinkbecher 195 – India-nerschmuck 198 – Stroh und Gras 206 – Kränze 207 – Sackhüp-fen, Froschhüpfen, Wassertragen 218 – Katze und Vogel, Stock suchen 219
	7-10	Mit dem Seil 246 ff. – Ballspiele und Ballproben 248 ff. – Hüpf-spiele, Laufen und Fangen 251 ff. – Horchspiel für Indianer 253 – Reporterspiel 253 – Akustische Spiele mit Wasser und Stimme 254 – Kegeln 255 – Die zweifarbige Blüte 300 – Wettrennen auf Kinderbeeten 301 – Indianerausrüstung 325 – Dreibeinlauf 333 – „Krankenfangerles" 335
Im Herbst	**3-5**	Jagd nach Holz-Geräuschen 75 – Wanderung: Hoppelstock und Rennauto 104 – Mooshäuschen, Moosburg 104
	5-7	Bewegungsspiele 141 ff. – Tanz- und Bewegungsspiele 161 ff. – Die Tüte für den Schulanfang 171 – Lampions 203 und 212 – Eicheln, Kastanien und andere Früchte 206 ff. – Wurzelwesen 214 – Laternenumzug 226
	7-10	Mit dem Seil 246 ff. – Ballspiele 248 ff. – Hüpfspiele 251 – Lau-fen und Fangen 251 ff. – Reporterspiel 253 – Laterne, Leuchte aus Alufolie 310 – Pferdefuhrwerk 315 ff. – Drachen bauen und fliegen lassen 318 ff. – Faltdrachen 319 – Dreibeinlauf 333 – „Krankenfangerles" 335
Im Winter	**0-3**	Baby schaut dem Betrieb am Futterhäuschen zu 46
	3-5	Plätzchen für Krokodile 94 ff. – Weihnachtsplätzchen backen 103 – Draußen im Winter 105 – Papierketten 108
	5-7	Relief auf Metallfolie 173 ff. – Nadelstich-Technik 174 – Kinder im Museum 174 ff. – Winterfütterung der Singvögel 192 – Weih-nachtsstern, Adventslaterne, Räuchermännchen 196 – Weih-nachtsschmuck aus Ton 204 – Sterne und Baumschmuck aus Metall 212 – Laternenumzug 226
	7-10	Figurenschattenspiel 281 ff. – Der Garten auf dem Fensterbrett 300 – Papiersterne 306 – Engelmobile 307 – Adventskalender aus Streichholzschachteln, Adventskette, Adventshaus 309 – Vogelhäuschen 316 – Spansterne, Strohsterne 320 ff. – Pyrami-denbaum 323 – Adventskalender aus Filz 325 – Backfest 331
Wartespiele **Um die Zeit zu überbrücken** **(Auf Reisen,** **Im Wartezimmer)**	**0-3**	Erste Reime und Verse 19 ff. – Entdeckungsreisen 26 ff. – Psst! 31 ff. – Zehn kleine Zappelmänner 35 – Sprachspiele mit Versen und Liedern 36 ff. – Kletterbüblein 37 ff. – Krikelkrakel 41 ff. – Autofahrt 43 – Minispiele auf dem Schoß 48

Wartespiele **Um die Zeit zu überbrücken** **(Auf Reisen,** **Im Wartezimmer)**	3-5	Reime, Verse, Fingerspiele 55 ff. – Wartespiele 60 ff. – Bilderbücher und Geschichten 62 – Horchspiele 73 – Horchspiel vor dem Radio 79 – Experimente mit Stimme und Sprache 80 – Spaßlieder 81 – Durchreibebilder 90 – Ratespiel 91 – Überraschungsschublade 97 – Ketten aus Büroklammern 114 – Täubchenspiel 119 ff. – Fingerspiele 123 – Vorlesen und Erzählen 124 – Musik- und Sprechplatte 124
	5-7	Die Überraschungsschublade 97 – Rätsel und Reime 128 ff. – Buchstabengeschichten, Seltsame Namen, Das Namenspiel 134 – Fabulieren 136 ff. – Ein Sack voll ... 139 – Horchspiele, Geräuschpuzzle 151 – Hörrätsel 152 – Sprechspiele mit Versen 159 – Lebendige Buchstaben 169 – Magnete 178 – Kleine Papierfaltarbeiten 193 ff. – Strickliesel 213 – Alle Vögel fliegen hoch 220 – Passive Unterhaltung 224 ff.
	7-10	Buchstabenspäße 228 – Wortspiele 229 ff. – ABC-Spiele 230 ff. – Schreibspiele 232 ff. – Geschichten erfinden 235 – Atemspiele 259 – Spiel mit Sprache und Stimme 259 – Der eigene Körper 290 ff. – Seifenblasen 295 ff. – Basteln mit Papier 304 ff. – Beruferaten, Zeichensprache 338
Wenn die Kinder ruhig **sein sollen**	0-3	Bilderbücher 22 – Psst! 31 ff. – Papierspiele, Spiegeln in Alufolie 33 – Atemspiele 36 – Krikelkrakel 41 ff. – Schauen, Hinschauen, Zuschauen 45 ff. – Erste Naturbeobachtungen 50 ff.
	3-5	Wartespiele 60 ff. – Bilderbücher und Geschichten 62 – Horchspiele, Geräuschspiele 73 – Leise Wasserspiele, Wassertropfen 74 – Tasten und beschreiben von Papier und Stoff 75 – Gummizither 77 – Atem sichtbar machen 80 – Erstes Liederbuch 81 – Zeichnen 88 ff. – Selbstgeklebte Bilderbücher 93 – Formen 94 ff. – Wasserspiele in der Badewanne 98 ff. – Der Garten in der Wohnung 100 ff. – Spielzeug aus wertlosem Material 101 – Papierbasteleien 107 ff. – Selbstklebende Folien 110 – Stoffarbeiten 113 – Mit Nadel und Faden 114 – Wecker, Gegenstand, Ball suchen 120 ff. – Passive Unterhaltung 122 ff.
	5-7	Lumpensack, Kuckuckseier 133 – Für geschickte Füße 148 ff. – Horchspiele, Geräuschpuzzle 151 – Geräuschbilder 152 ff. – Akustische Spiele mit Luft, Wind und Atem 153 – Krimskramsspiele 155 – Atemspiele, Singspiele mit Liedern 159 – Spiegelspiel 164 – Zeichnen und Malen 166 ff. – Kleben 170 ff. – Drukken 171 – Formen 172 ff. – Magnetspiele 178 ff. – Camera obscura und Heimkino 179 ff. – In der Badewanne mit einer Flasche, Das Schwebespiel 180 – Wasserspiele in einer Schüssel 181 – Farbwettrennen 182 ff. – Vasen-Experimente 186 – Der duftende Wattebausch 221 – Passive Unterhaltung 224 ff.
	7-10	Sprache, Lesen und Schreiben 227 ff. – Tigerjagd 230 – ABC-Spiele 230 ff. – Schreibspiele 232 ff. – Riesenschlange 235 – Atemübung zum Erholen 244 – Brücken bauen 245 – Horchspiel für Indianer 253 – Tropfenspiele, Klingendes Innenleben 255 – Atemspiel mit dem Strohhalm 259 – Auf den anderen eingehen 262 – Zeichnen und Malen 263 ff. – Drucken 271 ff. – Kleben 273 ff. – Schattenrisse 278 ff. – Bewegte Bilder 283 ff. – Farbkarussell und Wärmeschlange 290 – Wer hat eine ruhige

Wenn die Kinder ruhig sein sollen		Hand? 291 – Mit einem Glasröhrchen 292 – Kaleidoskop 293 – Magisches Pendel, Öldrucke 294 ff. – Zauberblumc, Scifenblasen 295 – Kerzenschaukel, Balance-Akte 296 – Papierbasteleien 304 ff. – Span und Stroh 320 ff. – Osterbasteleien 322 ff. – Perlen 324 – Mit Nadel, Stoff und Faden 324 ff. – Papierschlangen reißen 334 – Zeichensprache 338
Wenn die Kinder toben dürfen	0-3	Geräuschspiele 33 ff. – Rasseln zum Schütteln, Tanzen, Hopsen 34 – Spiel auf Schlaginstrumenten 35 – Musik, Bewegung, Tanz 39 ff. – Krikelkrakel 41 ff. – Fingerfarben 43 ff.
	3-5	Zoobewohner nachahmen 65 – Spiele mit Ball, Wasserball, Luftballon und Kissen 65 ff. – Möbelkletterei 68 ff. – Akustische Versuche mit verschiedenem Material 74 ff. – Klangtunnel 78 – Spielbewegungen 79 – Zaubermusik 79 – Experimente mit Stimme und Sprache 80 – Ihr Täubchen, ihr Täubchen 81 – Tanzspiele, Reaktions- und Bewegungsspiele 83 ff. – Junge Spritzer am Werk 91 – Spiele mit dem Gartenschlauch 103 – Schneefiguren bauen 105 – Holzarbeiten 112 ff. – Bewegungs- und Reaktionsspiele 119 – Verkleiden und Rollenspiel 122
	5-7	Bewegungsspiele 141 ff. – Tauziehen 143 – Kopfball 146 – Kissenschlacht 147 – Kämpfen und Balgen 148 – „Am Bahnübergang" 153 – Akustische Spiele 153 ff. – Schellentambourin/ Schellenbaum 156 – Tanz- und Bewegungsspiele 161 ff. – Lampions 203 – Wettrennen auf Blechdosenstelzen 212 – Tiere und Männchen aus Holz 213 – Hindernisrennen 217 – Krachpolonaise 218 – Wett- und Bewegungsspiele 218 ff. – Wattepusten 221 – Verkleidungskiste 223
	7-10	Bockspringen 243 – Kräftemessen 244 – Seilspringen 246 ff. – Ballspiele 248 ff. – Laufen und Fangen 251 ff. – Geräuschlawine 254 – Papierkonzert 255 – Klangwand, Klangraum 256 ff. – Spiel am Schlagwerk 258 – Tanz- und Bewegungsspiele 261 ff. – Das große Drachenspiel 311 – Dreibeinlauf 333 – Wettlauf mit Verkleiden 334 – Die wilde Meute 335 – „Krankenfangerles" 335 – Tauziehen 335 – Modenschau 341
Für das kranke Kind im Bett	0-3	Bilderbücher 22 – Bilderbuch und Lautmalerei 32 – Schüttelringe, Glöckchenbänder 34 – Zupfschachtel 34 – Singspiele: Wiegenlieder 38 – Greifspielzeug 46
	3-5	Wartespiele 60 ff. – Bilderbücher und Geschichten 62 – Horchspiele, Geräuschspiele 73 – Kastagnetten 76 – Gummizither 77 – Überraschungsschublade 97 – Spiele im Dunkeln oder im Dämmern 99 – Selbstklebende Folien 110 – Ausnähkarten 114 – Auffädeln von Ketten 114 – Ballsuchen 121 – Fingerspiele 123 – Vorlesen und Erzählen 124 – Musik- und Sprechplatte 124
	5-7	Lumpensack und Kuckuckseier 133 – Fabulieren 136 ff. – Horchspiele, Geräuschpuzzle 151 – Joghurtbechertelefon 153 ff. – Strohhalm als Blasinstrument 155 – Sprechspiele mit Versen, Spiel mit der eigenen Stimme 159 – Lieder zum Weiterdichten 159 ff. – Nadelstichtechnik 174 – Magnete 178 – Camera obscura, Heimkino 179 – Papierflechten 197 – Deckchen oder Set weben 209 – Strickliesel 209 – Passive Unterhaltung 224 ff.

Für das kranke Kind im Bett	**7-10**	Sprache, Lesen und Schreiben 227 ff. - Tier-ABC aufsagen 230 - Riesenschlange 235 - Atemübung zum Erholen 244 - Horchspiele für Indianer 253 - Körpergeräusche 254 - Klingendes Innenleben 255 - Ein-Mann-Hörspiel 259 - Collage-Brief 274 - Fadenbilder 274 - Eselsohr-Kino 284 - Farbkarussell, Wärmeschlange 290 - Der eigene Körper 290 ff. - Kaleidoskop, Periskop 293 - Das magische Pendel 294 - Balance-Akte 296 ff. - Relief-Postkarte, Papiermenagerie 304 - Anziehpuppen 308 - Nagelbrettspiel 317 - Strohsterne 320 ff. - Perlenarbeiten 324 - Gewebte Bilder 326
Zur Förderung der Konzentration	**0-3**	Psst! 31 - Kennst du das? 32 - Kletterbüblein 37 ff. - Reaktionsspiele 40 - Autofahrt 43 - Erste Naturbeobachtungen 50 ff.
	3-5	Reime, Fingerspiele 55 ff. - Reaktionsspiele 71 ff. - Horchspiele, Geräuschspiele 73 - Papier tasten 75 - Blechdosensparschwein füllen 75 - Spiel mit der Zimbel 78 ff. - Horchen wie ein Luchs 79 - Horchspiel vor dem Radio 79 - Hören und Reagieren 83 - Ball balancieren 86 - Durchreibebilder 90 - Luftfangen und Horchen 98 - Spiele im Dunkeln oder im Dämmern 99 - Der Garten in der Wohnung 100 ff. - Tiere beobachten 103 - Hexentreppen 108 - Geflochtene Papiersets 109 - Ausnähkarten, Auffädeln von Ketten 114 - Hutsuche, Bonbonschnappen, Reise nach Jerusalem 119 - Spiele am Tisch 119 ff.
	5-7	Leselernverse und Zungenbrecher 134 ff. - Silbenklatschen 136 - Geschichten erzählen 136 ff. - Wörtertip, Hundert Sätze 137 - Gruppenspiele 138 ff. - Indianerspiel 142 - Schlangenkönig, Tauziehen 143 - Mit dem Ball 145 ff. - Für geschickte Füße 148 ff. - Horchspiele, Geräuschpuzzle 151 - Hörrätsel 152 - Kugelspiele 154 - Krimskramsspiele 155 - Hören, Sehen, Vergleichen 158 - Suchspiele auf Instrumenten 158 - Horchspiele am Radio 158 - Singspiele 159 ff. - Reaktionsspiele 161 - Spiegelspiel 164 - Relief auf Metallfolie 173 ff. - Nadelstichtechnik 174 - Magnettheater 178 ff. - Kamera obscura und Heimkino 179 - Wasserspiele mit einer Flasche 180 - Wasserspiele in einer Schüssel 181 - Farbwettrennen 182 ff. - Der Garten in der Wohnung 184 ff. - Kugelbahn 190 - Papierarbeiten 193 ff. - Textilarbeiten 208 ff. - Sterne 212 - Platz suchen, Faden wickeln 217 - Stock suchen 219 - Spiele um den Tisch 220 ff. - Blind schneiden 225
	7-10	Buchstabenspäße, Geheimsprachen 228 - Wortspiele 229 ff. - ABC-Spiele 230 ff. - Gesellschaftsspiele 231 ff. - Schreibspiele 232 ff. - Mit Stock und Besenstiel 246 - Mit dem Seil 246 ff. - Ballproben und Ballspiele 248 ff. - Hüpfspiele 251 - Horchspiel für Indianer 253 - Gläserglockenspiel 255 - Kegeln 255 - Zupfinstrument, Suchspiele 258 - Reaktionsspiele 262 - Federzeichnungen 265 - Hinterglasmalerei 270 ff. - Linolschnitt 272 - Fadenbilder 274 ff. - Türme aus Papier 275 - Der eigene Körper 290 ff. - Optische Spielchen 292 ff. - Unwahrscheinliche Gleichgewichte 296 ff. - Küchenwaage aus Papier 299 - Bastelarbeiten mit Papier, bei denen es auf genaue Ausführung ankommt 304 ff. - Wettpuzzeln 332 ff. - Preisangeln 333 - Papierschlangen reißen, Stühle beschuhen 334 - Was hat sich verändert? 335 - Propaganda/Einer hat es, einer nicht 336 - Die unbekannten Nachbarn/Versenken 337

Zur Stärkung **von Kontaktfähigkeit** **und sozialem Verhalten**	**0-3**	Wickelspiele 25 ff. - Erste Bewegungsspiele 28 ff. - Ballspiele 29 - Nachahmungsspiele 30 - Sprache, Lied, Musikthcatcr 36 ff. - Tanzspiele 39 - Bewegungsspiele mit anderen Kindern 39 - Minispiele auf dem Schoß 48 - Kleinere Geschwister 48 - Sachkunde in der Küche 48 ff. - Haushaltsspiele 50 - Kind, Hund und Katze 51 ff.
	3-5	Lieder zum Spielen 57 ff. - Rollenspiel, Requisiten 59 - Spiel mit selbstgemachten Instrumenten 77 ff. - Atem-, Sprach- und Liederspiele 80 ff. - Tanzspiele, Reaktions- und Bewegungsspiele 83 ff. - Wasserspiele in der Badewanne 98 ff. - Sachkunde in der Küche 102 ff. - Draußen im Winter etwas bauen 105 - Tiere, mit denen ihr Kind umgeht 106 - Ein Kinderfest veranstalten 115 ff. - Spielevorbereitung 117 - Armer schwarzer Kater 121 - Kasperltheater 123 ff. - Theaterspielen 124 - Gesellschaftsspiele (siehe Anhang)
	5-7	Gespräche und Rollenspiele 130 ff. - Gruppenspiele 138 ff. - Schlangenkönig, Tauziehen 143 - Kleine Hörspiele 152 - „Am Bahnübergang" 153 - Krimskrams-Spiele 155 - Schellenbaum 156 - Singspiele mit Liedern 159 ff. - Musikalisches Rollenspiel 160 - Tanz- und Bewegungsspiele 161 bis 164 - Fingerpüppchen 171 - Mit Kindern im Museum 174 ff. - Magnettheater 178 ff. - Gemüsesuppe kochen 187 - Einfache Gerichte kochen 188 - Zwei Handpuppen 210 - Ein Kinderfest veranstalten 215 ff. - Spiele um den Tisch und im Kreis 220 ff. - Adam hatte 7 Söhne 222 - Spiellieder, Geschichten nachspielen 222
	7-10	Gesellschaftsspiele 231 ff. - Stegreifspiele 236 ff. - Ballspiele 248 ff. - Singspiele 259 ff. - Laufen und Fangen 251 ff. - Klangraum 256 ff. - Geräuschlabyrinth 257 - Gespräch 258 - Echospiel 259 - Radiospiel 260 - Tanz- und Bewegungsspiele zur Musik 261 ff. - Ziehharmonikamonster 267 - Gemeinschaftsarbeiten 277 - Vorspielen und Gestalten 277 ff. - Schattenrisse, Schattenspiele 278 ff. - In der Küche 298 ff. - Hund und Katze 302 - Gemeinsam etwas basteln 303 ff. - Ein Kinderfest veranstalten 327 ff. - Ausscheidungsspiele 332 ff. - Dreibeinlauf 333 - Was hat sich verändert? 335 - Pantomimische Spiele 338 ff. - Gestalterische Spiele 341 ff. - Gesellschaftsspiele (siehe Anhang)
Zur Sinnesschulung		Eigentlich dient jedes Spiel und die Beschäftigung mit verschiedenem Material der Entfaltung der Sinne. Hier werden nur noch einmal einige Anregungen aufgegriffen, die die Sinne ganz besonders ansprechen.
	0-3	Lautmalerei 18 - Entdeckungsreisen 26 ff. - Kletterpartien 27 ff. - Nachahmungsspiele 30 - Alle Anregungen zur Musik 31 ff. - Krikelkrakel 41 ff. - Schauen, Hinschauen, Zuschauen 45 ff. - Greifspielzeug, Strampelspielzeug 46 - Wühlspiele 50 - Erste Naturbeobachtungen 50 ff.
	3-5	An, auf, hinter, neben, in 61 ff. - Was passiert dann? 62 - Bilderbücher und Geschichten 62 - Zoobewohner nachahmen 65 - Reaktionsspiele 71 ff. - Alle Anregungen zur Musik 73 ff. - Kinder malen und zeichnen lassen 87 ff. - Durchreibebilder 90 -

Zur Sinnesschulung

Horchen, Schaumspiele 98 – Spiele im Dunkeln 99 – Tiere beobachten 103 – Arbeiten mit verschiedenem Material 107 ff. – Papiermaché 111 ff. – Ton und Modelliermasse 112 – Reaktionsspiele 119 – Bello der Wachhund 120 – Wecker, Ball und Gegenstand suchen/Schwesterlein, wer klopft? 120 ff.

5-7 Lesespiele 134 ff. – Für geschickte Füße 148 ff. – Kleine Kunststücke 149 ff. – Alle Anregungen zur Musik 151 ff. – Mit Kindern ins Museum 174 ff. – Lochkamera und Heimkino 179 – Das Schwebespiel 180 – Sandkasten 190 – Beobachten von Tieren 190 ff. – Arbeiten mit verschiedenem Material (= Basteln) 193 ff. – Papiermaché 201 ff. – Ton und Knete 203 ff. und 94 ff. – Stock suchen 219 – Liebes Tier, wie heiß ich denn 221 – Der duftende Wattebausch 221 – Blind schneiden 225

7-10 Auto-ABC 231 – Für geschickte Füße 245 – Alle Anregungen zur Musik 253 ff. – Klecksographie 266 ff. – Schattenrisse und Schattenspiele 278 ff. – Eselsohrkino, Kartenkino 284 – Farbkarussell, Wärmeschlange 290 – Der eigene Körper 290 ff. – Optische Spielchen 292 ff. – Arbeiten und Basteln mit verschiedenem Material 303 ff. – Ton und Papiermaché 312 ff. – Tierstimmen 332 – Papierschlangen reißen, Stühle beschuhen 334 – Was hat sich verändert? 335 – Einer hat es, einer hat es nicht 336 – Die unbekannten Nachbarn 337 – Zeichensprache 338 – Zauberkunststücke 340

**Zur Stärkung
von Selbstvertrauen**

Meist sind es nicht Spiele und Beschäftigungen, die Selbstvertrauen vermitteln, sondern die Art, wie der Erwachsene auf sie reagiert. Kinder gewinnen Selbstvertrauen, wenn man sie anhört und ihre Ansichten und Schöpfungen respektiert. Mit den folgenden Vorschlägen kann man dies bestärken.

0-3 Entdeckungsreisen 26 ff. – Wasserspiele 30 – Sprachspiele mit Versen und Liedern 36 ff. – Wiegenlieder 38 – Musik, Bewegung, Tanz 39 ff. – Wenn die Mutter das Kind auf dem Arm hat 46 – Greifspielzeug 46 – Krabbeln ohne Gefahr 47 – Minispiele auf dem Schoß 48 – Kleinere Geschwister 48 – Sachkunde in der Küche 48 – Haushaltsspiele 50 – Kind, Hund und Katze 51 ff. – Kinderfest im Familienkreis 53 ff.

3-5 Rollenspiel 59 – Zirkus im eigenen Haus 63 ff. – Balancieren und Klettern 68 ff. – Zaubermusik 79 – Tanzen zur Musik mit Masken 83 – Das eigene Reich einrichten 97 – Spiele im Dunkeln oder Dämmern 99 – Sachkunde in der Küche 102 ff. – Tiere 106 – Selber etwas basteln 107 ff. – Ein Geburtstagsfest für Ihr Kind 115 ff. – Bei der Tischdekoration helfen 116 – Schwarze Kunst, Zaubermedium 121 – Verkleiden und Rollenspiel 122 – Theaterspielen 124

5-7 Gespräche und Rollenspiele 130 ff. – Mit Seil oder Wäscheleine 142 ff. – Kleine Kunststücke 149 ff. – Spiel mit der eigenen Stimme 159 – Tanzspiele 161 – Das eigene Reich einrichten 177 – Das Kinderbeet im Garten 189 – Tiere im Haus 190 ff. – Etwas selber basteln 193 ff. – Kindergeburtstagsfest 215 ff. – Das Fest vorbereiten 216 ff. – Trinkbecher dekorieren, Hutwettbewerb 217 – Nachahmen, Verkleiden, Rollenspiel 222 ff.

Zur Stärkung **von Selbstvertrauen**	**7-10**	Gesellschaftsspiele 231 ff. - Stegreifspiele 236 ff. - Reporterspiel 253 - Freies Tanzen 261 - Spiel mit einem Tuch 262 - Auf den anderen eingehen 262 - Türme aus Papier 275 - Das eigene Reich einrichten 289 ff. - In der Küche selber kochen 298 ff. - Rezepte, nicht zum Essen 299 - Hund und Katze 302 - Kindergeburtstagsfest 327 ff. - Festvorbereitung 328 ff. - Etwas vorspielen 339 - Modenschau 341 - Wir schneiden selber aus 342
Wenn Sie einmal **sehr viel Zeit haben**	**0-3**	Kleine Fußgymnastik 29 ff.
	3-5	Turnspiele mit dem Vater 63 - Zirkus 63 ff. - Möbelkletterei 68 ff. - Geschickte Füße 71 - Handtrommeln aus Papiermaché 77 - Klangtunnel 78 - Figuren erzählen eine Geschichte 96 - Vater baut ein Wasserrad 104 - Spiele im Wald: Mooshäuschen, Moosburg 104 - Draußen im Winter: Bauten aus Schnee 105 - Papiermachéarbeiten 111 ff. - Kinderfest veranstalten 115 ff.
	5-7	Anhänger 136 - Wörterbuch 136 - Saiteninstrument bauen 156 - Weidenflöte schnitzen 156 und 315 - Beim Instrumentenbauer, Musikkapelle 159 - Der Anfang einer Geschichte 160 - Zirkusspiel 161 - Mit Kindern im Museum 174 ff. - Magnettheater bauen 178 ff. - Heimkino oder Zootrop bauen 179 ff. - Papiermachéarbeiten 201 ff. - Kinderfest veranstalten 215 ff.
	7-10	Stegreifspiele 236 ff. - Atemspiele 244 ff. - Reporterspiel 253 - Hörspiele 254 - Geschichten aus Kinderbüchern 254 - Das eigene selbstgemachte Instrument 256 ff. - Information über Instrumente 258 ff. - Wer war Mozart? 261 - Hinterglasmalerei 270 ff. - Schattenspiele, Figurenschattenspiel 279 ff. - Der echte Trickfilm 285 ff. - Kaleidoskop, Periskop basteln 293 - Masken aus Papiermaché 312 - Puppen für das Puppenspiel 313 ff. - Vogelhäuschen 316 - Drachen bauen 318 ff. - Kinderfest veranstalten 327 ff.

Sprache

0-3

Die Sprache erschließt dem Kind die Welt. Ohne Sprache gäbe es keine Verständigung, keine Kommunikation. Wie sollten wir ohne Sprache dem anderen etwas erklären, etwas richtigstellen, ihn um Rat fragen, ihn überzeugen, ihm unsere Gedanken und Empfindungen mitteilen? – Sprache ist mehr als die Summe der Wörter, die wir im Laufe unseres Lebens gelernt haben, mehr als eine Aneinanderreihung von Vokabeln. Natürlich ist es wichtig, eine Menge von Wörtern zu kennen und immer neue hinzuzulernen. Das gilt in besonderem Maße für die ersten Lebensjahre. Sprache spiegelt aber auch einen Entwicklungsprozeß; sie hat ihre eigenen Gesetze, die das Kind zunächst unbewußt, später bewußt erfaßt und im Gebrauch erproben und anwenden möchte. – Sprache ist schließlich ein schöpferischer Prozeß, bei dem logisches Denken und Phantasie als Voraussetzung jeder selbständigen geistigen Leistung gleichermaßen beteiligt sind.

Laute und erste Wörter

Schon in den ersten Lebenstagen lernt das Kind, Geräusche und Töne zu unterscheiden und die Laute seiner Muttersprache zu artikulieren. Dann formt es die ersten Wörter. Die Erwachsenen können das Sprechenlernen durch ruhiges, deutliches Vorsprechen unterstützen, auch wenn das Baby noch nichts versteht.

a o u ei i au m da so
fein danke bitte komm ja nein
mama papa oma tante onkel uwe katrin

Sprechen Sie vollständige Sätze: Das ist dein Teller – Ich hole die Milch – Gibst du mir den Löffel? – Der Apfel schmeckt gut –.

Bestimmte Lautverbindungen, vor allem zwei Konsonanten wie kl, kn, gr, tr am Anfang oder in der Mitte eines Wortes bereiten den meisten Kindern Schwierigkeiten. Auch hier hilft deutliches Vorsprechen. Auf keinen Fall gezielt üben – nur wenn sich die Gelegenheit gerade bietet.

Lautmalerei: Lautmalerei bezeichnet das Nachahmen von Geräuschen und Stimmen oder das Umsetzen von Wahrnehmungen in Laute. Es geschieht spontan, und das Kind hat große Freude daran. Lassen Sie das Kind: Tierstimmen nachahmen – Fahrzeuge nachahmen – Haushaltsgeräte nachahmen – Wind, Wasser, Räder, Schritte nachahmen – Bewegungen in Laute umsetzen.

Die Sprachentwicklung verläuft sehr unterschiedlich. Ein Kind lernt früh, das andere spät sprechen; das eine spricht von Anfang an klar und deutlich, das andere erst nach und nach. Viele Kinder sprechen eine lange Zeit fast gar nicht, um dann die Umgebung eines Tages mit ganzen Sätzen und einem großen Wortschatz zu überraschen. Eltern brauchen sich also keine Sorgen zu machen, wenn ihr Kind anders oder noch nicht so viel wie ein gleichaltriges Nachbarkind spricht. Aber: achten Sie auf die Reaktionen des Kindes bei Geräuschen. Reagiert es, wenn Sie es ansprechen, mit einem Lächeln und einer sinngemäßen Handlung? Wenn nicht, suchen Sie einen Arzt auf, damit möglicherweise vorhandene Hörschäden früh erkannt und behandelt werden können.

Erste Reime und Verse

Gemeinsames Sprechen ist für die geistig-seelische Entwicklung von Anfang an nötig. Finger-, Krabbel- und Kniereiterspiele geben Ihrem Kind durch den körperlichen Kontakt das Gefühl von Geborgenheit und die Versicherung Ihrer Zuneigung. Der Reiz dieser Spiele liegt in der ständigen Wiederholung, die das Kind als Bestätigung empfindet.

Fingerspiele

Das ist der Daumen – Der schüttelt die Pflaumen –
Der sammelt sie auf – Der trägt sie ins Haus –
Und der kleine Schelm ißt sie alle auf.

Der ist ins Wasser gefallen – Der hat ihn rausgeholt –
Der hat ihn heimgebracht – Der hat ihn ins Bett gesteckt –
Und der Kleine hat ihn wieder aufgeweckt.

Ich bin der Dicke. – Ich bin der Zeiger. –
Ich bin der Lange. – Ich bin der Ringelmann. –
Und ich bin der Kleine. Man nennt mich Butzemann,
der alles weiß und kann.

Da läuft ein Weglein. – Da springt ein Häslein. –
Der hat's gefangen. – Der hat's heimgetragen. –
Der hat's gebraten. – Der hat den Tisch gedeckt. –
Und der kleine Entertenter hat den Teller abgeschleckt.

Backe, backe Kuchen. Der Bäcker hat gerufen:
Wer will guten Kuchen backen, der muß haben 7 Sachen,
Eier und Schmalz, Zucker und Salz, Milch und Mehl,
Safran macht den Kuchen geel. Schieb ihn in den Ofen.

Mein Häuschen ist nicht ganz grade.
Ist das aber schade.
Mein Häuschen ist ein bißchen krumm.
Ist das aber dumm.
Hui, bläst der kalte Wind hinein,
bauz, fällt das ganze Häuschen ein.
Die Hände werden zu einem schiefen Häuschen zusammengelegt,
dann hineinblasen und die Hände zusammenklatschen.
Pinkepank, pinkepank, Hans ist krank,
wo soll er wohnen, oben oder unten?
Der Erwachsene macht zwei Fäuste (in der einen ist etwas versteckt) und setzt sie während des Aufsagens abwechselnd aufeinander. Das Kind muß raten.

Krabbelverse

Kommt ein Mann die Treppe rauf.
Klingeling, klopf an, guten Tag, Madam.

Kommt ein Mäuslein, baut ein Häuslein,
kommt ein Mücklein, baut ein Brücklein,
kommt ein Floh, macht so!

Es kommt ein Bär von Konstanz her. (von Hamburg, München)
Wo will er hin? Zum Hansele. (zur ..., zum ...)
Es läuft eine Maus in unserem Haus.
Wo will sie sitzen? Im Kitzikitzikitzen.

Wenn das Kind sich gestoßen hat:
Heile, heile Segen, morgen gibt es Regen,
übermorgen Schnee, dann tut's nicht mehr weh.

Heile, heile Kätzchen, das Kätzchen hat vier Tätzchen
und einen langen Schwanz – und morgen ist es ganz.

Wenn das Kind nicht essen will:
Bim, bam, beier, die Katz' mag keine Eier.
Was mag sie dann? Speck aus der Pfann'.
Ei, wie lecker ist unsre Madam.

Wenn das Kind einen Schluckauf hat:
Schluckauf und ich gingen über die Brück',
Schluckauf und ich kamen wieder zurück.
Schluckauf und ich gingen über den Steg,
Schluckauf fiel ins Wasser, und wupp,
war er weg.

Kniereiterverse

Hoppe, hoppe, Reiter, wenn er fällt, dann schreit er.
Fällt er in den Graben, fressen ihn die Raben.
Fällt er in den Sumpf, macht der Reiter plumps.

Ist ein Mann ins Wasser gefallen,
hab' ihn hören plumpsen.
Meint', es wär' ein großer Mann,
war's ein kleiner Stumpen.

Hopp, hopp, hopp, Pferdchen, lauf Galopp
über Stock und über Steine, aber brich dir nicht die Beine!
Hopp, hopp, hopp, hopp, hopp, Pferdchen lauf Galopp.

Eine kleine Dickmadam fuhr mal mit der Eisenbahn.
Eisenbahn, die krachte, Dickmadam, die lachte.

Hopp, hopp, ho,
Pferdchen frißt kein Stroh.
Muß dem Pferdchen Hafer kaufen,
daß es kann im Trabe laufen.
Hopp, hopp, ho,
Pferdchen frißt kein Stroh.

Hopp, hopp, ho, –
ei was bin ich froh.
Reiten kann ich ganz geschwind,
noch viel schneller als der Wind.
Hopp, hopp, ho, –
auf einmal geht es ... so!

Reit, Kindchen, reit,
der Weg, der ist noch weit.
Wir reiten nach Amerika,
in 100 Tagen sind wir da.
Steh, Pferdchen, steh –
da fällt es in den Schnee.

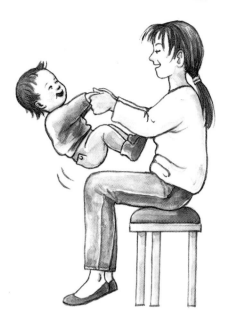

Dinge beim Namen nennen

Das Kind lernt seine Muttersprache durch Nachahmung. Wie groß sein Wortschatz mit drei Jahren sein wird, hängt davon ab, wieviel und was Sie mit ihm sprechen. – Menschen und Dinge haben Namen. Menschen und Dinge haben Eigenschaften. Menschen und Tiere tun etwas – diese Entdeckung macht das Kind schon sehr früh, und die entsprechenden Wörter prägen sich ein.
Natürlich lernt es daneben auch schon eine Reihe anderer Wörter kennen: ja, nein, da, oben, unten, draußen, mit, bei, für, wo, jetzt, gleich. Darüber lesen Sie mehr in der nächsten Altersgruppe.

Namen

Ergänzen Sie die folgenden Wortgruppen, bis Sie zu ungebräuchlichen, seltenen Wörtern vorstoßen. Welche Wörter kennt Ihr Kind? Denken Sie sich neue Reihen aus.

Mama, Papa, Susanne, Michael, Opa, Oma,
Tisch, Bett, Sessel, Lampe, Fernseher,
Finger, Hand, Ohren, Mund, Nase,
Hemd, Hose, Schuhe, Strümpfe, Kleid,
Hund, Katze, Maus, Kuh,
Milch, Brei, Apfel, Brot, Butter,
Auto, Ball, Puppe, Teddy, Bilderbuch,
Sonne, Regen, Wind, Licht.

 0-3

Schon im ersten Lebensjahr fängt das Kind an, in Bilderbüchern, Katalogen und Leporellos zu blättern. Es erkennt das Dargestellte als Abbilder der wirklichen Dinge und kann sie bald benennen. Das ist ein wichtiger Schritt in der Entwicklung.

Bilderbücher. Schenken Sie Ihrem Kind schon zum 1. Geburtstag ein Bilderbuch. Es gibt schon für Ein- und Zweijährige Pappbilderbücher, Faltbilderbücher (Leporellos) und Wandbilder. Lassen Sie sich in der Buchhandlung oder in der öffentlichen Bücherei beraten. Bilderbücher ansehen macht Spaß!

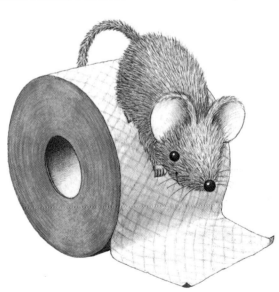

Eigenschaftswörter. Sie werden feststellen, daß das Kind bis zum 3. Lebensjahr verhältnismäßig wenig Eigenschaftswörter kennt und anwendet. Die Namen der Dinge haben Vorrang. Das bedeutet aber nicht, daß es nicht schon die Eigenschaftswörter entdeckt hätte.
Gezieltes Üben ist in dieser Altersstufe absolut fehl am Platze. Wenn Sie aber Eigenschaftswörter häufig gebrauchen, gelegentlich darauf hinweisen und danach fragen, wird Ihr Kind sie eher in seinen Sprachschatz aufnehmen.
Fragen Sie: WIE sieht dein Kleid aus? WIE fühlt sich das Kissen an? WIE schmeckt ...?

Tätigkeitswörter. Weil man Tätigkeiten beobachten und ausführen kann, hat das Kind einen unmittelbaren Zugang zu diesen Wörtern, soweit sie aus seinem Lebensbereich stammen: essen, trinken, schlafen, fahren, hüpfen, fallen, weinen, lachen, husten, aufmachen, anziehen, zudecken ...

Das Kind ahmt die Tätigkeiten der Erwachsenen mit großer Begeisterung nach. Das muß nicht stumm vor sich gehen. Sagen Sie ihm, was Sie gerade tun, vielleicht auch warum und wozu, und wie die Dinge heißen, die Sie dabei benutzen. Verwenden Sie oft verschiedene Verben für die gleiche Tätigkeit.

Kannst du den Backofen anstellen? Du mußt den Schalter herumdrehen. Ich zeige es dir. Wir machen es zusammen. Wir machen die Klappe auf. Wir ziehen den Rost heraus. Kannst du die Kuchenform festhalten? Ich stelle sie auf den Rost, schön in die Mitte. Schieb ein bißchen. Danke. Kannst du die Ofentür zuklappen?

Lassen Sie das Kind beobachten und beschreiben, was die Leute alles tun: an der Tankstelle, im Laden, auf der Baustelle, auf der Straße ...

Gespräche

Für das Kind leben die Gegenstände seiner Umwelt. Es setzt sich sprachlich mit ihnen auseinander. Nehmen Sie an seinem Gespräch teil:
- mit dem Tisch, an dem es sich gestoßen hat
- mit dem Löffel, der auf den Boden gefallen ist
- mit der Puppe, die nicht essen will
- mit dem Käfer, der über seine Hand krabbelt ...

Telefonieren Sie mit ihm mit einem richtigen Telefon (Nebenanschluß) von einem Zimmer ins andere: Hier ist Mami, wer ist da? - Du bist's. Wie geht es dir? - Das freut mich. Kommst du mich gleich besuchen? - Fein.

Oder telefonieren Sie mit einem Kindertelefon, als Spiel im gleichen Zimmer. Dann können Sie auch einmal Ihre Stimme verstellen und jemand anderer sein.

0-3

Situationen nutzen: Wenn das Kind vor sich hinplappert und erfundene Lieder singt, wenn es die gleichen Wörter und Sätze unermüdlich wiederholt, dann übt es sich im Gebrauch der Sprache. Haben Sie bemerkt, von welchem Gegenstand oder Vorgang es zur Zeit fasziniert ist? Greifen Sie das Thema auf und sprechen Sie mit ihm.

Das Lampenspiel: Das Kind schaltet die Stehlampe zehnmal hintereinander an und aus. „Da." „Ja, Licht. Du hast die Lampe angemacht. Nun wollen wir sie wieder ausmachen." „Ausmachen." „Ja, danke. Jetzt ist das Licht aus, es ist noch hell." „Hell." „Nicht die Birne anfassen, sie ist heiß. Komm, wir probieren es zusammen. Das ist die Glühbirne. Sie ist heiß. Spürst du, du darfst sie nicht anfassen." „Heiß." „Ja, heiß."

Teddy ist krank: „Teddy ist krank." „So, dein Teddy ist krank? Dann wollen wir ihn ins Bett bringen. Ziehst du ihn aus? Erst die Jacke ... (Kleidungsstücke). Nun legen wir ihn ins Bett. Hat er Fieber (Weiches Bett, kalte Füße, heißer Kopf. Fieber messen, Fieberthermometer.) Er braucht einen Umschlag und eine Wärmflasche. (Kaltes, warmes, heißes Wasser. Tuch, Gummi, Handtuch.) Rufst du den Arzt an? Der Arzt kommt gleich. (Begrüßung, Untersuchung, Körperteile.) Was sagt der Arzt? (Zitronensaft, Hustensaft, Tabletten). Er schreibt ein Rezept. Teddy muß schlafen. Wir ziehen die Vorhänge zu."

Der Bus: Man kann nicht jeden Tag Bus fahren, aber vielleicht Spaziergänge so einrichten, daß man ihm begegnet oder an der Haltestelle auf ihn wartet. – Kind und Erwachsener beobachten die Straße (Fahrzeuge, Geräusche), bis der Bus kommt. Er hält. Wer steigt aus? (Mann, Frau, Junge, Mädchen, Kinderwagen. Aufpassen, anfassen, helfen, tragen. Tasche, Schirm, Koffer, Hund.) Was tut der Busfahrer? Nun gehen die Türen zu. Der Bus blinkt. Gleich fährt er los.

Werden Sie nicht ungeduldig, wenn Sie glauben, Ihr Kind sei noch nicht so weit wie das Ihrer Bekannten. Fortschritte kann man nicht erzwingen; Sie können nur die Voraussetzungen dafür schaffen. Die wichtigste ist der Kontakt zu Ihrem Kind.

Turnen und Bewegung

Gymnastik kann man treiben, um Haltungsschäden vorzubeugen und um den Körper zu ertüchtigen. Das ist gut und oft notwendig, aber das Turnen mit diesem Ziel riecht nach Pflicht und macht Kindern rasch keinen Spaß mehr. Deshalb geht es in allen folgenden Rat- und Vorschlägen in erster Linie um Turnen und Gymnastik als Spiel der Familie. Dabei kommt die Körperertüchtigung von ganz allein zu ihrem Recht. Eine tägliche Gymnastikstunde läßt sich meist nicht realisieren. Seien Sie darum für alle Situationen offen, in denen sich Gymnastik und Spiel von selber ergeben.

Wickelspiele

Man spielt sie, wenn man den Säugling wickelt oder badet und wenn er beginnt, sich selbst und seine nächste Umgebung zu entdecken. Stellen Sie das Körbchen oder die Wiege so in den Raum, daß das Baby angeregt wird, den Kopf nach allen Seiten zu wenden, nach Licht, Schall (Geräuschen und Klängen), Geruch und den vertrauten Personen.
Liegt Ihr Kind in einem Bettchen, das mit einer Seite an der Wand steht, so hängen Sie etwas Buntes an diese Wand. Ihr Baby wird dadurch aufgefordert, sich auch zu dieser Seite zu wenden und nicht immer nur in den offenen Raum und zur Zimmertür zu schauen.
Streicheln Sie sanft die Hand- und Fußflächen des Säuglings. Er wird sofort Ihre Finger umklammern und an solchen Wiederholungen Freude haben.
Regen Sie Ihr Baby an, sowohl in der Rücken- als auch in der Bauchlage nach Rassel, buntem Plüschtier oder Ihren Fingern zu greifen. Wiederholen Sie solche Greifspiele, wenn sich das Kind mit einer Hand abstemmen kann und mit der anderen nach vorne nach dem Spielzeug greift.
Ist Ihr Baby etwas älter geworden, mindestens 4 Monate, so können Sie schon mehr mit ihm üben.
Sie liegen auf dem Rücken. Ihr Baby ruht bäuchlings auf Ihnen. Sie halten es seitlich am Brustkorb und in den Achselhöhlen und heben es hoch. Dieses Fliegen macht den Kindern von klein auf Spaß; sie verlangen es immer wieder bis hinauf zum siebten Lebensjahr. Aber Achtung: Das Kind nicht stürmisch in die Luft reißen, Sie könnten es dabei verletzen.

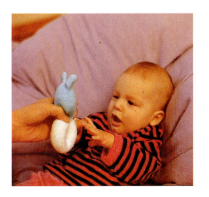

0-3

Ihr Baby liegt auf dem Rücken. Es ergreift Ihre Daumen und zieht sich daran in den Sitz hoch. Legen Sie es anschließend behutsam zurück in die Rückenlage, indem sie die kleinen Handgelenke sanft umschlossen halten.

Ihr Kind liegt auf einer weichen Unterlage. Sie fassen es oberhalb der Fußgelenke an den Beinen und ziehen es langsam hoch, bis es kopfüber in der Luft hängt. Hebt das Baby den Kopf weit in den Nacken, so rollen Sie es vorsichtig über den Bauch ab, ansonsten über den Hinterkopf und den Rücken.

Entdeckungsreisen (Krabbeln und Erforschen)

Nach dem ersten halben Jahr beginnt Ihr Kind, die Umwelt auf eigene Faust zu entdecken. Es robbt, kriecht, krabbelt und rutscht durch die Wohnung. Unterstützen Sie es bei seinen ersten Orientierungsversuchen.

Verstecken Sie sich, zuerst ganz offensichtlich, hinter einer Tür, hinter dem Kinderbett, und locken Sie Ihr Kind durch leise Rufe. Es wird Sie auf allen Vieren suchen und mit Gejauchze finden. Später werden die Rollen getauscht, oder die ganze Familie spielt mit Verstecken.

Daß er einen Turm aus Bausteinen umwerfen kann, hat der Krabbler schnell heraus. Bauen Sie einen Turm und zeigen Sie ihn dem Baby. Dann legen Sie das Kind in einiger Entfernung auf den Boden und lassen es auf den Turm zukrabbeln. Dort angekommen, wird es ihn freudestrahlend umstoßen.

Ihr Kind wird jetzt versuchen, allein auf das Bett, die Liege oder das Sofa zu klettern, und auch hinunterkrabbeln wollen. Unterstützen Sie es dabei und üben Sie mit ihm besonders das Hintersteigen. Unter Ihrer Anleitung schiebt sich das Kind so an die Bettkante, daß es zuerst mit den Füßen den Boden berührt. Es wird den Bogen schnell heraushaben, und Sie brauchen nicht mehr allzu große Sorge zu haben, daß das Kind kopfüber hinunterpurzelt.

Wiederholen Sie immer wieder die kleinen Übungen, die für das erste halbe Jahr des Säuglings beschrieben wurden.

Ungefähr ab dem neunten Lebensmonat erkennt das Kind die Funktion seiner Beine und zieht sich voller Entdeckungsfreude überall hoch.

Es untersucht mit Vorliebe sämtliche Schubladen und offene Schränke. Gestehen Sie dem Kind eine Schublade mit allerlei Krimskrams im Wohnzimmer oder der Küche zu! (Knisterpapier, Kochlöffel, kleine Plastikschüsseln und ähnliches. Die Gegenstände müssen so groß sein, daß sie nicht verschluckt oder in Nasen- oder Ohrenlöcher gesteckt werden können!)

Ihr Kind kann nun stehen. Das genießt es voller Freude und Selbstbewußtsein und bringt es mit oder ohne Musik durch Wippen zum Ausdruck, während es sich am Tisch oder Stuhl festhält.

Nehmen Sie Ihr Kind an den Händen und tanzen Sie mit ihm, indem Sie bei schneller Musik rhythmisch mit den Beinen auf- und abfedern. Viel Spaß macht es den Kleinen auch, auf den Füßen des Erwachsenen herumgetragen zu werden, und so das Gleichgewichtsspiel mitzuerleben. Genauso beliebt: auf den Schultern getragen zu werden und die Welt von oben zu beschauen. Halten Sie die Ärmchen des Kindes so fest, daß es aufrecht mit geradem Rücken sitzen kann.

Um den ersten Geburtstag herum beginnt Ihr Kind frei zu stehen und die ersten Schritte zu wagen. Lassen Sie ihm Zeit, Bewegungserfahrungen und -fertigkeiten zu sammeln. Dazu braucht es einen sicheren Spielraum ohne scharfe Kanten, glatten Boden und rutschende Teppiche – und einen spielfreudigen Partner.

Kletterpartien

Die Treppe sollte für die Mutter in dieser Zeit nicht zum Alptraum werden, sondern ein Spielraum für ihr Kind. Es kann auf ihr eine Fülle von Bewegungsmöglichkeiten erwerben. Zusammen mit Ihrem Kind können Sie Spiele erfinden, können es zum Nachahmen, Ausprobieren und Vormachen anregen.

Lassen Sie Ihr Kind zuerst auf den Knien, später auf allen Vieren die Treppe hinaufklettern. Zeigen Sie ihm für das Hinunterklettern, wie es an die oberste Stufe herangehen, sich hinhocken, auf den Bauch legen und mit den Füßen zuerst die Stufen hinunterkrabbeln kann. Unter Ihrer Aufsicht kann es in aller Ruhe ausprobieren, wie es die Treppe hinauf- und hinabsteigen kann, während es sich mit beiden Händen, später mit einer Hand, am Geländer festhält. Es kann auch versuchen, die Treppe rückwärts hinauf- und hinabzusteigen. Viel Spaß macht es, die letzte Stufe hinabzuspringen, bei größerem Mut auch von der zweit- und drittletzten Stufe in die Arme eines Erwachsenen.

0-3

Die Erprobungs- und Kletterlust steht in dieser Zeit an erster Stelle. Sicherlich entdecken Sie irgendwann erschrocken, daß Ihr Kind vergnügt auf dem Tisch oder auf der Fensterbank sitzt. Lassen Sie sich den Schrecken und die Angst nicht anmerken. Nutzen Sie vielmehr diese Situation aus; nehmen Sie sich Zeit und üben Sie mit dem Klettermax das Auf- und Absteigen. Geschicklichkeitserwerb in diesem Alter wirkt sich auf das ganze spätere Leben aus, auch auf dem seelisch-geistigen Gebiet. Geschicklichkeit ist wichtiger als körperliche Kraft.

Das Klettern macht beim Vater oder einem anderen Erwachsenen besonderen Spaß. Das Kind wird dabei an den Handgelenken festgehalten. Es klettert barfuß über die leicht gebeugten Knie bis hinauf zu den Schultern. Oben angelangt, kann es sich hinsetzen oder -stellen, dann klettert es wieder hinab oder wird mit Schwung heruntergehoben.

Erste Bewegungsspiele

Beim Schaukeln und Drehen kann es oft nicht wild genug zugehen. Bremsen Sie aber bei sich jedes Übermaß! Fassen Sie Ihr Kind mit den Armen von hinten unter die Achseln. Schwingen Sie es vor und zurück, oder drehen Sie sich mit ihm um die eigene Achse. Sie können es auch in den Kniekehlen fassen. Es hält sich an Ihren Armen fest, und Sie schaukeln es hin und her.

„Wer kommt in meine Arme?" Bei diesem Spiel können das Kind und Sie gut längere Wegstrecken überwinden. Sie gehen einige Meter vor, drehen sich um, breiten die Arme aus und rufen Ihrem Kind zu: „Wer kommt in meine Arme?" Es wird strahlend auf Sie zu und in Ihre Arme laufen. Sie drehen sich mit ihm zwei-, dreimal herum, setzen es wieder ab, und das Spiel geht von vorne los.

Hoppe, hoppe Reiter: In dieses Kniereiterlied können Sie kleine Balance- und Überraschungsspiele einfügen. Das Kind sitzt auf Ihren Knien. Sie halten es nur leicht mit den Händen unter den Achselhöhlen fest. Sie bewegen beim Singen die Knie mal

gleichzeitig, mal abwechselnd das rechte und linke. Das Kind wird versuchen, sein Gleichgewicht selbst auszubalancieren. Besonderen Spaß macht es, wenn es zwischen Ihren Knien überraschend in den Graben plumpst.
Das Kind kann sich bei dem Lied auch auf Ihre Knie stellen. Barfuß ist das eine gute Fußgymnastik. Unterbrechen Sie das Spiel nicht abrupt, sondern führen Sie es immer zu Ende.

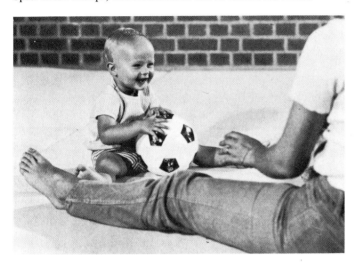

Ballspiele

Bälle jeglicher Größe und Beschaffenheit üben einen Anreiz auf Kinder aus. Das Kind kullert sie, wirft sie und schiebt sie mit den Füßen. Oft spielt das Kind mit mehreren Bällen zugleich und möchte alle für sich alleine haben. Erst allmählich lernt es, den Ball auch an andere Spielpartner zu geben.
Setzen Sie sich mit gegrätschten Beinen Ihrem Kind gegenüber auf den Boden. Nun rollen Sie den Ball hin und her.
Geben Sie sich den Ball gegenseitig mit den Händen. Halten Sie den Ball so hoch, daß sich Ihr Kind danach recken und strecken muß. Lassen Sie Ihr Kind den Ball, den Sie mit den Händen hochhalten, im Sitzen mit den Füßen ergreifen und festhalten.

Kleine Fußgymnastik

Spielerische Übungen zur Kräftigung der Fußmuskulatur und der Gelenke werden jetzt wichtig. Ihr Kind ist viel auf den Beinen, und die Füße werden stark beansprucht. Lassen Sie es so oft wie möglich barfuß laufen: über den Teppich, über kleine Kissen oder sonstige Unebenheiten am Boden, über Rasenflächen, Kieselsteine, weichen Sand.
Ihr Kind balanciert mit Ihrer Hilfe über einen Besenstiel, der am Boden oder über zwei auseinanderstehenden Stühlen liegt.
Locken Sie es, auf Zehenspitzen zu stehen, indem Sie etwas Begehrenswertes in die Höhe halten. Fragen Sie: „Wie groß bist du?" – „Wie klein bist du?" Einmal steigt Ihr Kind hoch auf die Zehenspitzen – dann hockt es sich hin und macht sich ganz

0–3

klein. Achten Sie darauf, daß es sich dabei auf die ganze Fußsohle setzt.

Setzen Sie sich mit Ihrem Kind in den Schneidersitz, wenn Sie am Boden spielen. Kitzeln Sie aus Spaß ab und zu die Fußsohlen des Kindes. Legen Sie einen Bleistift oder den Zeigefinger quer unter die Zehen. Das Kind wird spontan die Zehen krümmen. Danach berühren Sie auch den Fußrücken mit den Fingern oder mit einem Bleistift. Es wird dann ebenso schön die Zehen heben und spreizen.

Im dritten Lebensjahr versucht das Kind zum ersten Mal, auf einem Bein zu stehen. Achten Sie darauf, daß Ihr Kind auch mit dem Bein übt, auf dem es nicht so gut stehen kann.

Zur Musik können Sie im Sitzen zusammen mit Ihrem Kind mit den Fersen auf den Boden klopfen, mit den Zehenspitzen tippen oder mit den Fußflächen klatschen, später im rhythmischen Wechsel.

Nachahmungsspiele

Ihr Kind ahmt und lebt in dieser Zeit alles nach: Es krabbelt und bellt mit großem Vergnügen wie ein Hund und freut sich riesig, wenn Sie mitmachen. Es ahmt das Auto und die Eisenbahn in Bewegung und Sprache nach. Es ahmt auch Sie und alles nach, was sich im Haushalt und in der Familie abspielt. Vom sprachlichen Verstehen her ist es so weit, daß es kleine Aufträge ausführen kann. Lassen Sie es beim Staubwischen, Fegen und Schrubben auf seine Weise helfen, die Tasche, das Kissen, den Korb an einen bestimmten Platz tragen. Greifen Sie solche Situationen auf und machen Sie Bewegungsspiele daraus.

Wasserspiele

Ungefähr ab dem ersten Lebensjahr badet Ihr Kind in der großen Badewanne. Legen Sie eine Badematte hinein, damit es nicht ausrutscht und sich verletzt. Hat Ihr Kind Spaß am Planschen, ermutigen Sie es und regen Sie es durch Spielereien an. Ist es wasserscheu, so können Sie diese Angst mit sanften Wasserspielereien und ein bißchen Geduld und liebevollem Verständnis abbauen. Vor allem: Setzen Sie Ihr Kind immer in angenehm warmes Wasser! Das Wasser sollte ihm etwa bis zum Bauchnabel reichen.

Lassen Sie es mit Händen und Füßen planschen, kleine Wellen machen, einen Tischtennis- oder Tennisball über die Wasserfläche pusten, mit dem Mund ins Wasser tauchen und blubbern (ins Wasser pusten), einen nassen Waschlappen auf den Kopf legen, sich einen Becher Wasser über den Kopf gießen. Lassen Sie es sich auf den Bauch, danach auf den Rücken legen.

Lassen Sie es mit dem Gesicht ins Wasser tauchen, am Besenstiel, den Sie senkrecht in die Badewanne stellen, mit den Händen hinunterkrabbeln, eine Brause über den Kopf halten und ordentlich prusten. Mit dem Kopf unter Wasser einen Moment ausharren. Unter Umständen ist es wichtig, daß Sie die Wassergewöhnungsübungen vor- und mitmachen. Fühlt sich das Kind dabei wohl, lernt es später um so leichter schwimmen.

Musik

In den ersten Lebensjahren sammelt das Kind seine musikalischen Erfahrungen in der nächsten Umgebung. Es hört andere sprechen, es lernt selber sprechen, es stürzt sich oft spontan auf eine Klang- oder Geräuschquelle. Es horcht Tönen lange und aufmerksam nach und läßt sich weniger ablenken als später, wenn es von einem bestimmten Geräusch gefesselt ist. Es ist ganz Ohr, voll Neugier auf alles Akustische und voll Lust und Bereitschaft, das Gehörte in seine Sprache zu übertragen, nachzuahmen und auszudrücken.

Horchspiele

Psst! – Ganz still! Die gespannte Haltung der Mutter, die den Finger an den Mund hält, läßt das Kind etwas Besonderes erwarten. Es hält die Luft an und lauscht. Das „Still"-Spiel, bei dem scheinbar nichts geschieht, macht das Kind besonders aufmerksam. Es hört genau auf das, was um es herum passiert. Horch! Das Gebell eines Hundes, das Telefon von nebenan, eine Fliege an der Fensterscheibe, all dies verfolgt Ihr Kind mit größter Aufmerksamkeit. Es ist, als entdecke es dies zum ersten Mal.

 0-3

Kennst du das? Ein Hör- und Ratespiel mit dem Tonband. Wenn sich ein Tonbandgerät oder ein Kassettenrecorder auftreiben läßt, können Sie mit dem Kind zusammen einige Geräusche aus seiner Umwelt aufnehmen. Beim anschließenden Abhören wird es dann voller Spannung und Spaß das Familienauto, das Klappern des Geschirrs in der Küche und andere vertraute Geräusche und Stimmen – sogar sich selbst – wiedererkennen und neu entdecken.

Dasselbe Spiel kann auch ohne Tonbandgerät durchgeführt werden, etwa im Nebenzimmer mit zugehaltenen Augen oder hinter einem Vorhang. „Horche, horche, was ist das? Es ist kein Fuchs und ist kein Has' ..." Einmal ist es das Klappern der Schreibmaschine, dann das Rasseln des Schlüsselbundes oder das Rücken eines Stuhles.

Bilderbuch und Lautmalerei. Nehmen Sie sich Zeit für eine Geschichte mit vielen verschiedenen Personen, Tieren oder Gegenständen. Während Ihr Kind sich die Bilder anschaut, wird es sie akustisch ausmalen wollen. Wie macht das Auto? Wie klingen die Regentropfen? Indem es Geräusche und Klänge nachahmt, entdeckt das Kind im spielerischen Umgang mit Stimme und Sprache immer neue Ausdrucksmöglichkeiten.

Bewegen, sprechen, singen! Manche Geräusche werden Ihr Kind ganz besonders zum Spiel anregen. Es spielt einen Frosch, der hüpft und quakt, es spielt sägen, es ist eine Eisenbahn, und alle müssen dabei mitmachen.

So wie es mit seiner Stimme bestimmte Geräusche nachzuahmen versucht, wird es dies auch mit seinen Fingern tun. Es spielt Regentropfen auf dem Fell einer Trommel, indem es mit den Fingernägeln auf der Tischplatte schabt.

Auf der Eisenbahn

Die Kinder gehen hintereinander und bewegen ihre Arme wie die Räder einer Dampflok. Bei „Kinderlein, Kinderlein" legen sie die Hände auf die Schultern des Vordermannes und erhöhen die Geschwindigkeit.

Geräuschspiele mit verschiedenen Materialien

Das Kind reagiert intensiv auf akustische Reize seiner Umwelt. Deshalb wird es oft von selbst auf bestimmte Klangquellen zugehen und sie näher untersuchen. Nichts ist vor seinem Entdeckungseifer sicher! Wasser, Glas, Holz, Papier, Metall, Plastik oder Stein, jedes Material fühlt sich anders an, klingt verschieden, je nachdem was Ihr Kind damit macht. Hier kann es Gespür für verschiedene Materialien entwickeln, hier sucht es den Ton, den jedes Lebewesen und jeder Stoff von sich gibt.

Holz: Das Kind schlägt mit einem Bauklotz verschiedene Gegenstände an und horcht auf die entstehenden Geräusche. Ob Tischplatte, Fußboden oder Blecheimer, immer klingt es anders.
Aus Bauklötzen oder anderen Holzgegenständen baut sich das Kind einen Turm, den es anschließend mit großem Spaß wieder umwirft. Das Poltern sollten die Erwachsenen ihm zuliebe eine Zeitlang ertragen. Wenn das Ganze zu laut wird, kann Ihr Kind mit zwei Holzklötzen sein Lieblingslied begleiten.
Eine hölzerne Gardinenkugel rollt über den Fußboden. Sie stößt an klingende, klappernde und klirrende Hindernisse oder springt die Treppe hinunter.
Beim Spaziergang kann Ihr Kind mit einem Stock einen Gartenzaun bespielen. Dasselbe wird es sicher zu Hause am Treppengeländer oder am Heizungskörper wiederholen wollen.

Papier: Es lohnt sich, alle Arten Papier zu sammeln. Sie werden sehen, welchen Spaß Ihr Kind an den folgenden Papierspielen hat. Ob Seidenpapier, Packpapier, Sandpapier, Alufolie oder Pergamentpapier: alles wird betastet, zerrissen, zerfetzt, geknüllt, geknittert oder gerollt. Dabei werden Sie immer wieder beobachten können, wie genau das Kind hinhört.
Es fährt auch gern mit den Fingern über Wellpappe oder ratscht mit einem Stöckchen darauf entlang.
Aus Pappkartons, Papprühren oder Waschmitteltonnen baut das Kind sich Schlangen, Tunnels oder Türme, die es dann aus Lust am Getöse umwirft. Schließlich kann es darauf trommeln oder die einzelnen Behälter mit rasselnden Dingen füllen und wieder ausleeren.
Lassen Sie Ihr Kind trotz allem nicht zu lange mit seinen Hör-Erfahrungen allein. Es freut sich, wenn Sie Kontakt mit ihm aufnehmen: Man kann sich zum Beispiel durch gerolltes Papier anschauen, einander ins Ohr blasen, miteinander telefonieren; sich in Alufolie spiegeln oder durch Pergamentpapier fensterln.

Metall: Wenn Sie gerade in der Küche beschäftigt sind, ist das für Ihr Kind kein Hindernis, sich musikalisch zu betätigen. Im Gegenteil: gefahrlos aus- oder umgeräumte Küchenschubladen und -schränke sind ein ideales musikalisches Jagdgebiet für Kinder in diesem Alter. Hier findet man Topfdeckel, die man aneinanderschlagen kann. Man kann mit Löffeln auf Kochtöpfen oder Blechdosen trommeln, Becher und Siebe mit allerlei rasselnden kleinen Dingen (Reis, Nudeln oder Suppenerbsen) füllen. Diese Rasseln wird das Kind immer wieder ausleeren, umfüllen, schütteln und dabei horchen.

0-3

Stein: Auch Steine können klingen, und musikalische Spiele machen auch im Freien, beim Baden oder Spazierengehen Spaß!
Beobachten Sie Ihr Kind, wenn es viele kleine Steine in seinen Sandeimer füllt, sie einzeln oder mit der ganzen Hand hineinfallen läßt. Wie es den Eimer schüttelt, wie es immer wieder horcht. Suchen Sie mit ihm zusammen zwei größere Steine, die es aneinander schlagen kann. Dann läßt es sie einzeln über das Straßenpflaster hüpfen oder wirft sie nacheinander ins Wasser. Je nachdem, ob die Steine groß oder klein sind, klingen sie dunkler oder heller, lauter oder leiser.
Eine Kanalisationsröhre am Straßenrand lockt Ihr Kind zum Spielen. Es kann mit einem harten Gegenstand daran klopfen, laut und leise hineinrufen und über den hallenden Klang staunen. Es läßt Steine hindurchrollen und kriecht schließlich selbst hinein.

Allererste selbstgebaute Instrumente

Wieviel Spaß bedeutet es für ein Kind in diesem Alter, etwas Rasselndes oder Klingendes in der Hand zu halten, während es sich selbst bewegt und tanzt! Mit Hilfe des Erwachsenen kann es sich einfache Klangspielzeuge selber machen, oder es darf älteren Kindern helfen, die sich Instrumente bauen.
Rasseln: Dosen, Schachteln, (leere) Tablettenröhrchen oder Plastikflaschen kann Ihr Kind sich schon selbst mit kleinen harten Dingen wie Kieselsteine, Murmeln, Glasperlen füllen. Es rollt sie, schüttelt sie und leert sie wieder aus. Beim Hopsen und Tanzen nach Musik hält es sie in der Hand!
Schüttelringe, Glöckchenbänder: Das Kind fädelt Glöckchen, durchlöcherte Kronkorken oder Knöpfe auf einer Schnur auf. Anschließend werden sie dem kleinen Tanzbär um Hals, Hände oder Füße gebunden.

Blumentopfglocken: Verschieden große Blumentöpfe werden frei aufgehängt und mit einem Stock angeschlagen. Ihr Kind wird je nach Größe der Blumentöpfe verschiedene Klanghöhen wahrnehmen.
Bongos, Trommeln: Waschmitteltonnen, Papprohre oder -kartons kann das Kind mit Kochlöffeln oder Holzstäben betrommeln. Es wird ihm auch Spaß machen, diese großflächigen Gegenstände mit Fingerfarben oder breitem Pinsel anzumalen.
Reiben, Ratschen: Zwei Streichholzschachteln können mit der Reibefläche aneinandergerieben werden. Dasselbe Geräusch, nur etwas verstärkt, ergibt sich mit zwei Bauklötzen, die mit Sandpapier überzogen wurden. Ratschengeräusche entstehen, wenn das Kind mit einem Stöckchen (Finger) über ein Stück Wellpappe, einen gerillten Plastikschlauch oder ein gekerbtes Brett fährt.

Zupfschachtel: Über eine Plastik- oder Pappschachtel (Joghurtbecher) spannt sich das Kind ein oder mehrere Gummibänder und zupft daran. Hier kann es den Ton gleichzeitig hören und fühlen. Es braucht nur ganz sachte den schwingenden Gummi zu berühren. Sicher wird es auch das Gummi auf der Rückseite der Schachtel schnipsen und über das scharfe, kurze Geräusch erstaunt sein!

Fingerkastagnetten: Zwei Plastikverschlüsse einer Flasche oder zwei halbe Walnußschalen werden an zwei Schlaufen befestigt und mit Daumen und Zeigefinger aneinandergeschlagen.

Kinder spielen auf Musikinstrumenten

Die kindliche Neugier macht nicht vor den Instrumenten der Erwachsenen halt. Das Kind untersucht jedes Instrument, das es vorfindet, und versucht, darauf zu spielen. Fördern Sie dies so intensiv wie möglich, denn nur so kann es die Liebe zu einem ganz bestimmten Instrument entdecken.

Schlaginstrumente: Das Spiel auf Schlaginstrumenten, sei es mit Händen oder weichen Schlegeln, bedeutet für ein Kind in diesem Alter höchstes Vergnügen. Hier kann es, während es spielerisch experimentiert, seinen Körper, seine Hände und Finger teils exstatisch heftig, teils sensibel einsetzen. Während es nach Herzenslust trommelt, können Sie ihm anders gestimmte oder andersartige Schlaginstrumente zuschieben. Diese Klangveränderungen beflügeln seine Lust zu spielen!

Das Kind wird intensiv zuhören, wenn es auf dem Trommelfell mit den Fingern schabt, kratzt oder reibt. Mit Vergnügen klopft es auch am hölzernen Rahmen oder läßt Glöckchen und Kugeln auf das Trommelfell fallen. Schließlich wird es gar die Trommel umdrehen, um sie mit allerlei Dingen zu füllen, die es dann zu geräuschvollem Kreisen bringt.

Auf jeden neuen Klang, jedes neue Geräusch reagiert es entweder atemlos gespannt oder brummend und singend oder aber mit lautem, begeistertem Schreien. Oft kann auch ein Lied der Auslöser für ein neues Spiel am Instrument sein. Zum Beispiel begleitet es gern Lieder wie „Regentröpfchen" oder „10 kleine Zappelmänner" mit den Fingerspitzen auf dem Trommelfell.

2. Zehn kleine Zappelmänner zappeln auf und nieder. Zehn kleine Zappelmänner tun das immer wieder.

3. Zehn kleine Zappelmänner kriechen ins Versteck. Zehn kleine Zappelmänner sind auf einmal weg.

Gemeint sind natürlich die zehn Finger, die während des Singens flink herumzappeln und dann bei der letzten Strophe verschwinden.

Flöte: Auch dieses Instrument eignet sich für Ihr Kind zum spielerischen Experimentieren. Es bläst oder singt hinein. Es entdeckt, wie sich beim heftigen Hineinblasen, beim Überblasen der Ton überschlägt, und daß es hineinmeckern oder -stottern kann. Die kleinen Finger rutschen über die einzelnen Löcher hinweg, und das Kind staunt über die melodische Rutschbahn. Wenn es die Hand vor der Öffnung bewegt, entsteht ein zwit-

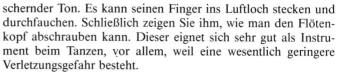

schernder Ton. Es kann seinen Finger ins Luftloch stecken und durchfauchen. Schließlich zeigen Sie ihm, wie man den Flötenkopf abschrauben kann. Dieser eignet sich sehr gut als Instrument beim Tanzen, vor allem, weil eine wesentlich geringere Verletzungsgefahr besteht.

Gitarre, Zither, Mandoline: Solche oder ähnliche Instrumente bieten eine reiche Skala von Klängen und Geräuschen. Sie lassen sich zupfen, streichen oder mit Schlegeln und Stäben anschlagen. Man kann ein paar Erbsen in ihrem Bauch rollen lassen, das hölzerne Gehäuse abklopfen, man kann Papierstreifen oder einen dicken Stoffstreifen durch die Saiten ziehen und daran zupfen.

Xylophon, Glockenspiel: Mit sichtlichem Vergnügen spielt Ihr Kind auf einem solchen Stabspiel. Es schlägt einzelne Töne mit dem Schlegel an oder rutscht damit über die verschiedenen Plättchen, was so ähnlich wie Wasserrauschen klingt. Sehr gerne läßt es Glöckchen oder ein kleines Spielzeugauto darüberrollen. Schließlich wird es sich kaum daran hindern lassen, das Ganze abzubauen, die einzelnen Plättchen gegeneinanderzuschlagen, den Holzkasten damit zu füllen und ihn geräuschvoll wieder auszuleeren.

Sprache, Lied, Musiktheater

Singen und Summen hängt für ein Kind in diesem Alter ebenso mit Entwicklung der Sprache zusammen wie auch mit der späteren Fähigkeit, nach einer bestimmten, festgelegten Melodie zu singen. Die Lust zum Singen ist groß: Spontan besingt das Kind Bilder aus seinem Bilderbuch. Singend begleitet es seine Bewegungen und sein Spiel. Es experimentiert singend mit der Sprache, indem es immer wieder neue Laute und Worte erfindet. Freuen Sie sich und singen Sie mit! Eine gesungene Unterhaltung mit Ihrem Kind nützt ihm mehr als Ihr Bemühen, ihm ein „richtiges" Lied beizubringen.

Atem-Spiele: Pusten Sie mit Ihrem Kind um die Wette: Pingpong-, Papierbälle, Wattebäusche oder Luftballons. Das kräftigt seine Lunge und zeigt ihm Kraft und Wirkung seines Atems.

Lassen Sie es an verschiedenen Blumen riechen und dabei tief einatmen.

Das Kind bläst oder haucht in ein Plastikrohr (Schlauch oder Trichter), in Ihr Ohr oder seine Hand. Dabei erfährt es, daß Atem warm und kalt sein kann.

Sprachspiele mit Versen und Liedern: Nehmen Sie Ihr Kind auf den Schoß oder setzen Sie sich ihm gegenüber. Nun tasten Sie sich gegenseitig den Mund ab und singen gemeinsam, indem beide die Hand vor dem Mund bewegen: a-e-i-o-u.

Sie halten sich gleichzeitig beim Singen die Nase zu.

Die Backen werden aufgeblasen und durch Hineinstupfen zum Platzen gebracht.

Können Sie schnalzen? Dann versuchen Sie es gemeinsam mit Ihrem Kind.

Während des Singens wird die Zunge schnell an der Oberlippe bewegt.

Reiche Ausdrucksmöglichkeiten bieten Tierlaute: brummen, meckern, miauen, gurren, sei es laut oder leise, hoch oder tief.

Dabei ahmt das Kind immer die entsprechenden Bewegungen der Tiere nach.

Abzählverse, Kniereiter- oder Krabbelverse machen dem Kind viel Spaß. Sie können sie mit ihm sprechen, singen oder das Kind bestimmte Worte ergänzen lassen. (Mehr darüber unter Sprache.)

Kletterbüblein

Volksgut
Melodie: Wilhelm Keller

Steigt das Büb-lein auf den Baum, ei, wie hoch, man sieht es kaum! Hüpft von Ast zu Äst-chen, schlüpft zum Vo-gel-nest-chen. Ui, da lacht es! Bums, da kracht es! Plumps, da liegt es un-ten!

Bei dieser Note kann das Kind jeweils selbst den Ton finden oder untermalen durch Jauchzen, Fingerschnalzen, Klatschen ...

Dieses Spiel ist als Fingerspiel ausführbar. Zu „steigt das Büblein": Die Finger der einen Hand krabbeln am hochge-

0–3

streckten Unterarm des andern Arms, der das Bäumchen darstellt (mit den Fingern als Äste) im Rhythmus des Liedes hoch (bis „kaum").
Zu „hüpft von Ast zu Ästchen": Antupfen der Fingerspitzen (der Äste des Bäumchens).
Zu „schlüpft zum Vogelnestchen": Der Zeigefinger tupft in die Handmitte (die Finger der „Baumhand" krümmen sich und stellen jetzt den Rand des Nestchens dar).
Zu „Ui, da lacht es": in die Finger klatschen.
Zu „Bums, da kracht es!" Auf die Oberschenkel oder auf die Tischplatte schlagen.
Zu „Plumps…" lassen sich alle auf den Boden fallen.
Lieder müssen nicht erst gelernt werden! Das Kind singt sie spontan zu Bildern aus seinem Bilderbuch.
Lieder müssen noch nicht richtig gesungen werden! In diesem Alter singt Ihr Kind bekannte und unbekannte Lieder, die es irgendwo aufgeschnappt hat oder die ihm gerade in den Sinn kommen, auf seine Art zu Ende.
Manchmal errät es bereits Lieder, von denen es nur die Melodie hört, indem es von Ihnen ein Stichwort bekommt wie etwa: „vom Hänschen" oder „vom Männlein im Walde".
Weil's Spaß macht und zur Festigung der Melodie können Sie Ihrem Kind den Vorschlag machen, ein bekanntes Lied in einer Tiersprache zu singen.

2. Er kommt am späten Abend,
wenn alles schlafen will,
hervor aus seinem Hause
zum Himmel leis und still.

3. Dann weidet er die Schäfchen
auf seiner blauen Flur,
denn all die vielen Sterne
sind seine Schäfchen nur.

4. Sie tun sich nichts zuleide,
hat eins das andre gern,
und Schwestern sind und Brüder,
da oben Stern an Stern.

Wer hat die schönsten Schäfchen

Singspiele: Ihr Kind liebt es, von Ihnen in den Schlaf gesungen und gewiegt zu werden. Für ein solches Spiel muß es nicht erst Abend werden, es ist auch während des täglichen Spiels eine wichtige Entspannungsmöglichkeit. Das beruhigende Einsingen wiederholt das Kind dann mit seiner Puppe oder einem kleinen Freund.
Es erfindet sogar selbst aus Klangwörtern oder -silben ein eigenes Schlaflied. Bestimmte Musik oder rhythmische Impulse verwandeln das Kind oft spontan in ein Auto, ein galoppierendes Pferd oder eine kriechende Schnecke.
Mit mehreren Kindern zusammen spielt das Kind Feuerwehr, Eisenbahn oder Tierspiele, noch ohne Szenenfolge. Es singt und bewegt sich dazu.
Seine Kasperlepuppen regen das Kind auch oft zu einem Zwiegespräch oder Zwiegesang an.
Fingerspiele mit Gesang findet das Kind besonders schön, wenn auf die Finger Gesichter gemalt oder Hütchen gesetzt wurden.

Musik, Bewegung, Tanz

Schon bei ganz kleinen Kindern läßt sich beobachten, in welch engem Zusammenhang Musik und Bewegung stehen. Das Kind reagiert unmittelbar und mit seinem ganzen Körper auf Musik. Sein Gesicht spiegelt höchstes Vergnügen oder großen Ernst, es erlebt sich selbst, macht sich frei und entdeckt zum ersten Mal ganz unbewußt eine Ausdrucksform für seine Gefühle.

Tanzspiele: Zur Musik oder einem Rhythmus, den Sie auf der Trommel schlagen, tanzt und hopst das Kind auf Polstern. Besonderen Spaß macht es ihm, wenn es dabei Rasseln, Glöckchenbänder, Flötenköpfe oder Mundharmonikas in den Händen hält, oder wenn Luftballons und bunte Tücher mitfliegen und mittanzen.
Das Kind tanzt gern auf Ihrem Arm, an Ihrer Hand oder auf den Schultern des Vaters.

Bewegungsspiele mit anderen Kindern: Zwei Kinder sitzen sich gegenüber, fassen sich an den Händen und schaukeln wie ein Schiff. Eines reitet auf dem anderen und schaukelt als Schnecke oder Pferd durch den Raum.
Mehrere Kinder fassen ein Tuch mit an. Sie bewegen oder spannen es und werfen klingende Dinge hinein, die sie durch die Tanzbewegung zum Rasseln bringen.
Ein Kind legt sich auf das Tuch. Es wird geschüttelt, gerollt, geschaukelt oder gewiegt, je nach Art der Musik. Dabei soll es darauf vertrauen lernen, daß es nicht fallen gelassen wird.
Kinder halten sich an einem Seil fest und bewegen sich zur Musik als Schlange durch den Raum. Sie bilden einen Kreis oder schnüren sich zusammen.
Zwei Freunde halten sich aneinander fest. Sie drehen sich, hopsen, stampfen oder hüpfen gemeinsam zur Musik.

0-3

Reaktionsspiele: Das Kind bewegt seine Füße, Hände und Finger. Es klopft, patscht, poltert oder trommelt und begleitet dies mit den entsprechenden Sprachlauten; Platsch, tip, patsch ...
Während Sie auf einem Tamburin oder auf der Tischplatte einen Schlagrhythmus improvisieren, bewegt sich das Kind frei im Raum. Sobald Sie die Spielart wechseln und z.B. mit den Fingern auf dem Fell kreisen oder schaben, sollte das Kind darauf reagieren: Es hält still oder legt sich hin und tut, als ob es schliefe. Gehen Sie wieder auf den Schlagrhythmus über, so tanzt es weiter. Wichtig: möglichst keine verbale Aufforderung!

Sing- und Bewegungsspiele: Lieder und Verse eignen sich sehr gut dazu. Kniereiter-Lieder wie „Hoppe Reiter" oder „Steigt ein Büblein auf den Baum" sind uralte und immer wieder beliebte Spiele.
Krabbelverse und -lieder: „Da kommt die Maus, da kommt die Maus, klingelingeling! Ist der Herr zu Haus?"
Finger- und Fußbewegungsspiele: „Da läuft ein Weglein, da springt ein Häslein."
Spiel und Bewegung im Kreis: „Häschen in der Grube" oder „Ringel Reihe".
Tanzen und Springen: „Es tanzt ein Bi-Ba-Butzemann".
Oder „Ri-Ra-Rutsch". Dabei spielen zwei Kinder abwechselnd Kutsche und Pferd.

Der Kreisel

Ich bin ein Männlein klitzeklein und tanze stets auf einem Bein. Ich kann mich drehen wie der Wind, herum di di bum, im Kreis, geschwind.

Die Peitsche knallt mir um das Ohr.
Das kommt mir, ach, so lustig vor.
Da hört es auf. Jetzt fall ich um.
Mir war's von dem Drehen schon ganz dumm.

Text: Ursula Reichart-Klaus
Melodie: Richard Rudolf Klein

Bildnerisches Gestalten

Krikelkrakel

Material: Bleistifte verschiedener Härtegrade, Buntstifte, Wachskreiden, Tafelkreide, allerlei Papierreste, Packpapier, unbedrucktes Zeitungspapier etc.

Das Kind beobachtet, wie andere schreiben und zeichnen. Sobald es den Bleistift halten kann, nimmt es ihn selbst in die Hand und macht sich mit dem neuen Instrument vertraut. Oft müssen Bleistift und Papier einen Strapazierfähigkeitstest bestehen: Das Kind führt den Stift mit der Faust auf dem Papier herum und freut sich über die entstehende Spur.
Später werden die Bewegungen schneller, bald geht es wild hin und her und meistens im Kreis herum, bis ein richtiges Knäuel entsteht. Dann wieder hackt die Bleistiftspitze auf das Papier ein. Häufig werden die rhythmischen Kritzelbewegungen mit

0–3

dem ganzen Körper begleitet und mit Lauten oder Gesang. Alles ist noch eine Einheit: das Zeichnen, das Turnen, das Sprechen und Singen; all dies wird aus dem gleichen bewegungsintensiven Körpergefühl gespeist. Der Malstift wird mit der Faust gepackt, wodurch er nur mit der Bewegung des Armes geführt werden kann.

Dieses Kritzeln ist wichtig und unwichtig zugleich. Wichtig, weil das Kind sein Lebensgefühl, seine Freude in der Körperbewegung zum Ausdruck bringen kann, und weil es an der sichtbar gewordenen Spur lernt, die eigenen Bewegungen zu kontrollieren.

Unwichtig ist das Ergebnis der Kritzelei in Hinblick auf falsche Erwartungen der Erwachsenen, die ungeduldig auf eine erkennbare Zeichnung, auf ein „schönes Bild" hoffen. Haben Sie Geduld; das erste Männlein erscheint von selbst, wenn das Kind den dafür nötigen Entwicklungsstand erreicht hat. Versuchen Sie nicht, die Wartezeit dadurch abzukürzen, daß Sie Ihrem Kind mit „Pünktchen-Pünktchen-Komma-Strich" etwas vorzeichnen, das es nicht nachvollziehen kann und auch noch gar nicht will. Es hat jetzt noch andere Dinge zu tun. Es muß alle Materialien kennen und handhaben lernen. Welche Spuren hinterläßt ein weicher Bleistift, welche ein harter? Wie kriegt man es fertig, trotz heftig rührender Krakelbewegung auf dem Blatt Papier zu bleiben und nicht darüber hinauszufahren? Kreiden hinterlassen andere Striche als Bleistifte und Buntstifte, Tafelkreiden andere Spuren als Wachskreiden.

Und erst die verschiedenen Papiere! Auf glatter Oberfläche gleitet der Stift anders als auf einer rauhen. Bedrucktes Papier regt in anderer Weise zum Krakeln an als unbedrucktes, liniertes oder kariertes Papier. Geben Sie Ihrem Kind auch einmal zwei Stifte in die Hand, in jede Faust einen, und dazu einen ganz großen Papierbogen. Mit beiden Armen arbeitet es sich besonders gut.

Wenn das Kind anfängt, die Tapeten Ihres Wohnzimmers zu verzieren, überlegen Sie, ob Sie tatsächlich immer genügend Zeichenpapier, eine Wandtafel, zerschnittene Papiertüten und so weiter haben, zu denen das Kind auch jederzeit Zugang hat, wenn es die Lust nach krakeliger Betätigung verspürt.

Filzschreiber und Kugelschreiber sollte das Kind erst dann in das Sortiment seiner Zeichenmaterialien aufnehmen, wenn es über das Alter hinaus ist, in dem die neuen Gegenstände zuerst mit dem Mund untersucht werden.

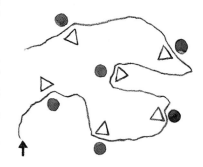

Kritzelbrief: Das Kind beobachtet, wie der Vater oder die Mutter einen Brief schreibt. Also schreibt es auch einen! Natürlich an die Oma.

Autofahrt: Kann das Kind die Linienspur schon bewußt in eine bestimmte Richtung steuern und ein Ziel anpeilen, dann ist der Stift ein Auto, das man lenken kann!
Material: Papier, Bleistift (Buntstift).
Markieren Sie auf dem Papier verteilt verschiedene Stellen durch einen großen Punkt, ein Dreieck, einen Kreis und so weiter. Das sind Tankstellen. Mit viel Gebrumm setzt das Kind sein Auto (Bleistift) vom Blattrand aus in Bewegung. Sie zeigen auf eine Markierung, die das Auto zuerst ansteuern soll. So geht die Fahrt von Station zu Station.
Perfekte Autofahrer können Tore passieren und komplizierte Fahrten auf Slalomstrecken unternehmen. Dazu sind jeweils 2 Markierungen nötig, die sich in Farbe oder Form deutlich unterscheiden. Sie müssen links oder rechts umfahren werden.

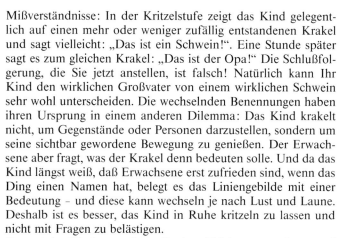

Mißverständnisse: In der Kritzelstufe zeigt das Kind gelegentlich auf einen mehr oder weniger zufällig entstandenen Krakel und sagt vielleicht: „Das ist ein Schwein!". Eine Stunde später sagt es zum gleichen Krakel: „Das ist der Opa!" Die Schlußfolgerung, die Sie jetzt anstellen, ist falsch! Natürlich kann Ihr Kind den wirklichen Großvater von einem wirklichen Schwein sehr wohl unterscheiden. Die wechselnden Benennungen haben ihren Ursprung in einem anderen Dilemma: Das Kind krakelt nicht, um Gegenstände oder Personen darzustellen, sondern um seine sichtbar gewordene Bewegung zu genießen. Der Erwachsene aber fragt, was der Krakel denn bedeuten solle. Und da das Kind längst weiß, daß Erwachsene erst zufrieden sind, wenn das Ding einen Namen hat, belegt es das Liniengebilde mit einer Bedeutung – und diese kann wechseln je nach Lust und Laune. Deshalb ist es besser, das Kind in Ruhe kritzeln zu lassen und nicht mit Fragen zu belästigen.

Kommt das Kind von selbst mit seiner Zeichnung an, deutet auf das Blatt und erzählt eine Geschichte, dann ist die Zeichnung Anlaß und nicht Ziel, dann dient sie als Eintrittskarte für ein Gespräch, das das Kind mit Ihnen sucht. Das Papier ist bald vergessen, wenn der Vater zuhört und sich im Sprechen dem Kind zuwendet.

Fingerfarben-Malerei

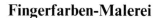

In der Kritzel- und Schmierperiode will und kann das Kind noch nichts Erkennbares gestalten. Es tobt seine Bewegungslust aus und freut sich, daß seine Arm- und Fingerbewegungen eine sichtbare Spur hinterlassen. Diese Erfahrung ist ungeheuer wichtig für das Kind und sein seelisches Wohlbefinden. Dafür kann man auch mal etwas Unordnung in Kauf nehmen.

0-3

Fingerfarben sind extra zum Malen mit den Händen gemacht worden. Sie sind ungiftig und nur dann schädlich, wenn sie in größeren Mengen verzehrt werden, dazu aber schmecken sie nicht gut genug. Die Töpfe, in denen die leuchtenden Fingerfarben aufbewahrt werden, sind so groß, daß das Kind mit der ganzen Hand hineinlangen kann. Für die Mutter interessant: Fingerfarben sind wasserlöslich und aus- und abwaschbar. Trocknen die Farben aus, weil der Deckel nicht richtig zugemacht wurde, lassen sie sich mit Wasser wieder weichrühren. Fingerfarben sind in Bastlergeschäften, in Läden für Mal- und Zeichenbedarf oder im Spielwarenhandel erhältlich.
Das Finger-Malspiel hinterläßt Spuren. Deshalb braucht das Kind einen Kittel (altes Herrenoberhemd) oder eine große Schürze und waschmaschinenfeste Kleidung. Ein großes Plastiktuch dient als Unterlage oder gleich als Malgrund. Seine glatte Oberfläche ist zum Schmieren besonders gut geeignet, auch weil sie sich schnell abwaschen und immer wieder verwenden läßt. Ideal ist auch eine weiße Resopalplatte, die entweder auf den Boden auf das Plastiktuch gelegt oder an der Wand befestigt wird. Ein Eimer angewärmtes Wasser und ein altes Handtuch sollten auch bereit sein, damit sich das Kind zwischendurch die Hände säubern kann. Und schon kann's losgehen! Anregungen braucht das Kind nicht, die ergeben sich von selbst. Wichtig ist nur, daß das Kind auf die Sauberkeit der Farben in den Töpfen achtet. Steigen die Finger von einer Farbe auf die andere um, sollten die Hände schnell im Wassereimer abgewaschen werden.

Natur und Sachwelt

0–3

Schauen, Hinschauen, Zuschauen

Wenn das Kind knapp einen Monat alt ist, hat es jeden Tag seine wachen Zeiten, in denen es mit offenen Augen im Bettchen liegt und seine Umgebung in sich aufnimmt – es horcht und schaut. Die Mutter kann dann beginnen, ihm die bunte Formenvielfalt der Natur zu zeigen, ohne die Ruhe zu stören und den Schlaf zu verkürzen. Aber Ruhe und Frieden müssen ja nicht eintönig sein! Mehr als Zeigen ist in dieser frühesten Säuglingszeit nicht möglich und auch nicht gut.

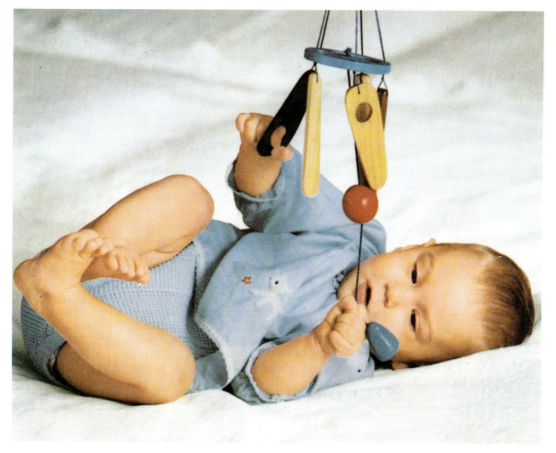

0-3

Am Bettchen steht: Eine Vase mit bunten Blumen oder Zweigen voller Blätter. Eine Topfpflanze, die wächst oder aufblüht.
Der Käfig mit dem singenden Kanari oder dem zwitschernden Wellensittich.
Im Sommer am offenen Fenster: Der Wind bewegt den Vorhang, spielt in Blättern.
An einem stürmischen Tag schaut das Kind den ziehenden Wolken zu.
Im Winter schaut es dem Betrieb im Vogelfutterhäuschen zu.
In der Nähe der Heizung hängt eine Wärmeschlange, ein Windrad oder ein Mobile, die sich im Aufwind bewegen. (Siehe Seite 289 ff.)
Die Mutter setzt sich mit einer ruhigen Arbeit in des Kindes Blickfeld, oder es schaut, wenn es älter als 3 Monate ist, seinen Geschwistern bei den Hausaufgaben zu.
Wenn die Mutter das Kind auf dem Arm hat, zeigt sie ihm recht viel ganz aus der Nähe und spricht zu ihm, auch wenn sie meint, es verstünde nichts.

Greifen und Strampeln

Schon mit zwei Wochen greift ein Säugling erstaunlich gezielt nach seiner Flasche, und sein Griff wird von Tag zu Tag sicherer und fester. Kinder brauchen schon in diesem frühesten Greifalter Gegenstände, die in Greifnähe sind. Im Spiel mit diesen Dingen werden Erfahrungen und Geschicklichkeiten erworben, die es dem Kind später leichter machen, manuelle Probleme zu lösen. Aber Achtung: Säuglinge brauchen nur ein einziges **Greifspielzeug,** und das muß hundertprozentig gefahrlos sein. Gut sind kochfeste Frotteetiere, später Holz- oder Plastikfiguren (abwechselnd), damit das Kind Materialunterschiede tasten kann.
Im 2. oder 3. Monat: Das Knopfband. Farbfeste, rauhe, glatte, kleine, große, kalte, warme, dunkle, bunt glitzernde – also möglichst verschiedene – Knöpfe auf ein Band nähen, dazu Wollbommel, Bandstückchen, Ringe (viel zu eng oder viel zu weit für die Fingerchen) und Glöckchen. Mit Gummiband quer über das Bettchen spannen, damit es das Kind bequem erreichen kann, wenn es die Arme ausstreckt.
Wenn das erste Bett ein Himmelbett ist, können Sie von der Vorhangstange eine Glocke an einem Band herabhängen lassen. Das Baby bekommt bald heraus, wie man das Band ergreift und energisch schüttelt. Es freut sich sehr, weil es selbst etwas bewirken kann. Geräusche sind besonders schön.
Strampelspielzeug: Eine dünne Gerte oder ein federnder Draht wird am Fußende des Bettchens als Bogen angebunden. Daran bringen Sie etwas an, das klappert, glitzert und schaukelt, wenn das Kind strampelt. Möglich sind zum Beispiel:
Bälle aus Alufolie, an Schnur aufgehängt.
Durchbohrte Kronenkorken, an Schnur dicht nebeneinander gehängt, daß sie sich gerade berühren.
Eine Papprohre oder Papierrolle bunt bekleben und um die Mitte den Aufhängefaden binden (schwankt langsam). Je wackliger das Bettchen, um so besser geht es. Aber Achtung, daß sich das Kind weder verletzen noch strangulieren kann.

Krabbeln ohne Gefahr

Ein Kind, das auf allen Vieren oder schwankend auf zwei Beinen die Wohnung erforscht, nimmt nun die Welt aktiver wahr als im Bettchen oder im Laufstall (Gehschule). Wer je ein knapp Einjähriges durch die Wohnung hat robben und rollen sehen, der weiß, daß sich Krabbelkinder den Zugang zu Sachen oft so rasch erschließen, daß Mütter verblüfft oder ratlos fragen: „Wo hat es denn nun dieses wieder erwischt?" Das bedeutet: Die Mutter muß dafür sorgen, daß ihr Kind möglichst ungefährdet krabbeln, forschen, tasten und Dinge in den Mund stecken kann. Das Kind braucht Bewegungsfreiheit, um seine Umwelt mit allen Sinnen aufzunehmen und zu begreifen. Die Eltern müssen nur versuchen, ihm diese Freiheit zu geben.

Bevor das Kind die Wohnung erobert, sollten sich die Eltern auf den Bauch legen und aus dieser Sicht beurteilen, was lieber außer Reichweite geschafft werden sollte: Giftiges (siehe Liste) und sonstwie Gefährliches, Nippes, Blumentöpfe, kleine Teppiche, Schraubenschlüssel, Bodenvasen usw. Offene Steckdosen mit Klebeband oder Kappen (käuflich) verschließen. Kabel mit Verlängerungsschnüren hinter den Möbeln entlangführen und befestigen. Überhängende Tischdecken für einige Monate wegräumen.

Das Bundesgesundheitsministerium gibt eine kostenlose Sicherheitsfibel zur Verhütung von Kinderunfällen heraus. Hier werden Ratschläge für jeden Lebensabschnitt des Kindes gegeben. Außerdem gibt es Listen mit den wichtigsten örtlichen Notrufen. Eltern sollten sich vorsorglich über Erste Hilfe informieren und darüber, was in die Hausapotheke gehört.

In die unteren Küchenfächer Töpfe, Deckel und hölzerne Geräte tun, die das Kind ausräumen darf. Mit einer Schachtel voll ausrangierter, unzerbrechlicher Küchengeräte erfreut man ein Kind viele Monate, vielleicht Jahre, denn es wird noch lange möglichst viel, möglichst dicht bei der Mutter sein wollen.

Wenn Ihr Krabbelkind in seinem großen Bewegungsdrang im Laufställchen unglücklich ist, Sie aber ungestört etwas arbeiten müssen, dann setzen Sie sich selbst mit Ihrer Arbeit hinein und lassen das Kind um das Ställchen herumrobben. Bedingung: gefahrloses Zimmer.

0–3

Haben Sie Arbeit am Tisch zu erledigen und das Kind reißt immer wieder alles herunter, dann nehmen sie ein Stehpult, ein echtes oder ein provisorisches aus Tisch mit Couchtisch, und arbeiten Sie im Stehen. Zufrieden spielt das Kind um die Säulen der Beine herum.

Minispiele auf dem Schoß

Hin- und Hergeben von Sachen mit Bitte und Danke. Sagen Sie dem Kind dabei immer, wie die Sachen heißen, auch wenn es noch nicht sprechen kann.
Gemeinsames Krümelaufheben und Essen. Liebesperlen, Keksstückchen oder Apfelschnitze sich gegenseitig in den Mund stecken.
Gemeinsames An- und Ausschalten einer Lampe mit Druckschalter.
Eine Taschenlampe, die das Kind mit Mutters Hilfe an- und ausschalten kann.
In einem Becher vor den Augen des Kindes Sachen verbergen, dann wieder hervorholen. In der Hand Sachen verbergen.
Zärtliches Benennen der Körperteile.

Kleinere Geschwister

Etwas über andere Kinder (und auch sich selber!) lernt ein Kind kennen, wenn Sie es bei der Pflege eines neuen Geschwisterchens mithelfen lassen.
Das kann schon ein Zwei- bis Dreijähriges:
Mitschieben am Kinderwagen.
Seife, Waschlappen, Handtuch zum Babybad reichen.
Die Milchflasche aus der Küche holen.
Nachdem das Baby getrunken hat, ihm vorsichtig auf den Rücken klopfen, damit das Bäuerchen kommt.
Probieren, ob der Brei gut schmeckt.
Das Baby zudecken und ihm Gute Nacht sagen.
Saubere Windeln und Kleidungsstücke reichen, wenn das Baby angezogen wird.
Das Baby trösten, wenn es brüllt.

Sachkunde in der Küche

In der Küche kann ein Zweijähriges auch beim Kochen mit dabei sein. Es hindert Sie wesentlich weniger, als Sie befürchten, wenn Sie ihm wirkliche Aufgaben übertragen:
Es kann zwei Kartoffeln waschen und Ihnen zum Schälen reichen. Eingepackte Abfälle in den Mülleimer legen.
Beim Auspacken der Einkäufe helfen.
Papier zusammenknüllen und in den Papierkorb tragen.
Verschlüsse auf- und wieder zuschrauben.
Jemandem einen Apfel oder ein Bonbon in ein anderes Zimmer bringen.
Mit den Küchengeräten aus „seinem" Karton etwas Ähnliches zu machen versuchen, wie Sie es gerade tun.

Es kann mit unzerbrechlichen Geschirren und wenig Wasser Geschirrspülen spielen, ohne Spülmittel, aber mit der Freiheit, eine Überschwemmung anzurichten.
Der Katze oder dem Hund das Futter hinstellen und die Tiere zum Fressen rufen.

Spielzeug aus wertlosem Material

Kullerspiele: Stoffball, Gummiball, zugeklebte Plastikdose, Holzkugeln, Nüsse. Kein Styropor oder Schaumstoff, das bekommt dem Darm nicht.

Klangspiele: Zugeklebte, perlengefüllte Dose zum Schütteln, Holzstücke zum Klopfen, eine Trommel aus einer Papptonne und ein alter Kochtopf mit hölzernem Kochlöffel zum Draufhauen, Butterbrotpapier zum Knistern, ein Bund alter Schlüssel zum Rasseln.

Bewegungsspiele: Saubere Plastikflaschen mit verschiedenen Verschlüssen zum Schrauben. Plastik- oder Holzspulen von Nähgarn zum Rollen. Joghurtbecher zum Ineinanderstapeln oder Bauen. Feste Kartons, mehrere gleich große zum Füllen oder Bauen. Ein ganz großer Karton, in den sich das Kind selber hineinsetzen kann. Papproehren verschiedener Länge und Dicke. Ein aufgehängter Stoffball, den das Kind selber anstoßen kann.

Wasserspiele: Eine sehr gut ausgespülte Plastikflasche, mit Wasser gefüllt und mit einer Nadel angestochen, daß es gerade ein bißchen tropft. Eine flache, halbgefüllte Plastikschüssel mit Lappen und Schwamm, aber ohne Schaum. (Kernseife ist unbedenklich!)

0-3

Haushaltsspiele: Viele Beschäftigungsmöglichkeiten stecken im täglich gleichen Reigen der Hausarbeiten. Ihr Zweijähriges kann etwas herbeiholen, das Sie ihm nennen. Es kann auch von selbst Dinge bringen, die gerade nötig sind: Schuhe vor dem Spaziergang, die Tasche vor dem Einkaufen, die Haarbürste, die Schlüssel, die Sie verlegt hatten.

Wühlspiele: Dafür eignet sich nicht nur Sand, sondern auch ein Berg Wollpullover, die eingemottet werden sollen, oder ein Korb mit Flickwäsche. Wenn Sie die Betten frisch überziehen, so lassen Sie Ihr Kind den Federkissen- oder Steppdeckenberg bezwingen.

Erste Naturbeobachtungen

Zeigen Sie Ihrem Kind Tiere und Tierchen aus Ihrer Umgebung: die kleine Schnecke aus dem Salat, die Spinne und die Fliege, den Regenwurm aus dem Blumentopf. Kinder haben eine große Vorliebe für Winziges und erkennen es auch sehr genau, wenn sie nicht weitsichtig sind.

Sagen Sie nicht, daß die Schnecke „böse" ist, weil sie im Salat gefressen hat, oder die Spinne, weil sie die Fliege in ihrem Netz fängt.
Blüten und Blätter sind schön zum Zerrupfen und Erforschen, aber sie werden auch in den Mund gesteckt und verzehrt. Das ist zum Beispiel ungefährlich bei folgenden Pflanzen, sofern sie

sauber gewaschen und frei von Chemikalien sind: Kopfsalat, Endiviensalat, Feldsalat, Petersilie, Dill, Fenchel (auch die Samen), Schnittlauch, auch die Blüten (beißend), Veilchen, Gänseblümchen und Zuchtform Tausendschön, Kapuzinerkresse mit Blüten (beißender Geschmack), Vogelmiere, Löwenzahnblüten und Pusteblumen (bitter), Borretsch (kratzige Blätter, honigsüße Blüten), Hagebutten, Rosenblätter (lecker), Blätter von Buchen, Birken und Eichen (herb). Ebenso wie sich ein Kind mit „heiß" und „kalt" auseinandersetzen muß, muß es auch kräftige Geschmäcke kennenlernen.

Die meisten Zimmerpflanzen und Ziersträucher in Garten und Parkanlagen sind für kindliche Erforschungen nicht zu empfehlen. Viele sind giftig. Auch Laub und Blüten von Kartoffel und Tomate sind nicht unbedenklich, obwohl man andere Teile der Pflanze essen kann.

Der Erwachsene, der den Geschmacks- und Geruchssinn des Kindes wecken und schulen will, muß sich vorher informieren, was giftig und was verträglich ist. Und – noch wichtiger – er muß dem Kind unmißverständlich und immer wieder klarmachen, daß man nicht alles in den Mund stecken darf.

Kind, Hund und Katze

Manche Hunde und Katzen sind sehr nett zu „ihrem" Baby und später zum heranwachsenden Kind. Schon ein Krabbelkind kann eine liebevolle Beziehung zu diesen Familienmitgliedern haben. Der Umgang mit befreundeten Tieren ist durch nichts zu ersetzen, spielt auch für die spätere emotionelle Ausgeglichenheit des Kindes eine große Rolle.

Hund und Katze sind keine größere hygienische Belastung als die restliche Umwelt, wenn die Sauberkeit und Gesundheit der Tiere genau überwacht werden. Nur eine Allergie gegen Tierhaare ist ein triftiger Gegengrund.

Besonders Kater können entzückende Kinderfreunde werden. Wollen Sie eine solche Freundschaft stiften, wählen Sie ein Katerchen aus, das einen Monat jünger ist als Ihr Kind und das in einer Wohnung unter Menschen, nicht in einem Gehege oder einer Scheune aufgezogen wird, und nehmen Sie es mit drei Monaten ins Haus. Es wird dann stubenrein sein und schon ganz flink und stabil. Die Katze findet das Kind einfach vor und braucht sich nicht an einen Neuankömmling zu gewöhnen, ist aber noch so leicht, daß sie das Kind beim Spielen nicht umwirft. Kind und Katze können dann zusammen aufwachsen. Es gibt Katzensippen, die sehr sanft sind. Kratzen beim Spiel gibt es bei ihnen nicht. Sie begleiten ihre Menschen ganz selbstverständlich auf dem Spaziergang.

Einen jungen Hund zu einem Baby zu gesellen, ist nicht zu empfehlen, weil junge Hunde weit weniger reinlich sind als junge Katzen.

Für ein Kind ist es aber doch sehr schön, mit einem Hund zusammen aufzuwachsen.

Haben Sie schon einen Hund, wenn Ihr Kind geboren wird, dann brauchen Sie ihn deshalb nicht abzuschaffen. Als Rudeltier ist es ihm natürlich, daß Junge in der Familie geboren werden. Er wird das Kind anerkennen und beschützen, solange

0–3

seine eigene Stellung in der Familie nicht leidet. Behandeln Sie den Hund vor der Ankunft des Kindes nicht wie ein Baby – was Sie nicht durchhalten können, wenn das wirkliche Baby da ist – sondern wie einen geliebten Hund. Bestehen Sie schon lange vorher auf Gewohnheiten und Tabus, die nach Ankunft des Kindes nötig sein werden. Damit er das begreift, muß der Hund schon ungefähr ein Jahr alt sein und die Grundzüge gesitteten Verhaltens beherrschen. Das sind: Stubenreinheit, nicht auf die Möbel springen, nicht Küßchen geben, Futter nur an einem Platz in der Wohnung fressen (denken Sie an das Krabbelkind), Verbot bestimmter Zimmer (das spätere Babyzimmer), Appell, Leinenführigkeit.

Man findet gute Kinderhunde unter den Rassen, die zum Hüten gezüchtet worden sind, ganz besonders in einfachen, bäuerlichen Zwingern, in denen die Hunde noch nicht von Modeströmungen verdorben wurden, und unter den Mischlingen.

Das müssen Sie wissen: Bei einem wirklich befreundeten Hund ist plötzliches Bellen und Knurren gegen ein Kind nicht der Auftakt zu einem gefährlichen Angriff, sondern eher eine Art „Zurechtweisung", die auch die eigenen Jungtiere bekommen. Er zeigt dabei nicht voll die Zähne. Er sagt: „Zum Donnerwetter, laß das endlich!"

Betrachten Sie Hund und Katze als konsequente, wirksame „Miterzieher": Werden sie zu grob behandelt, drücken sie ihr Mißfallen aus oder entziehen sich. Ihr Kind erlebt, daß der Kamerad nicht mitspielt, wenn es nicht nett zu ihm ist.

Kinderfeste

0-3

Ab dem zweiten, dritten Lebensjahr beginnen Kinder, sich anderen Kindern gegenüber aufgeschlossener zu zeigen. Noch können sie mit anderen Kindern nicht richtig umgehen und behandeln sie oft wie unpersönliche Objekte. Viele ihrer anfänglichen Reaktionen drehen sich um Besitzkonflikte. Sie nehmen sich gegenseitig ihr Spielzeug weg und liegen sich anschließend in den Haaren.

Trotzdem werden Erwachsene beobachten, daß die Kinder nebeneinander zu spielen beginnen. Sie schauen anderen Kindern zu, vor allem älteren Geschwistern, die sie meist bewundern; beginnen sie nachzuahmen, wie diese zu spielen und zu „arbeiten". In manchen Fällen beginnt ein erstes, allerdings noch völlig unberechenbares, gemeinsames Spiel, zum Beispiel zusammen in einem Zug sitzen, gemeinsam Krach machen, Doktor oder Handwerker spielen oder zusammen mechanische Spiele wie eine Kullerbahn beobachten.

Aufkommende Streitigkeiten lassen sich beheben, indem der Erwachsene das Miteinanderspiel durch Nebeneinanderspiel ersetzt, wozu jedes Kind das gleiche Material oder Spielzeug bekommen muß.

Kinder sind im allgemeinen um so eher dem gemeinschaftlichen Spiel aufgeschlossen, je eher sie daran gewöhnt werden, mit anderen Kindern zusammen zu sein. Die Erwachsenen sollten bewußt dafür sorgen, daß Kinder Kontakt zu anderen Kindern finden können.

Wirkliche Kinderfeste haben frühestens ab dem dritten Lebensjahr Sinn. Davor spielen sich Feste für Kinder im kleinen Familienkreis ab. Das Kind sollte dann der Mittelpunkt sein, jeder sich ihm zu Ehren mit ihm beschäftigen. Möglichkeiten dazu siehe unter den Anregungen der vorangegangenen Bereiche.

Sprache

Reime, Verse, Fingerspiele

Ihr Kind liebt jetzt Reime und Verse, spricht sie nach und lernt sie schnell auswendig. Dazu kann man ohne viel Aufwand alles mögliche an Bewegungen und Spielen erfinden.

In zweierlei Stimmlagen oder mit verteilten Rollen zu sprechen:

„Guten Morgen, Herr Meier. Wie teuer sind die Eier?"
„Das Stück einen Dreier." „Das ist mir zu teuer."
„Das Stück einen Pfennig." „Das ist mir zu wenig.
Ich kaufe keine Eier, Guten Morgen, Herr Meier."

Auf dem Berge Sinai wohnt der Schneider Kikriki.
Seine Frau, die Margarete, saß auf dem Balkon und nähte;
fiel herab, fiel herab, und das linke Bein war ab.
Kam der Doktor angerannt mit der Nadel in der Hand;
näht es an, näht es an, daß sie wieder laufen kann.

Sie führen Ihren Finger, einen kleinen Gegenstand oder eine Taschentuchmaus um die Faust des Kindes herum. Sie können auch die Rollen tauschen, oder Ihr Kind läuft als Maus um Sie, den Sessel, den Tisch, den Pfahl, den Baum herum.

Eine kleine Piepmaus lief ums Rathaus;
wollte sich was kaufen, hatte sich verlaufen;
setzte sich ins grüne Gras, machte ihre Hose naß.

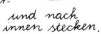

 3-5

Beim Aufstehen und Anziehen zu sagen:
„Guten Morgen, ihr Beinchen, wie heißt ihr denn?"
„Ich heiße Hampel." „Ich heiße Strampel."
„Und dies ist Füßchen Übermut,
und das ist Füßchen Tunichtgut."
Übermut und Tunichtgut gingen auf die Reise,
patsch, durch alle Sümpfe; naß sind Schuh' und Strümpfe.
Guckt der (die) ... um die Eck',
laufen alle beide weg.

Die Finger mit Ausnahme der Daumen so verschränken, daß sie zwischen den Handflächen liegen. Die so entstandene Fläche ist der Autobus. Der eine Daumen ist der Schaffner, der andere der Fahrgast. Dann die Hände herumdrehen, so daß die acht Finger zu sehen sind.
„Herr Schaffner, nehmen Sie mich mit,
hab' mich so abgehetzt."
„Das tut mir leid, mein lieber Herr,
der Wagen ist besetzt."

Sechs Finger verschränken, die beiden Zeigefinger als Dach aufrichten. Der Daumen guckt von hinten her aus dem entstandenen „Laden". Er ist der Ladeninhaber. Das Kind übernimmt die Rolle des Käufers.
„Guten Tag, was wünschen Sie?" „Butter, Milch und Quark."
„Da haben Sie's, da haben Sie's; es kostet eine Mark." -
„So warten Sie, so warten Sie; Sie kriegen noch was raus."
„Nein, danke sehr, nein, danke sehr; ich muß ganz schnell nach Haus."

Fingerspiel: Mit den Fingern auf den Tisch klopfen, erst leise, dann immer lauter. Zum Schluß die Fäuste nehmen, dann einen Blitz in die Luft zeichnen und die Hände vor die Augen halten:

Es tröpfelt	– mit zwei Fingerspitzen auf die Tischplatte klopfen
es regnet, es regnet	– mit allen Fingerspitzen klopfen
es gießt, es gießt	– lauter und schneller klopfen
es hagelt, es hagelt	– mit allen Fingerspitzen zu gleicher Zeit trommeln
es donnert	– mit den Fäusten trommeln
es blitzt, es blitzt	– mit der Hand einen Zickzackblitz in die Luft zeichnen
alle Kinder laufen ins Haus	– mit den Fingern über die Tischplatte laufen und die Hände hinter dem Rücken verstecken

Lieder zum Spielen

Etwa mit drei Jahren beginnt das Kind mit anderen zu spielen und kann sich in eine Gruppe einordnen – zu Hause, auf dem Spielplatz, im Kindergarten. Gemeinsam singen und sprechen, etwas vor- und nachmachen bringt Spaß; es stärkt das Selbstvertrauen und hilft Hemmungen abzubauen.

Häschen in der Grube. Die Kinder bilden einen Kreis. In der Mitte sitzt eines als Hase, das zuerst schläft und nachher hüpft:

Häschen in der Grube, saß und schlief.
Armes Häschen, bist du krank,
daß du nicht mehr hüpfen kannst?
Häschen, hüpf, Häschen, hüpf!

Brüderchen, komm tanz mit mir. Die Kinder stehen sich paarweise gegenüber und führen die entsprechenden Bewegungen aus:

Brüderchen, komm tanz mit mir,
beide Hände reich ich dir.
Einmal hin, einmal her,
rundherum, das ist nicht schwer.

Mit dem Köpfchen nick nick nick,
mit dem Fingerchen tick tick tick.
Einmal hin ...

Mit den Füßchen trapp trapp trapp,
mit den Händchen klapp klapp klapp.
Einmal hin ...

Ei, das hast du gut gemacht,
ei, das hätt' ich nicht gedacht.
Einmal hin ...

Die fleißigen Handwerker. Die Kinder ahmen die Tätigkeiten der Handwerker nach. Man kann noch mehr Verse erfinden:

Wer will fleißige Handwerker sehn,
der muß zu uns Kindern gehn.
Stein auf Stein; Stein auf Stein;
das Haus, das wird bald fertig sein.
Wer will ...
der muß ...
Seht, wie fein, seht, wie fein,
der Glaser setzt die Scheiben ein.
... Tauchet ein, tauchet ein,
der Maler streicht die Wände fein.
... Zisch, zisch, zisch, zisch, zisch, zisch,
der Tischler hobelt glatt den Tisch.
... Poch, poch, poch, poch, poch, poch,
der Schuster schustert zu das Loch.
... Stich, stich, stich, stich, stich, stich,
der Schneider näht ein Kleid für mich.

3-5

Der Schneider hat 'ne Maus: Dieses Lied kann als Kreisspiel dargestellt werden, wobei alle Kinder die entsprechenden Bewegungen ausführen oder ein Kind als Schneider in der Mitte steht und auf die Fragen antwortet. Oder die Kinder stehen sich in zwei Reihen gegenüber und singen abwechselnd.

Der Schneider hat 'ne Maus,
der Schneider hat 'ne Maus,
der Schneider hat 'ne Mi-, Ma-, Maus,
Mi-, Ma-, Mausemaus;
der Schneider hat 'ne Maus.

Was macht er mit der Maus? Was ...
Er zieht ihr ab das Fell. Er ... (Mausefell)
Was macht er mit dem Fell? Was ...
Er näht sich einen Sack. Er ... (Mausesack)
Was macht er mit dem Sack? Was ...
Er tut hinein sein Geld. Er ... (Mausegeld)
Was macht er mit dem Geld? Was ...
Er kauft sich einen Bock. Er ... (Mausebock)
Was macht er mit dem Bock? Was ...
Er reitet in die Stadt. Er ... (Mausestadt)
Was macht er in der Stadt? Was ...
Er kommt nicht mehr zurück, er kommt nicht mehr zurück,
er kommt nicht mehr zurück, nicht mehr zurück,
mi-, ma-, mehr zurück, er kommt nicht mehr zurück.

Ein anderer Schluß geht so:
Er reitet über Land. Er ... (Mauseland)
Was macht er über Land? Was ...
Da fällt er in den Sumpf. Da ... (Mausesumpf)
Da ist er mausetot. Da ... mausetot.

Wollt ihr wissen? Die Kinder stehen im Kreis oder in zwei Reihen einander gegenüber und führen die entsprechenden Bewegungen aus:
Wollt ihr wissen, wollt ihr wissen,
wie's die kleinen Mädchen machen?
Püppchen wiegen, Püppchen wiegen,
alles dreht sich herum.
(Die jungen Damen: Haare kämmen, Haare waschen,
die großen Leute: Auto fahren, Briefe schreiben,
die großen Jungen: Fußball spielen,
die kleinen Bären: Honig lecken usw.)

Kinder fragen: Tips für Gespräche

Das Fragealter beginnt. Zwei bis drei Jahre lang wird Ihr Kind Sie von jetzt an in Atem halten. In dieser Zeit sollten Sie möglichst nie sagen: „Ich habe jetzt keine Zeit." – „Geh zu Vater (oder Mutter)!" – „Wie oft habe ich schon gesagt, du sollst nicht immer fragen."
Lieber so reagieren: „Was machst du?" „Ich schäle Kartoffeln." „Warum?" „Die Schale kann man nicht mitessen." „Warum nicht?" „Sie ist hart. Sie schmeckt nicht gut." „Doch." „Willst du probieren?" „Iii." „Siehst du? Man kann die Kartoffeln aber

mit der Schale kochen und sie nachher abziehen. Dann sagt man Pellkartoffeln." Oder so: „Warum liest du immer Zeitung?" „Weil ich wissen will, was in der Stadt passiert ist." „Was ist denn passiert?" „Sieh mal, da ist ein großer Baum umgefallen. Davon ist ein Bild in der Zeitung." „Warum?" „Der Baum war schon alt, der war innen schon ganz morsch." „Was ist morsch?" „Morsch, das sagt man, wenn das Holz nicht mehr hart und fest und gesund ist, sondern weich und ein bißchen verfault."

Rollenspiel

Rollenspiele ermöglichen es dem Kind, positive und negative Umwelterlebnisse zu verarbeiten, fremde und eigene Verhaltensweisen werden auf Spielsituationen übertragen. Im Rollenspiel können Kinder das sein, was sie am liebsten sein möchten: erwachsen. Sie können tun, was sonst den Großen vorbehalten ist, und sich wenigstens für kurze Zeit das Gefühl verschaffen, auch mächtig zu sein. Sie können Lastwagen, Schiffe und Flugzeuge lenken, wie ein Arzt operieren und Spritzen geben, als Lehrer loben und tadeln.

Meistens brauchen Kinder nur eine Anregung oder ein Stichwort, um ein Spiel in Gang zu bringen. Drei- bis Fünfjährige zeigen oft noch wenig Ausdauer und wechseln ihre Tätigkeiten schnell. Die Erwachsenen können die Spielfreude erhöhen und die Spiele intensivieren, wenn sie Interesse bekunden: Stellen Sie Fragen - übernehmen Sie eine Rolle - ermuntern Sie zum Weiterspielen - geben Sie Ihren Kindern Material zum Verkleiden und Kulissenbau.

Requisiten für das Rollenspiel

Gasthaus: Plastik- oder Papierteller, Tassen, Besteck, Servietten, selbstgeschriebene Speisekarte
Küche: Kochtöpfe, Pfannen, Schüsseln, Schneebesen, Löffel, Meßbecher, Plätzchenblech, Kuchenform, ein umgedrehter Pappkarton wird zum Herd
Schule: Papier, Bleistift, Farbstifte, Kreiden, kleine Tafel, Bücher
Kaufladen: Spielkasse, Spielgeld, Preisliste, Rechnungsblock, kleine Dosen, Kästchen, Wachs- oder Plastilinfrüchte, Einwickelpapier, Flaschen
Post: Große Karteikarten, Stempel und Stempelkissen, Farb- oder Bleistifte, Aufkleber als Briefmarken, Briefumschläge und für jedes Familienmitglied einen Briefkasten aus einem Schuhkarton (Schlitz einschneiden und Namen draufschreiben)
Krankenhaus: Heftpflaster, Verbandstoff, Leukoplast, Stethoskop (ein echtes kostet nicht viel, und Ihr Kind kann tatsächlich damit hören, wie es im Brustkorb oder Bauch eines Menschen klingt), kleine Plastikfläschchen, Wattebällchen
Theater: Alte Sonnenbrille oder Schneebrille, Hut oder Schirmmütze, ein Schnurrbart, falsche Nase, falsche Zähne aus Wachs, Schminke, Perücke, einen Koffer voll ausgedienter Kleider
Reinigungsfirma: Verschiedene Besen, Bürsten, Kehrschaufel, Eimer, Staubtuch, Schwämme, Papiertücher

 3-5

Zuhören und Zuschauen

Die Drei- bis Fünfjährigen lieben Kasper- und Puppenspiele, Geschichten und Musikplatten. Sie sind ideale Zuhörer und Zuschauer.
Siehe auch unter Kasperletheater, Seite 123 im Kapitel Kinderfeste.
Beim Puppenspiel können die Figuren Rollen aus der Umwelt, aus Bilderbüchern und dem Fernsehen übernehmen, die von den Kindern erraten werden. Neben Phantasiegeschichten treten Sachgeschichten und kleine Szenen aus dem Alltag.
Das Fernsehen können Sie nicht aus dem Tageslauf des Kindes verbannen. Daß es dabei selbst bei einer kurzen Sendung eine große Zahl von Eindrücken aufnimmt, die es nicht verarbeiten kann, weil es ja keine Möglichkeit zum Anhalten der Bilder und zum Fragenstellen gibt, ist Ihnen sicher aufgefallen. Darum gilt besonders für die Jüngsten: Nicht zu oft, nicht zu lange, nicht allein, nichts Beängstigendes - und hinterher ausgiebig darüber sprechen!

Wartespiele

Man spielt sie im Auto, im Wartezimmer, wenn der Bus nicht kommt oder der Zug Verspätung hat, wenn der Weg so lang ist, wenn das Licht ausgeht.
Das Wichtigste für Kinder in diesem Alter ist Zeit, Platz und Ruhe zum Spielen. Dabei sollten die Erwachsenen die Kinder nicht stören und nicht unnötig eingreifen. Was aber tun, wenn sie sich langweilen und kein Bilderbuch, kein Spielzeug, kein Bastelkram erreichbar ist?
Abwechselnd Dinge aufzählen, die man sieht.
Das gleiche Spiel mit der Bedingung, daß die Gegenstände immer kleiner (größer) werden müssen.
Andere Bedingungen stellen: Die Sachen müssen immer die gleiche Farbe haben; eine bestimmte Eigenschaft haben; man muß sie auf den Arm nehmen können; in eine Tüte stecken, ins Bett legen, zum Geburtstag verschenken oder Suppe davon kochen können. Sie müssen sich bewegen; sie dürfen nicht aus Holz und nicht aus Metall sein; es müssen zwei, drei oder noch mehr von der Sorte da sein.

Gegensätze: Geschichten erfinden von Herrn Groß und Herrn Klein; Herrn Leicht und Herrn Schwer; Herrn Wenig und Herrn Viel; Herrn Schief und Herrn Gerade; Herrn Schlau und Herrn Dumm; Herrn Billig und Herrn Teuer; Herrn Laut und Herrn Leise.

Heiß - warm - lauwarm - kalt - eiskalt: Kleine Sachen suchen oder raten lassen. Hilfen geben durch Zurufe: Je näher das Kind dran ist, desto „wärmer" wird es.

Wünschelrutengänger: Kleine Sachen verstecken und das Kind durch leise Hinweise dirigieren: links, links, geradeaus, rechts, rechts, rechts, höher, noch höher, etwas tiefer, etwas rechts. Das gleiche kann man auch spielen, indem man sich einen Gegenstand aus einem Bild merkt und raten läßt: in Zeitungen, Katalogen, Illustrierten im Wartezimmer.

Wortgeschichten: Nehmen Sie ein eindrucksvolles Wort wie „außergewöhnlich" oder „überaus" oder „sonderbar" oder „über alle Maßen" oder „keinesfalls", und erzählen Sie eine Geschichte. Bringen Sie das Wort an, so oft es irgend geht. Je schwieriger das Wort ist, desto mehr Spaß macht das Spiel.

Kindergeschichten: Erfinden Sie die Geschichte vom Kind, das immer „Ja, gern" sagte, oder „Auf gar keinen Fall", oder „Ja, morgen". Oder von dem Kind, bei dem alles „beinah" passierte.

Ihr Kind hat sicher bald entdeckt, wie die Sache funktioniert, und macht mit.
Diese Spiele sind nicht nur Unterhaltung und Zeitvertreib. Sie vergrößern den Wortschatz und die Ausdrucksfähigkeit und vermitteln Verständnis für den Aufbau der Sprache. Wenn Sie jetzt darauf achten, daß Ihr Kind nicht mundfaul ist, daß es statt einzelner Wörter und Teilsätze ganze Sätze spricht, erweisen Sie ihm einen großen Dienst. Machen Sie es ihm vor.

An auf hinter neben in ...

Zur Gruppe der Funktionswörter zählen jene, mit deren Hilfe wir Dinge und Sachverhalte in Beziehung setzen, wie: über unter hinter daneben für ohne mit auf in vor hinein durch zwischen herum nach bis weil wenn damit bevor obgleich ...
Nur wenn das Kind diese Wörter oft hört, kann es sie richtig erfassen und anwenden. Gegen bewußtes Üben würde es sich mit Recht wehren. Rücken Sie diese Wörter deshalb in den Vordergrund, wenn es sich ergibt, und machen Sie Spaß und Spiel daraus.

Alberne Sätze:
Auf der Mauer, auf der Lauer sitzt 'ne kleine Wanze,
seht euch mal die Wanze an, wie die Wanze tanzen kann,
auf der Mauer, auf der Lauer sitzt 'ne kleine Wanze.
Und nun singen, sagen oder spielen Sie:
In der Mauer ... An der Mauer ... Hinter der Mauer ... Unter der Mauer ... Vor der Mauer ... Über die Mauer hüpft ...
Probieren Sie es mit anderen Versen: Hinterm Ofen sitzt 'ne Maus, die muß raus, die muß raus. Vor dem Ofen, bei dem Ofen, neben dem Ofen, in dem Ofen ...
Erfinden Sie gemeinsam Variationen.
Das Zubettgeh-Spiel: Wie machen wir's heute abend? Wir gehen unter das Bett, neben das Bett, hinter das Bett, vor das Bett, zwischen die Betten; wir springen auf das Bett, über das Bett und um das Bett herum und ganz zuletzt ins Bett hinein. Am nächsten Abend wird das Spiel mit dem Kissen gespielt.
Such- oder Ratespiel: Einen kleinen Gegenstand verstecken oder sich ausdenken, wo die Perle, die Kugel, der Knopf, der Würfel hingerollt sein könnte: montags gilt nur unter, dienstags hinter, mittwochs neben, donnerstags auf, freitags in ... hinein, samstags zwischen.

Rätsel: „Ich weiß ein Tier, das lebt unter der Erde."
„Ich weiß ein Tier, das lebt auf den Bäumen."
„Ich weiß ein Tier, das lebt im Meer", und so weiter.

Warte-Sätze: Warten, bis das Wasser kocht; warten, bis der Postbote kommt; warten, bis das Essen fertig ist; warten, bis es aufhört zu regnen; warten, bis Mutter Zeit hat; warten, bis Andreas aus der Schule kommt; warten, bis Großvater ausgeschlafen hat; warten, bis der Laden wieder aufmacht; warten, bis Vater das Kettcar repariert hat. Fragt man nach der Aufzählung „Warum?", hat man ein neues Spiel.

Was passiert dann? Übernehmen Sie die Rolle des Fragers: „Was passiert, wenn ich vergesse, den Wasserhahn zuzudrehen? die Tür vom Kühlschrank zuzumachen? wenn der Briefkasten nie mehr geleert wird? der Abfall nie mehr abgeholt wird? wenn wir die Haare und die Fingernägel nie mehr schneiden?"

Bilderbücher und Geschichten

Jeden Tag bettelt Ihr Kind um Geschichten, weil es einen großen Informationshunger hat und Nahrung für seine Phantasie braucht. Lassen Sie die Zeit nicht ungenutzt vorübergehen.

Alles, was für die Sprachentwicklung wichtig ist, finden Sie beim gemeinsamen Bilderbuchbegucken vereinigt: Kontakt, Anregung, Gespräch, Identifikation, Differenzierung und Bereicherung des Wortschatzes, Information, Erkennen, Benennen, Verfeinerung der Ausdrucksfähigkeit, Anregung der Phantasie und Spaß.

Vergessen Sie nie die tägliche Gute-Nacht-Geschichte. Es gibt gute Bücher zum Vorlesen. Noch besser ist das Erzählen.

Turnen und Bewegung

Turnspiele mit dem Vater

Turn- und Bewegungsmöglichkeiten ergeben sich fast immer aus irgendwelchen Situationen. Man muß nur bereit sein, sie sofort aufzugreifen, sei es nach dem Aufstehen, bevor Ihr Kind fertig angezogen ist, abends vor dem Baden oder draußen im Freien, wo es vielfältige Spielanregungen gibt.
Besonders die Drei- und Vierjährigen brauchen den Erwachsenen noch oft für sich allein. Sie lieben die Spiele mit den Erwachsenen. Der Körperkontakt spielt dabei eine wichtige Rolle, und nicht vergessen: Die Kinder brauchen das Lob, die Ermutigung und die Hilfsbereitschaft des Erwachsenen.

Zirkus im eigenen Haus

Das wird meist durch einen Jahrmarkt-, Zirkus- oder Zoobesuch oder Bilderbücher angeregt. Es bietet sich an, allerlei dazu zu erfinden und nachzuspielen.

Akrobaten: Sie sitzen am Boden, haben die Beine angewinkelt und fassen Ihr Kind an den Händen. Nun lassen Sie es auf Ihre Knie klettern und strecken langsam Ihre Beine. Ermutigen Sie Ihr Kind, sich aufrecht hinzustellen.
Ihr Kind springt Ihnen auf die Hüften und umklammert sie mit seinen Beinen. Nun beugt es den Oberkörper rückwärts nach unten und schwingt hin und her, während Sie das Kind halten. Sie selbst stehen leicht gegrätscht, so daß sich das Kind beim Schwingen nicht stößt und schließlich abgehen kann, indem es mit den Händen durch Ihre Beine nach hinten läuft. Langsam die Beine des Kindes auf den Boden gleiten lassen.

1   2   3

 3-5

Flieger: Sie liegen am Boden und haben die Knie an den Bauch gezogen. Ihr Kind steht zu Ihren Füßen, legt sich mit seinem Bauch (Leistengegend) auf Ihre Füße und reicht Ihnen die Hände. Nun kann der Flieger starten, indem Sie Ihre Beine strecken und beugen. Der Flug wird noch schöner, wenn Ihr Kind versucht, seinen ganzen Körper vom Kopf bis zu den Fußspitzen zu strecken.

Affe: Das Kind klettert auf Ihre Hüften und hält sich an Ihren Schultern fest. Grätschen Sie nun Ihre Beine, und heben Sie Ihre Arme bis zur Schulterhöhe. Ihr Kind versucht, einmal um Sie herum zu klettern, ohne mit den Füßen den Boden zu berühren. Neigen Sie Ihren Oberkörper etwas zur jeweiligen Seite, Ihr Kind hat es dann leichter.

Der geschickte Reiter: Sie hocken sich auf die Knie und stützen die Hände vorne auf. Ihr Kind setzt sich auf Ihren Rücken und hält sich fest. Sie krabbeln schneller und langsamer, vor- und rückwärts, Sie machen langsam einen Buckel, ein Hohlkreuz. Ihr Kind muß sich Ihren Bewegungen anpassen und die Balance halten. Ist es geschickt, kann es die Hände seitlich ausstrecken und alles freihändig probieren.

Die Clowns: „Jetzt kommt der Clown. Er ist sehr gelenkig. Schau, was er alles kann. Ich mache es dir vor: Kannst du laufen wie ein Clown?" Füße aus- und einwärts setzen, dabei vor- und rückwärts gehen oder hüpfen.
„Kannst du dich biegen wie ein Clown?" Sie setzen sich beide auf den Boden und versuchen, mit den Händen die Füße zu berühren. Dann legen Sie sich auf den Rücken und probieren, mit den Füßen hinter dem Kopf auf den Boden zu kommen.
„Kannst du auf den Händen stehen und gehen?" Ihr Kind stützt sich mit den Händen am Boden ab, und Sie heben ihm die Beine zum Handstand hoch.
„Kannst du einen Purzelbaum schlagen?" Für die ersten Versuche ein Kissen als Unterlage nehmen.

„Kannst du mit den Füßen in der Luft zappeln?" Auf allen vieren hocken, zuerst beide Beine einzeln heben und schütteln, dann mit beiden Füßen vom Boden abhüpfen und einen Moment in der Luft zappeln.

Zoobewohner nachahmen

Sie brauchen nur zu fragen: „Kannst du gehen wie ...?" und schon machen die Kinder begeistert mit. Sie sollten bei der Auswahl der Tiere nur solche nehmen, über die Sie mit den Kindern gesprochen haben, die sie aus dem Zoo oder aus Bilderbüchern gut kennen. Benennen Sie die Eigenarten der Tiere ausdrucksvoll, und bleiben Sie bei der einmal geprägten Bezeichnung.
Einige Anregungen: „Lauf flink und leise wie ein Wiesel – stolziere wie ein Storch – galoppiere wie ein Pferd – tapse wie ein Bär – hüpfe und fliege durch die Luft wie ein Frosch – watschele wie eine Ente – trippele auf Zehenspitzen wie ein Vogel." Sicherlich wird den Kindern noch viel mehr einfallen. Lassen Sie die Kinder alles vormachen, und sprechen Sie danach miteinander darüber.

Ballspiele mit Ball, Wasserball, Luftballon und Kissen

Kinder lieben Bälle jeglicher Größen, angefangen beim Tennisball bis hin zum großen Wasserball. Der Ball ist für die Kinder in seiner Beschaffenheit faszinierend. Er kann rollen, fliegen, springen, sich drehen und fühlt sich rauh, weich, glatt oder kühl an.

Werfen und Fangen: Mit einem Erwachsenen zusammen gelingt das Werfen und Fangen schon recht gut. Das Kind betreibt das Spiel mit Ausdauer und freut sich über jedes Lob. Wandeln Sie das Ballspiel zwischendurch ab: „Komm, jetzt versuchen wir es einmal im Knien. Schaffen wir es auch im Sitzen? Nun legen wir uns auf den Bauch und kullern uns den Ball zu. Kannst du den Ball mit beiden Händen gleichzeitig zu mir herstoßen? Jetzt stellen wir uns mit dem Rücken zueinander und kullern den Ball zwischen unseren gegrätschten Beinen hindurch. Kannst du den Ball auch über den Kopf nach hinten werfen?"

3-5

Zielwurf: Malen Sie mit Ihren Kindern ein lustiges Gesicht auf einen Karton, schneiden Sie einen riesigen Mund aus, vielleicht auch Augen.
Je nach Größe stellen Sie den Karton auf den Boden oder Tisch. Lassen Sie Ihr Kind in einem Abstand von etwa 1,50 m auf die Öffnung zielen. (Als Punktspiel geeignet.)

Kegeln: Die 9 Kegel werden so in Dreierreihen hintereinander aufgestellt, daß sie ein Quadrat bilden, das mit einer Spitze zu den Kindern herschaut. Die Kinder versuchen nun, mit einer Kugel die Kegel aus einer Entfernung von 2-3 m umzustoßen. (Als Punktspiel geeignet.)

Der Wasserball ist ein herrliches Spielzeug. Er ist riesig und läßt sich doch so leicht in die Luft schlagen. Allein das Hochwerfen und Nachlaufen ist ein nicht endenwollendes Spiel. Man kann auch auf ihm turnen, doch dabei muß der Erwachsene ein wenig helfen.

Wackelball: Der Wasserball darf für dieses Spiel nicht stramm aufgeblasen sein. Er muß der Größe des Kindes entsprechen. Es muß mit den Füßen den Boden berühren können, wenn es auf ihm sitzt.
Nun beginnt das Spiel: „Versuch, dich auf den Ball zu setzen. Kannst du einen Moment darauf sitzen bleiben und dein Gleichgewicht halten? Nun roll den Ball mit deinem Po ein klein wenig hin und her, vor und zurück."
Ist Ihr Kind zu Anfang unsicher und ängstlich, so halten Sie es ein wenig in den Hüften, dann hat es die Arme frei zum Ausbalancieren.

Flugzeug: Ihr Kind legt sich mit dem Bauch auf den Ball und spreizt die Arme zur Seite. Sie halten und stützen Ihr Kind an den Unterschenkeln, und schon kann es nach Herzenslust fliegen und schaukeln.
Variationsmöglichkeit: Rollen Sie den Ball mit dem Kind vor und zurück. Legen Sie vor dem Kind ein Stofftier oder Ähnliches so auf den Boden, daß es sich ordentlich strecken muß, um die Dinge zu ergreifen. Lassen Sie Ihr Kind zu einem Alleinflug starten.

Der Luftballon ist ein dankbarer Spielgefährte, besonders für Kinder, die ängstlich und bewegungsunsicher sind. Er fliegt langsam, und das Kind hat Zeit zum Schauen und Reagieren.

Der eigenwillige Luftballon: Das Kind sollte zunächst versuchen, den Luftballon selber aufzublasen, das ist eine gute Atemübung. Läßt das Kind den Luftballon los, bevor er zugebunden wird, so wird er eigenwillig durch den Raum schießen und trudeln, bis alle Luft aus ihm gewichen ist.

Der gemütliche Luftballon: Er ist nun aufgeblasen und zugebunden. „Kannst du ihn mit der offenen Hand – mit der Faust – mit den Fingern – mit dem Kopf – Fuß hochstoßen und mit beiden Händen wieder auffangen? Komm, wir werfen uns den Luftballon zu – stoßen ihn uns mit den Köpfen, den Händen, Füßen zu."
Für die kleineren Kinder, die mit dem Ball noch unbeholfen sind, ist das Kissen aus dem Puppenwagen ein guter Ballersatz. Sie können es mit den Händen greifen, leichter balancieren und mit den Beinen fassen.

Einige Anregungen: „Wirf das Kissen hoch – so hoch du kannst. Kannst du es auch wieder auffangen? Probiere es auch mit einer Hand. – Jetzt klemm das Kissen zwischen die Füße – zwischen die Knie. Kannst du damit hüpfen, auch wie ein Häschen in der Hocke?
Du kannst das Kissen auch balancieren: auf dem Kopf – auf dem Handrücken – auf dem Fuß, indem du es auf den Fußrücken legst und es vorsichtig durch das Zimmer trägst. Versuche es auch mit dem anderen Fuß. Kannst du das Kissen auf dem Rücken – Bauch balancieren, wenn du auf allen Vieren vorwärts – rückwärts krabbelst? Schau wie ich es mache. Wir können uns das Kissen zuwerfen und wie einen Ball fangen."

 3–5

3-5

Balancieren und Klettern

Kinder steigen und balancieren für ihr Leben gern, sei es auf Gartenmauern, auf Kantsteinen, auf Baumstämmen und Balken oder an schrägen Abhängen. Haben Sie ein splitterfreies Brett im Keller, so holen Sie es herauf. Ihr Kind kann es auf zwei Stühle oder auf Konservendosen legen und darauf balancieren, darüber hinweghüpfen. Es kann das Brett an einem Ende erhöhen (Bett, Stuhl, Kiste) und auf der Schräge hinauf- und hinabsteigen. Es kann Hindernisse auf das Brett stellen, über die es hinwegsteigen muß. Es kann dabei etwas auf dem Kopf oder auf den Händen balancieren. Ist es müde geworden, kann es auf dem Brett Autos und Schachteln hinuntersausen lassen.

Möbelkletterei

Auf einer Spielkiste oder einem nicht zu hohen, aber stabilen Wäschekorb kann man gut turnen. Polstern Sie bitte die Spielkiste aus, damit sich Ihr Kind nicht wehtut. Stellen Sie die Kiste oder den Wäschekorb in die Mitte eines Zimmers oder auf den Rasen.

Eckengucken: Das Kind legt sich so auf die Spielkiste, daß es mit dem Kopf den Boden berühren kann. Sie halten seine Füße fest. Das Kind versucht nun, mit und ohne Händeaufstützen um die Spielkistenecken herumzuschauen. Legen Sie irgend etwas hin, das Ihr Kind erspähen und ergreifen kann.

Seehund: Das Kind liegt auf der Spielkiste. Die Hände werden auf dem Rücken gefaltet und der Oberkörper so weit wie möglich aufgerichtet. „Der Seehund kann einen Ball auf der Nase balancieren. Kannst du vielleicht ein Kissen oder einen Ring auf dem Kopf halten?"

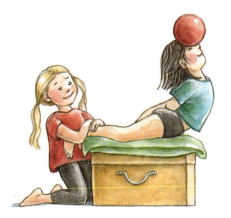

Flugzeug: Siehe Seehund; jetzt werden die Arme zur Seite gespreizt. Das Flugzeug kann starten – Kurven fliegen – landen.

Brücken: Ihr Kind legt sich mit dem Rücken auf den Boden, die Füße auf der Kiste. „Heb den Po, so hoch du kannst. Schau, der

Ball kann unter der Brücke durchkullern." Ein Freund oder Geschwisterkind kann unter der Brücke durchkriechen.

3-5

Die Brücke kann auch anders gebaut werden: Ihr Kind dreht sich in die Bauchlage. Es stützt sich mit den Händen am Boden ab. Jetzt kann es, je nachdem wie gestreckt der Rücken ist, hohe oder flache Brücken bauen. Vielleicht können sogar Sie hindurchkriechen, was Ihrem Kind sicherlich einen Riesenspaß bereiten wird.

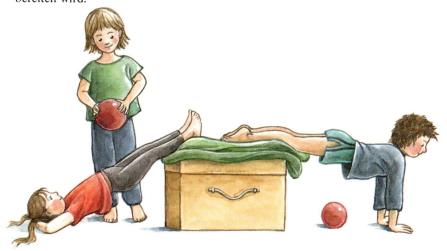

Ist die Spielkiste nicht zu hoch, kann man auf ihr erstes freihändiges Auf- und Absteigen üben. Ist Ihr Kind schon etwas größer und somit sicherer, können Sie dieses Auf- und Absteigen zu einem flinken Hinüberlaufen steigern.
Variationsmöglichkeiten: „Kannst du leise auf die Kiste hinauflaufen und stehenbleiben? Nun steig leise hinunter. Kannst du auch den anderen Fuß als erstes hinuntersetzen? Versuch, von der Kiste herunterzuspringen. Wenn du dich nicht traust, fasse ich dich an. Kannst du leise wie ein Häschen herunterhüpfen und ganz klein unten ankommen? Lauf hinauf und spring in meine Arme."

Schleusentor oder Einfahrtstor: Ihr Kind kauert rücklings vor einem Stuhl, stützt sich mit den Händen gut ab und klettert mit den Füßen auf die Sitzfläche. Der Bauch zeigt zum Boden. Machen Sie es dem Kind vor, und bilden Sie dabei den anderen Flügel des Schleusentores. Nun krabbeln Sie mit den Händen gemeinsam nach links, wieder zur Mitte, nach rechts. Das Schleusentor öffnet und schließt sich also. Wenn das Tor geschlossen ist, berühren Sie sich mit den Köpfen. Bilden Sie zusammen mit Ihrem Kind ein hohes Schleusentor (angewinkelte Beine und gewölbter Rücken), ein flaches Tor (ganz gestreckte Beine). Überfordern Sie Ihr Kind nicht, sonst bricht das Schleusentor zusammen. Steigern Sie die Übung langsam, indem Sie fragen: „Hat der Schleusenwärter oder der Pförtner schon Feierabend; oder öffnet er die Tür noch einmal?"

Klettern und Kriechen: Stellen Sie Stühle so in eine Reihe, daß sich jeweils Lehne und Sitzfläche berühren, und schon werden

3-5

die Kinder krabbeln, kriechen, klettern. Es gibt viele Bewegungsmöglichkeiten.
Einige Anregungen: „Krabbelt unter den Stühlen hindurch. Krabbelt kurvenförmig hindurch. Könnt ihr es auch rückwärts? Schaut nicht zu den Füßen, die finden den Weg allein, sonst stoßt ihr euch die Köpfe! Steigt von einem Stuhl zum anderen. Könnt ihr das, ohne die Stuhllehne zu berühren? Zieht die Knie hoch und stolziert wie ein Storch über die Stühle. Kommt mit jedem Schritt auf den nächsten Stuhl. Nun versucht es auch rückwärts."

Jeweils zwei Stühle mit den Lehnen aneinanderstellen und zwischen den Stuhlpaaren eine Lücke lassen. „Klettert über ein Stuhlpaar, kriecht unter dem nächsten hindurch. Klettert und steigt von einem Stuhlpaar zum anderen."
Zwischenräume zwischen den Stühlen nach der Schrittweite der Kinder bemessen. Ist Ihr Kind zu Anfang ängstlich, fassen Sie es an einer Hand an.
Die Kinder helfen in diesem Alter gern überall mit. Sie tragen und schleppen alle möglichen Dinge, ziehen oft mit dem ganzen Kinderzimmergestühl von einem Raum in den anderen. Aus solch einer Situation kann ein Spiel entstehen.

Möbelpacker: „Trag deinen Kinderstuhl durch die Wohnung, ohne irgendwo anzustoßen. Kannst du ihn leise hinstellen – noch leiser? Wie kannst du den Stuhl noch tragen? Zum Beispiel vor dir her mit ausgestreckten Armen oder hoch über dem Kopf. Manchmal muß der Möbelpacker auch rückwärts gehen; vorsichtig, sonst fällst du hin."
Dieses Spiel macht mit Musik viel Spaß. Stellen Sie Radio- oder Plattenmusik an. Lassen Sie Ihr Kind den Stuhl während der Musik herumtragen. Sowie Sie die Musik leise stellen, stellt Ihr Kind den Stuhl möglichst leise hin.

Geschickte Füße

Immer wenn sich die Gelegenheit bietet, sollten Sie etwas für die Füße Ihres Kindes tun. Spielen Sie mit Ihrem Kind, indem Sie Tücher und Bleistifte mit den Füßen greifen und sich gegenseitig zureichen.

Lesen Sie aus Spaß eine alte Zeitung, indem Sie diese mit den Füßen halten, und zerreißen Sie sie mit Ihren Füßen. Ihr Kind ahmt Sie sicherlich sofort nach und freut sich, wenn es sich geschickter anstellt als Sie.

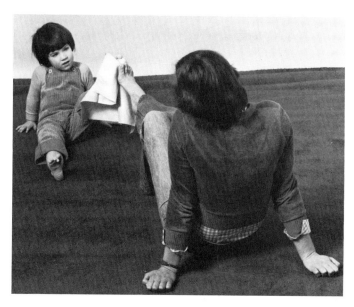

Halten Sie etwas Begehrenswertes mit der Hand hoch, Ihr Kind wird sich auf Zehenspitzen stellen, um es zu ergattern. Hängen Sie irgend etwas (Puppe, Stofftier) von der Decke herab, oder spannen Sie eine Leine, an die Sie etwas hängen. „Wer kann die Leine oder die Gegenstände berühren? Nimm Anlauf, vielleicht schaffst du es dann."

Lassen Sie Ihr Kind sich einen flachen Stein oder Bauklotz auf den Fußrücken legen. „Kannst du den Stein spazierentragen? Wieviel Schritte schaffst du, ohne daß er herunterfällt? Kannst du es auch mit dem anderen Fuß?"

Reaktionsspiele

„**Der Dieb kommt!**": Jedes Kind sucht sich mit seinem Stuhl einen Platz im Raum. Der Stuhl ist sein Haus. Die Kinder gehen, laufen oder krabbeln im Raum zwischen den Stühlen umher.

Auf Ihren Ruf: „Der Dieb kommt!" laufen oder krabbeln alle Kinder schnell zu ihrem Haus. Machen Sie mit den Kindern vorher aus, ob sie sich unter den Stuhl kauern oder legen oder auf den Stuhl setzen oder stellen müssen. Sie können den Ausruf durch Händeklatschen oder durch Abdrehen einer beliebigen Musik ersetzen.

3–5

„Wo ist dein Bauch?": Bevor Sie mit dem Spiel beginnen, lassen Sie sich von den Kindern zeigen, wo ihr Bauch, Rücken, Po, ihre Hände und Füße sind. Die Kinder gehen nun kreuz und quer durch den Raum und versuchen, schnell auf Ihren Ausruf zu reagieren. Sagen Sie „Bauch", legen sich alle schnell mit dem Bauch auf den Boden, entsprechend bei „Rücken" oder „Po". Beim Ausruf „Füße" bleiben alle stehen, bei „Hände" recken alle die Arme in die Höhe. Sie können die Kinder zwischen den Aufgaben ein paar Schritte gehen lassen oder die Positionen im schnellen Wechsel einnehmen lassen.

Rot – Grün: Sie stehen in der Mitte des Raumes und halten ein grünes und ein rotes Tuch in den Händen. Heben Sie das grüne Tuch, laufen die Kinder. Heben Sie das rote Tuch, bleiben alle Kinder stehen, knien oder legen sich hin. Dieses Spiel ist auch als Ausscheidungsspiel oder Pfänderspiel geeignet: Wer den Farbwechsel verpaßt, scheidet aus oder gibt ein Pfand ab.

Schlangenbeschwörer: Sie sitzen mit einem Instrument am Ende des Raumes, die Kinder liegen am anderen Ende auf dem Bauch. Die Kinder bewegen sich auf Sie zu, solange Sie leise eine (Phantasie)Melodie spielen oder leise einen Rhythmus klopfen. Sowie Sie aufhören, müssen die Kinder in ihrer momentanen Stellung verharren. Wer nicht aufpaßt, muß drei Schritte zurück. Das Kind, das zuerst bei Ihnen angelangt ist, darf nun der Schlangenbeschwörer sein.
Variationen: Dabei hüpfen, kriechen, vor- und rückwärts gehen, im Sitzen mit vorgestreckten Beinen vorwärts rutschen.

Musik

Geräusche aus der Umwelt

Täglich stürzen tausend Geräusche und Reize auf Ohren und Nerven ein. Wollen Sie Ihr Kind zur Musik oder zum Musikmachen bringen, muß es lernen, auf das zu hören, was es durch die Dauerberieselung gar nicht mehr wahrnimmt. In ruhiger Umgebung sollte Ihr Kind bewußt üben, auf etwas Bestimmtes zu horchen. So lernt es das zu gebrauchen, was es beim Musikmachen so dringend nötig hat: das Ohr!

Horch-Spiele: Jemand verursacht im Nebenzimmer ein Geräusch. Man kann zum Beispiel an die Fensterscheibe klopfen oder einen Schlüssel ins Schlüsselloch stecken. Wer dies errät, darf selbst ein Geräusch machen.
Woher kommt ein Geräusch? Mit geschlossenen Augen lauscht das Kind. Es sagt, was es war und aus welcher Richtung es gekommen ist.
Eines der mitspielenden Kinder springt die Treppe hinunter und steigt sie langsam wieder hinauf. Anschließend erzählt das zurückgebliebene Kind durch Klopfen und Klatschen, was es gehört hat.

Geräusch-Spiele: Aus alten Bilderbüchern, Zeitschriften oder Prospekten können Gegenstände, Fahrzeuge oder Tiere ausgeschnitten werden, alles, was Klänge oder Geräusche von sich gibt. – Das Kind versucht, diese mit Sprache und Stimme nachzuahmen. Dabei wird man immer wieder erstaunt sein, wie geschickt es mit dem Instrument seiner Sprache umgeht.

Die Uhren

3-5

Es spielt mit Vokalen und Konsonanten, nimmt Worte auseinander, reiht Silben aneinander, hält sich die Nase zu, bewegt die Hand vor dem Mund oder formt sie zu einem Schalltrichter. Es flüstert, zischt, quietscht, brummt. Als nächstes kann es versuchen, seine Bilder nach Gruppen zu ordnen. Vielleicht nach Fahrzeugen, Tätigkeiten oder Tieren. Wie es ihm am besten gefällt und was es am ehesten anspricht, wird zu seinem musikalischen Spielmaterial: Wie klingt es zum Beispiel, wenn es weit weg oder ganz nahe ist? Welches Geräusch macht ein großes oder ein ganz kleines Tier?

Zum Schluß kann Ihr Kind versuchen, eine Geräusch-Bildergeschichte aus den einzelnen Bildern zu legen und akustisch auszumalen.

Wenn Sie ihm eine beschränkte Anzahl von Instrumenten oder klingenden Gegenständen geben, kann das Kind bereits einige Umweltgeräusche mit seinen Händen und Fingern nachahmen. Z. B. Auto: Kreisen oder Schaben auf dem Trommelfell oder der Tischplatte. Oder Wasser: über die Saiten einer Zither, die Tasten eines Klaviers oder die Plättchen eines Xylophons streichen.

Akustische Versuche mit verschiedenem Material

Laute und leise Wasserspiele: Mit Strohhalmen, Trichtern, Bechern, Sieben oder Schläuchen läßt sich im Freien oder in der Badewanne ein lustiges Wasserkonzert inszenieren.

Jetzt muß man die Ohren spitzen: nur dann nimmt man die leisen Klänge eines Wassertropfens wahr. Je nachdem wie schnell und wohin er fällt, klingt es immer wieder anders.

Wasser-Glas-Spiele: Ihr Kind füllt ein Glas oder eine Flasche mit Wasser. Wenn es dieses anschlägt, nimmt es, je nach Füllung – leer, halbvoll, voll –, verschieden hohe und tiefe Töne wahr.

Mit dem feuchten Finger fährt es am Rand eines mit Wasser gefüllten Stielglases entlang. Dabei entsteht ein langgezogener Orgelton. Ein Spiel für musikalische Tischgesellschaften, etwa beim Kindergeburtstag.

Flötentöne aus der Flasche: Das Kind versucht, über den Rand einer Flasche hinwegzublasen.

Holz-Geräusche: Alles, was nach Holz aussieht, wird zusammengetragen. Das Haus, der Speicher, der Spielhof oder der Wald sind ideale Jagdgebiete. Gemeinsam wird versucht, möglichst viele Holzklänge zu finden und zu erzeugen. Dabei werden Worte wie schaben, brechen, knacken, kratzen, biegen, klopfen oder pochen gefunden. Sicher fallen Ihrem Kind dabei ganz neue Klangwörter ein!

Papier und Stoff: Das Kind betastet verschiedene Papier- und Stoffsorten. Dann beschreibt es: Was war das? Wie hat es sich angefühlt?
Es löst selbst die verschiedensten Geräusche aus durch Fetzeln, Knittern, Reißen usw. und versucht, diese mit seinen eigenen Worten zu beschreiben. Dabei werden ihm laute und leise Geräusche (Packpapier, Seidenpapier, Folie) in den verschiedensten Abstufungen und Färbungen bewußt.
Erkennt es diese Geräusche wohl wieder, wenn Sie sie machen, ohne daß es dabei zuschauen kann? Sobald das Kind ein Geräusch erraten hat, gibt es Ihnen ein solches Hör-Rätsel auf.
Das Kind bläst eine Tüte auf und bringt sie zum Platzen.
Butterbrotpapier wird über ein Marmeladenglas gespannt. Mit den Fingerspitzen kann Ihr Kind darauf trommeln. Wenn es den Mund an das Papier hält und singt, wird es über die entstehenden Töne erstaunt sein. Gleichzeitig spürt es ein Kitzeln auf den Lippen, ein Zeichen für die Schwingungen auf der Oberfläche, die ja erst den Ton entstehen lassen.
Variation: ein mit Butterbrotpapier überzogener Kamm.

Metall: Wer kennt nicht die Anziehungskraft eines rasselnden Schlüsselbundes? Da Schlüssel im allgemeinen in Kinderhänden nicht gerade sicher aufgehoben sind, soll sich das Kind selbst seinen Schlüsselbund machen. An einer Schnur oder einem Drahtring reiht es sich alte Schlüssel, Flaschenöffner oder Ringe auf.
In ein Blechdosensparschwein (Blechdose mit Schlitz) wirft es allerlei kleine, klingende Dinge, die es in Ihrem Nähkorb oder Handwerkskasten findet. Anschließend machen Sie ein Ratespiel daraus: Sie werfen ein paar Dinge - es sollten nicht zu viele sein - durch den Schlitz. War es ein Knopf, eine Münze oder ein Streichholz?
Die Besteckschublade in Ihrer Küche übt durch ihren klappernden Inhalt auf Ihr Kind einen Anreiz zum Ordnen aus. Dabei hört es, daß kleine Teelöffel anders klingen als große Suppenlöffel.
Durch Ofenrohre oder andere Metallröhren können Kugeln, Schrauben und ähnliches hindurchgeschickt werden. Gespannt verfolgt das Kind ihren klingenden Weg.
Genug des Ratens und Horchens! Als Abschluß wird mit allen verfügbaren Pucheninstrumenten ein Musikkapellenumzug durch die Wohnung oder durch das Haus gemacht. Falls solche lautstarken Spiele in Ihrem Haus als Störung empfunden werden, laden Sie kurzerhand die Nachbarskinder dazu ein.

Selbstgemachte Instrumente

Jetzt sind die Hände Ihres Kindes schon geschickter. Mit Ihrer Hilfe wird es sich sein erstes kleines Instrument selbst bauen können. Wenn ihm Hammer, Nägel oder Schraubenzieher noch wenig vertraut sind, kann es sich bei dieser Gelegenheit in ihrem Gebrauch üben.

Nagelschnur: Nägel, Schrauben, Schlüssel, Teelöffel und so weiter können an eine Schnur gebunden werden. Sie wird wie eine Wäscheleine gespannt und mit einem Metallstab abgefahren.

Grillrostharfe: An einem Metallrost werden verschiedene Gegenstände (Kugeln, Tennisbälle und ähnliches) so an Fäden aufgehängt, daß sie gegen die Metallstäbe schlagen, die wie Saiten klingen. Als Gong hinter die Kinderzimmertür!

Zupfholz: Dünne, biegsame Holzleisten werden so auf einen Holzkasten genagelt, daß sie verschieden lang über den Rand ragen. Das Kind kann daran zupfen und dabei verschieden hohe Töne erzeugen. Lassen Sie es vor allem die entstehenden Schwingungen mit den Fingern fühlen!

Kastagnetten: Kastagnetten aus Kokosnußschalen klingen täuschend echt! Aber auch zwei Nußschalen, mit einer Schlaufe an den Fingern befestigt, eignen sich für klingende Fingerspiele. Sie können den Kindern auch an beiden Händen Kastagnetten befestigen und sie zum Tanzen auffordern.

Joghurtbecherklangspiel: Joghurtbecher werden mit Nagel und Hammer durchlöchert und an Gummifäden aufgehängt. Herunterziehen und loslassen!

Schellenkiste: Man kann über einen offenen Karton oder eine Kiste eine Schnur ziehen, an der eine Reihe durchlöcherter, rasselnder und klingelnder Kronenverschlüsse oder Blechdeckel aufgefädelt sind. Je nach Größe des Kartons können es mehrere Schnüre sein. Zupfen oder schütteln!

Plastikschläuche: Mundstücke von Blasinstrumenten, die man im Musikgeschäft bekommt, Pfeifen, Trichter oder Flötenköpfe kann man auf Plastikschläuche setzen. Dabei ergeben sich die verschiedenartigsten Klänge, die durch die Windungen des Schlauches noch verändert werden.

Handtrommeln: Plastikgefäße werden innen oder außen mit feuchter Pappmachémasse überzogen. Die getrockneten, abgelösten Formen können Sie zusammen mit Ihrem Kind mit Papier, Einmachfolie, Pergamentpapier, Seidenpapier usw. bespannen.

Gummizither: Zwei oder mehrere verschieden dicke Gummibänder werden um eine Zigarrenkiste gespannt. Welche Saite klingt hoch, welche tief? Ihr Kind kann versuchen, sie nach Tonhöhen zu ordnen.

Spiel mit selbstgemachten Instrumenten (für Kindergruppen)

Mit geschlossenen Augen versuchen die Kinder zu hören, welches Instrument gerade gespielt wird.
Jedes Kind soll das eigene Instrument am Klang erkennen und seinen Klang mit seinen Worten beschreiben. Wie könnten seine Klänge und Geräusche gemalt werden? Welches Instrument klingt ähnlich?

3-5

Ein Instrument sucht sich einen „Freund" und spricht mit ihm.
Im Kaufladen werden heute Musikinstrumente verkauft! Durch Tasten, Spielen und genaues Hinhören versuchen die Kinder, Ordnung in den Laden zu bringen. Das kann ganz verschieden aussehen. Die Kinder können die Instrumente in folgende Gruppen einteilen:
Metall-Holz-Fellinstrumente
Zupf-Blas-Schlaginstrumente
Geräusch- oder Klanginstrumente
Laute und leise Instrumente, helle und dunkle ...
Ein Lied wird von diesen Instrumenten begleitet. Die verschiedenen Instrumentengruppen wechseln sich ab.

Klangtunnel: Die Kinder bauen aus Kisten und Waschmitteltonnen einen Tunnel, der innen mit klingenden Hindernissen behängt wird. Eine Kugel oder ein Ball bringt den Tunnel zum Klingen. Die Kinder können auch durchkriechen! Wer schafft es am leisesten?

Spiel mit den Instrumenten der Erwachsenen

Ein Kind, das bereits selbst versucht hat, ein eigenes Klangspielzeug zu bauen, begegnet dem perfekten Instrument der Erwachsenen schon bewußter, aber auch mit neugieriger Unbefangenheit. Weil es der Erzeugung von Geräuschen und Klängen auf die Spur gekommen ist, kann es sich auch mit größerem Verständnis und Geschick an ein hochentwickeltes Instrument wagen, und während es damit spielerisch experimentiert, wichtige musikalische Erfahrungen machen. Übertragen Sie die folgenden Spiele auf das Instrument, das Sie spielen oder zur Verfügung haben. Schauen Sie auch immer wieder bei der vorangegangenen Altersgruppe nach, denn jene Spielerfahrungen bilden die Voraussetzungen für die folgenden Anregungen.

Spiel mit der Zimbel: Sie schlagen zwei Zimbeln kräftig aneinander, dann halten Sie die beiden Metallscheiben an die Ohren des Kindes. Unglaublich, wie lange man den Ton direkt am Ohr noch hören kann, obwohl er für die Außenstehenden längst verstummt ist!
Regen Sie Ihr Kind oder auch eine Kindergruppe an, immer neue Klangwirkungen und Spielarten auf dem Instrument zu finden. So werden vielfältige Klänge und Geräusche entdeckt. Das Kind schlägt die Zimbel mit einem Schlegel oder Stab in der Mitte oder am Rand an. Mit weichen, mit harten Schlegeln, mit Bürsten oder Handbesen kann das Kind die aufgehängte Zimbel zum Klingen bringen. Es wirbelt mit den Fingern, es klopft mit dem Knöchel, sägt mit einem Metallstab am Rand auf und ab und streicht sogar mit einem Geigenbogen darüber. Es entdeckt und spürt mit den Fingerspitzen das vibrierende Metall und bringt den langausschwingenden Klang schließlich mit einem festen Griff zum Schweigen.
Mehrere Kinder werden Spaß daran finden, den von ihnen gerade produzierten Klang wiederzuerkennen. Hinter einer Sichtblende können Sie alle eben gefundenen Spielarten wiederholen und die Kinder raten lassen.

1. Was macht meine kleine Geige?
   Fi li fi li fei, fi li fi li fei, macht meine kleine Geige.

2. Was macht meine kleine Flöte? :|
   Tü li tü li tü :| macht meine kleine Flöte.

3. Was macht meine kleine Trompete? :|
   Tä tä rä tä tä :| macht meine kleine Trompete.

4. Was macht meine Mandoline?
   Zimpe zimpe zirr :| macht meine Mandoline.

5. Was macht mein großer Brummbaß? :|
   Schrumm, schrumm, schrumm :| macht mein großer Brummbaß.

Spielbewegungen: Die Kinder hüpfen, springen, traben, schleichen, stolpern, hinken, rutschen oder trampeln gemeinsam durch den Raum. Wie können diese Bewegungen auf Instrumente übertragen werden? – Fellinstrumente, Xylophon oder Glockenspiel und Klavier sind dafür besonders geeignet.
Auf einem Fellinstrument oder auf Tischplatte oder Pappkarton wird eine typische Bewegungsart, etwa die eines Tieres, vorgespielt. – Welches Tier kann es gewesen sein?

Zaubermusik: Durch das Spiel auf einem Instrument werden die Kinder in beliebige Wesen verwandelt. Jedes Kind bewegt sich entsprechend seiner Rolle frei im Raum. Beim Verstummen des Instruments bleiben alle wie versteinert stehen, bis sie schließlich die Musik von neuem aus ihrem Bann erlöst.
Verschiedene Instrumente und immer wieder andere Spielarten auf Instrumenten verwandeln die Kinder in ganz bestimmte Tiere, die sich entsprechend bewegen. Schleichen (weiche Handbewegungen auf dem Klavier), Flattern (Handbewegungen am Flötenkopf), Kriechen (Schaben auf dem Trommelfell) oder Trampeln werden im Wechsel gespielt.

Horchen wie ein Luchs: Spielen sie auf der Flöte verschieden lange Töne. Einmal nur kurze, dann wieder sehr lange oder auch eine Häufung von kurz gestoßenen Tönen. Ihr Kind malt das, was es hört: Punkte, Striche oder Punkthäufungen.
Versuchen Sie, auf einem Instrument extrem hohe und tiefe Töne zu spielen. Vielleicht kann Ihr Kind das Gehörte bereits als „oben" und „unten" auf seinem Blatt festhalten.

Horchspiel vor dem Radio: Ein Musikstück erklingt. Kann Ihr Kind einzelne Instrumente heraushören? Gemeinsam mit ihm können Sie dann die erkannten Instrumente mitverfolgen.

 3-5

Verse und Lieder: „Pittewittewitt der Hans ist hier ...", „Dubbedubbedubb ein Mann ist kommen", oder „Surr, surr, surr" - Solche Lieder können ein Kind dazu anregen, die Klangwörter (dubbedubbedubb, pittewittewitt) mit den Fingern auf ein Instrument zu übertragen, sei es eine Trommel, ein Xylophon, der Resonanzboden einer Gitarre oder ein Klavier. Wechselspiele machen ihm Spaß! Regen Sie es dazu an: instrumental begleitete Klangwörter wechseln mit der Stimme, oder Sie begleiten den übrigen Text auf einem anderen Instrument. Weitere Varianten erfindet Ihr Kind sicher selbst!

Atem-, Sprach- und Liederspiele

Kindern in diesem Alter macht es keinen Spaß, Lieder auswendig zu lernen oder Melodieabschnitte stur nachsprechen und nachsingen zu müssen. Musikalische Aktivität hat nichts mit Pauken zu tun. Die Erwachsenen sollten vielmehr das Kind zunächst singen und sprechen lassen, wie es ihm gefällt. Nur so erhalten Sie ihm die Freude daran. Dazu die folgenden Vorschläge.

Atem sichtbar und hörbar machen: Das Kind blubbert mit einem Strohhalm in ein Wasserglas, bis ihm die Puste ausgeht.
Es spielt oder singt einen Atemzug lang „Flugzeug", „Biene" oder „Sirene".
Es atmet so lange und so tief ein, bis der Bauch dick und prall ist. Dabei versucht es, eine locker um den Bauch geschlungene Schnur anzuspannen.

Experimente mit Stimme und Sprache: Mit der Stimme ahmt das Kind Geräusche der Umwelt, Natur und Tierwelt nach. Es drückt dabei Kontraste aus und erlebt sie dadurch bewußt: zum Beispiel Löwe und Maus oder Schreien und Flüstern.

Ich bin ein kleiner Pumpernickel
bin ein kleiner Bär
und wie mich Gott erschaffen hat
so zottel ich daher.

Solche Verse und Abzählverse, Rätselverse oder Zungenbrecher lassen sich flüstern, murmeln, brüllen; stockend, lustig, traurig oder feierlich aussprechen. Im Spiel mit dem Text sind der Phantasie des Erwachsenen und des Kindes keine Grenzen gesetzt: Einzelne Textteile werden als Echospiel gesprochen, laut und leise. Man spricht lauter, leiser oder gar tonlos, wobei die Mundbewegungen sehr deutlich sein müssen. Das Kind kann einen Vers oder eine Verszeile mit zum Schalltrichter geformten Händen ausrufen oder einem anderen leise ins Ohr telefonieren. Während der Vers gesprochen wird, klatscht das Kind den Rhythmus dazu.

Lieder werden gespielt: Bekannte Lieder werden durch Summen, rhythmisches Klatschen oder szenisches Spiel dargestellt, erraten und anschließend gesungen.
Das Kind sucht sich einen Partner, der es zu seinem selbstgewählten Lied durch Mitsingen oder Klatschen begleitet.

Dornröschen Wort und Weise: aus Hessen

1. Dorn-rös-chen war ein schö-nes Kind, schö-nes Kind, schönes Kind. Dornröschen war ein schönes Kind, schönes Kind.

	2. Dörnröschen, nimm dich ja in acht!
	3. Da kam die böse Fee herein.
Böse Fee:	4. Dörnröschen, du mußt sterben!
Alle:	5. Da kam die gute Fee herein.
Gute Fee:	6. Dornröschen, schlafe hundert Jahr!
Alle:	7. Da wuchs die Hecke riesengroß.
	8. Da kam ein junger Königssohn.
Königssohn:	9. Dornröschen, wache wieder auf!
Alle:	10. Da feierten sie Hochzeitsfest.

Spaß-Lieder werden auf einem einzigen Vokal gesungen, zum Beispiel: „Drei Chinesen mit dem Kontrabaß" – „Dro Chonoson mot dom Kontroboß". Dafür eignet sich fast jedes Lied. Siehe auch unter Sprache auf Seite 134.
Der Anfang einer bekannten Liedmelodie wird gesungen. Das Kind spinnt die Melodie fort und bringt sie zu einem Schluß.

Ein erstes Liederbuch entsteht. Das Kind malt sein Lieblingslied oder schneidet bestimmte Gegenstände aus, die es daran erinnern. Die einzelnen Blätter werden so zusammengeheftet, daß sie weiter ergänzt werden können.

Lieder als Rollen- und Bewegungsspiele:

Ihr Täubchen, ihr Täubchen, kommt al-le zu mir.

Wir dür-fen nicht. War-um denn nicht? Der Wolf ist da.

Ihr Täubchen, ihr Täubchen, kommt al-le zu mir.

Taubenmutter und Wolf sitzen abseits von den Täubchen. Diese laufen am Schluß alle zur Mutter. Wer dabei vom Wolf gefangen wird, ist im nächsten Spiel der Wolf.

3-5

Singspiele und Musiktheater: Beliebt ist gesungenes Frage- und Antwortspiel zwischen zwei Kindern. Oft lockert es eine gewisse Befangenheit auf, wenn die Kinder bestimmte Tiere spielen, zum Beispiel Begegnung zwischen Frosch und Storch, oder wenn zwei Handpuppen die Rollen übernehmen.

Menschliche Verhaltensweisen wie lachen, weinen, trösten, schimpfen werden gespielt. Dabei muß der Erwachsene eine Spielsituation anbieten können, die das Kind anspricht und zu einem Spiel motiviert, das in seinem Erlebnisbereich liegt. Beispiel: Das Kind hat einen neuen Roller bekommen, es lacht, es freut sich, da fällt es hin, tut sich weh, weint; die Mutter tröstet es, der Nachbar schimpft, weil es so laut schreit ...

Ausrufer- und Anruferspiele eignen sich für Spielsituationen wie: Wochenmarkt, Kinderfest oder Kaufladen.

Musikalisches Fingertheater: Aus einer kleinen Kiste oder Schuhschachtel entsteht ein Fingertheater. Schauspieler sind die Finger mit aufgemalten Gesichtern und Hütchen aus Flaschenverschlüssen oder bemalten Streichholzschachteln.

Schattenspiele zu Musik: Die tanzenden Kinder sollen an ihren Bewegungen von den anderen erkannt werden. Auch Geschichten oder gespielte Lieder können zu einem musikalischen Schattentheater werden. Die Akteure sind Finger, Hände, Puppen oder Kinder.

Tanzspiele, Reaktions- und Bewegungsspiele

Im Tanz, in der freien Bewegung zur Musik, gewinnt ein Kind Freiheit und dehnt auf spielerische Weise seinen Aktionsradius aus. Es findet sich mit seinen Gliedmaßen zurecht, lernt sich zu orientieren und Richtungen und Ziele kennen. Dabei hat es immer die Möglichkeit, sich zu entspannen und körperlich und seelisch abzureagieren. Außerdem findet es Gelegenheit, Kontakt mit einem Partner oder einer Gruppe aufzunehmen, und erfährt, daß man die Gemeinschaft manchmal braucht, dafür aber auch Rücksicht auf die Wünsche der anderen nehmen muß. Es lernt, daß man Vertrauen nur dann erwarten kann, wenn man es anderen gewährt.

Hören und Reagieren: Beim Klang einer Zimbel bewegt sich das Kind frei im Raum. Es bewegt sich so lange, wie es den Nachklang hören kann.
Bei lauter Musik geht das Kind hochgereckt wie ein Riese, bei leiser Musik geduckt wie ein Zwerg.
Es bewegt sich nach einem Klopfrhythmus, der immer zwischen regelmäßigen Schritt- und punktiertem Hüpfrhythmus wechselt.
Die „Reise nach Jerusalem" wird gespielt.

Hören und Bewegen: Das Kind tanzt zur Musik. Dabei kann es sich verkleiden oder eine Maske aufsetzen. Es kann Bilderbuchfiguren oder verschiedene Tiere in Bewegung und Lauten nachahmen.
Mehrere Kinder fassen ein Tuch voller Luftballons an, die die Bewegung der Gruppe zum Schweben bringt. Kein Ballon soll aus dem Tuch fallen! Beim plötzlichen Aussetzen der Musik bleiben alle Kinder wie angewurzelt stehen.

 3-5

Spielszenen als Bewegungsspiele oder Instrumentalspiele: streitende Vögel, spielende Katzen, balgende Hunde, erschreckte Hühner. Oder: zwei verschiedenartige Tiere begegnen sich.

Karusselspiel: Im Kreis (eventuell durch ein Seil zusammengehalten) bewegen sich mehrere Kinder zur Musik, erst langsam, dann immer schneller. Schließlich bremst das Karussell und hält an.

Das Karussel

2. Komm, setz dich auf den Löwen,
   denn er ist brav und stumm!
   Wenn er auch scharfe Zähne hat,
   bringt er doch niemand um.

A Der Jahrmarkt hat begonnen.
   Komm mit und laufe schnell!
   Schon dreht sich ohne Unterlaß
   das bunte Karussell!

B Ein großer, roter Löwe,
   ein Nilpferd und ein Gnu,
   ein Tiger und ein Elefant,
   die drehn sich immerzu.

A Der Jahrmarkt hat begonnen.
   Komm mit und laufe schnell!
   Schon dreht sich ohne Unterlaß
   das bunte Karussell!

C Es gibt auch einen Schimmel
   und einen Pelikan,
   und das da ist ein Leopard.
   Und dies hier ist ein Schwan.

A Der Jahrmarkt hat begonnen.
   Komm mit und laufe schnell!
   Schon dreht sich ohne Unterlaß
   das bunte Karussell!

Bei A bewegt sich das ganze Karussell (die genannten Tiere werden von Kindern dargestellt; die überzähligen bilden einen zweiten Kreis).
Bei B und C bleiben alle stehen; die Figuren (Tiere) drehen sich

auf der Stelle (zweimal um die Achse). Bei der Wiederkehr von A bewegt sich wieder alles im Kreis. Die Kinder im großen Kreis können zum Drehtanz der Figuren den Takt klatschen oder sich selbst auch drehen.

Raum- und Gruppenspiele: Freies Gehen im Raum zur Musik! Ein Kind tippt das andere an, bis schließlich die ganze Gruppe in Bewegung ist.
Die Kinder bewegen sich am äußersten Rand des Raums. Auf ein Klangzeichen treffen sie sich in der Mitte und agieren als Gruppe! Kreis, Knäuel, Schlange, Schnecke, Brücke.
Verschiedene Klangzeichen werden verabredet, durch die die Kinder die verschiedenen Richtungen des Raumes kennenlernen, wie außen - innen, rechts - links. Das Wechselspiel sollte zunächst nicht über zwei Spielarten hinausgehen.
Auf ein Klangzeichen sucht sich jedes Kind einen Partner, mit dem es „Kutsche", „Karussell" oder „schaukelndes Boot" spielen möchte.

Lieder als Bewegungsspiele: Lieder werden gesungen und in der Gruppe gespielt, zum Beispiel: „Brüderchen, komm tanz mit mir", „Die fleißigen Handwerker" oder „Ihr Täubchen ..." (siehe Seite 81) und „Jetzt steigt Hampelmann":

Brüderchen komm tanz mit mir

2. Ei, das hast du gut gemacht!
   Ei, das hätt' ich nicht gedacht. Einmal hin ...

3. Mit dem Füßchen trapp, trapp, trapp!
   Mit den Händen klapp, klapp, klapp! Einmal hin ...

4. Mit dem Köpfchen nick, nick, nick!
   Mit dem Fingerchen tick, tick, tick! Einmal hin ...

5. Noch einmal das schöne Spiel,
   weil es mir so gut gefiel! Einmal hin ...

Die Kinder stehen sich paarweise gegenüber, reichen sich die Hände und tanzen in der angegebenen Weise.

 3-5

Jetzt steigt Hampelmann

Jetzt steigt Hampelmann, Jetzt steigt Hampelmann aus seinem Bett her-aus. O du mein Hampelmann, mein Ham-pel-mann, mein Ham-pel-mann. O du mein Hampelmann, mein Hampelmann bist du.

Jetzt zieht Hampelmann
sich seine Strümpfe an.

Jetzt zieht Hampelmann
sich seine Hose an.

Jetzt zieht Hampelmann
sich seine Jacke an.

Jetzt setzt Hampelmann
sich seine Kappe auf.

Jetzt geht Hampelmann
mit seiner Frau spazieren.

Jetzt tanzt Hampelmann
mit seiner lieben Frau.

Der Hampelmann steht in der Mitte des Kreises und führt die Bewegungen der einzelnen Strophen aus. Bei der 6. Strophe holt er sich ein Kind aus dem Kreis, das seine Frau darstellt, und geht mit ihr eingehakt spazieren. Bei der 7. Strophe tanzen alle.

Bewegungserlebnisse mit einem Gegenstand: Ein Ball hüpft, rollt, springt oder wird hochgeworfen. Er wird von einem zum anderen gerollt.
Viele Bälle (Tischtennisbälle) werden von den Kindern hochgeworfen, es werden aus ihnen Reihen und Haufen gebildet.
Man balanciert einen Ball auf dem Handrücken und bewegt sich dabei zur Musik.
Ein Ball wird einem Partner über die Beine bis zum Kopf gerollt.
Ein Kind rollt das andere wie einen Ball.

Bildnerisches Gestalten

3–5

Im Alter zwischen 3 und 5 Jahren macht das Kind in seiner körperlichen und seelisch-geistigen Entwicklung einen gewaltigen Sprung nach vorn. Das Kind entdeckt sein Ich und gewinnt im Denken, Wollen und Tun zunehmend klarere Gestalt.
Gestalt gewinnen und Gestalten sind nur verschiedene Ansichten der gleichen Sache. Gestalten heißt Formgeben im Benennen und Unterscheiden, im Zusammenfassen und Gliedern. Gestalten heißt Grenzen ziehen zwischen Ich und Du, zwischen Seele und Raum, heißt aber auch Verbindungen schaffen und Richtungen weisen.
Jedes Kind muß aus sich heraus seine Welt neu ordnen, damit es sich in ihr zurechtfinden und in ihr bestehen kann. Das Kind verarbeitet seine Erlebnisse und sichert seine Erfahrungen mit den Dingen auch in Bildern, denkt in Bildern und verwirklicht sich in ihnen.
Kinder verstehen und empfinden die Welt anders als Erwachsene. Die kindliche Bildsprache sollte von noch so gut gemeinten Eingriffen Erwachsener verschont bleiben. Halten Sie nur genügend Materialien bereit, in denen sich das Kind ausdrükken kann, und ermutigen Sie seine Aktivitäten. Greifen Sie nicht nach gängigen Rezepten. Die helfen dem Kind nur scheinbar weiter. Zeichnen Sie nichts vor. Zeichnungen Erwachsener sind schlechte Vorbilder. Sie stellen Ansprüche, die das Kind nicht erfüllen kann. Sie mindern statt dessen sein Selbstvertrauen und schüchtern es ein. Kinder zeichnen nicht, was sie sehen, sondern was sie von den Dingen wissen. Sie schaffen Sinnbilder, nicht Abbilder. Ihre Darstellungen zielen nicht auf die Kunst, sondern auf die Wirklichkeit. Übertriebene Hochschätzung ihrer Produktion kann ebenso abträglich sein wie völlige Mißachtung. Bestätigung, Anerkennung, Ermutigung, Verständnis liegen auf einer anderen, besseren Ebene. Sammeln Sie die Zeichnungen und Malereien Ihres Kindes in einer Mappe. Werden die Bilder auf der Rückseite mit Datum versehen und mit einigen Bemerkungen über die Umstände ihrer Entstehung, so erhalten Sie ein wichtiges Dokument als Ergänzung zu Ihrem Fotoalbum.

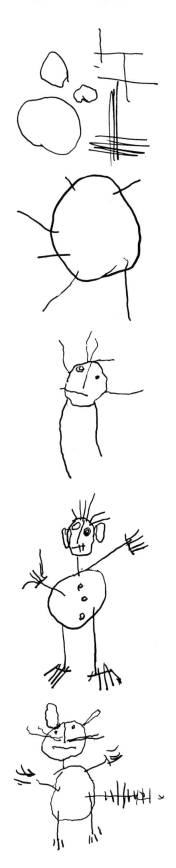

Zeichnen

Das Auge kontrolliert die Hand: Hat das Kind bisher aus spontaner körperlicher Bewegungslust und der Freude an der sichtbar werdenden Spur auf dem Papier gekritzelt, so merkt man jetzt immer mehr, daß sich das Kind ernsthaft müht, die Bewegung durch den Willen zu steuern und durch das Auge zu kontrollieren. Das Kind will etwas Bestimmtes darstellen, hat eine bestimmte Vorstellung und lenkt die Linie zur absichtsvollen Form. So entstehen der Kreis und das Kreuz: die geschlossene Form und die entschiedene Richtung nach oben und unten, nach rechts und links.
Das sind die Grundelemente, aus denen das Kind seine Bilder baut. Es wird sie bald zu immer neuen Kombinationen zusammenfügen und mit ihnen praktisch alles darstellen, was es darstellen will. Kreis und Kreuz, später auch noch Dreieck und Rechteck sind abstrakte Formen, Bilder des Denkens, der Logik, des Verstandes, nicht der sinnlichen Anschauung. Das Kind ahmt in seinen Zeichnungen nicht die sichtbare Wirklichkeit nach, sondern es erfindet Zeichen für die Dinge, die es als bedeutsam erfahren hat.

Der Kopffüßler: Zeichnet das Kind einen Kreis, aus dem nach verschiedenen Seiten Linien herauswachsen, so beginnt ein neues Stadium: Der unbestimmte Krakel mausert sich zur bestimmten Form. Das Vieldeutige wird eindeutiger, und ein neues Ziel wird anvisiert: die bewußte Darstellung. Jetzt entsteht zum ersten Mal ein gezeichnetes Lebewesen. Der Kreis schließt das Wesen ein und grenzt es ab. Die Linien, die nach allen Seiten fortstreben, sind Tast- und Fortbewegungsorgane, mit denen es wie das Kind selbst Kontakt mit seiner Umwelt aufnimmt.
Das Innere des Kreises wird später geteilt und gegliedert. Gesichtszüge bilden sich aus, Nase, Augen, Mund und Striche, die aus ihm herauswachsen: ein Mensch, ein unvollständiger? Was der Erwachsene als unvollständig empfindet, ist für das Kind ein Ganzes, in dem die bedeutsamsten Teile zuerst ausgeprägt sind: Zeichen für „Gesicht" und „Bewegung".
Verwirren Sie also Ihr Kind nicht, indem Sie nach (Ihrer Meinung) fehlenden Details fragen. Beobachten Sie lieber, wie sich allmählich dieser Kopffüßler in immer neuen Zeichnungen immer mehr differenziert und wie schließlich der von Ihnen vermißte Bauch erscheint, Knöpfe bekommt und sich das Ganze somit endlich zweifelsfrei als Mensch zu erkennen gibt.
Das ist nur ein Entwicklungsstrang, wenn auch vorerst bei weitem der Wichtigste. Aus dem Urvieh entwickeln sich auch alle anderen Lebewesen: die Blumen, Hund und Katze, Fisch, Eichhörnchen, Pferd und Sonne. Da Darstellung immer auch eine Selbstdarstellung ist, tragen alle diese Lebewesen noch lange ein menschliches Gesicht, ein Zeichen dafür, wie nahe sie dem Kind und seiner Gefühlswelt stehen.

Die schwebende Jungfrau: Das drei- bis vierjährige Kind zeichnet oft Männlein und Weiblein in jeder beliebigen Lage – auch auf dem Kopf stehend, gleichsam frei im Raum schwebend. Das vergeht, wenn das Kind selbst „Boden unter die Füße" bekommt.

Das Standlinienbild: Will das Kind eine Handlung erzählen, in der verschiedene Dinge, Menschen und Tiere nicht mehr isoliert für sich stehen, sondern in eine bestimmte Beziehung zueinander treten (Hänsel und Gretel treffen im Wald die Hexe), so braucht das Kind eine alles verbindende Ordnung. Das drückt die Standlinie aus, der waagerechte Strich, der als der feste Boden, auf dem alles steht, zuerst gezogen wird. Manchmal benützt das Kind gleich den unteren Blattrand als Standlinie, an der die winzigen Figuren entlangmarschieren, als hätte sie der Mut zum freien Fliegen verlassen. Dafür gewinnen sie im festen, aufrechten Stehen an Sicherheit und Stolz. Das ist wichtig für alles, was vom Boden aufwärts strebt, für Blumen und Bäume, für Berge und Häuser.

Kann das Zeichnen Ängste besiegen? Kinder zeichnen alles, was sie stark beeindruckt, denn diese Eindrücke müssen sie verarbeiten. Es gibt aber auch unangenehme und furchteinflößende Dinge, die dem Kind in der Wirklichkeit oder in der Phantasie begegnen und denen es oft wehrlos gegenübersteht. Nicht immer können Erwachsene die Kinderängste vertreiben. Das Schreckliche ist oft auch das Gefühl der eigenen Ohnmacht.
Ein kleines Mädchen, das beim Spazierengehen von einem wütenden Hund angefallen wurde, hat daraufhin Tag für Tag immer wieder den Hund gezeichnet und dann so lange kräftig überkritzelt, bis er hinter den Strichlagen verschwunden und vernichtet war. Nach 14 Tagen war der Schock überwunden. Das Kind hatte sich durch Zeichnen selbst davon befreit.
Wir sollten die Äußerungen unserer Kinder immer aufmerksam beobachten. Mancher Hilferuf wird in den Zeichnungen eher sichtbar als in Worten.

Was soll ich zeichnen? Meist weiß das Kind recht gut, was es darstellen will: Menschen, Tiere, Pflanzen, Spielzeug, – Dinge, die das Kind interessieren, mit denen ein starkes Erlebnis oder ein tiefer Eindruck verknüpft ist. Was beeindruckt, sucht nach Ausdruck, in der Sprache, im Spiel und in der Bildsprache. So ist die Frage „Was soll ich zeichnen?" nicht als die Bitte um ein Thema zu verstehen, sondern als Wunsch nach einem starken Erlebnis, das in der Zeichnung verarbeitet werden kann. „Zeichne halt ein Haus oder eine Blume" ist deshalb nicht die Antwort, die das Kind eigentlich erwartet, vor allem ist es keine, die dem Kind weiterhilft. Gehen Sie lieber gemeinsam mit Ihrem Kind auf die Suche nach einem Erlebnis, fragen Sie:

 3-5

„Was hast du heute morgen mit den anderen Kindern gespielt?" – „Weißt du, daß die Oma morgen auf Besuch kommt?" – „Was für eine Geschichte hat dir Papa gestern abend vor dem Einschlafen erzählt?" Wichtig ist, daß das Kind in dem anschließenden Gespräch eine Vorstellung von einem Bild gewinnen kann. Seien Sie so anschaulich wie möglich, am besten so, als müßten Sie Ihre eigene Vorstellung Ihrer blinden Urgroßmutter beschreiben.

Spannend ist es auch, wenn Sie sagen: „Erzähl mir jetzt nicht, was du zeichnen willst; wenn du fertig bist, will ich erst raten, was du gemacht hast, bevor du es mir zeigst!"

Wie schleicht die Katze?
Eine andere Form, im Kind eine Bildvorstellung zu wecken, ist die Darstellung der Figur im Spiel. Das Kind zeigt, wie die Katze die Maus anschleicht und große Augen macht; wie der Baum auf der Wiese seine Äste ausbreitet, sich im Wind bewegt und schließlich einen Apfel fallen läßt; wie das Flugzeug über die Hausdächer hinwegbraust.

Was braucht ein Kind zum Zeichnen?
Vor allem Papier in jeder Form und Größe. Je größer die Papierbogen, um so besser. Kein teures Aquarellpapier, auch keine Schulzeichenblöcke: Menge geht vor Qualität. Unbedrucktes Zeitungspapier gibt es in jeder Zeitungsdruckerei billig in Rollen.

Ist eine Buchdruckerei oder Buchbinderei in der Nähe, sollte man sich dort als dankbarer Daueraabnehmer von Papierresten vorstellen, die man oft umsonst bekommen kann. Was braucht man noch? Bleistifte, Buntstifte, Fingerfarben, bunte Filzschreiber, Ölkreiden, Wachsmalkreiden ...

Durchreibebilder
Das Kind braucht eine Münze und dünnes, aber festes Papier. Das Papier wird auf die Münze gelegt, der Bleistift fährt kritzelnd über die Prägung, und wie von Zauberhand entsteht das Bild der Münze auf dem Papier.

Je dichter die Kritzellinien beieinander liegen, um so deutlicher zeichnet sich das Geldstück ab. Das ist eine gute Übung zur Steuerung der Handbewegungen. Der Strich darf nicht über den Rand der Münze hinwegfahren, sonst gibt es Löcher im Papier.

Auch andere Oberflächenmuster lassen sich im Durchreibeverfahren auf das Papier zaubern. Schauen Sie sich mal in Ihrer Umgebung um: die Maserung eines alten, nicht glatt geschliffenen Holzbrettes, die Oberfläche einer Baumrinde, die Gewebestruktur auf der Rückseite einer Linoleumplatte, die Oberfläche eines breiten Gurtbandes, das Muster einer genoppten Ledertasche, eines Koffers oder einer Aktentasche, das Flechtwerk eines Bastkörbchens oder eines Lampenschirms aus Peddigrohr, das Lochmuster eines Küchensiebes oder einer Kartoffelreibe, das Schlüsselloch an einer Tür, das Gummiprofil verschiedener Schuhsohlen, ein Taschenkamm und ähnliches.

Ratespiel: Das Kind – oder gleich mehrere – erhalten den Auftrag, in einer bestimmten Zeit fünf verschiedene Muster von

Gegenständen in der Wohnung abzunehmen, die sie selbst aussuchen müssen.

Die Blätter mit den durchgeriebenen Mustern werden ausgetauscht, und die Suche nach den Originalen beginnt. Mit Hinweisen „kalt", „warm", „heiß" kann das Finden erleichtert werden.

Zu kleine Durchreibeproben machen das Wiedererkennen sehr schwer! Deshalb für jedes Muster ein eigenes Blatt (Schreibmaschinenpapier) verwenden!

Malen

Junge Spritzer ans Werk! Das im Malen mit flüssigen Farben noch ungeübte Kind hat anfangs Schwierigkeiten mit der richtigen Dosierung der Farbe auf dem Pinsel. Kleckser und Spritzer auf liegendem Papier, nach unten laufende Farbspuren auf senkrechtem Malgrund gehören zu den unvermeidlichen Begleiterscheinungen des Malens. Das Kind findet Klecksen und Spritzen schön, ja aufregend. Manch unbeabsichtigt entstandene Farbspur ist ihm ein Anreiz, etwas daraus zu machen. Wichtig ist, daß das Kind klecksen und spritzen darf, den Zusammenhang zwischen eigener Körperbewegung und sichtbar gewordener Farbspur erforscht und sich an der Wirkung starker Farben freut. Das Plastiktuch am Boden erhöht sicher die Geduld der Mutter, ihr Kind lustvoll gewähren zu lassen, sich zurückzuhalten, weniger das entstehende Kunstwerk als das Kind bei seinem Tun zu beobachten. Läßt der Eifer nach, kann mit einer kleinen Aufforderung neue Anregung gegeben werden: „Welche Farbe willst du jetzt nehmen?" „Brauchst du neues Papier?" Immer noch nicht auf schöne Bilder hoffen! Kinder haben ihr eigenes Schönheitsempfinden. Nie dem Kind beim Gestalten die Hand führen. Nie sagen: „Das muß so und so gemacht werden." Das Kind soll seine eigenen Vorstellungen und Methoden entwickeln dürfen.

Was braucht ein Kind zum Malen? Mehrere langstielige einfache Borstenpinsel in den Pinselgrößen Nr. 8–12 besorgen, am besten für jede Farbe einen eigenen. Flachpinsel sind gut, Rundpinsel besser: Sie folgen den spontanen Bewegungen des Kindes beim Malen in jede Richtung gleich gut.

3-5

Kinder, die einmal am Malen Spaß gefunden haben, entwickeln sich leicht zu Großverbrauchern: Packpapier (in Rollen!) oder Tapete (in Rollen!) eignen sich bestens. Rauhfasertapete spricht mit ihrer groben Oberfläche auch noch den Tastsinn an und reizt zu großzügiger Gestaltung. Packpapier sollte mit weißer Farbe vorgestrichen werden. Auf weißem Grund leuchten die bunten Malfarben besonders kräftig. Farbiges Papier ist auch ein ausgezeichneter Malgrund. Die Rückseite eines alten Plakates ist auch ein guter Malgrund. Große Malflächen kommen dem Bewegungsdrang der Kinder entgegen. Das Papier wird auf einer Unterlage (Zeitungspapier, Plastikfolie) auf dem Fußboden ausgebreitet oder mit Reißzwecken an der Wand befestigt. Die Farbtöpfe stehen bereit, die Pinsel sind eingetaucht, die Schürze umgebunden – und schon kann es losgehen!

Mit welchen Farben malt das Kind? Tapetenkleister gibt es billig im Malergeschäft und in Drogerien. Kleisterpulver nach Vorschrift ansetzen; in kleinem Eimer oder einer Plastikschüssel vorsichtig in kaltes Wasser einrühren, damit sich keine Klumpen bilden. Stehenlassen, nach 20 Minuten kräftig durchschlagen und auf Pfannkuchenteigdicke verdünnen. In ein verschließbares Gefäß gefüllt, steht der Kleister als vielseitig verwendbarer Klebstoff und gutes Bindemittel für Pulverfarben bereit. Vorteil: Kleisterspuren lassen sich mit warmem Seifenwasser entfernen.

Pulverfarben sind im Farbengeschäft auch lose zu haben. Grundfarben auswählen: helles und dunkles Rot und Blau, Grün und Gelb, Schwarz und Weiß. Das genügt für den Anfang. Von jeder Sorte etwa einen halben Joghurtbecher voll in Tüten füllen lassen. Vom Weiß die dreifache Portion nehmen, da es zum Drunter- und Drübermalen häufiger gebraucht wird. Die weiße Farbe sollte deshalb besonders deckkräftig sein. Hier lohnt sich auch eine große Dose weißer Dispersionsfarbe. Auf alle Fälle den Verkäufer fragen, ob die Farben ungiftig sind.
Anrühren der Farben: Pulverfarben in Konservendosen (Marmeladengläsern, Joghurtbechern) mit etwas Wasser anrühren und über Nacht stehenlassen. Rührt man zu 5 Teilen Farbbrei 1 Teil Kleistermasse, so ist die Farbe Meisterklasse!
Wichtig: Das Kind an den Vorbereitungen beteiligen, am Auswählen und Einkaufen der Farben und am Ansetzen des Kleisters. Das gibt ihm Einblicke in Werkzeug und Material und erhöht die Spannung. Da Kinder gerade im Alter zwischen 4 und 5 häufig großen Gestaltungsdrang entwickeln, sollten Papier und Farben immer griffbereit sein. Deshalb ist eine feste Maleinrichtung für das Kinderzimmer zu empfehlen, die vielseitiger ist und weniger Platz beansprucht als die Fußbodenmalerei. Der Vater besorgt eine große, dicke Dämmplatte (Weichfaserpappe), die entweder direkt, besser aber auf eine dünne Holzplatte geleimt, fest an die Wand gedübelt wird. Wenn möglich, für Rechtshänder Lichteinfall von links berücksichtigen, für Linkshänder Lichteinfall von rechts. Format der Platte: von 70 × 100 cm an aufwärts. Die Unterkante der Malwand sollte nicht weiter als der Bauchnabel des Kindes vom Boden entfernt sein. Je breiter die Platte, desto besser. Nach oben bildet nur die Zimmerdecke die Grenze. Der Platz oberhalb der Reichweite des Kindes kann die fertigen Meisterwerke aufnehmen.

Lebensgroßes Selbstbildnis

Material: ein großer Bogen Papier (Packpapier, Tapete oder unbedrucktes Zeitungspapier), farbige Tafel- oder Wachskreiden, Malfarben (Fingerfarben, Kleisterfarben, Wasserfarben).

Das Papier wird auf dem Fußboden ausgebreitet. Es muß so groß sein, daß sich das Kind gut darauflegen kann und ringsherum noch Platz ist. Eventuell mehrere Papierbögen aneinanderkleben.

Das Kind legt sich in der Mitte des Papiers auf den Rücken, lockert sich, spreizt Arme und Beine etwas ab. Der Helfer (Eltern, Geschwister) umfährt den Körper mit Kreide, bis die Umrisse auf dem Papier gut sichtbar sind. Dann darf das Kind aufstehen, der große Bogen wird an die Wand geheftet und das Portrait betrachtet. Das bin ich also! So groß bin ich! Aber da fehlt noch einiges, damit man genau sieht, daß ich das bin, mit meiner roten Hose, meinem blauen Rock. Auch das Gesicht muß man genauer erkennen können! Also wird das Fehlende mit farbiger Kreide noch hineingezeichnet und gemalt. Wird flüssige Farbe verwendet, legt man das Papier zuerst wieder auf den Boden.

Kleinere Kinder, die solche Einzelheiten noch nicht eintragen können, malen die Binnenfläche einfach mit bunten Farben aus.

Make-up für alte Schachteln: Das Malen mit Finger, Stift und Pinsel sollte nicht nur auf ebenen Flächen geübt werden. Im Keller oder Speicher gibt es sicher altes Verpackungsmaterial. Es gibt einen idealen plastischen Malgrund ab: Die einzelnen Flächen einer Pappschachtel kann man mit vielen Farben anmalen. Sie können verschiedene Muster bekommen: gerade und wellige Streifen, Zickzacklinien, große und kleine Punkte. Wenn die Schachtelwände getrocknet sind, kann man mehrere Kartons zu einer Säule oder einem Totempfahl stapeln. Wer wirft die oberste Schachtel mit dem Ball herunter?

Selbstgeklebte Bilderbücher

Material: Ein altes, großes Buch oder ein dickeres Heft (Format: Schreibmaschinenbogen oder größer), ein Packen alte Illustrierte, Versandhauskataloge, eine kleine Papierschere, ein nicht zu großer Pinsel, Kleister.

Das Kind schneidet sich Bilder oder Bildteile aus, die ihm gefallen, und klebt sie in das Heft oder Buch. Vorsicht: Nicht das ganze Buch voll- und zukleistern! Wenig Klebstoff nehmen, Trockenzeit beachten. Klebstifte sind gut dafür geeignet, aber relativ teuer. Das Kind lernt dabei den Umgang mit Schere und Klebstoff und im Ausschneiden Formen zu erfassen und hat Anlaß, sein Buch zu zeigen und davon zu erzählen. Gerade weil die Zusammenstellung der Bilder wenig geordnet und meist zufällig ist, schlägt die Phantasie des Kindes zwischen den einzelnen Dingen Brücken, entdeckt Beziehungen zwischen ihnen, die vorher nicht bestanden haben, und kann jedesmal neue, andere Geschichten erfinden.

Zweiter Schritt: Ordnen nach selbst gewählten oder angeregten Gesichtspunkten. Z.B. Autos, Tiere, Gesichter, alles aus Holz, Stein, Stoff etc.

Formen

Ton ist nicht nur das älteste, sondern auch das billigste plastisch formbare Material. Modellieren hilft dem Kind, seine Arm-, Hand- und Fingerbewegungen besser zu beherrschen. Es ist außerdem eine Herausforderung an das Vorstellungsvermögen und eine Möglichkeit, eigene Erlebnisse in der räumlichen Gestaltung zu verarbeiten.

Wo bekommt man Ton?

Ziegeleien und keramische Werkstätten liefern aufbereiteten, modellierfertigen Ton. In Geschäften für Bastler- und Künstlerbedarf ist Tonpulver erhältlich, das in Wasser eingesumpft und wie ein Kuchenteig gut durchgeknetet werden muß. Im Kunststoffeimer aufbewahrt, erst in ein feuchtes Tuch, dann in Plastikfolie gegen das Austrocknen eingeschlagen, ist der Ton lange Zeit haltbar. Je öfter der Teig durchgeknetet wird und je länger er feucht lagern kann, desto geschmeidiger und modellierfähiger wird er. Hart gewordener Ton kann mit dem Hammer zerbröckelt und in Wasser wieder verwendbar gemacht werden.

Im Handel werden weitere Knetmassen angeboten: Plastilin gibt es in allen Farben. Es wird nicht hart und ist immer wieder neu verknetbar. Keramiplast ist eine Modelliermasse, die ohne Brennen im Ofen hart wird. Nach dem Trocknen kann man sie bemalen. Plastiform ist eine Modelliermasse auf Holzbasis, die an der Luft trocknet, hart wird und dann bemalt werden kann. Plastika ist ein Pulver, das mit Wasser zu einem formbaren Teig geknetet wird. Es trocknet an der Luft, wird ganz hart und kann dann bemalt werden. Tonal härtet auch an der Luft und ist bemalbar. Man kann getrocknete Stücke zerkleinern, je drei Teile Tonal mit einem Teil Wasser einweichen und diese Mischung erneut verkneten. Fimo wird nach Gebrauchsanweisung im Backofen gehärtet. Es ist in allen Farben zu haben. Man erhält diese Materialen in Bastel- und Hobbyläden, in Bastelabteilungen der Kaufhäuser und in Farbgeschäften.

Was man mit Ton anfangen kann

Das finden die Kinder auch ohne Anleitung bald selbst heraus. Sie patschen mit der flachen Hand auf den Tonklumpen und beobachten, wie sich seine Oberfläche und Form verändert. Sie nehmen ihn fest in die geschlossene Faust und entdecken die Rillen, die als negative Fingerspuren auf ihm zurückbleiben. Sie bohren mit dem Finger tiefe Löcher hinein, rollen den Ton mit kreisender Bewegung zur Kugel oder in rhythmischem Hin und Her zu einer Walze aus, klopfen die Kugel zu einem runden Fladen, die Walze zu einem breiten Band, teilen und portionieren den Tonklumpen und fügen die so gewonnenen unterschiedlichen elementaren Formen zu größeren Gebilden zusammen.

Plätzchen für Krokodile: Ton und Teig sind im Aussehen und ihrer Formbarkeit miteinander verwandt. Von der Mutter kennt das Kind das Plätzchenbacken, das kann es in Ton nachspielen. Eine Schürze schützt die Kleidung, ein Plastiktuch die Tischplatte, ein Brettchen dient als Unterlage, auf der man den Tonklumpen teilen, rollen, löchern und klopfen kann.

Der Ton wird mit der flachen Hand breit geklopft oder mit

einem Teigroller ausgewalzt, und die Plätzchen werden ausgestochen. Die Lust, immer wieder gleiche Formen auszustechen, und die Suche nach immer neuen Förmchen (Trinkglas, Kronenkorken, echte Förmchen für Plätzchen etc.) werden bald abgelöst durch das Bedürfnis, die „Plätzchen" durch Belegen mit kleineren Formelementen zu verzieren. Schließlich sollte das Kind ermutigt werden, auf vorgefertigte Formmuster zu verzichten, nur die eigenen Hände als Werkzeug zu benutzen und selbständig und frei eigene Formen zu gestalten. Das Würstchen als Grundelement kann zu einer Schnecke gewickelt, durch Kreuzlagen vergittert, zum Ring geschlossen und zur Brezel verschlungen werden. Bald ist jedoch alles „Lebendige" interessanter als die ganze Zuckerbäckerei. Das Würstchen bekommt Augen und wird zur Schlange, der Kopf wird stärker betont, das Maul gespalten und geöffnet, mit Zähnen bewaffnet, Beine seitlich angefügt: fertig ist das Krokodil. Eine Birne wird zur Maus, ein plattgedrücktes Kügelchen plus Miniwürstchen zur Spinne.

Die ersten Figuren: Ganz wie in der Kinderzeichnung zielt auch das plastische Formen auf die Darstellung der menschlichen Gestalt. Wie dort aus der bewegten Linienspur der geschlossene Kreis, die gewellte Linie, die Zickzacklinie und die Gerade sich entwickeln und als Bauelemente zu Figuren addiert werden, setzt sich beim Kneten das Männlein aus Kugel, Würstchen, Fladen und flachen Bändern zusammen. Da das Zusammenfügen von räumlichen Elementen etwas mit dem Bauen zu tun hat, können hier schon die ersten Schwierigkeiten auftreten: Dünne Würstchenbeine tragen keinen dicken Leib, und bald sinkt die stolze Gestalt zu einem Häufchen Elend zusammen! Was tun? – Am besten, der Bursche bleibt gleich liegen. Nur müssen vorher seine Beine geradegebogen und zusammengestaucht, die Füße aufgerichtet oder zur Seite gedreht werden. Jetzt kann das Kind in aller Ruhe an der Figur weiterbauen.

Das Formen ist zu einem Legespiel geworden, für das das Kind alle nötigen Elemente selbst herstellt. Es fügt sie aneinander und

 3-5

aufeinander und muß sie sorgfältig miteinander verbinden, damit sie auch nach dem Trocknen noch zusammenhalten. Dunstet die Feuchtigkeit durch längeres Liegen etwas ab, so wird der Ton fester und stabiler, und die Beine können den Kugelbauch tragen. Um die Standhaftigkeit des Männleins zu erhöhen, sollten die Füße mit einer nicht zu dünnen Bodenplatte aus Ton fest verbunden werden.

Das Kind kann die Figur auch auf einen fingerdick ausgewalzten Tonfladen legen. Das ergibt dann ein Relief, ein halb plastisches Bild, in dem alle Bildteile durch die gemeinsame Grundplatte zusammengehalten werden und bei dem es keine Kippprobleme gibt.

Trocknen und Brennen: Einfacher Modellierton ist für das Brennen ungeeignet. Getrocknet erreicht er zwar einige Festigkeit, überdauert aber nur in Glasvitrinen. Brennton ist ewas kostspieliger und kann in keramischen Werkstätten (Töpfereien) bezogen werden, die auch den Brand der fertig geformten Figuren übernehmen. Keramischer Ton sollte erst Verwendung finden, wenn das Kind im Umgang mit Modellierton schon einige Erfahrungen gemacht hat. Nur langsam und gut an der Luft durchgetrocknete Stücke sind für den Brand geeignet. Die Plastiken zum schnelleren Trocknen nie auf den warmen Ofen stellen. Sie würden Risse bekommen und abblättern.

Der Ton ist trocken, wenn die Zunge an seiner Oberfläche kleben bleibt. Sollen die Figuren unversehrt und innerlich gefestigt aus der Werkstatt zurückkommen, müssen alle einzelnen Teile der Figur sorgfältig miteinander verbunden worden sein.

Figuren erzählen eine Geschichte: Tierfiguren werden zu einem Zoo kombiniert. Eine Arche Noah, aus Bauklötzen gebaut und mit einer schrägen Aufmarschrampe versehen, kann viele Tiere aufnehmen.

Getrocknete Tonfiguren nehmen Wasser auf und können vorsichtig mit Wasserfarben bemalt werden. Ist der Ton sehr dunkel, kann die Figur erst mit Deckweiß grundiert werden. Auf weißem Grund leuchten die bunten Farben besser.

Natur und Sachwelt

3–5

Das eigene Reich

Das eigene Reich des Dreijährigen braucht nur eine Ecke zu sein. Zwei oder drei Schachteln für seine Spielsachen und ein Fußbänkchen mit Hocker als Tisch und Sitz reichen aus.

Persönliche Ausgestaltung: mit Bildern und Plakaten eigener Wahl und einem Bild vom Kind selbst in Lebensgröße (Foto oder gemalt).
Ein hoher Spiegel ist etwas sehr Schönes für ein Kind, und es wird nicht etwa affig, wenn es sich oft darin besieht. Es genügt ein handbreiter Streifen (Glaser), der mit doppelt gelegtem Teppichklebeband an die Türrahmung oder innen in die Schranktür geklebt wird.
Eine robuste Pflanze, etwa Tradescantia, Bryophyllum, das Brutblatt oder die Graslilie. Zur Ausschmückung gehört auch je nach Veranlagung ein Blumenstrauß oder im Winter ein blühender Zweig.
Sie schneiden zum Beispiel einen Forsythienzweig ab, nachdem es draußen schon gefroren hatte, und helfen dem Kind, ihn in der Badewanne (ohne Schaum) lauwarm zu baden, damit er „aufwacht". Dann wird der Stiel glatt abgeschnitten und der Zweig in Wasser gestellt. Wasser öfter erneuern, Stielende nachschneiden. Abgeschnittene Pflanzen halten länger, wenn man sie in stark verdünntes Zuckerwasser (1 Teelöffel Zucker auf 1 Liter Wasser) stellt.
Bauen Sie etwas, womit Besucher sich symbolisch anmelden können: ein Glocke am Türrahmen, ein Telefon aus Schlauch oder Papprohr oder eine echte Klingel mit Batteriebetrieb.
In der Spielsachenkiste sollten hölzerne Bauklötze sein, eine Puppe und ein Teddybär, ein Auto zum Beladen, Bilderbücher, Aufstellspiele (Dorf, Zoo, Stadt) und der Grundstock eines ausbaufähigen konstruktiven Spiels wie zum Beispiel Lego.
Richten Sie in Ihrem Schrank die **Überraschungsschublade** ein, die für Ihr Kind verschlossen bleibt und in der lauter kleine Spielsachen sind, die es nicht kennt oder die Seltenheitswert haben. Sie sammeln diese Dinge, wo Sie sie entdecken, und teilen sie bei besonderen Anlässen aus wie Krankheit (Bettliegen), Wartenmüssen, Trost, Belohnung. Auch kleine Geschenke für andere Kinder bei unverhofften Festen kann die Schublade enthalten.

Wasserspiele in der Badewanne

Im Badezimmer hängt ein wasserfestes Einkaufsnetz mit **Badespielsachen:** Plastikbecher, Gießkanne mit Brauseansatz, Schiffchen mit Kiel, offenes Boot, verschieden dicke Schläuche (von 2 bis 10 mm), leere Shampootube (möglichst durchscheinend, damit man das Wasser auch von außen sehen kann). Steinchen oder Murmeln zum Beladen der Boote, Korken, ein Brettchen oder Styroporstück so groß wie ein kleines Schulheft, ein Riesenschwamm, vielleicht eine Taucherbrille. Das Kind muß nicht alles auf einmal zum Spielen bekommen, es kann seine Badeschätze allmählich sammeln!

Luft fangen: Mit verschiedenen Behältern kann man Luft unter die Wasseroberfläche bringen und wieder nach oben blubbern lassen. Genauso wie man Wasser ausgießen kann, kann man unter Wasser auch Luft ausgießen und umfüllen. Lassen Sie die Kinder experimentieren.

Horchen: Mit den Ohren unter Wasser hört man nicht, was neben der Badewanne gesprochen wird, aber dafür ganz laut das Plätschern der Hände, das Rauschen der Brause und die Wasserrohrgeräusche im ganzen Haus. Die eigene Stimme klingt fremd.

Kann man von außen durch den Schlauch ins Wasser singen, so daß der Untergetauchte das hört?

Schaumspiele: Der Badeschaum kommt ins Wasser, wenn das Kind schon drin sitzt. Wenn es blauer Badezusatz ist, kann man sich zuerst damit bemalen. Mehr und mehr Schaum kann man auf vielerlei Art erzeugen – mit der Brause, mit den Händen, sogar mit dem Schneebesen (aber nicht mit einem elektrischen Gerät!) und mit Blasen durch den Schlauch. Je feiner der Schaum, desto besser kann man ihn aufhäufen, zusammenschieben, pusten und sich einen Pelzmantel um den Leib kleben. Liegt eine gleichmäßig dichte Schaumschicht auf dem Wasser, kann die Gießkanne eine Zeichnung hineingießen.

Der Schaum vom Haarewaschen ist besonders dicht und fest und läßt sich mit den Haaren zu tollen Perücken formen. Spiegel her! Wenn Sie mit Ihrem Kind zusammen baden, dann machen Sie sich die Perücken gegenseitig, auch Bärte und wilden Pelz auf der Brust. Beginnt der Badeschaum zu vergehen, kann man mit den Ohren unter Wasser sehr still liegen und hören, wie die Bläschen mit leisem Geknister platzen.

Ausprobieren, was passiert, wenn man einen Fingerhut voll Bade- oder Babyöl auf den Schaum gießt und nur ein bißchen umrührt. Wer merkt es? Unter dem Schaum bleibt das Wasser länger warm.

Nach dem Schaumbad die Haut wieder einölen.

Spiele im Dunkeln oder im Dämmerlicht

Fühlraten: Sie sitzen gemütlich beisammen und geben Ihrem Kind zuerst große Formen wie Löffel, Kamm, Bürste, Taschenspiegel, Schwamm, Zahnpastatube.

Dann kleinere wie Bleistift, eine Schraube, einen Flaschenverschluß, den es oft gesehen hat, eine Nuß, Ihren Ring, eine Wäscheklammer. Das Kind rät, woraus die Sachen gemacht sind, aus Holz, Leder, Papier, Metall (wenn es das schon sagen kann) und fühlt, ob ein Waschlappen feucht oder trocken oder ob eine kleine Flasche voll oder halbvoll ist.

Man kann diese Spiele auch mit verbundenen Augen spielen, nur haben manche Kinder große Angst, sich die Augen verbinden zu lassen.

Man kann sich nach diesem Schema selber ausdenken: **Riechraten, Schmeckraten** - und das auch bei Schnupfen!

Hat man eine Lampe, die scharfes Licht wirft, dann kann man auch **Schattenraten** machen: Zuerst werden Gegenstände ins Licht gehalten und gedreht. Mit zwei Lampen kann man von derselben Sache zwei Schatten werfen.

Flackerndes Kerzenlicht wirft bewegte Schatten. Sie schauen mit Ihrem Kind den Schatten zu, wenn die Kerze langsam im Zimmer umhergetragen wird (ein bißchen unheimlich).

Zum Schluß gibt es die schönen Schattenspiele mit den Händen, bei denen alle mitmachen. Weitere Anregungen zum Schattenspiel unter „Kinderfeste" und „Bildnerisches Gestalten".

 3-5

Der Garten in der Wohnung

Kresse kann man einfach auf feuchtes Löschpapier im Teller aussäen. Noch schöner ist aber **der Kressetopf.**

Material: ein mittlerer Blumentopf aus Ton, ein Suppenteller, ein alter grobmaschiger Wollsocken oder zugesteckter Pulloverärmel, eine große Tüte Kressesamen.

Zwei Eierbecher voll Kressesamen schütten Sie in einen Joghurtbecher oder einen anderen Behälter, der ca. 0,2 Liter faßt, und füllen mit Wasser auf. Über Nacht quillt die Samenhülle, so daß eine puddingartige Masse entsteht, die heftig nach Kresse riecht. Stülpen Sie also lieber ein weiteres Glas darüber. Den Socken oder Ärmel über den Blumentopf streifen und tüchtig naß machen. Danach den Blumentopf mit der breiten Seite nach unten auf den Suppenteller stellen und mit dem Kressesamenpudding wie einen Kuchen mit Glasur bestreichen. Um alles feucht zu halten, wird Wasser in den Teller gegossen und immer wieder ergänzt. Nach einer Woche haben Sie einen grünen Kressekopf, von dem Ihr Kind mit der Schere für sein Butterbrot abernten kann.

Weitere Vorschläge im Kapitel: 5–7 Jahre.

Senfsamen säen: Senfkörner sät man am besten auf Erde oder Sand und deckt sie ein paar Tage gut zu, damit sie in Ruhe quellen können. Sie bekommen größere Wurzeln, die mit Papier nicht zufrieden sind. Die Sämlinge schmecken gut zum Butterbrot.

Erbsen- oder Bohnenbeet im Glas: Ein Einmachglas wird rundherum mit Löschpapier ausgelegt und locker mit saugfähigem Papier aufgefüllt. Zwischen Papier und Glaswand werden einige Erbsen oder Bohnen gesteckt, so daß man sie von außen sehen kann. Feuchten Sie das Papier an und halten Sie es feucht, aber decken Sie das Glas nicht luftdicht zu. Ihr Kind kann genau verfolgen, wie zuerst die Wurzel nach unten und später der Sproß nach oben wachsen. Das Glas braucht einen hellen Platz!

Für Kinder, die gut beobachten können, können Sie mehrere Gläser vorbereiten und eins davon ohne Wasser im Licht stehen lassen und eins mit Wasser in einem dunklen Schrank aufheben. Lassen Sie die Kinder beschreiben, welche Unterschiede sie feststellen können.

Spielzeug aus wertlosem Material

Diese Sammlung enthält noch das gleiche wie im Kapitel 0-3 Jahre, dazu kommen lauter winzige Dinge (bei einem Drei- und Vierjährigen möglichst nicht so klein, daß es sie in Nasen- oder Ohrloch stecken kann!): kleine Gefäße, Perlen von zerrissenem Modeschmuck, Korken, Muscheln, glänzende Steine.

Außerdem Dinge, die man auseinandernehmen kann: ein alter Wecker (liefert die besten Kreisel), ein Kugelschreiber, sogar eine alte elektrische Kochplatte gibt etwas her, nämlich weiße Porzellanperlen.

Sachkunde in der Küche

Die Küchenkiste, die Sie dem Krabbelkind eingeräumt haben, wird weiter benutzt. Jetzt muß sie Sachen enthalten, die wirklich für das zu gebrauchen sind, was die Mutter gerade tut. Waschbrett und Zuber sind sinnlos, wenn Sie nur in der Maschine waschen.

Da Matschen und Rühren sehr beliebt sind, gehören Quirle, Holzlöffel, Plastikschüsseln und vielleicht eine alte Garnierspritze in die Kiste.

Allein oder mit anderen kann Ihr Kind jetzt schon sehr viel Sinnvolles in der Küche fertigbringen:

Es kann rühren, mischen, später auch sieben, etwas aus dem eigenen Kännchen zugießen, selbst etwas in den Kühlschrank stellen, damit es kalt wird, Eiswürfel in ein Getränk tun (und zusehen, wie das Eis schmilzt).

Es kann Joghurt süßen, das weiche Ei salzen, das Quarkbrot mit Schnittlauch bestreuen, den Sirup verdünnen, für sich und auch für andere.

Ihr Kind kann – nach genauer Anleitung und später alleine – den Tisch decken, wenn das nicht zu kompliziert ist. Es kann auch die gespülten Messer, Gabeln und Löffel in ihre Fächer einräumen und sagen, das seien Männer, Frauen und Kinder. Es kann verschüttete Flüssigkeit aufwischen und Klebriges abkratzen.

Machen Sie dem Kind nach all der harten Arbeit einen Spaß. Schütten Sie auf einen flachen weißen Teller oder einfach auf den Resopaltisch einen Fingerhut voll roten Saft und in einiger Entfernung davon ähnlich große Kleckse von Essigwasser, Apfelsaft, reinem Wasser, Seifenwasser und Öl und lassen das Kind von einer Pfütze zur anderen mit dem Finger Straßen zie-

hen. Wo sich die Flüssigkeiten treffen, gibt es lustige Überraschungen.

Eine wichtige Küchentätigkeit, die Familienmitglieder und möglichst auch noch Nachbarskinder vereint, ist das gemeinsame Plätzchenbacken.

Am schönsten sind ein einfacher, leicht ausrollbarer Teig und viele Verzierungen wie Mandeln, Hagelzucker, Nüsse, Liebesperlen, Schokoladenstreusel und bunter Zucker. Jedes der Drei- bis Fünfjährigen hat ein eigenes Teigklümpchen, eine Rolle und eine Ecke auf dem Backbrett oder Tisch. Mit einfachen Förmchen können sie gut ausstechen, aber sie können auch nur mit den Fingern Brezeln und Kringel formen.

 3-5

Rezept für süße Kugeln (ohne Backofen)
Als Maß gilt eine kleine Kindertasse mit 1 dl Inhalt.

3 Tassen Haferflocken,
1 Tasse brauner Zucker oder Honig,
1 Tasse Margarine oder Butter,
1 Teelöffel Kakao und
1 Teelöffel Wasser
werden fest zusammengeknetet, bis sich Kugeln formen lassen. Diese werden in Kokosflocken gewälzt und kaltgestellt.

Draußen im Sommer

Spiele mit dem Gartenschlauch: Ein Gartenschlauch wird nur wenig aufgedreht. Mit ihm kann man Blumen gießen, man kann ihn zuhalten und sprühen oder weit spritzen, man kann um etwas herumspritzen, kann möglichst hoch spritzen und sich selbst beregnen oder die Füße sauberspritzen.

Spiele am Bach: (Das Wichtigste, das man dafür braucht, ist viel Zeit!)
Papierschiffchen schicken: Einer steht mit den Schiffchen am Bach, einer in Rufweite weiter unten. Versuchen Sie, die Schiffchen so loszuschicken, daß sie nicht in Wirbeln gefangen werden.
Tiere beobachten: Fische zu fangen, gelingt meist nicht, man kann sie höchstens beschleichen und betrachten. Aber in einem einigermaßen sauberen Bach lebt viel an und unter den Steinen. Fangen und in einem mitgebrachten Marmeladeglas betrachten, dann wieder freilassen. Zu Hause sterben Bachtiere bald.

3-5

Der Vater baut den Kindern ein *Wasserrad,* ein schnelles, vergängliches oder ein dauerhaftes für den ganzen Sommer.
a) Einfachstes Wasserrad aus gespalteten Ruten, schnell gebaut. Werkzeug: Taschenmesser.
b) Wasserrad aus Draht, Kondensmilchdose, Korken. Als Achse lange Stricknadel oder Fahrradspeiche. Werkzeuge: Pfriem, Zange, Taschenmesser. Sehr haltbar, läuft einen ganzen Urlaub lang. Steinchen in der Dose machen schönen Krach.
c) Geklebtes und lackiertes Tütenwasserrad aus Pappe und zähem Papier mit Nabe aus Milchdose oder Kork.
Werkzeug: Zirkel, Lineal, Schere, Alleskleber, Lack.

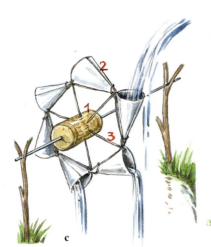

1. Kondensmilchdose oder Korken
2. Tüten aus wasserfestem Papier
3. Drahtgestell, das in 1 gesteckt wird und wie eine Art Rad mit Speichen aussieht

Beim Wandern: Wird auf einigermaßen glatten Wegen gewandert, kann Ihr Kind einen *Hoppelstock* mitlaufen lassen. Das ist eine Gerte, die nicht zu weich federn soll, etwa einen Meter lang und sanft gebogen. Das Kind nimmt die Gerte am dickeren Ende in die Hand, Krümmung nach oben, und schiebt das abgestumpfte, dünnere Ende auf dem Boden vor sich her. Ist es der richtige Stock, so springt die Spitze je nach Druck in kleinen oder großen Sprüngen vorwärts. Wenn man etwas geübt hat, kann der Hoppelstock sogar Hindernisse überspringen.
Kleine offene *Rennautos* fahren auf einer Wanderung kilometerweit auf der Straße mit. Sie werden geschoben, indem man eine Gerte ins Vorderteil des Autos klemmt.

Spiele im Wald: (Dazu braucht man immer sehr viel Zeit!)
Mooshäuschen bauen mit Garten, Zäunen, Ställen, Wegen, Blumen, Bäumen, Gartenbank, Teich und anderem Zubehör.
Werkzeug: höchstens ein Taschenmesser.
Baugelände: Waldgrund mit Moos und kurzem Gras.
Seitenwände der Häuser sind je nach vorhandenem Naturmaterial flache Steine, die man etwas eingräbt, oder zwei Stöckchenreihen, zwischen die man Moos stopft. Eine Vorderwand ist nicht nötig. Man will ja hineinsehen. Als Dach dienen Rindenstücke oder Moosplatten mit Dachgebälk aus Ästchen.
Die Bewohner: Im Herbst gibt es allerhand rundliche Früchte, die man zusammensteckt. Tannenzapfen geben struppige Tiere. Man kann Tiere oder Zwerge auch aus Papier falten.
Eine *Moosburg* entsteht aus einem völlig bemoosten Baumstumpf. Das Moos wird vorsichtig da weggenommen, wo Fenster sein sollen. Die Bemannung der Burg entsteht wieder aus Waldmaterial oder aus Papierfiguren (siehe unter Basteln).

Draußen im Winter

Bei schneefreiem Frost macht es großen Spaß, das Eis auf den Pfützen einzutreten. Mit Gummistiefeln! Dickes Eis, dünnes Eis – wo bricht es und wo nicht?
Wenn Tauwetter, Frost und neue Schneefälle abwechseln, dann gibt es manchmal festen Schnee, der sich mit dem Spaten zu Blöcken schneiden läßt. Das passiert nicht in jedem Winter und muß ausgenutzt werden! *Sie können mit den Kindern bauen:* ein Schneetier zum Draufsitzen, ein Schneeauto, einen Thron, eine Burg mit Zinnen, ein Iglu, eine Zimmereinrichtung mit Sesseln und Tisch. Das fertige Gebäude wird, mit wenig Wasser überbraust, sehr fest und hart.

Nasser Schnee backt gut zusammen, so daß man die bekannten großen Rollen wälzen kann. Damit nicht nur Schneemänner bauen, sondern auch Schneefrauen und -kinder, Burgen und Springschanzen, aber kein geschlossenes Iglu, dazu ist der Schnee zu schwer, und es besteht Einsturzgefahr.
Auf einem großen Schneehaufen vom Schneeräumen kann eine lange Kugel- oder Ballbahn gebaut werden.

Damit die Kinder danach wieder warme Füße kriegen, bauen Sie den Haufen um die Hindernisse zum Drüberspringen oder Bockspringen.
Mit den Drei- bis Fünfjährigen können Sie schon *Schneespuren lesen:* die eigene Spur des Kindes, die der Eltern (geh mal in meiner Spur), die Schlangenspur von einem Fahrrad, Vogel-, Hasen- und Mäusespuren. Ratespiel: Abdrücke im Schnee von einer ganzen Hand, von einem Apfel, einem Löffel – oder gar von einem Zwerg?

Tiere, mit denen Ihr Kind umgeht

Hund und Katze und andere Tiere sind für das Kind nun nicht mehr bewegte Spielzeuge, sondern schon ein Gegenüber, ein Du. Es schreibt ihnen aber noch menschliche, besser kindliche Eigenschaften zu. Ihr Kind begreift zwar, daß ein Tier genau wie es selber manches will oder nicht will, braucht aber trotzdem Anleitung im richtigen Umgang mit Tieren. Die zahlreichen schweren Unfälle mit Tieren, die jährlich registriert werden, zeigen uns zu deutlich, daß sich der Erwachsene nicht auf die gemeinsame Natur von Kind und Tieren verlassen darf.

Die besten Kleinkindertiere, die in ihren Käfigen sitzen und deshalb der Liebe nicht entkommen können, sind Meerschweinchen, Hamster und Rennmäuse. Schildkröten sind überhaupt keine Haustiere. Sie kümmern fast immer nur dahin.

Meerschweinchen beißen nie, sie klettern und springen nicht und sind außer gelegentlichem Pfeifen nicht laut. Sie fressen relativ billiges pflanzliches Futter, und wenn sie sich vermehren, dann gibt es nur zwei oder drei voll entwickelte Junge mit Fell und großen Augen. Aber sie brauchen mehr Platz als nur eine kleine Kiste, nämlich viereckige Plastikwannen, die man als „Mörtelmischwanne" im Baugeschäft bekommt. Sie machen viel und feuchten Schmutz. Als Einstreu nimmt man Torf oder Katzenstreu und räumt täglich mit einer kleinen Schaufel die nasse Ecke aus. Weitere Anleitungen aus Büchern über Tiere für Kinder.

Die Rennmaus (Gerbillus) ist ein kleiner Pflegling, den man fast überall kaufen kann. Sie ist ein hellbraunes Wüstentier, das größer als eine Hausmaus ist. Rennmäuse können völlig zahm werden, sie sind dann sehr lieb und unterhaltend. Sie vermehren sich mäßig bis stark und halten in ihren Familienverbänden zusammen, die man nicht durch eine fremde Rennmaus stören darf, sonst gibt es Verwirrung und Feindschaft. Sie haben einen sehr großen Vorteil: Ihre Nahrung besteht fast nur aus Sämereien, sie trinken wenig und sie stinken überhaupt nicht. Als starke Nager brauchen sie eine feste Kiste mit Deckel und reichlich Material zum Zerbeißen wie Äste oder Pappe.

Hamster – Syrische Goldhamster oder Sibirische graue – sind auch recht trockene Tiere, wenn auch nicht ganz so bequem wie Rennmäuse. Da sie als Nachttiere leben, hat ein kleines Kind, das um 18.00 Uhr im Bett liegt, wenig von ihnen. Hamster lieben es nicht, aus ihrem Tagesschlaf gerissen zu werden, und ärgern sich dann so, daß sie auch mal zwicken. Für ein besonnenes Kind, das es versteht, den Goldhamster zur Spielstunde sanft zu wecken, ist er ein guter Genosse, der unter Aufsicht im Zimmer „mitspielen" kann. Er kann nicht so flitzen wie die Rennmäuse, aber Achtung: Er versteckt sich gern in Ritzen, unter Sesseln und in der Sofafederung.

Basteln

3–5

Kinder zwischen dem ersten und dritten Lebensjahr malen, bauen und hantieren gern, aber es wäre verfrüht, schon wirkliche Basteleien von ihnen zu erwarten. Das beginnt frühestens ab dem dritten, vierten Lebensjahr, wenn die Koordination beider Hände einsetzt.

Papier

Jetzt beginnt die große Zeit der Kataloge. Nicht nur, daß darin unermüdlich geblättert und „gelesen" wird, man kann sie zerschnipseln, zerreißen und dann auch wieder neue Dinge daraus zusammenkleben. Zu solchen Klebearbeiten lassen sich aber auch alle anderen Arten von Papier verwenden. Dabei sollte die Arbeitsfläche zum Schutz mit Zeitungen oder einem Plastiktuch abgedeckt sein.

Papierhut: Fürs Verkleiden und als Sonnenschutz ist der erste Papierhut unerläßlich. Einfachste Helme kann man aus einem Zeitungspapierdreieck falten und dann an den Seiten mit Büroklammern zusammenstecken oder mit etwas Tesafilm oder Leim kleben. Unkonventionelle Hüte, die das Kind selber entwirft und zusammenleimt, sind sicher genauso dekorativ.
Tip: Mancher „Hut" entsteht auch mit wenigen Handgriffen aus einer Papiertüte.

Glückwunschkarten und Tischkärtchen: Aus Buntpapier und farbigen Papierresten (eventuell auch aus Wollresten, Federn und anderen Kostbarkeiten) können mit Leim auf dünnen Karton bunte Kompositionen aufgeklebt werden. Das Kind wird sie benennen, auch wenn es noch sehr abstrakte „Werke" sind, und leistet mit solchen kleinen Dekorationen seinen Beitrag zur Festgestaltung.

Hexentreppen: Regelmäßige, schmale Streifen lassen sich zu Hexentreppen falten, die noch schöner aussehen, wenn der Streifen auf jeder Seite eine andere Farbe hat, wie zum Beispiel Papierschlangen von Faschingsdekorationen.

Papierstreifen so übereinanderlegen und hin und her falten.

Papierketten: Kinder können jetzt schon mit einer stumpfen Schere umgehen und ungefähr ab dem vierten Lebensjahr bisweilen sogar gerade Stücke schneiden. Lassen Sie etwa 10 cm lange Streifen schneiden und Ringe daraus formen. Ein Ring wird durch den anderen geschoben und wieder zusammengeklebt. Die dabei entstehende Kette wird so lang, wie die Geduld des Kindes reicht. Wird Gold- oder Silberpapier für die Kette verwendet, so ergibt das sehr schönen Weihnachtsschmuck.

3-5

Masken aus Papiertüten: Bekommt man im Geschäft um die Ecke keine Papiertüten mehr, so kann man sich spitze oder viereckige Tüten auch selber zusammenkleben. Das Kind hilft. Die fertige Tüte wird über den Kopf gestülpt, und das Kind zeigt an, wo seine Augen sind. Ein anderes Kind oder der Erwachsene zeichnet die Augen nach, die Tüte wird abgenommen, und die Augenlöcher werden ausgeschnitten. Schneidet man sie fransig aus, ergeben sich gleich flotte Wimpern. Mund und Nase werden nach Bedarf hinzugefügt. Die Papiertüte kann nun noch mit Krepp- oder anderen Papierstreifen verziert oder bunt bemalt werden. Ganz besonders unheimliche Riesenmasken können aus Papiersäcken entstehen. Sie bedecken nicht nur das Gesicht, sondern stellen ganze Gewänder dar.
Achtung: Keine Plastiktüten verwenden (Erstickungsgefahr)!

Geflochtene Papiersets: Ein Bogen Papier wird in der Mitte gefaltet und von der Mitte aus bis kurz vor den Rand eingeschnitten. Von einem zweiten, gleichgroßen Papier 1 bis 2 cm breite Streifen abschneiden. Diese Streifen, auf und ab, durch das Papiergitter führen. Das Papier dazu flach auf der Arbeitsfläche ausbreiten, die Enden überstehen lassen. Den zweiten Streifen genau entgegengesetzt, eins ab, eins auf, durch das Flechtgitter führen und so fortfahren, bis das Gitter mit Streifen ausgefüllt ist. Nun alle überstehenden Enden abschneiden oder umknicken und auf der Rückseite ankleben. Schön sieht es aus, wenn die Streifen bunt sind und nicht alle die gleiche Stärke haben.

 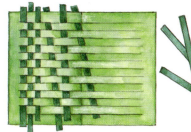  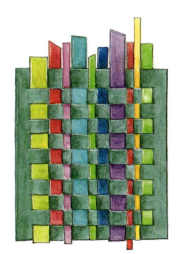

3-5

Selbstklebende Folien und Aufkleber

Eine ideale Beschäftigung für kleine Kinder stellen bunte Selbstklebefolien oder Aufkleber dar. Auch manuell noch unbeholfene Kinder kommen hier auf ihre Kosten.
Wenn etwas mißlungen ist, können die aufgeklebten Teile leicht wieder vom Untergrund abgelöst werden. Auf Flaschen, leeren Marmeladegläsern und Fensterscheiben kann man mit transparenten Folien prächtige Farbspiele zaubern. Selbst krumme und verschnittene Teile sind durch ihre Leuchtkraft wirkungsvoll und bieten durch Übereinanderkleben einzelner Teile gleich eine erste kleine Farbenlehre: Aus Rot und Gelb wird Orange, Blau und Rot wird zu Violett. Neben freiem Spiel und Experiment können aber auch wunderbare Gegenstände und kleine Geschenke hergestellt werden, etwa:

Trinkbecher und Trinkgläser: Kinder können für ihre Feste die Trinkgefäße (Senfgläser oder Joghurtbecher) phantasievoll verzieren, was noch dazu den Vorteil hat, daß jedes Kind dann „sein Glas" kennt.
Versieht man den umgestülpten Becher mit Augen und Nase, kann ein einfaches Stabpuppenspiel entstehen.

Bunte Plastiksachen: Einweggeschirr, Luftballons, Teller, auch Badekissen und Schwimmreifen, Plastikschirme und Gummistiefel können ebenfalls individuell verwandelt werden.

Pappe, Schachteln, Kartons

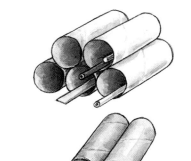

Zum Basteln von „vergänglichem" Spielzeug sind Schachteln und Kartons geradezu ideal.

Klebt man **leere Toilettenpapierrollen** zu Waben aneinander, ergeben sie eine Ablage, in die man Stifte nach Farben sortieren kann. Ein **Fernglas** entsteht aus zwei aneinandergeklebten Rollen, indem man an den Außenseiten jeweils eine Schnur durchzieht und verknotet.

Puppenwagen: Kleine Schachteln und Dosen lassen sich leicht und schnell mit runden Pappscheiben oder leeren Toilettenpapierrollen oder einer Zwirnspule in einen Puppenwagen verwandeln. Dabei ist nicht so wichtig, daß der Wagen wirklich fährt, sondern daß hier in kleinen Stoffkissen und unter Stoffresten ein Püppchen gebettet werden kann.

Schaukelpferd: Aus einer halbmondförmigen Käseschachtel kann durch Ankleben von Kopf und Schweif ein Schaukelpferdchen entstehen, auf dem kleine Püppchen reiten. Kopf vorzeichnen und ausschneiden lassen; Schwanz aus Wolle oder Bast einfädeln und festkleben oder verknoten lassen.

Spielzeugeimer: Leere Waschmitteltonnen ergeben prächtige Spielzeugbehälter, wenn sie von Kindern bunt bemalt werden. Sie lassen sich auch als Zieltonne verwenden, in die man mit selbstgemachten Papierbällen (siehe Seite 112) werfen kann.

Styropor

3-5

Federleichtes Spielzeug und Bastelmaterial mit unendlichen Verwandlungsmöglichkeiten und Funktionen ist Styropor. Die vorgefertigten Styroporformen bieten sich geradezu als Puppenstuben, Postamt und Kaufmannsladen an. Aus Papier, kleinen Tonkügelchen und Stoffresten wird das „Interieur" gestaltet. Zerbrochene Teile ergeben kleine Sessel, Hocker, Fernseher, Stehlampen oder eine Wand mit Schubladen. Die vorhandenen Löcher und Einbuchtungen werden zu Fenstern, Kamin, Abstellraum.

Schiffchen: Da Styropor gut schwimmt und sogar beladen werden kann, liegt es nahe, Schiffchen herzustellen. Manche vorgeformten Teile ähneln einem Schleppkahn mit Vertiefungen für die Lasten. Ganz glatte Teile sind Flöße. Andere Teile müssen bearbeitet werden, um als „echte" Boote zu dienen. Wird ein angespitzter Stock in den Schiffsrumpf gesteckt, läßt sich daran ein Papiersegel aufspießen. Schiffchenspiele siehe Seite 103.

Papiermaché

Aus alten Zeitungen, Klopapier oder Eierbehältern und etwas selbstangerührtem Kleister läßt sich eine breiartige Masse herstellen, die gut formbar ist und aus der nach dem Trocknen brauchbare, harte Gegenstände entstehen.
Es gibt zwei Arbeitsweisen: Entweder man bestreicht das Papier mit Kleister, knüllt es und legt dann ein einseitig bestrichenes Papier wie eine Hülle darum herum (siehe auch Seite 201). Oder man gibt in einen Eimer mit Kleister kleingeschnipseltes Papier

oder Eierkartons, verrührt und knetet das Ganze, bis eine gut formbare Masse daraus entstanden ist.

Man darf von Kindern in diesem Alter noch keine durchgestalteten Modelle erwarten. Der Spaß am Manschen steht im Vordergrund. Hier dennoch zwei Anregungen zu „Gegenständen".

Papierbälle: Zeitungspapier knüllen, einkleistern und lauter große und kleine Bälle formen. Das Ganze mit ebenfalls eingekleistertem Papier umhüllen und trocknen lassen. Anschließend frei mit Kleisterfarben bemalen. Trocknen lassen. Das sind bunte Bälle, die man zum Werfen und Zielen benutzen kann.

Tiere aus Papier und Kleister: Aus Papiermaché und auch aus lose geballten Zeitungen können Kinder schon allereinfachste Tiere formen, trocknen lassen und anschließend bemalen und verzieren. Meist werden sie aber vorgegebene Formen erst später bewußt nachbilden. Siehe dazu auch Seite 201.

Ton und andere Modelliermassen

Formen, Kneten und Manschen entspricht einem Urbedürfnis bei Kindern. Allerdings sind sie in diesem Alter noch zu klein, um bestimmte Gegenstände und Basteleien „nachzuarbeiten". Man sollte sie eher frei und ungezwungen mit Ton und anderen Modelliermassen experimentieren lassen. Über den Umgang mit diesen Materialien finden Sie mehr auf Seite 94.

Holz

Schon im Alter von drei, vier Jahren sind Kinder darauf erpicht, mit etwas Handfestem arbeiten zu dürfen. Dazu gesellt sich ihr Trieb, die Erwachsenen nachzuahmen. Beides zusammen macht aus ihnen sehr ernsthafte Handwerker.

Geben Sie ihnen richtiges Werkzeug und etwas Holz. Bei jedem Schreiner kann man Abfallstücke bekommen, die als Anfangsmaterial genügen. Will man Holz kaufen, sollte man Fichte, Lärche oder Linde wählen. Diese Hölzer sind weich und für Kinder leicht zu bearbeiten. Geben Sie dem Kind einen richtigen Hammer, kein Spielwerkzeug, das beim ersten kräftigen Schlag auseinanderfällt. Manchmal genügt allein die motorische Bewegung, der Krach beim Hämmern und der Spaß beim So-tun-als-ob.

Auch richtige Arbeitsgänge müssen viele Male ausgeführt werden, bevor sie gelingen: Das Nageleinschlagen kann das Kind am besten auf einer dicken Holzplatte oder einem alten Baumstumpf üben. Das Sägen ist noch schwieriger, und es wird zu Anfang sicher einige Arbeitswunden geben. Der Erwachsene sollte immer daneben stehen und mithelfen. So wird er zum Beispiel beim Sägen erst eine Kerbe machen, damit das Kind zum Weitersägen besseren Halt hat.

Phantasiekonstruktionen: Dabei kann dem Nageln, Leimen, Sägen und Schmirgeln freier Lauf gelassen werden. Kinder werden von selbst ihre Werke benennen und damit spielen.

Bauklötze sägen und schmirgeln: Aus Lattenstücken und kleinen zugeschnittenen Holzresten in verschiedenen Größen lassen sich Bauklötze zurechtsägen, mit Sandpapier schmirgeln und anschließend bemalen, wenn die Maserung nicht besonders schön ist.

Kegel und Kerzenständer: Leere Garnrollen mit Holzleim aufeinanderleimen und anschließend bemalen. Es entstehen Kegel. Setzt man in die obere runde Öffnung eine kleine Kerze, ist der schönste Leuchter fertig.

Eisenbahn: Nagelt man viereckige Klötze und abgesägte Rondelle von einem alten Besenstiel zusammen, entstehen Waggons für eine Eisenbahn.
Leimt man auf den vordersten Wagen eine Garnrolle, kann die Lokomotive losfahren. Wie die weiteren Eisenbahnwagen aussehen? Liegen genügend Holzteile, etwas Rinde, kleine Äste und Holzleim bereit, so braucht man danach nicht lange zu fragen!

Stoff

Kindern macht es Spaß, in einer Kiste mit Stoffresten zu wühlen. Sie werden einzelne Stoffreste herausziehen, sie befühlen und sich schließlich damit verkleiden. Wäscheklammern, Sicherheitsnadeln und einfache Knoten ersetzen noch das Nähen. Stoffbündel lassen sich als Haare auf den Kopf legen. Man kann in alte Lappen zwei Löcher hineinschneiden und sie sich als Maske vors Gesicht halten oder für die Puppe neue Wickelkostüme entwerfen.
Manche Stoffe eignen sich als Windeln für die Babypuppe, und manchmal wird ein Stoffetzen durch Knoten und Abbinden selber zur Puppe.

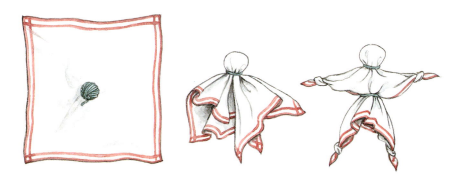

Puppenkleider: In der Schneiderwerkstatt der 3- bis 5jährigen wird noch nicht richtig genäht, aber es entstehen schon viele kleidsame Modelle durch Zuschneiden und Zusammenkleben. Eine vorteilhafte Garderobe ergibt sich auch, wenn ein Loch in den Stoff geschnitten und dieser der Puppe wie ein Poncho über den Kopf gezogen wird. Ein Stück Schnur dient als Gürtel und hält das Gewand zusammen. Dabei lernt man fast wie von selbst das Schleifenbinden.

Mit Nadel und Faden

Mit einer stumpfen, dicken Straminnadel und bunten Garnen kann das Auf- und Abstechen geübt werden.

Aktenlocherbilder: Ein etwas festeres Stück Karton kann willkürlich vom Kind gelocht werden. Nicht das ganze Stück völlig durchlöchern lassen! Nun lassen sich kreuz und quer dicke Fäden spannen. Das Kind „stickt". Ist keine große Nadel vorhanden, kann man zum Durchfädeln Schnürsenkel verwenden, die sich mit ihrem verstärkten Ende gut dazu eignen. Man kann auch Wolle oder Schnur nehmen, wenn man ein Ende mit Klebstoff steif macht.

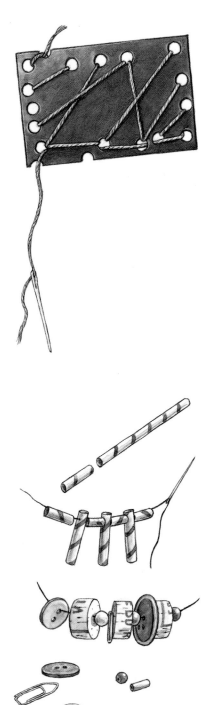

Ausnähkarten: Ein Karton oder ein Stück Pappe wird mit einer Ahle oder einem Nagel vorgelocht. Das kann ein abstraktes Muster sein oder die klaren und einfachen Umrisse eines Tieres oder Gegenstandes haben. Der gelochte Karton wird mit ein oder zwei bunten Fäden bestickt oder die Umrisse nachgestickt.

Stickbilder: Für die ersten Stickversuche auf Stoff eignen sich am besten Stramin, Rupfen oder Aida. Bei diesen Stoffen sind die Gewebe so locker und gleichzeitig fest genug, daß man mit einer großen, stumpfen Nadel darauf sticken kann. Sie können Kinder selbst auf Stoff gezeichnete Striche mit Nadel und Faden „nachfahren" lassen. Auch durch Bemalen des Stoffes ergeben sich viele Muster zum Nachsticken.

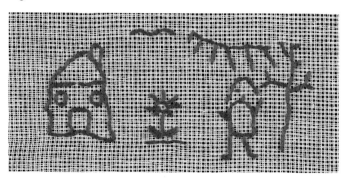

Auffädeln von Ketten: Sehr beliebt wird jetzt das Auffädeln von allen möglichen Dingen, zum Beispiel Perlen, Knöpfen oder Gardinenkugeln. Aber auch frische Kastanien, Korken, Styroporkugeln können durchlöchert und aufgereiht werden. Phantasieketten aus Gardinenringen, alten Schlüsseln, Büroklammern, Knöpfen, selbstgemachten Perlen aus Fimo und anderen auffädelbaren Gegenständen sind lustig und klappern beim Tragen herrlich.

Ketten aus Büroklammern: Büroklammern kann man auch ohne Nadel und Faden miteinander verketten, nur muß man dem Kind erklären, wie man sie ineinandersteckt. Oft lieben sie solche Puzzlearbeiten und können lange und konzentriert daran sitzen.

Womit auch immer Kinder zu hantieren und zu basteln anfangen, man sollte sie möglichst gewähren lassen und sie nicht in ihrem Spiel unterbrechen. Auch wenn der Erwachsene keinen Sinn hinter bestimmten Betätigungen sieht, für Kinder sind solche Experimente Teil ihrer Art, sich die Welt zu erobern.

Kinderfeste

3-5

Feste sind Höhepunkte im kindlichen Alltag. Erste Einladungen, von denen das Kind „etwas hat", sind erst ab dem 3. Lebensjahr sinnvoll.

Mit ungefähr 3 Jahren beginnt bei Kindern ein gewisses spontanes Spiel in Gruppen. Meist dauert dieses Zusammenspiel noch nicht sehr lange. Die Spielgruppe sollte klein sein. Noch überwiegt das Parallelspiel, wobei Kinder zwar gleiche Aktivitäten ausüben, jedoch eher neben- als miteinander spielen. Bei allen Spielen der 3- bis 5jährigen ist die Regie des Erwachsenen nötig. Eine Gruppe von Kindern läßt sich besser für eine längere Zeit zusammenhalten, wenn man nicht mit freiem Spiel beginnt, sondern mit wohlüberlegter Beschäftigung nebeneinander. Ab dem vierten Lebensjahr neigen Kinder zur Zusammenarbeit in der Gruppe. Sie entwickeln anhaltende, phantasievolle Spiele. Die Gruppenbildung dabei ist fließend. Meist brauchen sie nur eine Anregung oder ein Stichwort, um ihr Spiel in Gang zu bringen. Sie bauen dieses Spiel dann selbständig aus und gehen von selbst zu anderen Spielen über. Ist ein Spiel neu, sind sie erst einmal verunsichert. Deshalb haben manche Spiele nur schwer Erfolg. Man sollte sich also auf raschen Wechsel vorbereiten und andere Vorschläge parat haben.

Festvorbereitung

Wichtig für das Gelingen des Festes ist eine gute Vorbereitung. Damit erspart man sich viel Ärger und den Kindern vielleicht Enttäuschung. An was muß alles gedacht werden?

Anzahl der Kinder: Wie viele Kinder eingeladen werden sollen, hängt vom Alter der Kinder ab. Kinder von 3 Jahren können 3 bis 4 Gäste außer den eigenen Geschwistern verkraften und jedes Jahr ein Kind mehr. Manchmal läßt es sich nicht vermeiden, daß es mehr sind. Das ist kein Grund zur Panik. Für einen reibungslosen Ablauf sollte man besonders gut auf Nebeneinanderspiele vorbereitet sein. Auch bei „passiver Unterhaltung", beim Anschauen eines Kasperlstücks, beim Vorlesen oder Hören einer Platte ist die Anzahl kein so großes Problem. Es hat sich als günstig erwiesen, wenn ältere Geschwister oder Kinder aus der Nachbarschaft die Runde mitbetreuen und bei bestimmten Spielen mithelfen und sie vormachen können. Der Erwachsene steuert das Ganze.

3-5

Einladungen: Schriftliche Einladungen sind bei diesen Festen wichtig, da vor allem die Eltern informiert werden sollen. Auf der Einladung stehen Anlaß, Beginn und Dauer des Festes, damit sich die Eltern der Gäste darauf einstellen können. Die Dauer des Festes ist auf 1½ bis 2 Stunden beschränkt. Mehr vertragen die Kinder noch nicht. Wenn die Kinder dazu Lust haben, werden Einladungen von ihnen etwa eine Woche vorher selbst bemalt oder als Collagen aus Wolle, Stoff, Federn oder Katalogbildern hergestellt, vom Erwachsenen beschriftet und 3 bis 4 Tage vorher ausgetragen oder verschickt.

Dekoration: Bei den meisten gehört zum richtigen Fest auch die festliche Tafelrunde. Einen Teil der Dekoration kann das Kind selbst übernehmen, wie Papiersets und Servietten bedrucken, Trinkbecher aus Plastik oder Pappe mit Buntpapier oder selbstklebender Folie verzieren, Papierketten zusammenkleben, Papierhüte falten und kleben (Anregungen dazu unter „Basteln"). Haben die Kinder dazu keine Lust, sollte man sie nicht zwingen!

Programm: Es ist gut, den Ablauf des Festes einmal gedanklich durchzuspielen, Tobespiele und ruhige Spiele zur Auswahl bereit zu haben. Eventuell eine kleine Darbietung vorbereiten (siehe passive Unterhaltung). Man kann das Fest auch unter ein bestimmtes Motto stellen. Dann können sich alle darauf einstellen. Auch fällt die „Programmplanung" leichter, wenn man weiß, es geht um Kinderfasching, Puppenspielnachmittag, Malfest, Verkleiden und Maskerade, Ausflug zum Zoo oder zur Sandkiste, um Musikfest, Backfest oder Picknick.
Überfordern Sie die Kinder nicht mit zuviel Programm. Gehen Sie darauf ein, wenn sie bei bestimmten Spielen verharren wollen.

Spielevorbereitung: Die einzelnen Spiele muß der Erwachsene zusammenstellen und sich das Material dazu bereitlegen. Auch an einige erste Gesellschaftsspiele denken wie Memory, erste Farbwürfelspiele, Farben- und Bilderdominos, Lottos, ein Angelspiel. Mehr als 4 bis 5 Spiele verkraften Kinder jetzt noch nicht. Aber es muß Auswahl im Angebot sein, falls ein Spiel in dieser bestimmten Gruppe nicht klappt.

Preise und Gewinne: In diesem Alter möchte jedes Kind spielen und immer dran sein. Dabei sind Preise noch nicht so wichtig, aber ganz ohne Preise geht es auch nicht. Jedes Kind muß mindestens einen Preis (und sei es der Trostpreis) bekommen. Man sollte Kinder nicht mit teuren Preisen überschütten. Herrliche Preise sind Salzstangen oder Salzbrezeln, ein Gummibärchen, ein Papierhut, eine bunte Schleife, kleine Autos, Luftballons, Papierblümchen (bei mehrmaligen Gewinnen ergibt das einen ganzen Strauß), Glaskugeln, ein buntes Tüchlein, ein schöne Tüte (in die man alle anderen Gewinne sammeln kann), Holz- und Glasperlen. Aber auch völlig wertlose Kleinigkeiten, wie eine schöne Kastanie, ein buntbemalter Stein, ein Tierbildchen, ein Scherenschnitt-Deckchen, aus Papier gefaltete kleine Körbchen oder ein mit Zahnstochern zusammengespießtes Korktierchen sind schöne Gewinne.

Essen und Trinken: Kinder essen gerne mit den Fingern. Aufregung schlägt ihnen leicht auf den Magen. Das berücksichtigt man am besten, indem man niemals zu viel und niemals zu schwere und fette Kuchen oder Salate serviert. Für kleine Kinder sind Kekse und festes Kleingebäck geeignet, das man mit der Hand essen kann und das nicht zu sehr krümelt und schmiert. Man kann aus Mürb- und Hefeteig Männchen, Tiere und Gegenstände formen und backen, kann runde Kekse mit Marmelade zu Türmen zusammensetzen und viereckige Kekse mit Zuckerperlen und ähnlichem mit Mustern, Namen oder Symbolen schmücken, kann Mohrenköpfe kaufen. Viele Kinder mögen Herzhaftes und Salziges wie Käsekrapfen, Salzstangen, Brezeln und Kartoffelchips. Bei Geburtstagen sollte natürlich der Lieblingskuchen des Kindes mit der entsprechenden Kerzenanzahl nicht fehlen.
Die Getränke sollen auch leicht sein. Kakao ist vielen Kindern zu gehaltvoll: Er macht satt und müde. Bieten Sie statt dessen Apfelsaft, Fruchtbrause, Tee mit Zitrone, Mineralwasser und ähnliches an. Sehr beliebt ist auch die „Kinderbowle" aus

3-5

Früchten mit Limonade. Sorgen Sie schon bei den Kleinen dafür, daß mehrere Getränke zur Auswahl bereitstehen, und daß vor allem nicht nur sprudelnde Säfte vorhanden sind. So kommt jedes Kind zu seinem Recht.

Raum: Ist die Wohnung auch noch so klein, man sollte Platz schaffen, um Kindern Bewegungsfreiheit zu gewähren. Vielleicht einen Teil der Möbel umstellen oder in ein anderes Zimmer stellen. Sachen, die kaputtgehen können, wegräumen. Eignet sich die eigene kleine Wohnung nicht zum Feiern, sollte man anstatt eines Festes einen Picknickausflug zu Park, Wiese oder Wald planen oder einen kleinen Besuch in einem Tierpark oder Museum mit anschließender Bewirtung vornehmen.

Auftakt zum Fest

Wenn die Kinder eintreffen, sind sie meist noch befangen. Manche wollen nicht von Mutters Seite weichen. Natürlich werden erst die Spielsachen und Geschenke begutachtet, und meist setzt man sich dann zur Tafelrunde. Ist es noch nicht so weit, ist es gut, das eine oder andere kleine Spiel zur Auflockerung bereit zu haben.

Wickelspiel: In verschiedene kleine Schächtelchen wurden ein paar Kekse und Bonbons gelegt, an jede Schachtel ein langer Bindfaden geknotet. Am anderen Ende des Bindfadens ist ein Hölzchen befestigt. Jedes Kind darf sich nun durch Wickeln sein gefülltes Schächtelchen heranziehen und den Inhalt verzehren oder auf ein kleines, bereitgestelltes Tellerchen legen und horten. Das Schächtelchen kann auch geschlossen sein, dann ist der Inhalt eine Überraschung. Das gleiche Spiel (ohne Beladung) läßt sich mit kleinen Autos, die besonders gut rollen sollten, durchführen.

Spielzeug sollte immer in genügender Auswahl bereit liegen. Wenn Streit ausbricht, kann man ihn schnell schlichten, indem man etwas anderes anbietet und das leer ausgegangene Kind damit ablenkt.

Hutsuche: Für jedes Kind wurde ein andersfarbiger Hut vorbereitet. Ein Stück Papier in der Farbe des Hutes zuschneiden. Beim Ankommen darf sich jeder eine Farbe ziehen und dann im Raum (Flur oder Festzimmer) nach dem Hut suchen, der zu seiner gezogenen Farbe paßt.

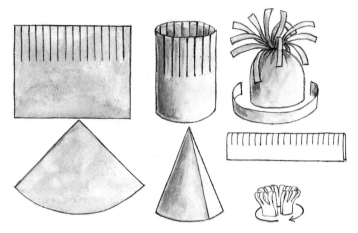

Bewegungs- und Reaktionsspiele

Bei Kindern ab dem 3. Lebensjahr besteht ein starker Drang nach Bewegung. Fangspiele, Haschen, Verstecken mit allereinfachsten Regeln machen ihnen schon Freude. Auch Kreisspiele sind beliebt. Man sollte vielleicht zuerst auf solche zurückgreifen, die vom Kindergarten her bekannt sind, wie Ringel-Ringel-Reihe, Häschen in der Grube oder Bi-Ba-Butzemann.

Bonbonschnappen: Die Musik spielt. Ein Bonbon liegt in der Mitte des Tisches. Wird die Musik ausgeschaltet, greifen alle nach dem Bonbon. Wer ein Bonbon gewonnen hat, scheidet aus. Dann beginnt das Spiel von vorn.

Reise nach Jerusalem: In der Raummitte stehen Stühle, ein Stuhl weniger als Kinder vorhanden sind. Die Musik spielt. Wird die Musik ausgeschaltet, versuchen alle, einen Platz zu bekommen. Wer leer ausgeht, scheidet aus. Ein Stuhl wird entfernt.
Weitere Bewegungs- und Reaktionsspiele finden sich unter „Turnen und Bewegung". Siehe auch Register. Lieder zum Spielen finden Sie in den Kapiteln „Sprache" und „Musik".

Spiele am Tisch oder in der Runde

Hier sind jetzt **Gesellschaftsspiele** wie Memory, Domino, Lotto oder Angelspiel gut, daneben aber auch Fingerspiele, rhythmische Spiele und Ratespiele.

Täubchenspiel: Der Erwachsene klebt sich zwei Papierschnipsel auf die Nägel der Zeigefinger und legt sie auf die Tischkante: „Das sind die zwei Täubchen, die auf dem Dach sitzen. Das eine fliegt fort (Zeigefinger hochfliegen lassen und Mittelfinger

3-5

auf die Tischkante legen), das andere fliegt fort (an der anderen Hand ebenfalls Zeige- und Mittelfinger vertauschen), das eine kommt wieder (wieder vertauschen und Zeigefinger auflegen), das andere kommt wieder usw. So lange spielen, bis die Kinder herausbekommen haben, wie es geht. Dann dürfen sie es selber versuchen. (Weitere Fingerspiele finden Sie im Kapitel „Sprache.")

Wo ist's? Auf dem Tisch oder am Boden liegen 6 gleiche leere Schächtelchen (Käse- oder Streichholzschachteln). Der Spielleiter legt in eine der Schachteln einen kleinen Gegenstand und schiebt unter Murmeln eines Zauberspruches die Schachteln schnell kreuz und quer durcheinander. Die Kinder schauen genau zu. Plötzlich hält er inne: Wer weiß nun immer noch, in welcher Schachtel der Gegenstand ist? Hat das aufgerufene Kind die richtige Schachtel geöffnet, darf es den Gegenstand verstecken, und das Spiel beginnt von neuem.

Farben- und Formenraten: Verschiedenfarbige Dinge stecken unter einem Tuch. Der Erwachsene nimmt unter dem Tuch eines in die Hand. Die Kinder müssen raten. Ist es Rot? Grün? Achtung: Dreijährige kennen Rot, Blau, Grün und Gelb. Erst ab ca. 4 Jahren kennen Kinder alle Farben. Das gleiche kann man mit Gegenständen machen, die das Kind vorher gesehen hat (Apfel, Ball, Teddy, Knopf, Bonbon, Löffel). Nicht zu viele Gegenstände nehmen!

Bello der Wachhund: Ein Kind, der Wachhund Bello, sitzt mit zugebundenen Augen in der Kreismitte. Unter seinem Stuhl liegt ein Schlüsselbund. Die Kinder und der Spielleiter einigen sich im Stillen, durch Zeigen auf ein Kind, wer „Dieb" sein darf. Der Dieb schleicht an und nimmt vorsichtig den Schlüsselbund fort. Wird er vom Wachhund geschnappt, muß er an seinen Platz zurück. Gelingt der Diebstahl, rufen alle laut: Bello, Bello! Der Hund nimmt die Augenbinde ab und darf dreimal schnüffeln. Erschnüffelt er den Dieb, ist dieser bei der nächsten Runde der Wachhund.

Wecker (kleines Taschenradio oder Musikdose) suchen: Alle Kinder gehen vor die Tür, während das Geburtstagskind oder eines, das gerade gewonnen hat oder das getröstet werden soll, einen Wecker im Raum versteckt. Die Kinder werden hereingerufen.

Alle sind mucksmäuschenstill und horchen. Wer den Wecker findet, darf ihn bei der nächsten Runde verstecken. (Mehr Spiele zum Horchen und Raten siehe auch unter „Musik".)

3 – 5

Gegenstand suchen: Die Kinder sitzen mit geschlossenen Augen beisammen. Zur Sicherheit kann man sie auch vor ihrem Stuhl knien und den Kopf auf die Arme legen lassen. Für Kleine ist es so leichter.
Ein Stofftierchen oder ähnliches wird sichtbar versteckt. Auf ein Zeichen dürfen die Kinder mit Suchen beginnen. Wer den Gegenstand findet, darf ihn von neuem verstecken. Es kann ihn auch nur ein Kind suchen, während die anderen durch leises oder lauterwerdendes Klatschen zu erkennen geben, ob sich das Kind dem Gegenstand nähert oder von ihm entfernt. Sie klatschen, bis es ihn gefunden hat.

Ballsuchen: Ein Ball, dessen Farbe bekannt ist, wird so versteckt, daß noch ein wenig von ihm zu sehen ist. Die Kinder dürfen nicht umhergehen, sondern müssen ihn von einem bestimmten Platz aus entdecken.

Armer schwarzer Kater: Die Kinder sitzen im Kreis. Einer ist der Kater. Er geht von einem zum anderen. Jeder muß ihn dreimal streicheln und sagen „Armer schwarzer Kater". Wer dabei lacht, muß selbst als Kater in die Mitte und den anderen ablösen.

Schwesterlein wer klopft: Die Kinder sitzen still im Kreis. Eines hält sich auf dem Schoß des Spielleiters die Augen zu. Der Spielleiter winkt ein anderes heran. Dieses klopft mit den Worten „Schwesterlein wer klopft" dem anderen auf den Rücken und soll von ihm an der Stimme erkannt werden. Wurde richtig geraten, darf der Rater sich setzen und der Frager muß nun raten. Wurde falsch geraten, muß der Rater es ein zweites Mal versuchen.

Schwarze Kunst: Dieses Spielchen hat der Spielleiter mit dem Geburtstagskind verabredet. Hier wird das Kind als großer Zauberer bewundert und steht im Mittelpunkt. Es geht vor die Tür, während sich im Raum alle auf einen Gegenstand einigen, der erraten werden soll. Das Kind kommt herein. Der Spielleiter fragt: Ist es der runde Tisch? Der Vorhang? Der Teppich? Der schwarze Schuh? Der Blumentopf? Es ist der Blumentopf, weil zuvor nach einem schwarzen Gegenstand gefragt wurde. Ist nichts Schwarzes im Raum, kann man sich zuvor auch auf Rot oder Grün einigen.

Zaubermedium: Noch ein Spiel für Spielleiter und Geburtstagskind! Spielleiter: „Meine Herrschaften, Sie sehen heute die Sensation. Ich stelle Ihnen mein Zaubermedium vor. Es macht alles nach, was ich von ihm fordere. Bellen. Auf einem Bein stehen. Finger ins Ohr stecken. Sich bücken. Miauen." Bei jedem neuen Zuruf führt das Kind genau das Geforderte aus. Dieses Spiel, so simpel es ist, macht kleinen Kindern besonders viel Spaß. Natürlich wollen jetzt auch die anderen der Reihe nach Medium sein.
Weitere Spiele und Abzählverse siehe unter Sprache.

121

3-5

Verkleiden und Rollenspiel

Das Nachahmungsspiel oder Rollenspiel wird zu einer der wesentlichen Beschäftigungen für Kinder. Erst ab 4 Jahren ist Rollenspiel in der Gruppe wirklich möglich. Dabei ist der Spaß am Tun, nicht das Ziel wesentlich.

Im Rollenspiel entwickeln Kinder soziale Beziehungen. Mitspieler werden gebraucht, und wenn das Spiel gelingen soll, muß man sich aufeinander einstellen. Bei der Rollenverteilung entstehen Konflikte: Jeder möchte Pilot und niemand Passagier sein, zwei Mädchen möchten dasselbe Kleid tragen. Es muß eine Lösung gefunden werden, sonst ist das Spiel zu Ende. Die Kinder lernen dabei, sich abzusprechen und eigene Wünsche zurückzustellen.

Es genügt vollständig, wenn der Erwachsene einige Themen anregt: Briefträger, Zugführer, Feuerwehrmann, Baustelle, Chauffeur, Tankstelle, Supermarkt, Arzt, Unfall, Familie. Siehe dazu auch unter Sprache auf Seite 59. Zubehör zum Rollenspiel kann vieles sein. Sehr nützlich sind Spielmöbel oder Großbauelemente, mit denen man improvisieren kann, was gerade gebraucht wird. Wichtig sind Sachen zum Verkleiden und Decken, Kartons, Möbel, Hausrat. Sperrmüll ist für „Sachensucher" besonders ergiebig. Vielleicht entsteht sogar ein ganzes Sperrmüllfest?

Mehr zum Rollenspiel auf Seite 59 und 130.

Passive Unterhaltung

Kinder im Alter von 3 bis 5 Jahren sind ideale Zuschauer. Sich um etwas zu scharen und zuzuschauen, kann eine sehr beruhigende Wirkung haben nach besonders lautem und ausgelassenem Spiel. Deshalb sollte der Erwachsene die eine oder andere kleine Darbietung einplanen.

Fingerspiele: Das Spiel mit den Händen übt immer wieder Faszination auf Kinder aus. Sowohl bestimmte Dinge mit den Händen nachformen und erraten lassen, als auch Schattenspiel an der Wand und kleine Aufführungen mit Fingerpüppchen (siehe auch Seite 171 und 281).

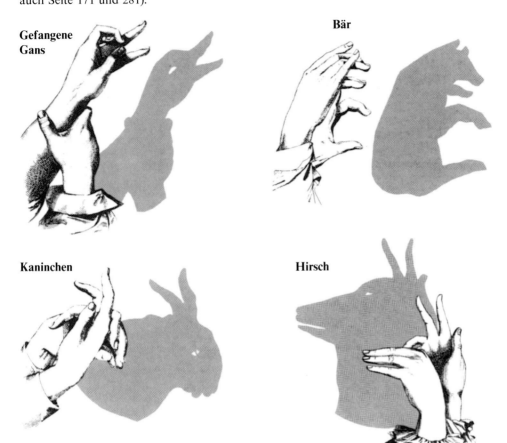

Gefangene Gans

Bär

Kaninchen

Hirsch

Kasperltheater: In fast jedem Haushalt sind Kasperlepuppen vorhanden. Wenn nicht, lassen sie sich leicht improvisieren (siehe auch unter „Basteln" und „bildnerisches Gestalten"). Als Bühne dient ein umgekippter Tisch, oder man kann in einer Türöffnung inszenieren oder sich eine Bühne aus großen Pappkartons aufbauen. Man braucht keine großen, einstudierten Stücke vorzuführen. Kinder freuen sich, wenn man kleine Geschichten erzählt, immer wieder viel fragt, einfache Witze einstreut, sich dumm stellt. Man sollte sich stets auf momentane Dinge beziehen, etwas suchen (Kinder helfen mit), raten, wer Geburtstag hat (natürlich Prinzessin oder Prinz und natürlich auch der Kasper) usw. Oder: „Also guten Tag! Hallo! Hui, was ist denn hier los? Wer sitzt denn da?" „Warum sind da eigentlich so viele Kinder?" „Wer feiert heute?" „Was?" „Also die ... (Namen verdrehen)!" „Wie bitte?" „So? Also ... (verdrehter Name), so einen Namen habe ich noch nie gehört!" „Ach so! Ist ja ganz einfach: ... (wieder falsch sagen)!" – Es braucht dann oft nur eine kurze echte Handlung von einem Schatz, Räuber, gefährlichem Bewacher-Krokodil usw., und zum Schluß kann man den „Schatz", wenn es ein Säckchen Glaskugeln oder Bonbons oder Salzstangen sind, an die Zuschauer verteilen.

Theaterspielen: Der Erwachsene spielt etwas vor, z. B. Puppentheater, Schattentheater, Marionettentheater. Aber auch ganz einfache Ratespiele finden Anklang: Der Erwachsene ahmt jemand oder etwas nach (einfache Dinge wie traurig, lustig, Puppe zu Bett bringen usw.). Die Kinder müssen raten, wer oder was es ist. Vielleicht wollen die Kinder anschließend selbst etwas vorspielen und raten zu lassen. Beim Puppenspiel sollte man sie, falls sie es wollen, auch einmal mit den Puppen spielen lassen, um ihre Neugier zu befriedigen und sie den Mechanismus „begreifen" zu lassen.

Vorlesen und Erzählen: Man kann Kindern Geschichten vorlesen, evtl. sie danach spielen lassen, ganz einfache Gesten, reduzierte Bewegungen. Kinder können sich die Gesten auch selbst ausdenken. Der Erwachsene hilft nur, wenn ihnen nichts einfällt. Beim Vorlesen oder Erzählen kann man auch plötzlich verstummen und die Kinder weitermachen lassen. Eventuell fragen, wie sie glauben, daß die Geschichte weitergeht. Es gibt auch Bücher mit Geschichten zum Weitererzählen, wenn man Anregung braucht, z. B. „Ende gut ...?" oder „Paula und der Kräuterblitz". Am besten ist, Sie lassen sich in einer Buchhandlung beraten.

Musikplatte und Sprechplatte können Kinder für kurze Zeit in ihren Bann schlagen. Dreijährige können allerdings nur 5 bis 10 Minuten stillsitzen und sich konzentrieren. Alle Kinder hören gern immer und immer wieder dieselbe Geschichte, dasselbe kleine Musikstück. Die Kinder ihre Wünsche äußern lassen! Achten Sie darauf, daß die Zuhörzeit strikt begrenzt ist, damit es nicht zu passivem, lustlosem „Rumgehänge" kommt. Lassen Sie die Kinder dann lieber frei spielen, auch einmal jedes für sich und ohne „Musik- oder Wortberieselung".

Sprache

| 5–7 | ! |

Nicht nur kleine Kinder haben Freude am Klang der Wörter, an Reim und Rhythmus. Darum sind Verse, auch Unsinnverse, Leier- und Abzählreime so beliebt.

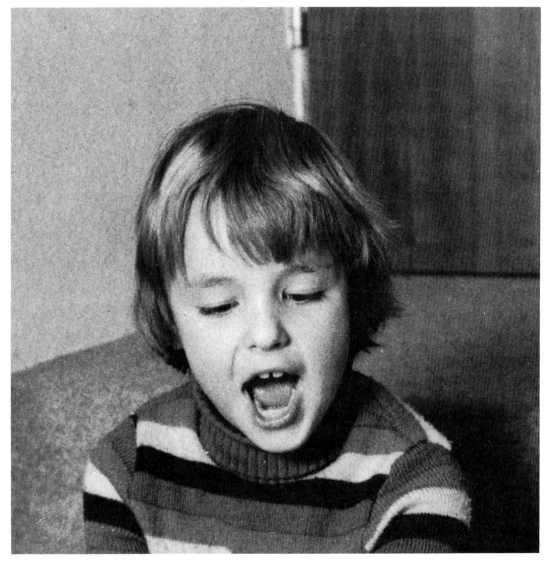

Lustige Verse

Lustige Verse eignen sich nicht nur zum Vorlesen und Auswendiglernen, man kann noch viel mehr mit ihnen tun: Man kann sie laut, leise, schnell, langsam, abgehackt, mit Händeklatschen, in verschiedenen Stimmlagen sprechen und nachsprechen lassen; man kann sie nach erfundenen Melodien singen lassen. Man kann sie mit verteilten Rollen sprechen; man kann sie durch Fingerspiele, als Pantomime und im Rollenspiel darstellen.

1, 2, 3, alt ist nicht neu; neu ist nicht alt;
warm ist nicht kalt; kalt ist nicht warm;
reich ist nicht arm; arm ist nicht reich;
hart ist nicht weich; weich ist nicht hart;
grob ist nicht zart.
Sauer ist nicht süß; Händ' sind keine Füß'.
Füß' sind keine Händ'; das Lied ist zu End'.

„Guten Tag, Frau Montag, wie geht's der Frau Dienstag?"
„Ganz gut, Frau Mittwoch. Bitte sagen Sie der Frau Donnerstag, ich käme mit der Frau Freitag am nächsten Samstag zum Kuchenessen zu der Frau Sonntag."

Morgens früh um sechse kommt die alte Hexe.
Morgens früh um sieben schabt sie gelbe Rüben.
Morgens früh um acht wird Kaffee gemacht.
Morgens früh um neune geht sie in die Scheune.
Morgens früh um zehne holt sie Holz und Späne.
Feuert an um elfe.
Kocht dann bis um zwölfe.
Fröschebein und Krebs und Fisch,
hurtig, Kinder, kommt zu Tisch.

„Wir geben einen Ball", sprach die Nachtigall.
„So?" sprach der Floh.
„Was werden wir essen?" sprachen die Wespen.
„Nudeln", sprachen die Pudeln.
„Was werden wir trinken?" sprachen die Finken.
„Bier", sprach der Stier.
„Nein, Wein", sprach das Schwein.
„Wo werden wir tanzen?" sprachen die Wanzen.
„Im Haus", sprach die Maus.

Lange Geschichten

Der Bauer schickt den Jockel aus, er soll den Hafer schneiden. Der Jockel schneid't den Hafer nicht und kommt auch nicht nach Haus.

Der Bauer schickt den Pudel aus, er soll den Jockel beißen. Der Pudel beißt den Jockel nicht, der Jockel schneid't den Hafer nicht und kommt auch nicht nach Haus.

Der Bauer schickt den Prügel aus, er soll den Pudel schlagen.
Der Prügel schlägt den Pudel nicht, der Pudel beißt den Jockel
nicht, der Jockel schneid't den Hafer nicht und kommt auch
nicht nach Haus.

Der Bauer schickt das Feuer aus, es soll den Prügel brennen.
Das Feuer brennt den Prügel nicht, der Prügel schlägt den Pudel
nicht, der Pudel beißt den Jockel nicht, der Jockel schneid't den
Hafer nicht und kommt auch nicht nach Haus.

Der Bauer schickt das Wasser aus, es soll das Feuer löschen.
Das Wasser löscht das Feuer nicht, das Feuer brennt den Prügel
nicht, der Prügel schlägt den Pudel nicht, der Pudel beißt den
Jockel nicht, der Jockel schneid't den Hafer nicht und kommt
auch nicht nach Haus.

Der Bauer schickt den Ochsen aus, er soll das Wasser saufen.
Der Ochse säuft das Wasser nicht, das Wasser löscht das Feuer
nicht, das Feuer brennt den Prügel nicht, der Prügel schlägt den
Pudel nicht, der Pudel beißt den Jockel nicht, der Jockel
schneid't den Hafer nicht und kommt auch nicht nach Haus.

Da geht der Bauer selbst hinaus und macht gar bald ein End'
daraus. Der Ochse säuft das Wasser nun, das Wasser löscht das
Feuer nun, das Feuer brennt den Prügel nun, der Prügel schlägt
den Pudel nun, der Pudel beißt den Jockel nun, der Jockel
schneid't den Hafer nun und kommt auch schnell nach Haus.

Unsinnverse und verkehrte Welt

Vorigen Handschuh verlor ich meinen Herbst.
Da ging ich finden, bis daß ich ihn suchte.
Da kam ich an eine Guckte und schlucht hinein.
Da saßen drei Stühle auf drei großen Herrn.
Da nahm ich meinen Tag und sagte:
„Guten Hut, meine Herrn.
Ich bringe drei Pfund Strümpfe
für drei Paar Garn.
Sie sollen morgen fertig werden,
daß ich sie heute noch anziehen kann."

Eine Kuh, die saß im Schwalbennest mit 7 jungen Ziegen,
die feierten ein Jubelfest und fingen an zu fliegen.
Der Esel zog sich Schuhe an, ist übers Haus geflogen,
und wenn das nicht die Wahrheit ist, so ist es doch gelogen.

Dunkel war's, der Mond schien helle,
Schnee lag auf der grünen Flur,
als ein Wagen blitzeschnelle
langsam um die Ecke fuhr.
Drinnen saßen stehend Leute,
schweigend ins Gespräch vertieft,
als ein totgeschoß'ner Hase
auf dem Sande Schlittschuh lief.
Und ein blondgelockter Knabe
mit kohlrabenschwarzem Haar
auf die grüne Bank sich setzte,
die blau angestrichen war.

5-7

Abzählverse

1, 2, 3, 4, 5, 6 7,
eine alte Frau kocht Rüben,
eine alte Frau kocht Speck,
und du mußt weg.

1, 2, 3,
Butter auf den Brei,
Salz auf den Speck,
und du mußt weg.

Ich und du,
Müllers Kuh,
Müllers Esel,
der bist du.

1, 2, 3, 4,
hinterm Klavier
hockt eine Maus
und die muß raus.

Enemenemu,
ab bist du.
Ab bist du noch lange nicht,
sag mir erst, wie alt du bist.
(Abzählen: 1 2 3 4 5 6 7 ...)

Fünf kleine Mäuse
hüpften in die Schleuse,
hüpften wieder raus,
und du bist aus.

Schmied, der will ein Pferd beschlagen.
Wieviel Nägel muß er haben?
(Die genannte Zahl wird ausgezählt.)

Es war einmal ein Mann, der hatte einen Schwamm.
Der Schwamm war ihm zu naß, da kroch er in ein Faß.
Das Faß war ihm zu kalt, da ging er in den Wald.
Der Wald war ihm zu grün, da ging er nach Berlin.
Berlin war ihm zu frech, und du bist weg.

Rätsel und Reime

Für alle Altersstufen gibt es Rätselbücher, die oft im Bücherschrank verschwinden und selten hervorgeholt werden. Rätsel und Rätselspiele üben auf Kinder eine große Anziehungskraft aus und fördern Logik, Sprachwitz und -wendigkeit und Konzentration.
Fangen Sie mit leichten Fragen an und geben Sie zuerst helfende Hinweise.

Es hängt an der Wand und gibt jedem die Hand. (Das Handtuch)

Es hat vier Beine und kann nicht gehn, muß immer auf allen Vieren stehn. (Der Tisch)

Was für Muscheln findet man im Meer am meisten? (nasse)

Was geht durch Hecken und raschelt nicht, was geht durch Glas, ohne daß es zerbricht? (Das Licht)

Fertig ist es schon lange, doch wird es jeden Morgen neu gemacht. (Dein Bett)

Wer läuft durch Stadt und Land und bleibt doch, wo sie ist?
(Die Straße)
Welche Schuhe hat man nicht an den Füßen? (Die Handschuhe)
Welcher Mann ist immer kalt? (Der Schneemann)
Tauschen Sie die Rollen: Das Kind fragt, und Sie raten.

Beliebte Rätselspiele:
Ich sehe was, was du nicht siehst (man braucht sich nicht auf Farben zu beschränken);
Koffer packen (eigene Versionen erfinden, zum Beispiel anfangs nur einen Gegenstand erraten lassen, der eingepackt wird, später die Person, der der Koffer gehört);
Tiere raten (Schwierigkeitsgrad den Fähigkeiten des Kindes anpassen);
Personen raten (mit leichten Aufgaben beginnen, Hilfen geben);
Gedanken lesen (dem Kind durch Hinweise zum Erfolg verhelfen).

Reimspiele: Reimwörter machen Kindern großen Spaß; Reime zu finden, verkürzt Wartezeiten und ist eine gute Übung zum genauen Hören, zum Rhythmuserfassen und zur Wortschatzerweiterung. Reime sind auch im Rätselspiel zu gebrauchen. Beispiel: „Ich weiß einen Reim auf Bein (fein, rein, klein)". „Ich weiß noch etwas, das kann man trinken" (Wein). „Noch etwas, das kann nicht schwimmen" (Stein).
Unsinnwörter und Unsinnreime sind zugelassen:
Die Kuh, die fand kein Futter,
da machte sie sich ... (Butter).
Reime, die man nach einer bekannten Melodie singen kann:
Wir haben einen kleinen Hund,
der ist schwarzweiß und kugelrund.
Wir haben einen Gummibaum,
der liegt in unserem Kofferraum.
Wir haben einen Regenwurm,
der klettert auf den Fernsehturm.
Wir haben einen ...

Gespräche und Rollenspiele

Ihr Kind kennt jetzt etwa 2000 Wörter und lernt täglich neue hinzu. Es möchte sie natürlich anwenden und in immer neuen Kombinationen ausprobieren. Hören Sie ihm zu und beantworten Sie seine Fragen, auch wenn Sie manchmal lieber Ihre Ruhe hätten.

Sprechen Sie viel mit Ihrem Kind. Es braucht den Kontakt, und es braucht Anregungen. Erzählen Sie ihm Geschichten und lesen Sie ihm vor.

Sehen Sie gemeinsam Bücher an und lassen Sie das Kind in der öffentlichen Bücherei die Bücher selber aussuchen, die es gern mit Ihnen oder allein anschauen und lesen möchte.
Spielen Sie mit ihm.

Das Telefonspiel. Wenn es bei Ihnen kein Kindertelefon gibt, genügt es, so zu tun, als ob. Sie können sich über alles unterhalten. Das Gespräch kann von einem Thema zum anderen springen oder eine plötzliche Wende nehmen, das ist das Spannende an der Sache. Es kann so unvermittelt abbrechen, wie es begonnen hat.
Variation als Rollenspiel: Sie sprechen jetzt mit Frau X oder Herrn Y, mit dem Handwerker, dem Hauswirt, der Kindergärtnerin. Auch Sie können sich verwandeln.

Variation für den Fall, daß Sie wenig sprechen möchten:

Das Radiospiel. Ein Kaffeesieb, ein gebogener Draht, eine Haarbürste dienen dem Kind als Mikrofon. Schalten Sie Ihren Lieblingssender ein. Gefällt Ihnen das Programm nicht, wählen Sie ein anderes. Notfalls können Sie auch beim Funk anrufen. Und wenn alles nichts nützt, schalten Sie vorübergehend ab.
Machen Sie Programmvorschläge: Die Sendung für die Hausfrau; Werbefunk; Kinderstunde; Sport; aktuelle Nachrichten; und zwischendurch Musik.

Andere Rollenspiele: Meistens liefert Ihr Kind die Ideen; wenn nicht, helfen Sie ihm mit einem Vorschlag. Geeignet ist fast jede Rolle aus der Umwelt des Kindes: die Gemüseverkäuferin im Supermarkt; der Briefträger; der Müllwerker; der Polizist; die Nachbarin; die Kindergärtnerin; außerdem Gestalten aus Geschichten und Bilderbüchern, von Schallplatten und aus dem Fernsehen.

Die eigene TV-Show hilft den Kindern, die Eindrücke der Fernsehsendungen zu verarbeiten, deren Faszination sie sich kaum entziehen können. Bauen Sie miteinander einen Rahmen, den Sie am besten mit zwei Metallklammern am Tisch befestigen. Schlagen Sie Ihrem Kind vor, das Gesehene nachzuspielen und sich Fortsetzungen und neue Szenen auszudenken.

Kasperl- und Puppenspiel: Oft spielen Kinder mit ihren Kasperl- und Puppenfiguren sehr einfallsreich und ausdauernd allein – es macht ihnen aber großen Spaß, wenn sich der Erwachsene beteiligt. Als Themen sind neben Abenteuern von Kasper und

5-7

Seppel alle Szenen aus dem Kinderalltag zu gebrauchen. Das Spiel hilft dem Kind, Hemmungen und Ängste zu überwinden, bestimmte Erlebnisse zu bewältigen und Aggressionen abzubauen.

Fügen Sie unerwartete oder ungewöhnliche Situationen ein, die die Phantasie des Kindes anregen: „Nun habe ich meinen Schirm schon wieder irgendwo stehen lassen" (an allen möglichen Orten nachfragen) oder „Können Sie bitte heute auf mein kleines Krokodil aufpassen?"

Im Puppenspiel können Sie auch Verständnis für die Lebensumstände anderer wecken: Mario versteht unsere Sprache nicht; Kathrin ist so viel allein; Helmuts Mutter wird die Arbeit zuviel; Inges Vater ist schon lange im Krankenhaus ...

Gute Bücher, die Ideen für einfache Kasperlspiele bieten, finden Sie im Anhang. Oder lassen Sie sich in einer Buchhandlung beraten.

Spiele mit Sätzen, Wörtern und Bildern

Unbewußt hat das Kind erfaßt, daß die Sprache nach bestimmten Regeln und Gesetzen aufgebaut ist, einige Wörter sich verändern können (Mehrzahlbildung, Veränderung des Verbs), und daß es außer den Namen für Dinge, Tätigkeiten und Eigenschaften noch andere Wörter gibt: Orts- und Zeitbestimmungen, Verhältnis- und Fragewörter. Jetzt ist es imstande, kompliziertere Satzmuster zu durchschauen und – zunächst durch Nachahmung – anzuwenden. „Wie – warum – wodurch – wozu-Fragen" sind ein Schlüssel zum Verständnis der Welt und müssen beantwortet werden. Die Wörter „weil", „so ... daß" und „damit" spielen jetzt eine wichtige Rolle.

Das Warum-Spiel. Sagen Sie nicht: „Stell jetzt bitte eine Frage mit „Warum"! Das klappt nicht. Beginnen Sie lieber mit einer Feststellung: „Ich habe solchen Hunger, daß ich ein ganzes Brot aufessen könnte. Ich habe solchen Durst, daß ich ...".
Nun geht es wie von selber weiter: „Struppi hat so laut gebellt, daß ..." „Der Wind hat so gepustet, daß ..." Fast jeder Gegenstand ist als Reizwort geeignet. Sie brauchen sich nur umzusehen: der Papierkorb, die Tasche, die Suppe, die Hose, der Sand, der Bus ...
Zu einem anderen Zeitpunkt machen Sie es mit „Warum – weil" und „warum – damit" ebenso: „Ich ziehe dir deinen Mantel an, weil ..."; „Monika weint, weil ..."; „Wir stellen das Radio leiser, weil ..."; „Ich ziehe den Stecker heraus, damit ..."; „Wir öffnen das Fenster, damit ..."; Sachzusammenhänge können dadurch in den Vordergrund treten und dem Kind klar werden; Frostschutzmittel und Winterreifen fürs Auto, Salz zum Streuen, Blitzableiter, Sicherungen, Antenne ...
Eine Variationsmöglichkeit ist Reihen bilden: Der Baum wird angebunden, weil ... Der Hund wird angebunden, weil ...
Weichen Sie unbequemen und schwierigen Fragen nicht aus. Sagen Sie: „Ich weiß es nicht. Wir wollen nachfragen, warum das so ist. Wir wollen im Lexikon nachschlagen." Halten Sie Ihr Versprechen aber auch!
Das Kind kann nun auch Gegenstände nach bestimmten Gesichtspunkten ordnen und unter Oberbegriffen einsortieren.

Lumpensack: Lottokarten oder Abbildungen aus Katalogen und Illustrierten ordnen lassen: nach Farben, Verwendungszweck, Größe. Das Kind allein überlegen lassen; nur helfend und ermutigend eingreifen.
Die Aufgabe ist gar nicht so leicht. Loben Sie Ihr Kind, wenn es sich damit erfolgreich geplagt hat.

Kuckuckseier: Mehrere Kärtchen oder Bilder, die zusammengehören oder etwas gemeinsam haben, in eine Reihe legen und ein „Kuckucksei" daruntermischen, das das Kind heraussuchen muß. (Beispiel: Jacke, Schuhe, Strümpfe, Teddy, Mütze). Schwierigkeiten dem Entwicklungsstand anpassen und langsam steigern.

Als Vorübung geeignet: Die Bezeichnungen von allem sammeln, was rot (grün, gelb) ist, was eßbar ist, was eßbar und in der Tiefkühltruhe ist. Tiere, Werkzeug, Möbel, Spielzeug nennen.
Wenn Ihr Kind lesen kann, statt der Bilder Wörter nehmen.

 5-7

Lesespiele

Spätestens mit dem Schuleintritt stellt sich das Problem des Lesenlernens. Nicht alle Kinder bewältigen es leicht, und viele Eltern verkennen, daß dieser Vorgang eine ungeheure geistige Leistung ist. Hier sind ein paar Leselernspiele.

Laute hören: Vokale (a e i o u), Umlaute und Doppellaute (ä ö ü, au ei eu) und Dauerlaute (f j l m n r s w z) vorsprechen und nachsprechen lassen: ganz laut, ganz leise, ganz lange, ganz hoch, ganz tief. Wer kann es am lautesten und am längsten?

Buchstabengeschichten: Geschichten erfinden von der Mücke Ssss, die überall herumsaust und die Leute stört; vom Suppenpuster Ffff, der die Suppe und den Kakao kalt pustet; vom Brummbär Brumm, der vor dem Einschlafen immer 7 Sekunden brummt (auf die Uhr schauen); von der Kuh Muh, vom Floh Oh und so weiter.

Seltsame Namen: Es war einmal eine Familie, deren Kinder hatten seltsame Namen. Der erste hieß A, der zweite hieß E, der dritte hieß I, der vierte hieß O und der fünfte hieß U. Wenn sie zum Essen kommen sollten, rief die Mutter: „A, E, I, O, U, reinkommen, essen!" Dann fragten sie erst: „Was gibt es denn Gutes?" Der A aß nämlich am liebsten Apfelmus, der E aß am liebsten Erdbeereis, und der I aß am liebsten Irgendwas. Vom Kind jeden Tag neu ausspinnen lassen.
Dies ist eine Fortsetzungsgeschichte, denn A, E, I, O und U können viele Abenteuer erleben.

Das Namenspiel: Sagen Sie: „Ich kenne ein Kind, dessen Name fängt so an: K ...". Wiederholen Sie den Laut einige Male. Dabei ist es sehr wichtig, den Laut zu sprechen und nicht den Buchstaben; also „K" nicht „Ka"; „D", nicht „De"; „L", nicht „El"; „M", nicht „Em". Errät Ihr Kind den richtigen Namen, setzen Sie das Spiel fort; wenn nicht, sagen Sie ihm die Lösung: „Ich kenne ein Kind, das heißt K-(Karin)."
Nehmen Sie auf jeden Fall zuerst den Namen Ihres Kindes, danach möglichst Namen von seinen Freunden. Suchen Sie Namen aus, bei denen der Anfangslaut deutlich zu hören ist.
Das Spiel ist eine ausgezeichnete Vorübung zum Lesenlernen. Wiederholen Sie es, so lange es dem Kind Spaß macht.

Leselernverse und Zungenbrecher

Meine Mi, meine Ma, meine Mutter schickt mich her,
ob der Ki, ob der Ka, ob der Kuchen fertig wär'.
Wenn er ni, wenn er na, wenn er noch nicht fertig wär',
käm' ich mi, käm' ich ma, käm' ich morgen wieder her.

Drei Chinesen mit dem Kontrabaß
gingen auf der Straße und erzählten sich was.
Da kam die Polizei: „Na was ist denn das?"
„Drei Chinesen mit dem Kontrabaß!"
Dri Chinisin mit dim Kintribiß
gingin if die Strieße ind irziehlten sich wis.

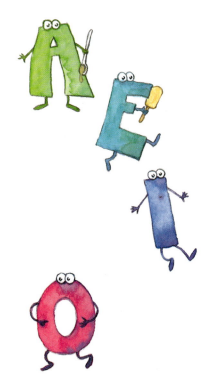

Di kim die Pilizi: „Ni wis ist dinn dis?"
„Dri Chinisin mit dim Kintribiß!"
In jeder folgenden Strophe wechselt der Vokal.

Kleine Kinder können keinen Kaffee kochen,
Kaffee kochen können keine kleinen Kinder.

Hans hackte hartes Holz hinter Hackers Hühnerhaus.
Hinter Hackers Hühnerhaus hackte Hans Holz.

Blaukraut bleibt Blaukraut,
Brautkleid bleibt Brautkleid.

Die Katze tritt die Treppe krumm.

Zwischen zwei Zwetschgenzweigen zwitscherten zwei Schwalben.

Einwandfreies Hören, Sehen und Sprechen sind die Voraussetzung für einwandfreies Lesen. Hat Ihr Kind Schwierigkeiten, so sollten Sie unbedingt mit dem Lehrer oder mit dem Hausarzt darüber sprechen.

Das Alphabet auf der Leine: Als Material brauchen Sie eine niedrig gespannte Wäscheleine, 26 Wäscheklammern, die Sie deutlich mit den Buchstaben des Alphabets gekennzeichnet haben; 26 Papier- oder Kartonstücke, die ebenfalls mit den Buchstaben versehen sind, sowie einige Gegenstände oder Abbildungen von Gegenständen mit den verschiedenen Anfangsbuchstaben.
1. Spiel: Buchstaben zuordnen. Mischen Sie die Buchstaben auf den Kartonstücken und legen Sie sie auf den Fußboden. Die Aufgabe heißt, sie den Wäscheklammern richtig zuzuordnen (Festklammern).
2. Spiel: Dinge zuordnen. Diesmal müssen die Dinge oder die Abbildungen an der richtigen Klammer befestigt werden, der Apfel beim A, der Pullover beim P, usw. Es macht nichts, wenn sich beim ersten Mal nicht für jeden Buchstaben etwas findet. Um so größer ist der Reiz, das Spiel zu wiederholen.
3. Spiel: Wörter zusammensetzen. Helfen Sie Ihrem Kind, mit den Klammerbuchstaben zuerst den eigenen Namen, später andere Namen und leichte Wörter auf die Leine zu hängen.
Nehmen Sie orthographisch einfache Wörter, also Kamel, Paket, Tomate, Banane, Sofa – und nicht gleich Wörter wie Schlüssel, Pferd, Decke; die sind zu schwer.

5-7

Silben-Klatschen: Mar - kus; In - go; Tor - sten; U - we; Ul - ri - ke; Sa - bi - ne; Su - san - ne; I - re - ne; Ap - fel; Bir - ne; Ku - chen; Löf - fel; Son - ne; Re - gen; Au - to; Wa - gen etc.
Klatschen Sie bei jeder Silbe in die Hände; Ihr Kind wird begeistert mitmachen.

Anhänger: Sie bereiten das Spiel vor: Suchen Sie mit dem Kind Dinge im Zimmer aus. Schreiben Sie den Namen der Dinge in doppelter Ausfertigung auf Kärtchen, die gemeinsam verteilt werden. Die eine Hälfte wird an den Gegenständen befestigt, die andere auf dem Fußboden ausgebreitet. Fragen Sie jetzt: „Welche Karten kannst du an den richtigen Ort tragen?"
Lassen Sie die Kärtchen eine Zeitlang hängen. Wiederholen Sie das Spiel des öfteren.

Das Briefträgerspiel: Schreiben Sie kleine Anweisungen und Mitteilungen auf Zettel: „Bring bitte die Zeitung", „Hüpf auf einem Bein", „Gib Hansi frisches Wasser". Ein Kind ist der Briefträger. Es legt die Zettel in eine Tasche und bringt sie zu verschiedenen Empfängern, die den Inhalt entziffern und ausführen müssen. Die Briefe können auch die Namen der Empfänger tragen, die der Briefträger lesen muß, oder der Empfänger läßt sich den Inhalt vorlesen.

Das Wörterbuch: Schreiben Sie auf jede Seite oder Doppelseite eines großen Heftes einen Buchstaben des Alphabets. Schneiden Sie zusammen mit Ihrem Kind Bilder mit den entsprechenden Anfangsbuchstaben aus Katalogen und Illustrierten aus, und lassen Sie sie auf den dazugehörigen Seiten einkleben.

Fabulieren

Geschichten erzählen: Erzählen Sie eine Zauber-, eine Zwergen- oder eine Riesengeschichte, bei der das Kind mitmachen kann. Oder eine Unsinngeschichte, bei der manches nicht stimmt:
Es war einmal ein Mann, der hatte die Füße oben und den Kopf unten. Des Morgens ging er früh ins Bett, und des Abends stand er spät auf. Dann zog er seinen Anzug aus und seinen Schlafanzug an, ging in die Küche, stellte einen Herd auf den Kessel, machte sich Kaffee, tat zwei Löffel Salz hinein, strich Brot auf die Butter und begann zu frühstücken. Dem Wellensittich gab er etwas Milch und der Katze ein Viertelpfund Vogelfutter ...
Hat das Kind einfach Spaß daran, lassen Sie es damit bewenden; nur wenn es möchte, soll es die Fehler verbessern.

Erfindet das Kind Geschichten, greifen Sie nicht ein. Sie können ihm aber auf die Sprünge helfen:

Es war einmal ein Riese, der hatte großen Hunger.

Da setzte er sich an seinen riesengroßen 🪑 vor seinen riesengroßen 🍽️

Seine Frau nahm den riesengroßen 🍲 von dem riesengroßen 🔥 und füllte ihm die Suppe auf, die aß er mit seinem riesengroßen 🥄

Dann gab sie ihm ein Stück Fleisch aus der riesengroßen 🍳 das aß er mit seinem riesengroßen 🔪 und seiner riesengroßen 🍴

Danach aß er noch Pudding aus einer riesengroßen 🥣 Dann war er satt.

Wörter-Tip. Sagen Sie ein, zwei oder drei Wörter, die in einer Geschichte vorkommen sollen: Pfannkuchen - Feldmaus - Ringelpullover - Tintenfisch - Affenbrotbaum.
Die Geschichte darf am Anfang ruhig kurz sein. Machen Sie mit!

Hundert Sätze. Fangen Sie an zu erzählen: „Es war einmal ein Schwein, das war ..." Lassen Sie Ihr Kind den Satz beenden. Nun wiederholen Sie den ganzen Satz und fahren fort: „Einmal hatte es großen Appetit auf ..." Es geht weiter wie oben. Die fertigen Sätze müssen stets wiederholt werden - das ist sehr vergnüglich.
Beginnen Sie eine Geschichte, und lassen Sie das Kind weiterfabulieren.

5-7

Gruppenspiele

Viele der genannten Spiele machen mehr Spaß und bringen dem Kind mehr Gewinn, wenn es sie mit zwei oder drei anderen Kindern spielen kann. Bei den meisten Spielen können sowohl ältere wie jüngere Kinder mitmachen; die Größeren helfen den Kleinen oder übernehmen die Rolle des Erwachsenen. Ebenso ist es bei den folgenden Vorschlägen, von denen die letzten ausgesprochene Gruppenspiele sind. Wenn man will, kann man sie als Wettspiele aufziehen, Pfänder einziehen und kleine Gewinne oder Punkte verteilen. Sie kommen dem Kontaktbedürfnis der Kinder entgegen und machen sie sicherer, freundlicher und selbstbewußter.

Das Einkaufsspiel: Ein Kind beginnt: „Ich kaufe Mehl ein." Das nächste wiederholt den Satz und fügt einen neuen Gegenstand hinzu: „Ich kaufe Mehl und Zucker ein." So geht es weiter, bis man keine Lust mehr hat oder keiner die lange Reihe ohne Fehler wiederholen kann.

Variation: Man schreibt bestimmte Waren vor, Kleidung oder Einkäufe in der Tierhandlung. Oder: bestimmte Buchstaben dürfen nicht als Anfangsbuchstaben vorkommen.

Das Erbsenspiel: Jedes Kind bekommt eine kleine Anzahl Erbsen (Steinchen). Sie sprechen gemeinsam oder mit verteilten Rollen: „Gib mir eine Erbse / Ich habe keine / Geh zum Müller, hol dir eine / Er gibt mir keine / So such dir eine / Ich finde keine / So blas ich dich / So wehr ich mich". Danach blasen die beiden ersten Spieler, so sehr sie können, und sehen sich dabei an. Wer zuerst aufhört oder lacht, muß dem anderen eine Erbse geben.

Der kleine Bär: Die Kinder sitzen im Kreis. Eines wendet sich an seinen rechten Nachbarn und sagt: „Der kleine Bär hat Geburtstag." Der Nachbar fragt zurück: „Was schenkst du ihm denn?" „Einen Topf Honig." Nun setzt der Nachbar das Frage- und Antwortspiel mit seinem rechten Nachbarn fort, wobei er das erste Geschenk einbezieht: „Der kleine Bär hat Geburtstag. Ich schenke ihm einen Topf Honig und einen Löffel." – und so fort. Ist die Geschenkrunde beendet, fragt das erste Kind: „Wer kommt zu Besuch?", danach vielleicht: „Was gab es zu essen?" „Was gab es zu trinken?" „Wo haben sie gespielt?" Am besten beendet man das Spiel mit der Frage: „Wann gingen sie nach Haus?" oder „Wann war das Fest aus?"

Variation als Ballspiel: Ein Kind steht in der Mitte und wirft den anderen der Reihe nach den Ball zu, indem es die oben genannten Fragen stellt. Beim Zurückwerfen des Balles muß die Antwort gegeben werden. Die Wiederholung entfällt, aber keine Antwort darf doppelt vorkommen. Macht ein Kind einen Fehler, so sollte es ein Pfand abgeben oder einmal aussetzen, aber nicht vom Spiel ausgeschlossen werden.

Ein Sack voll ... Dieses Spiel hat keine festen Regeln. Sein Sinn: möglichst viele Dinge zu nennen, die in einem Sack stecken können. Die Kinder werden viele Variationen erfinden, wenn man ihnen ein paar Vorschläge gemacht hat, wie: Wer findet die meisten Wörter? Wie das Einkaufsspiel spielen? Wie das Bärenspiel spielen?

Ein ABC-Spiel daraus machen: Ein Sack voll Äpfel und Aprikosen, voll Birnen und Bälle, voll Chinaböller und Chrysanthemen.

Als Schreibspiel: Wer findet in einer bestimmten Zeitspanne (Stoppuhr) die meisten Wörter mit D, F, E?

Als Ratespiel: Ein Kind muß den Sackinhalt erraten, auf den sich alle anderen Kinder geeinigt haben.

Als Zeichenspiel: Der Inhalt des Sackes muß gezeichnet und dann erraten werden.

5-7

Frau Buntrock: Die Mitspieler erhalten Namen: Herr/Frau Rotrock, Grünrock, Blaurock, oder Vogel- oder Blumennamen, oder die Namen der Wochentage. Die Kinder sitzen im Kreis, und eines beginnt mit dem Spiel, indem es einem anderen ein verknotetes Taschentuch zuwirft. Dabei ruft es den Namen: „Frau Blaurock!" Die antwortet: „Was, ich?" „Ja, Sie!" „Ich nicht! Herr ...!" Damit wirft es das Tuch einem anderen Kind zu, und das Spiel geht in derselben Weise weiter. Wer sich verspricht oder zu lange wartet, muß ein Pfand geben.

Wer hat den Schuh? Das Spiel ist ähnlich wie das vorige. Es wird ein Schuh, ein Hut oder Ball weitergegeben. Die Mitspieler haben Nummern erhalten statt Namen. Zu Anfang wirft der Spielführer einem Teilnehmer den Schuh zu und ruft: „Nummer 4 hat den Schuh!" Der will ihn aber nicht und wirft ihn schnell weiter mit den Worten: „4 hat ihn nicht, 7 hat ihn." Nummer 7 macht es wie Nummer 4, und jeder andere auch, so daß der Schuh immer in Bewegung ist. Wer nicht aufpaßt, gibt ein Pfand.

Turnen und Bewegung

Ab dem 5. Lebensjahr macht es den Kindern Spaß, sich zu zweit und in der Gruppe zu bewegen, zu turnen, zu wetteifern. Sie beginnen, sich mit anderen Kindern zu vergleichen und zu messen. Kraft und Geschicklichkeit spielen eine große Rolle. Oft genügt die Frage als Anstoß: „Kannst du auch so hoch hüpfen wie der andere? - Wer kann leiser springen - höher - weiter?" Doch vermeiden Sie die Fragestellung: „Wer kann am höchsten - weitesten - schnellsten springen, laufen?" Mit ihr taucht die Gefahr des Leistungszwanges auf, der die einen von vornherein zum Angeben, die anderen zum Resignieren verleitet. Mit dieser falschen Betonung des Wettbewerbs würde auch Ihr Wunsch vereitelt, Gymnastik als Freude an den eigenen Bewegungsmöglichkeiten zu betreiben.

Bewegungsspiele

Gehen: Bewegungsfreude kann im Alltäglichen beginnen. Schon mit der Frage: „Auf wie viele Arten kannst du gehen?" ergeben sich viele Möglichkeiten. Die Kinder können vorwärts, rückwärts, seitwärts, auf Zehenspitzen, auf Hacken gehen; große und kleine Schritte machen. Sie können dabei schleichen, stampfen, trippeln, stelzen, sich recken, sich drehen etc.

Bildhafte Vergleiche machen den Kindern sehr viel Spaß, zum Beispiel: „Jetzt machen wir Riesenschritte - jetzt winzige Mauseschritte. Wir stampfen wie die Elefanten - wir schleichen wie die Indianer."

Laufen: Die Kinder können vor- und rückwärts, in großen und kleinen Schritten laufen; schnell, schneller - langsam, langsamer - in Kurven und Schleifen. Machen Sie mit den Kindern einen deutlichen Unterschied zwischen Gehen und Laufen, sonst werden sie lustlos. Zeigen Sie den Wechsel rhythmisch durch Tamburinschlag, Händeklatschen oder ähnliches an.
Lassen Sie die Kinder ihre eigenen Laufspiele entwickeln, zum Beispiel Start, Flug und Landung eines Flugzeuges. Verteilen Sie Stühle, Kästen, Keulen und so weiter im Raum, um die die Kinder in Kurven herumlaufen können. Bestimmen Sie eine Wand oder Ecke zum Flugplatz. Von dort aus können die Kinder erst nacheinander, später zu mehreren starten und landen. Sie müssen sich dann gegenseitig geschickt und behende ausweichen.

5-7

Die Kinder laufen auf allen Vieren vorwärts, rückwärts, in Kurven, mit rundem, mit gestrecktem Rücken. Regen Sie nun die Kinder an, eine Hindernisbahn aus Stühlen, Tisch, Spielkiste, Kartons, Kissen zu bauen. Die Hindernisse sollten so angeordnet werden, daß man einmal darübersteigen und einmal unten durchkriechen muß.
Einige Variationsmöglichkeiten: „Versucht, beim Durchkriechen nichts umzuwerfen und zu verschieben. – Wer durchquert die Bahn, ohne sich zwischendurch aufzurichten? – Wer gelangt ans Ziel, ohne daß die Knie zwischendurch den Boden berühren?" Besonders viel Spaß macht es den Kindern, wenn sie die Bahn durch mehrere Zimmer oder draußen auf dem Rasen bauen dürfen.

Hüpfen und Federn: Die Kinder können auf verschiedene Weise hüpfen: auf dem linken, dem rechten Bein – im Hopserlauf – mit geschlossenen Füßen. Sie können dabei die Beine gestreckt lassen oder tief in die Knie federn. Lassen Sie die Kinder frei im Raum hüpfen, später nach einem bestimmten Rhythmus (Tamburinschlag, Musikbegleitung). Setzen Sie Schwerpunkte: Weit – noch weiter, hoch – höher, leise – noch leiser, tief – ganz tief hüpfen. Verbinden Sie Hüpfen und Laufen. Machen Sie mit, fassen Sie das Kind an, wenn es ihm schwerfällt. Passen Sie Ihre Schritte denen des Kindes an.

Springen: Das Kind kann hoch, weit und über kleine Hindernisse springen. Es kann von einem etwa einen halben Meter hohen Gegenstand, Kasten oder Hocker, Mauer und so weiter frei herabspringen. Lassen Sie die Kinder verschiedene Sprünge erfinden.

Indianerspiel: Alle Kinder sitzen im Schneidersitz im Kreis. Ein Kind geht außen um den Kreis herum. Bleibt es hinter einem Kind stehen und tippt es an, so geht dieses weiter. Das erste setzt sich auf den leer gewordenen Platz. Haben alle das Spiel verstanden, können Sie es steigern:
Das Kind bewegt sich auf verschiedene Weisen außen um den Kreis, zum Beispiel auf allen Vieren, hüpfend oder rückwärts gehend.
Es bleibt hinter einem Kind stehen, ohne es anzutippen, damit dieses weitergehen kann.
Alle Kinder im Kreis verschließen mit den Händen ihre Augen und horchen auf das Schritt- oder Hüpfgeräusch des gehenden Kindes.

Mit Seil oder Wäscheleine

Ein Seil bietet viele Bewegungsmöglichkeiten.

Balancieren: Überlegen Sie mit Ihrem Kind, auf wie viele Arten man über ein Seil balancieren kann, das auf dem Boden liegt. Lassen Sie es ausprobieren und regen Sie es durch Fragen an: „Kannst du außer vorwärts und rückwärts auch seitwärts über das Seil balancieren? Kannst du dabei in jeder Hand ein Buch – ein Tuch halten? Nimm den aufgespannten Regenschirm und probier, damit zu balancieren! Kannst du das Seil beim Hinübergehen mit dem großen und zweiten Zeh in den Zangengriff nehmen?" Beschweren Sie die beiden Enden des Seils, so daß es straff gespannt auf dem Boden liegt.

 5-7

Hüpfen: Über das am Boden liegende Seil zu hüpfen, macht den Kindern viel Spaß, strengt sie aber an. Vergessen Sie nicht, Verschnaufpausen einzulegen. Ihr Kind kann vor und zurück oder seitlich hin und her hüpfen. – „Kannst du leiser – schnell und leise hüpfen?" Es kann auch nach jedem Hüpfer niederknien – mit Aufstützen der Hände oder ohne.

Schwingen: Das Kind hält die beiden Seilenden in den Händen und stellt sich auf die Mitte des Seils. Nun verkürzt es mit den Händen das Seil so, daß es straff gespannt etwa unterhalb der Achselhöhle aufhört. Jetzt tritt es vom Seil und schwingt es von hinten nach vorn und springt darüber. Es hält die Arme weit gestreckt, damit das Seil beim Vorschwingen keine Schlaufe bildet. Der Oberkörper bleibt dabei aufrecht.

Springen: Das Seil zu zweit halten oder ein Seilende am Zaun oder an der Wand befestigen, Abstand zum Boden langsam vergrößern. Lassen Sie Ihr Kind über das Seil springen. – „Kannst du nach dem Sprung gleich weiterlaufen? – Lande nach dem Sprung auf beiden Füßen, federe tief in die Knie und lauf dann weiter."

Schlangenkönig. Sie oder ein Kind sind Schlangenkönig und ziehen das Seil in Schlangenbewegungen durch den Raum. Die nach dem Seilende jagenden Kinder versuchen, darauf zu treten. Wer es schafft, darf Schlangenkönig sein. Begrenzen Sie den Raum, dann müssen Schlangenkönig und Kinder sehr wendig sein.

Tauziehen: Sind die Kinder zu sechst oder viert, an jedem Seilende also ein gleichstarkes Paar, reicht ein kleines Seil zum Spiel. Sind mehr Kinder da, sollten Sie ein Tau nehmen. Die Kinder heben auf ein Signal das Seil oder Tau an und versuchen, sich gegenseitig über eine am Boden gesetzte Markierung zu ziehen. Die Seilmitte kennzeichnen. Im Rhythmus und mit Hau-ruck ziehen lassen.

5-7

Mit Stab oder Besenstiel

Holzstäbe oder Besenstiele finden sich in fast jedem Haushalt oder sind leicht zu beschaffen. Übungen mit Stäben sind anstrengend, sie eignen sich jedoch gut zur Kräftigung der Bauch-, Rücken- und Beinmuskulatur – übrigens nicht nur bei Kindern!

Im Sitzen: Den Stab mit beiden Händen fest an den Enden fassen, Beine anziehen und zwischen den Armen hindurch über den Stab heben. Einige Variationsmöglichkeiten: „Probiere es mit jedem Bein einzeln. – Wer berührt dabei den Stab nicht mit dem Fuß? – Hebe beide Beine gleichzeitig hinüber. – Wer fällt dabei nicht um?"

Stab auf die Füße bei gestreckt-gegrätschten Beinen legen. Beine gleichmäßig heben, so daß der Stab die Beine hinabrollt. Übung wiederholen, dabei die Beine möglichst gestreckt lassen.
Stab mit beiden Händen hochhalten und mit den Beinen fahrradfahren.

Im Stehen: Jedes Kind soll sich auf zwei längs liegende Stäbe stellen, Füße fest aufdrücken und versuchen, Ski zu laufen.
Stab an beiden Enden vor dem Körper auf die geöffneten Handflächen legen. Den Stab waagerecht hochhüpfen lassen, dies steigern bis zu einem kleinen Wurf.

In Bauchlage: Stab an beiden Enden halten und hochheben. „Kannst du ihn höher heben? Leg ihn leise – noch leiser wieder hin. – Versuch, den Stab etwas länger hochzuhalten. Schau ihn dabei an. Kannst du dabei bis drei zählen?"
Stab auf den Handrücken balancieren. – Fallen dem Kind diese Übungen schwer, so halten Sie seine Füße dabei am Boden fest. Dann geht es leichter.

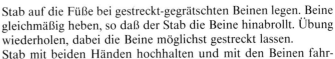

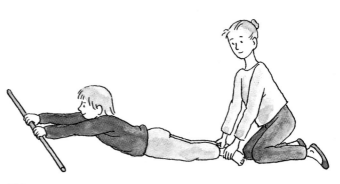

Stab senkrecht vor sich auf den Boden stellen und mit beiden Händen dicht über dem Boden fassen: „Hangele dich mit beiden Händen wie an einer Kletterstange hoch. – Laß die Arme dabei gestreckt. – Streck dann einen Arm nach hinten weg. – Schaffst du es, ohne daß der Stock umkippt? – Probier es noch einmal."

Haben Sie vier bis sechs Stäbe, so können Sie mit einem Kind oder einer Gruppe allerlei Spiele veranstalten. Sie legen die Stäbe in gleichmäßigen Abständen so hintereinander, daß die Kinder gut hinüberlaufen können: „Lauft nacheinander in Schlangenlinien um die Stäbe herum. – Lauft über die Stäbe hinüber, ohne sie zu berühren. – Hüpft mit geschlossenen Füßen über die Stäbe – auf dem linken – dem rechten Bein – in der Hocke mit und ohne Aufstützen der Hände."

Zum Schluß darf jeder blind über die Stäbe gehen. „Bevor du die Augen schließt, schau dir den Weg an und geh ihn erst einmal in Gedanken." Augen nicht verbinden. Wer noch nicht den rechten Mut hat, darf blinzeln.

Mit dem Ball

Ihr Kind kann den Ball kreiseln, rollen, werfen, es kann ihn hüpfen und springen lassen.

Kreiseln: Ball auf den Boden legen, mit einer Hand von oben halten und ihn durch schwunghaftes Handdrehen zum Kreiseln bringen. Lassen Sie es das Kind auch mit der anderen Hand probieren.

Rollen: Ball in Kurvenlinien durch den Raum rollen, dabei versuchen, mit der Hand immer am Ball zu bleiben. Nicht die andere Hand vergessen!

Legen Sie eine kurvenreiche Strecke mit der Wäscheleine, und lassen Sie das Kind mit dem Ball daran längsrollen. Auf einem Kunststoffboden oder auf Steinen können Sie mit Kreide Kurven und Schleifen malen.

5-7

Werfen und Fangen: Ball auf beiden Handflächen hüpfen lassen, allmählich zu einem kleinen Wurf steigern. Die Hände sind dabei schmiegsam wie Katzenpfoten. Regen Sie Ihr Kind zu weiteren Versuchen an: „Wirf den Ball hoch und fang ihn leise wieder auf. Klatsch zwischen Werfen und Fangen in die Hände. Wirf den Ball gegen die Wand und fang ihn wieder. – Kannst du es auch im Knien – im Sitzen? – Komm, jetzt werfen und fangen wir gemeinsam."

In der Rückenlage: Ball auf die Fußsohlen legen und ausbalancieren. Ball zwischen die Knöchel klemmen; in die Hände geben und umgekehrt. Ball mit den Füßen hinter den Kopf legen und zurückholen. Ball zwischen die Knie klemmen, Oberschenkel fest zusammendrücken, Po anheben.

In der Bauchlage: Ball mit beiden Händen über den erhobenen Kopf in den Nacken legen und den Rücken hinunterrollen lassen. Den Ball beidhändig in Empfang nehmen und mit einer Hand nach vorne führen. Diesen Ablauf zwei- bis dreimal ohne Unterbrechung wiederholen.

Ballspiele auf engem Raum: Wenn es draußen regnet, können die Kinder auch im Kinderzimmer oder Flur Ball spielen. Sie sollten dann allerdings einen leichten Ball (Plüschball oder kleinen Wasserball) benutzen.

Im Stehen: Ball zwischen die Füße klemmen, vorsichtig vorwärtsgehen. Ball zwischen die Knie klemmen und hüpfen. Daraus kann ein Wettspiel entstehen.

Kopfball: Tür, Wand, zwei Stühle oder Kissen bilden das Tor. Ein Kind ist Torwart, die anderen versuchen, aus 2 bis 3 Meter Entfernung mit dem Ball auf das Tor zu köpfen.
Sind Ihre Kinder sehr temperamentvoll, sollten sie sich dabei hinknien.

Schwarz, weiß, rot, müde, matt, tot: Die Kinder knien im Kreis, jeder auf einem Handtuch, und werfen sich den Ball zu. Läßt ein Kind trotz guten Zuspiels den Ball fallen, ist es schwarz, beim nächsten Fehlfang weiß – beim sechsten Mal tot und scheidet aus. Wer zuletzt übrig bleibt, hat gewonnen.
Draußen wird das Spiel im Stehen gespielt; die Abstände zwischen den Spielern können allmählich erweitert werden.

Der Luftballon: Luftballons sind nicht nur zum Aufblasen da. Sie und Ihre Kinder können damit viele Spiele erfinden. Den Luftballon mit den Händen immer wieder in die Luft stoßen, er darf den Boden nicht berühren. – Das gleiche mit dem Kopf und im Sitzen auch mit dem Fuß probieren. Oder: „Geht durch den Raum und köpft dabei den Luftballon hoch. Könnt ihr dabei auch über einen Stuhl (Bank, Kiste) steigen?" Erfahrungsgemäß werden die Kinder beim Spiel mit dem Luftballon sehr wild. Wenn Sie die Absicht haben, mit einer Gruppe zu spielen, empfiehlt es sich, nur zwei Ballons zu verwenden.
Spielmöglichkeiten mit dem Luftballon sind unbegrenzt. Gehen Sie auf die Anregungen der Kinder ein.

Mit dem Kissen

Schon ein paar Kissen reichen zum Spielen und Turnen aus. Suchen Sie mit Ihren Kindern drei bis sechs Kissen zusammen und legen Sie diese in Abständen auf den Boden. Kinder über die Hindernisse steigen, laufen, hüpfen lassen.
Variationsmöglichkeiten: „Wer berührt dabei nicht die Kissen? - Wer kann leise über die Kissen hüpfen? - Geht es noch leiser? - Wer schafft es mit dem linken, danach mit dem rechten Bein? - Könnt ihr auch rückwärts über die Kissen gehen, laufen, hüpfen?" Oder: Die Kissen sind Inseln, dazwischen ist Wasser. Die Kinder versuchen, von Insel zu Insel zu gelangen.

Kissenschlacht: Liefern Sie sich mit Ihrem Kind einmal eine ordentliche Kissenschlacht. Es können kleine Regeln aufgestellt werden: Nur im Knien werfen - mit beiden Händen das Kissen fassen - Treffer zählen. - Kleine oder leichte Kissen nehmen.

Auf der Matratze

Auf einer Matratze kann man herrlich purzeln, kullern, rollen, balgen. Kinder finden es schön, mit Matratzen auf dem Fußboden zu wohnen, zu spielen oder zu turnen. Vor- und Rückwärtsrollen macht auf solch einer Unterlage besonders viel Spaß. Gelingt dem Kind die Rolle noch nicht, erhöhen Sie die Matratze an der einen Seite mit Kissen oder Keilkissen so, daß eine Schräge entsteht. Das Kind hockt sich auf die erhöhte Seite, legt den Kopf auf die Matratze und drückt das Kinn fest an die Brust. Nun streckt es langsam die Beine, der Po schiebt sich dabei nach oben, und schon bekommt es das Übergewicht und purzelt die Schräge hinunter. Helfen Sie bei den ersten Versuchen etwas nach, indem Sie Ihre Hand in den Nacken des Kindes legen, damit bei der Rolle der Nacken zuerst die Unterlage berührt. Bei der Rolle rückwärts kauert sich das Kind mit dem Rücken zur Schräge auf die Erhöhung. Seine Handrücken liegen auf den Schultern. Nun läßt es sich nach hinten fallen und rollt rund wie ein Ball die Matratze hinunter.

Haben Sie viel Platz, so legen Sie zwei Matratzen nebeneinander auf den Boden. Eine Wolldecke tut es auch. Die Kinder liegen ausgestreckt am Boden, Arme über dem Kopf. Sie rollen sich gegenseitig über die Wolldecke. Danach rollt jedes Kind für sich. „Rolle ganz schnell und leicht - ganz schwer und langsam. Werde beim Rollen immer schneller - immer langsamer. Stoppe die Bewegung - rolle zurück."

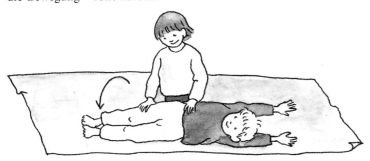

5-7

Als Spiel: Die Kinder legen sich zu zweit oder dritt in gleichen Abständen auf die Decke, rollen gemeinsam los bis zum Ende der Unterlage. Nun stehen sie auf, laufen um die Decke und beginnen von vorn. „Wer holt den anderen ein?"

Kämpfen und Balgen: Es gibt Tage, da wissen die Kinder nicht, wohin mit ihren Kräften. Sie wollen kämpfen und balgen. Das Kräftemessen spielt in diesem Alter eine große Rolle, Sie sollten jedoch von den Kindern fordern, daß sie dabei rücksichtsvoll sind und sich gegenseitig als gleichberechtigt achten.
Lassen Sie die Kinder jeweils zu zweit balgen und setzen Sie Regeln: „Wer beim Ringen mit beiden Schultern den Boden berührt, hat verloren. Es wird von Neuem begonnen, wenn einer von beiden über eine gesetzte Begrenzung (Wolldecke, Matratzen) hinausrollt."
Die Ausgangsstellung ist günstig, wenn sich beide auf den Unterschenkeln gegenüber knien. Kratzen, Kneifen, Beißen, an den Haaren ziehen gilt nicht.

Für geschickte Füße

Spielt Ihr Kind mit Bausteinen, so baut es die Türme, Brücken, Häuser mit den Händen. Es macht viel Spaß, das einmal mit den nackten Füßen zu probieren. Sind die Füße zu Anfang noch ein bißchen ungeschickt, so suchen Sie mit Ihrem Kind die größeren Steine zum Bauen heraus und raten dem Kind, die Bausteine mit beiden Füßen seitlich zu umgreifen.

Regen Sie Ihr Kind durch Fragen an: „Kannst du den Turm noch höher bauen? – Schaffst du es auch mit kleineren Bausteinen? – Kannst du eine kleine Stadt mit Häusern, Brücken, Türmen und Straßen bauen?"
Füße können noch viel mehr. Sie können Steinchen, Glasmurmeln, Bleistifte, Tücher greifen, hochheben und fallen lassen. Zu zweit oder dritt können Sie allerlei Wettspiele erfinden: Jeder bekommt gleichviel Steinchen und eine Schale. „Wer hat zuerst seine Steinchen in die Schale gelegt? – Wer schafft es mit dem anderen Fuß genausogut?"

Wie oft können die Kinder das Tuch, den Bleistift hochheben und fallen lassen? – Lassen Sie es auch mit dem anderen Fuß probieren. Besser geht es, wenn man sich dabei auf einen Hokker oder eine Kiste setzt.

Lassen Sie Ihr Kind auch mit den Füßen malen. Am besten machen Sie gleich mit. Der Stift wird zwischen den großen und zweiten Zeh geklemmt. Erst mit jedem Fuß einzeln, dann mit beiden Füßen gleichzeitig malen. Wachs- oder Filzstifte eignen sich besonders gut. Die Malunterlage sollte recht groß sein. Kurven, Achten, Schlangen, Phantasiegebilde malen lassen.

5–7

Kleine Kunststücke

Paketspiel: Das Kind liegt auf dem Rücken, Beine sind gestreckt, Arme liegen neben dem Körper. Es zieht die Beine an und richtet gleichzeitig den Oberkörper auf, bis sich Knie und Stirn berühren. Das Kind ist nun klein und rund wie ein Paket. Danach streckt es sich auf gleichem Wege wieder zur Rückenlage.

Schaukelpferd: Das Kind liegt auf dem Bauch, Arme nach vorn gestreckt. Es hebt schwunghaft Arme und Beine im Wechsel. – „Laß Arme und Beine dabei gerade. – Umfaß die Fußgelenke (Körbchen) und schaukel hin und her."

5-7

Einige Bewegungsanreize: „Kannst du dich langsam – noch langsamer aufrichten und wieder hinlegen? – Kannst du flink zwischen gestreckt-rund-gestreckt abwechseln? – Leg Kopf und Beine leise – lautlos auf den Boden zurück. – Wenn du klein wie ein Paket bist, dann hebe die Füße vom Boden ab und versuche, dich auf dem Po auszubalancieren. – Schaukel hin und her. – Versuch es noch einmal, laß dich aber jetzt auf den Rücken kullern und richte dich wieder auf. Bleib dabei klein wie ein Paket."

Brücken aus der Rückenlage: Das Kind liegt auf dem Rücken, Beine sind gestreckt. Es hebt den Po an, macht das Kreuz hohl.
Es winkelt die Beine an und stellt die Füße auf. Nun hebt es das Gesäß so an, daß Oberschenkel und Bauch schräg wie eine Rutsche sind.
Es setzt sich hin, Beine sind gestreckt, Hände seitlich aufgestützt. Es hebt den Po an, bis der Körper gestreckt ist, und schaut dabei zur Decke. „Kannst du dabei weiteratmen? – Verharre in der Brücke und zähle bis fünf."
Es gibt noch viel mehr Brücken. Lassen Sie die Kinder welche erfinden und vormachen.

Musik

5-7

Geräusche aus der Umwelt

Die Vielfalt täglicher Geräusche aus einer aggressiven, technisierten Umwelt und unkontrollierte Musikberieselung können trotz aller negativen Vorzeichen zum reizvollen Spielmaterial für ein Kind werden. Die Klänge und Geräusche, die es ständig umgeben, sollten ihm bewußt gemacht werden: Es lernt dadurch hinhören und die Fülle oft verwirrender Höreindrücke zu verarbeiten.

Horchspiele: Auch Stille kann spannend sein! Mit zugehaltenen Ohren, besser noch mit zwei Kissen als Ohrenklappen, kann Ihr Kind sich selbst hören. Es horcht in sich hinein. Dabei hört es, wie es atmet, wie es schluckt, wie es mit den Zähnen beißt oder knirscht. Es horcht auf das Rauschen in seinen Ohren.

Geräuschpuzzle: Wenn Ihr Kind krank ist oder wenn mehrere Kinder zusammen spielen und möglichst keinen Lärm machen sollen, regen Sie doch dazu an, mit dem Lärm zu spielen, den andere machen: Aus den Geräuschen, die ständig durch Fenster, Türen oder Wände dringen, entwickeln Kinder mit Vorliebe spannende Geschichten. Dabei spielen Telefongeklingel, Staubsaugergeheul oder Wasserrauschen von nebenan wichtige Rollen. Nehmen Sie sich Zeit zum Zuhören!

5–7

Hör-Rätsel: Sie oder andere mitspielende Kinder sollen erraten, welche Geräusche Ihr Kind gerade auf einem Instrument oder Karton, Dose, Tischplatte darstellen will. Hat es an Regentropfen gedacht, als es mit den Fingern auf der Dose trommelte, oder an ein Auto, als es mit einer Bürste auf der Tischplatte entlangschabte?

Kleine Hörspiele: Geschichten aus Bilderbüchern können zu Hörspielen werden. Schlagen Sie das Ihrem Kind vor, wenn die Märchenplatte zum x-ten Male abläuft. Laden Sie zu diesem Spiel noch ein paar andere Kinder ein. Vielleicht stellt jemand aus der Familie für ein paar Stunden seinen Kassettenrecorder zur Verfügung. Gemeinsam wird die Geschichte ausgesucht, gemeinsam werden die Rollen verteilt: ein Erzähler, verschiedene Personen für Geräusche und ein Regisseur, der manchmal durch Winkzeichen dem Ablauf der Geschichte nachhilft und das Gerät bedient.

Jedes Kind überlegt sich nun, wie es seine Rollen spielen kann, ob mit der Stimme, einem Instrument oder einem anderen Gegenstand. Nach mehreren Hauptproben ist nicht nur eine farbige und geräuschvolle Geschichte entstanden, sondern die Kinder haben es auch geschafft, einander zuzuhören und zu warten, bis jedes mit seiner Rolle zurechtgekommen und an der Reihe ist. Beim Abspielen lauschen alle gespannt. Ob sich jedes Kind in seiner Rolle wiedererkennt? Ob es mit sich und seiner Rolle zufrieden ist? –
Tip: Man könnte dem kleinen Geschwisterkind sein Lieblingsbilderbuch als Hörspiel schenken!

Geräuschbilder: Müssen Sie etwas tun, wobei Ihr Kind nicht mitmachen kann? Dann schicken Sie es auf die Jagd nach Klängen und Geräuschen. – Aus alten Zeitschriften oder Katalogen kann es alles ausschneiden, was Geräusche, Töne oder Klänge von sich gibt. Regen Sie es dazu an, alles mit der Stimme oder auf einem Instrument nachzumachen.

Es kann die Bilder nach Gegenständen, Fahrzeugen, Tieren, Tätigkeiten oder Naturereignissen ordnen.
Es versucht, alle Dinge nach lauten und leisen, nach hohen und tiefen, kurzen oder langen Geräuschen einzuteilen.
Was gibt Zeichen oder Signale? Was erzeugt Klänge, was erzeugt Geräusche?
Schließlich klebt es sich sein „Geräusch-Bilderbuch".

Trommelspiel: Einzelne Geräusche werden herausgegriffen, etwa der schwere Schritt eines Erwachsenen, das Amtszeichen am Telefon, das Ticken einer Uhr oder Pferdegetrappel. Diese Hör-Motive laufen in der Art der Trommelsprache mit Trommeln oder zwei aneinanderschlagenden Bauklötzen von einem zum anderen. Variation: Die Geräusche kommen und gehen, werden also von Kind zu Kind stärker oder schwächer.

Bewegungs- und Instrumentalspiel: „Am Bahnübergang": Mehrere Kinder spielen verschiedene Rollen, die sie zuerst in voller körperlicher Aktion und dann in Geräuschrollen, sei es mit Stimme oder auf Instrumenten, verkörpern. Autos, Züge, quietschende Bremsen, Fahrradklingeln, das Läuten der Schranke, näherkommende und sich entfernende Geräusche sollen wiedergegeben werden.

Akustische Spiele mit Luft, Wasser, Plastik, Holz

Jedes Material fühlt sich anders an und klingt anders, wenn man es fallen läßt, daran klopft, kratzt oder reißt. Im experimentellen Spiel mit Stoffen wie Glas, Holz, Stein, Plastik, Luft und Wasser werden dem Kind stoffliche Eigenschaften bewußt. Dabei verbinden sich erste akustische Grunderlebnisse mit der sinnlichen Neugier auf Klänge und Geräusche.
Tip: Schauen Sie auch bei den Spielanregungen für die vorangegangenen Altersgruppen nach. Hier finden Sie manches, was bei den folgenden Spielen nicht noch einmal erwähnt, jedoch als musikalische Erfahrung dafür vorausgesetzt wird.

Luft und Wind: Eine leere Flasche, aus der ein Strohhalm ragt, wird in den Wind gestellt. So kann das Kind sein Jaulen und Heulen einfangen. Mehrere Flaschen ergeben ein Windkonzert.

Atem: Sie blasen sich gegenseitig ins Gesicht. Das Kind bläst sich selbst in die Hand, es bläst eine Feder fort.
Es bläst einen Luftballon auf und läßt die Luft wieder ausströmen. Indem es das Mundstück auseinanderzieht oder ein Streichholz einspannt, bringt es ihn zum Pfeifen. Nun bläst es ihn auf, läßt ihn los, lauscht dem Zischen der ausströmenden Luft und freut sich, wie der Ballon davonschießt (Rückantrieb).
Es läßt unter Wasser die Luft aus dem Ballon strömen und hört, wie es blubbert.

Plastik: Biegsame, gerillte Plastikrohre, die man als Reste beim Elektriker bekommt, eignen sich gut für musikalische Experimentierspiele. Man kann auf den Rillen entlangratschen, in das Rohr hineinblasen oder durch das Rohr telefonieren. Oft wer-

5-7

den die Rohre von den Kindern als Elefantenrüssel gebraucht, mit denen Geräusche und Wortfetzen im Raum herumgeschleudert werden können.

Mit zwei durch einen Faden miteinander verbundenen Joghurtbechern können Sie Telefongespräche mit Ihrem Kind führen. Durch Anspannen und Anzupfen der Schnur entstehen interessante Geräusche.

Hohle Styroporkörper (-kugeln) eignen sich gut für Hör-Spiele. Schneiden Sie einfach ein paar große Löcher hinein, die Sie anschließend mit Pergamentpapier überkleben. Zum Hören, Hineinsprechen oder -singen, zum Trommeln (mit den Fingerspitzen) oder Schütteln (Kugel mit einigen Reiskörnern oder ähnlichem gefüllt).

Glas: Wer kennt nicht das Glasorgelspiel? Über verschieden voll gefüllte Gläser fährt man mit dem nassen Finger und bringt sie zum Klingen. Nachdem Ihr Kind begriffen hat, daß ein leeres Glas tiefer als ein volles klingt, kann es sich selbst ein Gläserglockenspiel bauen. Es füllt die Gläser so, daß schließlich eine nach Tonhöhen abgestufte Reihe entsteht. Spielen mehrere Kinder dabei mit, so übernimmt jedes Kind einen anderen Ton und versucht, sich mit seinem Glas in die Reihe einzuordnen.

Variation: ein Flaschenglockenspiel. Verschieden voll gefüllte Flaschen werden an einer Schnur aufgehängt und mit einem Stab oder Klöppel angeschlagen.

Kugelspiele: Eine Holzkugel rollt über den Fußboden. Immer wieder prallt sie gegen andere Hindernisse: Wand, Kuchenblech, Holzbrett, Glas. Die Kinder sollen ohne hinzuschauen herausfinden, was für ein Hindernis es war.

Verschiedene Gegenstände, die den Kindern gezeigt wurden, sollen nun von einem Kind mit einer Holzkugel umgekegelt werden. Was wird getroffen, und wie klingt es?

Kugeln aus verschiedenem Material (Glasmurmeln, Gummibälle, Pingpongbälle, Styroporkugeln) prallen gegen ein Hindernis oder springen nacheinander eine Holztreppe hinunter. Die Kinder halten sich die Augen zu und raten: Welche Kugel war es?

Krimskrams-Spiele: Handwerkskästen, Küchenschubladen und Nähkörbe sind voll von kleinen Dingen, die Sie Ihrem Kind als Spielmaterial leihen können. Mit geschlossenen Augen kann es die Dinge ertasten, nach Arten ordnen, in gleiche Mengen einteilen oder zu gleichen Teilen mischen.

Es kann Dosen mit gleichem Material füllen und hören, wie solche Rasseln klingen, wenn sie geschüttelt werden. Erkennt es den Klang auch mit geschlossenen Augen wieder? Kann es die Rasseln nach hellen und dunklen Geräuschen ordnen? Oder sogar große und kleine Dosen unterscheiden?

Ein Strohhalm wird zu einem kleinen Blasinstrument. Das Strohhalmende wird gefalzt und mit der Schere spitz zugeschnitten. Auf diesem Mundstück kann man pfeifen. Je nach Länge des Strohhalms entstehen tiefe oder hohe Töne.

Papier-Erlebnisse: Alte Zeitungen, Tapetenrollen, Abdeckplanen und Packpapier sollten Sie nicht gleich wegwerfen. Ihrem Kind und seinen Freunden macht es großen Spaß, damit zu spielen. In freiem Umgang mit diesem Material werden die Kinder reißen, knittern, fetzen, knüllen. Sie werden sich gegenseitig einwickeln, sich Papierkleider machen oder sich schließlich mit Papierbällen beschießen.

Immer wieder werden Sie dabei beobachten: Es wird still, die Kinder hören, lauschen und vergleichen.

Selbstgebaute Instrumente

Ein Kind in diesem Alter kann seine handwerklichen Fähigkeiten bereits recht phantasievoll einsetzen. Ganz bewußt wählt es sein Material aus, wenn es zum Beispiel darum geht, sich eine Gitarre zu bauen. Unbefangen und selbständig will es bestimmen, wie die Form aussehen soll. Hauptsache, die Gitarre hat Saiten und einen „Stiel"!

Tip: Nicht immer entspricht die Begeisterung Ihres Kindes seiner Durchhaltekraft. Vielleicht kann es bei allem Spaß an der Sache nicht lange dran bleiben. Die Spielperioden sind je nach Entwicklungsstand und augenblicklicher Situation ganz verschieden. Hier können Freunde, also eine Gruppe, helfen, indem Arbeiten aufgeteilt und Unfertiges gemeinsam zu Ende geführt wird.

Bambusklangspiele, Papprollenklangspiele: Solche Klangspiele lassen sich aus verschieden langen Bambusstäben oder aus Papp- und Garnrollen selbst herstellen. Man hängt sie wie ein Mobile auf. Die entstehenden Geräusche kann Ihr Kind auch auf gemalte Bilder übertragen.

Zwei Klangspiele setzen mit kurzen Geräuschen nacheinander ein, die Töne begegnen sich, mischen und trennen sich wieder. Diesen Vorgang kann man spielen (hüpfen), malen (tupfen) oder mit bunten Papierfetzchen legen.

Rumbarasseln: Diese südamerikanischen Rasseln sind leicht aus Plastikflaschen herzustellen. Man füllt sie mit Reis, Erbsen oder ähnlichem, verschließt den Flaschenhals mit einem Korken oder Holzstiel, beklebt sie mit buntem Papier oder überzieht sie mit Pappmaché.

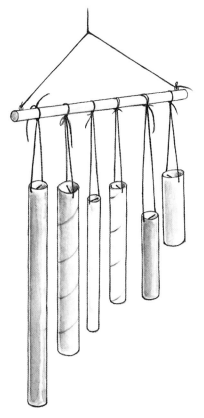

5-7

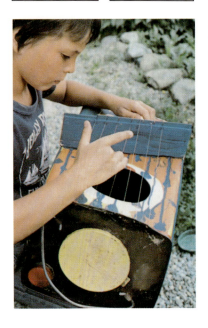

Zupf-Igel: In einen Holzblock nagelt das Kind verschieden lange Nägel oder Metallstifte. Danach kann es daran zupfen oder mit einem Metallstab darüberstreichen.

Saiteninstrument: Um einem Kind das Prinzip eines Saiteninstruments zu erklären, kann man mit ihm zusammen folgendes einsaitige Instrument bauen: In den Deckel eines geschlossenen Kistchens wird ein Loch gesägt oder geschnitten. Dann werden zwei Holzleisten auf die Kiste geleimt. Zwischen diese spannt man einen Nylonfaden, der an zwei Ringschrauben befestigt wird. Wenn man die Schrauben dreht, verändert sich mit der Spannung des Fadens auch die Tonhöhe stufenlos.
Ein paar Haushaltsgummis, eine große Käseschachtel oder eine Zigarrenkiste, eine Holzleiste und diverses Handwerkszeug genügen nach dieser Vorübung schon, um die Phantasie Ihres Kindes zu beflügeln und es das bauen zu lassen, was es unter einer Gitarre versteht. Vielleicht mag es aber auch gar keine Gitarre bauen und findet großen Spaß daran, seinem Instrument einen selbsterfundenen Namen zu geben!

Weidenflöten: Eine Weidenflöte erfordert einiges Geschick und auf jeden Fall die Hilfe eines Erwachsenen. Eine gute Gelegenheit, um mit dem Taschenmesser umgehen zu lernen! (Siehe Seite 315) Die Höhe von Weidenflötentönen läßt sich verändern, wenn man im ausgehöhlten Holz einen Holzstöpsel oder Pfeifenputzer verschiebt.
Mit der Flöte am Mund und dem Stift in der Hand versucht das Kind zu malen, was es bläst. Kurze Töne=Punkte, lange Töne=Striche. Wie lange reicht der Atem?
Die Flötentöne anderer Kinder werden gemalt. Danach tauscht jeder sein Bild mit einem anderen und versucht, dasselbe nachzublasen oder zu singen.

Schellentambourin: Am runden Deckel einer Waschmitteltonne oder einer Keksdose wird eine Schnur mit Schellen (durchlöcherte Kronkorken) locker befestigt.

Schellenbaum: Ein umgedrehter Besen wird mit Blechdosen und anderem klappernden, rasselndem, klirrendem oder knatterndem Zeug bestückt. Stolz tragen ihn die Kinder durch das Haus. Jeder möchte einmal Anführer sein. Schließlich holt man sich Instrumente oder andere klingende Gegenstände, und fertig ist der Musikkapellenumzug.
Was liegt jetzt näher, als an den Rummelplatz zu denken? Der Schellenbaum wird zur Schießbude. Mit einem kleinen, harten Ball können die einzelnen aufgehängten „Klang-Ziele" abgeschossen werden. Jeder Schuß klingt anders!

Spiel mit den Instrumenten der Erwachsenen

Geben Sie Ihrem Kind den Weg zum leider oft streng gehüteten Instrument nicht erst frei, wenn das Kind Instrumentalunterricht bekommen soll. Schon vorher kann Ihr Kind an einem solchen perfekten Instrument wertvolle musikalische Erfahrungen machen.

Auch bei den Vorschlägen für die vorhergehenden Altersgruppen finden Sie Spieltips auf Instrumenten, die Sie oder Ihr Kind je nach musikalischer Entwicklung erweitern können. Auf jeden Fall sind sie die Voraussetzung für die folgenden Anregungen.

Mein Pferdchen

Text: aus Frankreich
Übertragen von Irmgard v. Faber du Faur
Melodie und Satz: Heinz Lemmermann

Hei, mein Pferdchen läuft geschwind,
hopala hopala hopala hop,
ist noch schneller als der Wind,
hopala hopala hopala hop.

Wenn es durch das Wasser patscht,
pitsch und patsch und pitsch und patsch,
läuft mein Pferdchen ganz geschwind,
ist noch schneller als der Wind.

Hei, mein Pferdchen läuft geschwind,
hopala hopala hopala hop,
ist noch schneller als der Wind,
hopala hopala hopala hop.

Wenn es durch die Wälder bummelt,
bum-bada-bum, bum-bada-bum,
läuft mein Pferdchen ganz geschwind,
ist noch schneller als der Wind.

Hei, mein Pferdchen läuft geschwind,
hopala hopala hopala hop,
ist noch schneller als der Wind,
hopala hopala hopala hop.

- Die Klangsilben „ho-pa-la-hop", „pitsch und patsch" „bum-ba-da-bum" werden gesprochen und gesungen (bzw. später geben sie auch die Begleitung zum Lied ab).
- Weitere Begleitungsmöglichkeiten (bzw. Vorspiele-Nachspiele) mit Stimme (schnauben, wiehern ...), Körperinstrumenten (patschen, klatschen, schnalzen ...) oder
- mit Instrumenten, Trommeln, Holzstäben, Bauklötzen und anderen Schlaginstrumenten.

Klavier: Schauen Sie sich mit Ihrem Kind einmal das Klavier von innen an. Meist sind die Erwachsenen ebenso erstaunt, wenn sie hören, welche Fülle von Klängen – von den zartesten bis zu den gewaltigsten – in diesem großen Kasten steckt. Die Saiten werden gezupft oder mit einem Schlegel angeschlagen. Tennisbälle und Kugeln kann man über die Saiten hüpfen las-

 5-7

sen. Man kann mit dem Fingernagel auf den umsponnenen Baßsaiten entlangratschen, an die Holzwände, an den Stahlrahmen pochen, dabei das Pedal drücken, in den Resonanzkörper hineinrufen und vieles mehr.

Erste Spielbewegungen: Auch kleine, ungeübte Hände können bereits auf den Tasten spielen. Schnelle, spitze Handbewegungen erinnern das Kind an Regentropfen oder hüpfende Vögel. Wenn es mit dem Handrücken über die Tasten hinwegfährt, denkt es an eine Rutschbahn. Es schleicht wie eine Katze auf weichen Pfoten über die Tasten oder stampft mit beiden Händen (Armen) wie ein Elefant.
Das Kind kann üben, mit beiden Händen hohe und tiefe Töne locker zu treffen. Dabei denkt es an den Schlag einer Glocke. Es marschiert mit sich überschlagenden Händen das Klavier auf und ab und schlägt einzelne Töne locker an.
Mit seinen Anschlagbewegungen paßt es sich einem Schlagrhythmus an, den Sie ihm auf der Trommel oder einem ähnlichen Instrument vorgeben.

Hören – Sehen – Vergleichen auf verschiedenen Instrumenten: Verschieden große Glocken, Zimbeln, Becken oder Gongs sollen nach Tonhöhen unterschieden werden. Ebenso können Fellinstrumente nach dunkel oder hell bestimmt werden. Dabei wird das Kind merken, daß kleine Instrumente heller und höher klingen als große.
Stabspiele (Glockenspiel, Xylophon, Metallophon) werden abgebaut und anschließend wieder zusammengesetzt. Auch hier entspricht die Länge der Hölzer oder Metallteile der jeweiligen Tonhöhe oder -tiefe.
Beim Klavier werden die Töne ebenfalls stufenweise von links nach rechts höher. Die Länge der Tasten ist jedoch immer gleich, entscheidend sind die Saiten im Inneren des Klaviers.
Wie sieht die stufenweise Anordnung der Töne bei einer Flöte aus? Bei der Zither entdeckt das Kind, daß die Saiten nicht der Reihe nach von hoch bis tief zu spielen sind.
Bei der Gitarre ist es ähnlich. Bei ihr kann man die Tonhöhe dadurch stufenweise verändern, daß man eine Saite mit dem Finger auf dem Steg verkürzt.

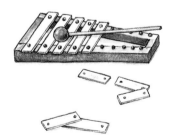

Suchspiele auf Instrumenten: Alle Plättchen eines Glockenspiels, außer den 5 Tönen von c bis g, werden entfernt. Mit diesen lassen sich bereits einige Lieder spielen, deren Melodie stufenweise auf- und abwärts läuft, zum Beispiel: „Ist ein Mann in Brunnen g'fallen", „Unsre Katz hat Junge g'habt" oder der Anfang von „Alle meine Entchen".
Man kann das auch von c aus auf einem Klavier probieren!

Horchspiele am Radio oder mit Schallplatten: Gemeinsam mit Ihrem Kind hören Sie sich ein Musikstück an. Welche Instrumente sind herauszuhören? Wie heißen sie? Dabei hört das Kind, daß einige Instrumente ineinander verschmelzen, wieder andere klare Kontraste und Gegensätze bilden.
Beobachten Sie gemeinsam eine Fernsehsendung, in der ein Orchester spielt. Hier gibt es viel zu hören, zu sehen und zu erklären. Wie heißen die Instrumente?

Beim Instrumentenbauer oder im Musikladen kann man darum bitten, in die Werkstatt gehen zu dürfen. Ihr Kind sieht die halbfertigen oder neuen Instrumente und kann sich einzelne Dinge genauer anschauen.

Beobachten Sie mit ihm die **Musikkapelle** auf dem Kinderfest ganz aus der Nähe. Lassen Sie es während der Pause die Musiker fragen, ob es auch einmal spielen darf. So kann es sich ohne Scheu Informationen über Instrumente der Erwachsenen holen.

Atem-, Sprech- und Liederspiele

Im Umgang mit Stimme und Sprache hat das Kind nun bereits eine gewisse Virtuosität entwickelt. Interessiert und bereitwillig geht es auf Spielangebote ein, die seine vorhandenen Fähigkeiten herausfordern und weiterführen. Es gilt aber vor allem, seine Lust am Singen, am Phantasieren und musikalischen Gestalten zu erhalten. Deshalb muß jedes Kind immer mitsingen und mitspielen können, auch wenn es noch nicht imstande ist, richtig zu singen. Was nicht ist, kann werden. Die Chancen dazu sind am günstigsten, wenn der Erwachsene wertende, vor allem abwertende Bemerkungen unterläßt und sich um eine positiv gestimmte Spielatmosphäre bemüht.

Atem-Spiele: Ab und zu kann man versuchen, dem Kind etwas so Alltägliches und Lebensnotwendiges wie das Atmen bewußt zu machen und es spielerisch erleben zu lassen: Gemeinsam mit anderen Kindern pustet es Garnrollen oder Tennisbälle um die Wette.
Eine Kerze wird so angeblasen, daß sie nicht erlischt. Danach soll sie durch kurzes, kräftiges Blasen ausgepustet werden.
Das Kind liegt am Boden, wölbt beim Einatmen den Bauch und beobachtet, wie sich ein Buch auf seinem Bauch auf- und abbewegt.

Sprechspiele mit Versen: Ein Vers oder Liedtext wird musikalisches Spielmaterial: durch Betonen oder Hervorheben von Vokalen oder Konsonanten, durch Sprechen in verschiedenen Tonhöhen, durch betont rhythmisches Sprechen oder eine Rhythmus-Änderung. Man kann lustig, neckend oder brummend sprechen.

Spiel mit der eigenen Stimme: Das Kind sagt seinen Namen, es beschreibt ein Bild oder erzählt eine Geschichte aus dem Bilderbuch, und zwar in das Mikrophon eines Bandgerätes. Ob es sich beim Anhören der Aufnahme wiedererkennt?

Singspiele mit Liedern: Blinzeln. Eine Gruppe von Kindern singt gemeinsam ein Lied. Sobald ein Kind einem anderen zublinzelt, sind alle übrigen still und lassen die beiden eine zeitlang allein weitersingen.
Während ein Lied vorgesungen oder -gespielt wird, tanzen die Kinder dazu. Sobald die Musik abbricht, stehen sie still und singen die Melodie leise weiter.
Wörter oder Buchstaben werden aus Liedern ausgelassen, zum Beispiel: „Mein Hut, der hat drei Ecken" oder „Auf der Mauer,

 5-7

auf der Lauer". Dasselbe kann man natürlich auch mit anderen kurzen Liedern machen.

Lieder mit vielen Strophen, die möglichst nur aus einem Satz bestehen sollten, eignen sich gut zum Weiterdichten, zum Beispiel: „Ein Bauer fuhr ins Heu", „Ein Schneider fing 'ne Maus" oder „Rundadinella".

Wir singen wie die Kuh, rundarundamuhmuh,
und kauen immerzu, rundamuhmuhmuh.

Wir singen wie die Katzen, rundarundamiau,
und heben unsere Tatzen, rundamiaumiau.

Nun quietschen wir ganz leise quie-quie-quie-quie-quie,
wie tausend kleine Mäuse, quiequiequiequie.

Wir singen nur zu dritt, rundadinella,
die ... singt nicht mit, igittigittigitt.

Und so weiter, das Lied läßt sich endlos fortsetzen.

Musikalische Rollenspiele: Zwei Kinder oder zwei Kasperfiguren unterhalten sich singend miteinander. Das eine fragt, das andere antwortet. Dasselbe spielen sie danach mit Klopfzeichen oder in der Trommelsprache.
Gespielte Lieder werden vom Zuschauer erraten (Scharade).
Lieder wie „Vogelhochzeit" oder „Auf der schwäb'schen Eisenbahne" eignen sich für gesungene Spielszenen. Dabei können sie von einer Instrumentalgruppe musikalisch umrahmt werden. Meist reichen die Strophen für das Spiel nicht aus, so daß sich die Kinder welche dazudichten müssen.

Pantomimisches Tanzspiel: Nach dem ersten Anhören eines Musikstückes erzählen sich die Kinder gegenseitig, was sie herausgehört haben: Einen Naturvorgang (Schneeflocken, Bäume im Wind, Nebel) oder eine Geschichte? Anschließend versuchen sie, die Idee, die ihnen am besten gefällt, mit verteilten Rollen zur Musik zu tanzen.

Der Anfang einer Geschichte oder ein paar unzusammenhängende Wörter können im Kind den Impuls auslösen, eine Geschichte weiterzuführen oder zu erfinden. Mehrere Kinder malen gemeinsam eine solche Geschichte, die sie dann anschließend mit verteilten Rollen spielen. Die einzelnen Szenen werden auf einer langen Tapetenrolle festgehalten und bilden den Spielplan. Gesang und der Einsatz von Instrumenten lassen so ein kleines Musiktheater entstehen.

Tanz- und Bewegungsspiele

Sich Bewegen und Tanzen sind Urbedürfnisse eines jeden Kindes. Beim Tanzen nach Musik, in Bewegungs- und Reaktionsspielen kann das Kind viel über das Wesen der Musik erfahren. Das Kind wird versuchen, Musik in Bewegung auszudrücken und umzusetzen. Aber auch Eigeninitiative, lockeres, ungehemmtes Aussichheraustreten und das Sicheinfügen in eine Gruppe nach bestimmten Regeln können gefördert und entwickelt werden.

Tanzspiele nach Musik von Radio und Schallplatte: Hier sei, wie bei den Kindern der vorangegangenen Altersstufen, das freie Tanzen nach Musik von Radio oder Schallplatten erwähnt. Maskiert, verkleidet, in großen Papiertüten oder mit anderen als Riesentier unter einem Tuch macht dies allen Kindern sehr viel Spaß. Versuchen Sie, das Riesentier zu zähmen! Sobald Sie die Musik ausdrehen, muß es stillstehen. Wird die Musik leise, schleicht es behutsam, und bei großer Lautstärke trampelt es wild durch den Raum.

Zirkusspiel: Die einzelnen Rollen werden verteilt: Tiere, Akrobaten, Clowns, Musikanten. Auf ein Klangzeichen wechseln Spieler und Musikanten.
Variation: Die Bewegungsspiele einzelner Kinder lösen sich auf ein Zeichen mit denen der Gruppe ab.

Reaktionsspiele: Alle Kinder bewegen sich zu den dunklen Klängen eines Instruments frei im Raum; sobald Musik von einem hellen Instrument erklingt, treffen sie sich in der Mitte und agieren als Gruppe (Körperkontakt)!
Zwei Instrumente, hell und dunkel, bestimmen die Bewegungen zweier Gruppen. Beim Klang des hellen tanzt die „helle"

 5-7

Gruppe, beim Klang des dunklen Instruments bewegt sich die „dunkle" Gruppe. Dabei kann man zwischen Vorwärts- und Rückwärtsgehen, sich Ducken und sich Strecken abwechseln.

Eisenbahnspiel: Fließende Übergänge von langsamen zu schnellen Tempi sollen spontan in Bewegung umgesetzt werden. Verschiedene Züge, dargestellt durch verschiedene Instrumente, starten gleichzeitig oder nacheinander.

Kreisspiel: Kinder stehen im Kreis und singen ein Lied. Ein einzelnes Kind läuft außen herum und tippt bei einem musikalischen Einschnitt (Phrase, Zeile) ein anderes an, das nun auch mit ihm um den Kreis läuft. Immer mehr Kinder werden in die Bewegung miteinbezogen, bis am Ende des Liedes alle wieder stillstehen.
Ein Lied in einfacher Liedform (A - B - A) wird gesungen. Z. B. „Summ, summ, summ, Bienchen summ herum":
A = Summ, summ ...
B = Ei, wir tun dir nichts zuleide ...
A = Summ, summ ...
Teil A, also der Anfang und Schluß des Liedes, wird gemeinsam von allen Kindern getanzt, während Teil B von einem Kind allein in der Bewegung gestaltet wird.

Vöglein und Jäger Worte und Weise: volkstümlich

2. Ei, ei, mein lieber Jäger,
   da habt ihr euch geirrt.
   Es war ein andres Vöglein,
   das kam dahergeschwirrt.

Die Kinder, welche die Vöglein darstellen, bilden einen Kreis. Im Kreis steht der Jäger mit verbundenen Augen, während die Vöglein die erste Strophe singen. Dann faßt er ein Vöglein und fragt: „Vöglein, wie piepst du?" Das Vöglein antwortet mit verstellter Stimme: „Piep". Errät der Jäger den Namen, so wird das Vöglein Jäger. Andernfalls wird die zweite Strophe so oft gesungen, bis das Vöglein erkannt ist.

Bewegungsspiel nach Musik: Man bewegt sich frei im Raum zur Musik. Auf ein vorher abgesprochenes Klangzeichen soll mit entsprechenden Bewegungen reagiert werden, zum Beispiel Klang einer Zimbel: hocken, Schläge auf der Pauke: stampfen.

Rirarutsch

2. Rirariten! Wir fahren mit dem Schlitten.
   Wir fahren übern tiefen See,
   da bricht der Schlitten ein, o weh!
   Rirariten! Da liegt im See der Schlitten.

3. Riraromnibus! Wir fahren mit dem Omnibus.
   Der Kutscher schläft. Da macht es bumm!
   Da fällt der alte Kasten um.
   Riraromnibus! Da liegt der dumme Omnibus.

4. Riraruß! Jetzt gehn wir fein zu Fuß.
   Da bricht uns auch kein Schimmelbein,
   da bricht uns auch kein Schlitten ein.
   Riraruß! Fällt um kein Omnibus.

Je zwei Kinder stellen sich miteinander auf und reichen sich über Kreuz die Hände. Sie hüpfen voran und stoßen und ziehen dabei die Arme im Takt hin und her und drehen sich zum Schluß mit einem Ruck herum.

Lassen Sie die Kinder weitere Strophen erfinden.

5-7

Spiegelspiel: Das Kind sucht sich ein Gegenüber, das sein Spiegel sein soll. Sein Spiegelbild macht jede seiner Bewegungen nach. Nachher werden die Rollen vertauscht.
Dann versuchen beide Partner, immer das Gegenteil von dem zu machen, was gerade vorgespielt wurde. Auch hier: Rollentausch. Auf ein Klangzeichen wechseln sich Nachahmen und Kontrastbewegungen ab, wobei jede Phase genügend lang sein sollte. Dies kann später zu einem musikalischen Reaktionsspiel auf Instrumenten werden: schnell - langsam, hoch - tief, hart - weich, kurz - lang ...

Jagen und Fangen: Lieder sind uralte und beliebte Bewegungsspiele, die sich unabhängig von einem Instrument sehr gut im Freien spielen lassen. Stimme und Sprache werden dabei gebraucht und geübt, Augen und Ohren offengehalten, damit man richtig reagieren kann. Beispiele: „Plumpsack dreh dich nicht um ..." „Das Karussell" „Das wilde Tier":

Das wilde Tier

{ Wir wolln einmal spa-zie-ren gehn in ei-nem schönen Garten.
  Wenn nur das wilde Tier nicht käm. Wir wolln nicht lange warten. }

Um eins kommts nicht, um elf, da pochts, um zwölf, da kommts.
    zwei kommts nicht, um
    drei kommts nicht, um
    vier kommts nicht, um
    fünf kommts nicht, um
    sechs kommts nicht, um
    siebn kommts nicht, um
    acht kommts nicht, um
    neun kommts nicht, um
    zehn kommts nicht, um

Die Kinder gehen paarweise spazieren. In einem Versteck lauert das wilde Tier. Um zwölf Uhr springt es hervor und fängt sich ein Opfer, das dann die Rolle des wilden Tiers übernimmt.

Bildnerisches Gestalten

5-7

Mit Eintritt in das Schulalter erweitert sich der Umkreis des Kindes, verändert sich sein Tageslauf, erwachsen ihm neue Pflichten und Aufgaben, aber auch neue Möglichkeiten. Das bildnerische Mitteilungsbedürfnis erhält reichlich Nahrung: Viele neue Eindrücke gibt es festzuhalten und neue Erlebnisse zu verarbeiten. So erweitert sich mit dem Erfahrungsraum auch der Reichtum der Bildsprache. Aus den anekdotischen Einzeldarstellungen von Blume - Baum - Sonne - Hund und Haus werden allmählich Situationsschilderungen mit erzählendem Charakter. Die Gegenstände mehren sich und treten zueinander in Beziehung. Gleichzeitig mit der Ausweitung des Erzählerischen sucht sich das Mitteilungsbedürfnis an neuen Materialien und Techniken zu erproben. Dabei bilden die Absicht zu einer bestimmten Mitteilung und der spielerische Umgang mit dem Material keine Gegensätze, sondern Spannungspole lebendigen Gestaltens. Das Kind soll seine Möglichkeiten in beiden Richtungen erweitern.

5-7

Wodurch Sie helfen können:
Beobachtung, Phantasie und Mitteilung anregen.
Achten Sie darauf, was das Kind Neues erlebt hat und erzählt. („Meine Nachbarin in der Schule hat ein neues Kleid!")
Fordern Sie zum genauen Beobachten auf! („Schau das nächste Mal genau hin, wie das Blumenmuster am Rocksaum aussieht!") Regen Sie zur bildhaften Darstellung an. („Das interessiert mich. Zeichne es doch mal auf!")
Fördern Sie die frei schweifende Phantasie. („Was ist ein Schnurchelschwups? Wie könnte der aussehen? – Wo lebt er? – Was frißt er? – Vielleicht lutscht er Bonbons aus Seife, wohnt in einem Joghurtbecher, hat einen Zylinderhut auf dem Kopf und kann fliegen. Seine Freunde heißen Watschelbimse und Klekkerquampe. „Versuche, sie dir vorzustellen. Male mir ein Bild davon!") Material bereitstellen.
Neben den vertrauten und bewährten Gestaltungsmitteln sollte das Kind von Zeit zu Zeit mit neuen Materialien Bekanntschaft machen können, die es auf seine Verwendbarkeit untersuchen und bildnerisch erproben kann. (Z. B. Kartoffeln, Konfetti, Kerzenwachs, Seidenpapier usw.)
Denken Sie auch daran, daß das lange Stillsitzen auf der Schulbank nach körperlichem Bewegungsausgleich verlangt. Deshalb sind großformatige Malflächen nach wie vor wichtig! Tapetenreste und Packpapier in Rollen auf Vorrat halten.

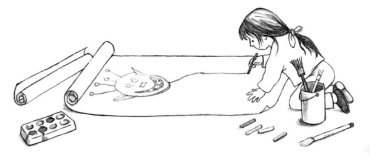

Zeichnen und Malen

Für das fünfjährige Kind, das bald zur Schule kommt, ist das Schule-Spielen von großer Bedeutung. Damit bereitet es sich auf seine Rolle vor, an die es große Erwartungen knüpft. In die Rahmenhandlung „Schule" können eigentlich alle bildnerischen Tätigkeiten eingebettet werden, an denen sich das Kind erproben kann. Allerdings braucht es für das Spiel einen Spielpartner, der die „Lehrerin" vorstellt oder – im Rollentausch – das Schulkind. Ist kein Freund oder keine Freundin in der Nähe, müssen Vater oder Mutter oder Geschwister einspringen.

Malen mit bunten Tafelkreiden
Material: Große Tafel oder Sperrholzplatte mit rauher Oberfläche oder große Bögen rauhes Packpapier, die an der Wand befestigt werden. Ein Sortiment farbiger Tafelkreiden.
Eine „Lehrerin" stellt das jeweilige Thema für die bunte Tafelmalerei, oder aber das Kind erklärt als Lehrerin dem Schüler durch eine Tafelzeichnung etwas, was es beobachtet hat – oder erzählt in Bildern eine Phantasiegeschichte. An das Malen auf

der Tafel können verschiedene Bedingungen geknüpft werden: Nur mit einer Farbe malen – nur in Linien zeichnen, mit zwei Farbkreiden mit beiden Händen gleichzeitig zeichnen.

Mit weißer Kreide den Umriß vorzeichnen und mit den bunten Farben die umrissenen Felder gleichmäßig ausmalen – die umrissenen Felder mit farbigen Strichlagen tönen. Anregungen: Das Schulkind mit Zuckertüte und Schulranzen auf dem Weg zur Schule – So sieht meine Lehrerin aus – Wir malen eine große Wunderblume – Das Schulhaus – Das Schulkind liest in einem Buch – Meine Banknachbarin usw.

5–7

Malen mit Wachskreiden
Material: Ein Sortiment bunter Wachskreiden, möglichst mit bruchsicherer Plastikhülle, weißes oder farbiges dickeres Papier, nicht kleiner als DIN A 5 (Heftformat).

Wachskreiden entwickeln eine intensive, satte Leuchtkraft, wenn man sie fest auf Papier reibt. Kinder empfinden es als besonders angenehm, daß die Wachsstifte so leicht über das Papier gleiten. Das spornt zu lebhafter Arbeit an. Farben lassen sich in mehreren Schichten übereinander legen. Farbmischungen entstehen, wenn hellere Farben über dunklere gelegt werden.

Geisterbilder: Mit einer sehr hellen Farbe (Weiß, Gelb, Hellblau) wird ein „Geist" auf den hellen Papiergrund gezeichnet. Dabei müssen die Wachsschichten gut auf das Papier gerieben werden, um einen möglichst geschlossenen Farbüberzug zu schaffen. Hernach wird das ganze Blatt mit einer dunklen Wachsfarbe (Schwarz, Dunkelblau) gleichmäßig und dicht überzogen. Fährt man dann mit einem Blechschaber über das Blatt, lösen sich die dunklen Farben wieder von der Wachszeichnung, und der „Geist" erscheint in der Nacht. Ein ähnlicher Effekt wird erzielt, wenn die wachsbleichen Gespenster mit schwarzer Tusche, mit Tinte oder dunkler Wasserfarbe überzogen werden. Die Flüssigkeit perlt von der Wachsuntermalung ab.

Papierbatik mit Klebstoff
Material: Klebstoff, dünneres Zeichenpapier oder Schreibmaschinenpapier, Pinsel, dunkle Wasserfarbe, Tinte oder Tusche.
Die Zeichnung wird direkt aus der Klebstofftube auf das Blatt geschrieben. Nach dem Trocknen das ganze Papier mit wäßriger dunkler Farbe tränken. Hell leuchtet der Uhu in der Nacht.
Weitere Themen: Der Schneemann im Flockenwirbel - Der große Fisch mit seinen Kindern - Das Hexenhaus von Hänsel und Gretel.
Für die Papierbatik eignet sich auch farbiges Papier als Untergrund.

Farbe lebt (Naß-in-Naß-Malerei)
Material: Ein feiner Haarpinsel, ein Malkasten, ein Bogen weißes Papier, ein Becher mit Wasser und ein Tusch- oder Wischlappen.
Auf das Papier wird ein etwa fünfmarkstückgroßer Wasserfleck mit dem Pinsel aufgetragen, aber nicht so, daß das Wasser darauf „steht"! Dann wird mit dem Pinsel aus einem Farbnäpfchen mit möglichst wenig Wasser Farbe aufgenommen (dunkles Blau), damit sich die feine Pinselspitze schließt. Das kann beim ersten Mal die Mutter vormachen; dann nimmt das Kind den Pinsel selber in die Hand, führt ihn leise und vorsichtig an den äußersten Rand des nassen Flecks, bis seine Spitze ihn berührt. Sofort schießt die blaue Farbe wie eine Leuchtrakete in die nasse Zone ein und breitet sich strahlenförmig aus. Die Farbe ist lebendig! - Eine elementare Erfahrung. Ist die Entdeckerfreude

geweckt, kann der Versuch mit anderen Farben fortgesetzt werden. Aber: Pinsel vorher immer sorgfältig im Wasser auswaschen, nur wenig Farbflüssigkeit im Pinsel lassen, nur reine Farben nehmen, nicht im Malkasten mischen.

Was passiert, wenn von der einen Seite Blau und von der gegenüberliegenden Gelb an den Fleck geführt wird? Nach diesem Versuch können Sie Ihr Kind getrost allein lassen und höchstens für Nachschub an Papier und frischem Wasser sorgen.

Anwendung auf ein figürliches Thema: Das Märchen von der Regentrude vorlesen. Danach kann das Kind auf durchgefeuchtetem Papier die große Wasserhexe malen.

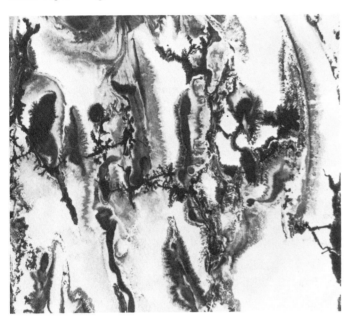

Lebendige Buchstaben (Zeichnung mit der Schreibfeder): Kinder zeichnen schon vor dem Schreibenlernen gerne mit einer Schreibfeder. Dabei entwickeln sich aus Linien, Punkten, Figuren und Bildern fast von allein erste Buchstabenformen. Umgekehrt werden die neu entdeckten geheimnisvollen Buchstaben vom Kind selbst als lebendige, sprechende Figuren erlebt, die dann häufig in seinen Bildern als handelnde Person auftreten. Kinder brauchen oft nur einen Anstoß, dann fallen ihnen umfangreiche Bildgeschichten ein:

Das lange dünne I und das runde dicke O gehen auf die Wanderschaft. Was erleben sie alles?

Die Familie der spitzigen Buchstaben besucht ihre runden Verwandten. Wer gehört zu welcher Familie?

Das S ist eine Schlange und beißt das große A.

Zwei Geschwister, das kleine n und das kleine m, suchen unter einem großen T Schutz vor dem Regen.

Geht das Kind schon recht sicher mit dem Alphabet um, so können die einzelnen Buchstaben als Elemente der Zeichnung benutzt werden, aus denen sich durch Aneinander- und Aufeinanderfügen neue Figuren entwickeln lassen wie einzelne Häuser oder eine ganze Stadt, Fahrzeuge (Autos, Schiffe, Fahrräder, Eisenbahnen), Menschen, Fabelwesen, Roboter etc.

5-7

Kleben

Sand- und Konfettibilder

Material: Größere Bögen starkes Papier, Packpapier oder Tapete, Kleister oder Leim oder Kunstharzkleber, Pinsel, Konfetti oder feiner Sand (Vogelsand, Schweißsand gesiebt aus dem Sandkasten).

Mit Leim oder flüssigem Klebstoff wird eine nicht zu kleine Zeichnung auf das Papier „aufgepinselt". Konfetti oder Sand darüber streuen und ruhen lassen, bis der Klebstoff trocken ist, Papierfläche vorsichtig abpusten.

Der Kleber muß so dickflüssig auf dem Papier stehen, daß er möglichst viele Streusel binden und festhalten kann. Auf ganz hellem oder ganz dunklem Papier hebt sich das Sandmännchen am besten ab. (Vielleicht die Papierbögen vorher farbig grundieren und trocknen lassen.)

Bilder aus farbigem Seidenpapier

Material: Verschiedene farbige Seidenpapiere, Klebstoff, ein stärkerer Papierbogen (Tonpapier) als Bildträger (ab DIN A4).

Aus den bunten Seidenpapierbögen werden kleinere und größere Fetzen gerissen, auf dem Bildträger zu einer Figur, einer Blume, einem Segelschiff usw. geordnet und mit einigen Tupfen Klebstoff befestigt. Durch Übereinanderschichten lassen sich die Farben der durchsichtigen Papiere mischen. Auf dunklem Untergrund (z. B. schwarzem Tonpapier) leuchten die zarten Farben besonders duftig. Wird das Seidenpapier zu lockeren Ballen geknüllt, so lassen sich plastische Wirkungen erzielen.

Die Tüte für den Schulanfang: Die Mutter kauft eine „rohe" Schultüte und überzieht sie mit Tonpapier (Klebstoff: Tapetenkleister). Dann darf der ABC-Schütze die Tüte mit Seidenpapier selbst fertig gestalten. Sie wird oben mit farbigem Kreppapier zugebunden und mit einer großen Schleife geschmückt.

5–7

Fingerpüppchen
Material: Stärkeres weißes Zeichenpapier oder dünner Karton in hellen Farben (Aktendeckel), bunte Filzschreiber, Bleistift, Schere, Klebstoff.
Das Kind zeichnet und malt Köpfe und Hände von verschiedenen Figuren (Kasperl und Teufel, Vater und Mutter, Hänsel und Gretel, sich selbst und seine Spielkameraden usw.). Alle Teile sitzen auf einer Lasche und werden ausgeschnitten. Die Laschenenden werden um die Spielfinger zu einem Ring gebogen und zusammengeklebt. Am Zeigefinger steckt der Kopf; Daumen und Mittelfinger tragen je eine Hand. Klappt es das erste Mal mit den Größenverhältnissen der Teile nicht, ist schnell ein neuer Kopf, eine neue Hand gezeichnet und ausgeschnitten. Ein Kind = 2 Spielfiguren; zwei Spieler reichen für ein abendfüllendes Schauspiel. Die Bühne ist die Tischkante, Vorhang ist überflüssig! Spielanlässe sind so zahlreich wie die Erlebnisse des Kindes, die im Spiel wiederholt, zusammengefaßt und damit verarbeitet werden können.

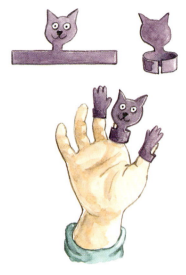

Drucken

Drucken mit Kartoffelstempeln
Material: Papierbögen, einige rohe Kartoffeln, Deckfarben, Wasser, Pinsel, Küchenmesser.
Mit dem Messer wird die Kartoffel in handliche Stücke zerteilt. Die Schnittflächen werden mit Wasserfarbe eingefärbt und auf dem Papier abgedruckt. Werden die Stempel in unterschiedlichen Grundformen geschnitten (Quadrate, Rechtecke, Halbkreise, wie bei den Bauklötzen), lassen sich durch Aneinanderfügen der Abdrücke Bauwerke, Eisenbahnen mit vielen Waggons, Brücken, Autos, Dampfschiffe, Roboter drucken.
Färbt das Kind die Kartoffelstempel mit Stoffdruckfarbe ein, so kann es sich Taschen- und Halstücher selber bunt bedrucken.

5-7

Formen

Kartoffelmann

Material: Drei rohe Kartoffeln, eine große und zwei kleinere, möglichst knollige Exemplare, ein Messer, mehrere Zahnstocher, Stecknadeln.

Die erste kleine Kartoffel liefert die Schuhe und Hände: Oben und unten werden die Kappen der Kartoffel so abgeschnitten, daß in der Mitte noch eine dickere Scheibe übrigbleibt. Aus ihr entstehen die beiden Handflächen. Die Kappen dienen als Pantoffeln mit den Schnittflächen als Sohlen. Die zweite kleine Kartoffel, die knubbeligste, wird der Kopf, mit den „Augen" als Augen und einer Knolle als Nase. Der Mund entsteht durch Kerbschnitte. Die dritte und größte Kartoffel wird der dicke Bauch. Die Zahnstocher verbinden als Hals, Arme und Beine die einzelnen Teile.

Je größer die Plattfüße und je kleiner der Kopf, um so sicherer steht der Kartoffelmann. Sind die Augen zu undeutlich, drückt man Reißnägel ein. Mit Wollfäden, Stoffresten und Papier läßt sich die Kleidung nach Wunsch vervollständigen und mit Stecknadeln befestigen.

Vorsicht! Der Kerl hat feuchte Füße und sollte deshalb nicht direkt auf der Tischdecke, sondern auf einem Untersetzer (Bierdeckel) stehen.

Statt Kartoffeln kann man auch Rüben verschiedener Form und Farbe nehmen. Sind im Herbst Kastanien zur Hand, werden diese natürlich bevorzugt. Nur sollten hier Vater und Mutter beim Schneiden helfen!

Zu Weihnachten wird ein „Zwetschgenmanderl" gebaut. Für das weiche Dörrobst genügen Zahnstocher als Verbindungen nicht. Man muß ein Drahtgerüst anfertigen, damit die Figur genügend Halt hat.

Steinerne Figuren

Material: Kieselsteine unterschiedlicher Größe, Form und Farbe, starker Klebstoff (Zwei-Komponenten-Kleber). Eventuell Pinsel und Farben.

Auf einem Spaziergang am Wasser werden die Kieselsteine gesammelt und zu Hause zu größeren Gebilden zusammengefügt, die den Kartoffel- und Kastanienmännern ähnlich sind. Ein starker Klebstoff sorgt für eine feste Verbindung der Kieselsteine, die mit Ton oder Plastilin abzustützen sind, bis der Klebstoff ausgehärtet ist.

Wer Lust hat, kann danach seine Steinfigur noch bemalen.

Gipsrelief aus der Sandform

Material: Feiner Schweißsand aus dem Sandkasten, vom Badestrand oder Vogelsand, ein Plastikeimer, Wasser, Gips.

Zuerst wird der Sand glattgestrichen, damit eine ebene Fläche entsteht. Dann zeichnet man mit dem Finger eine Figur in die geglättete Fläche hinein und achtet dabei auf klare Konturen.

Um die Zeichnung herum wird nun ein kleiner Wall errichtet, damit man übersehen kann, wie groß das Relief werden soll. Den Eimer mit Wasser füllen und vorsichtig Gips einrühren.

Hat der Gips die Dicke eines Pfannkuchenteigs erreicht, wird er behutsam auf die Sandzeichnung gegossen. Der Sandwall ver-

hindert das Abfließen des Gipsbreies, der nun gut zwei Finger dick aufgetragen werden kann. Jetzt darf der Gips längere Zeit nicht mehr gestört werden, bis er ganz hart geworden ist.
Dann wird die Gipsplatte aus dem Sand gehoben, und, wenn erforderlich, leicht abgebürstet. Die Zeichnung steht erhaben vor der Grundfläche.

Gipsrelief aus der Plastilinform
Material: Plastilin, ein Pappstreifen (ca. 4 cm breit), spitzer Bleistift, spitzes Hölzchen, Näh- oder Stricknadel, Materialien für den Gipsguß wie oben.
Das Plastilin wird durch Kneten erwärmt, zu einer Kugel gerollt und auf einem Brettchen plattgeklopft. In die glatte Oberfläche ritzt das Kind mit Bleistift, Hölzchen oder Nadel eine schöne Zeichnung. Der Pappstreifen wird aufrecht in das Plastilin gesteckt und umschließt die Zeichnung als dichte Mauer. Das so entstandene Förmchen wird mit Gips ausgegossen.
Damit im Gips-Positiv keine störenden Luftblasen eingeschlossen werden: gleich nach dem Ausgießen der Form das Brettchen leicht schütteln oder beklopfen. Ist der Gips erkaltet und fest, kann das Bild herausgehoben werden. Die plastische Wirkung der Zeichnung verstärkt sich, wenn die trockene Oberfläche mit Schuhcreme, Schellack oder Wasserfarbe getönt und nach dem Einziehen vorsichtig mit einem weichen Lappen wieder leicht abgerieben wird.

Relief auf Metallfolie (Metall-Drückarbeit)
Material: Dünne Metallfolie, Kugelschreiber, dicke Pappe als Unterlage.
Die Folie wird auf die Pappunterlage gelegt. Nun zeichnet das Kind mit dem Kugelschreiber langsam und mit sanftem Druck ein Bild auf die Folie. Die Linien graben sich als Rillen in das leicht verformbare Metall ein. Ist die Zeichnung fertig, wird die Folie umgedreht. Auf der Vorderseite steht die Zeichnung jetzt als plastisches Relief.

 5-7

Nicht die gesamte Fläche mit dem Kugelschreiber bearbeiten. Glatte und gemusterte Stellen sollen sich abwechseln.
Vorsicht! Nicht zu stark drücken, sonst reißt die Folie ein.
Was das Kind zeichnen kann: Auto - Blume - Apfelbaum - Knusperhäuschen - Brautpaar - Indianer - Dampflokomotive - Schiff auf welligem Wasser - usw.

Gipsguß: Ist das Relief besonders schön geworden, so kann es im Gipsguß vervielfältigt werden. Dazu wird die Rückseite der Folie als Gießform verwendet (siehe dazu „Gipsrelief aus der Plastilinform").

Nadelstich-Technik
Material: Dickes Packpapier, dunkles Tonpapier oder dünner Aktenkarton, Stricknadel oder langer Nagel. Als Unterlage ein altes, aber festes Kissen.
Das Kind fertigt zunächst mit Bleistift eine einfache Umrißzeichnung auf dem Karton, legt ihn dann auf das Kissen und sticht in nicht zu engen Abständen, der Zeichnung folgend, Löcher mit der Stricknadel ein. Die Lochzeichnung entfaltet ihre volle Wirkung im Gegenlicht, vor ein Fenster gehängt - oder als Lampenschirm im Kinderzimmer. Je dunkler und lichtundurchlässiger der Karton ist, desto besser heben sich die Lichtpunkte vom Untergrund ab. Die Nadelstich-Zeichnung kann auch mit farbigem Transparentpapier hinterklebt werden (siehe auch Seite 310).

Schauen

Mit Kindern im Museum: Manchmal gibt es im Rahmen einer Museumspädagogik spezielle Kinderprogramme. Erkundigen Sie sich, ob das Museum für Kinder spezielle Führungen veranstaltet und vielleicht gar eine Kindermalschule angegliedert hat. Wenn ja, nützen Sie das Angebot.
Wählen Sie in dem Museum einen überschaubaren Bereich aus, der die Kinder interessiert (Völker- und Heimatkunde: Indianer, Neger, Eskimos, Bauern, Seefahrer und Ritter. Kunst: Plastiken und Bilder mit erzählendem Inhalt). Denken Sie sich eine Geschichte aus, in welcher ein Gegenstand (z. B. Indianerpfeil) oder ein Inhalt (z. B. ein Gemälde mit biblischen Darstellungen) die Hauptrolle spielt. Diese Geschichte wird zur Vorbereitung auf den Museumsbesuch erzählt, weckt die Neugier und gibt einen Anknüpfungspunkt für weitere Entdeckungen im Museum.
Stellen Sie Ihr Kind dem Aufseher oder dem Museumspädagogen vor und nehmen Sie dem Kind die Scheu vor der Uniform und Autoritäten. Hat das Kind Vertrauen gefaßt, dann hat es auch den Mut, das Museumspersonal zu fragen, wenn es etwas Bestimmtes wissen will. Ältere Kinder kann der Wärter gleich über die technischen Sicherheitseinrichtungen aufklären und ihren Sinn erläutern. So wird manch unverständliches Verbot zu einer neuen Erfahrung.
Begrenzen Sie den Besuch auf etwa eine Stunde. Bleiben Sie stehen, wenn das Kind stehenbleibt, etwas entdeckt hat, etwas zeigen, etwas fragen will.

Denken Sie an den natürlichen Bewegungsdrang der Kinder und legen Sie, wenn nötig, eine Pause ein und gehen Sie ins Freie. Hat das Museum einen Skulpturengarten mit Großplastiken auf der Wiese, um so besser! Hier dürfen die Kinder nicht nur schauen, sondern auch tasten, mit den Händen über rauhe und glatte Oberflächen streichen, eine Form wirklich erfassen und begreifen.

Lesen Sie dem Kind nicht lange Abschnitte aus Katalogen und gedruckten Museumsführern vor; die sind von Erwachsenen für Erwachsene geschrieben und enthalten wenig Informationen, die das Kind interessieren dürften. Das Kind lebt in der Gegenwart, ihm sind die Dinge zeitlich alle zunächst gleich nah, da es sie wirklich vor sich hat. Sprechen Sie mit dem Kind lieber ganz persönlich über die Gegenstände und Bilder. Knüpfen Sie an seine Erfahrung und seinen Erlebnisbereich an.

Wechseln Sie bei der Betrachtung öfter den Standort, und machen Sie einmal auf die Gesamtform oder das ganze Thema, einmal auf Einzelheiten aufmerksam.

Knüpfen Sie an das an, was das Kind schon weiß und kennt. Neues muß an Bekanntem festgemacht sein, um aufgenommen und verarbeitet zu werden. Geben Sie Ihrem Kind einen „**Forschungsauftrag**": „Ich sehe was, was du nicht siehst – und das ist rund, aus Holz und hat einen roten Rand." „Ich sehe auf

5-7

dem Bild einen kleinen Hund. Wo ist er?" „Wie viele Tiere findest du in diesem Raum abgebildet?" „Zeig mir drei Dinge aus Eisen!"

Das Kind wird bald auf immer kompliziertere Aufträge lauern! Kehren Sie das Spiel um und lassen Sie sich auch auf Forschungsreise schicken.

Festigen Sie das Museumserlebnis, indem Sie in späteren Gesprächen darauf zurückkommen. Geben Sie dem Kind Gelegenheit, seine Erlebnisse durch Zeichnen, Malen und Modellieren in eigener freier Gestaltung zu verarbeiten. Und: Lassen Sie es nicht bei einem Museumsbesuch bewenden.

Natur und Sachwelt

Das eigene Reich

Für diesen Bereich gilt auch, was schon im Kapitel 3–5 gesagt wurde. Der Schulanfang fällt in diese Altersgruppe. Deshalb braucht Ihr Kind jetzt einen Tisch als Schreibtisch, möglichst mit einer Schublade. Wenn sie kein Schloß hat, kann sie mit einem „Geheimschloß" gegen Übergriffe von Kleineren gesichert werden. Dazu bohren Sie ein enges Loch durch die Tischplatte bis in das Frontbrett der Schublade. Ein langer Nagel wird hineingesteckt, um die Schublade zu sperren. Eventuell kann er nur unter erschwerenden Bedingungen wie Magnet oder Pinzette wieder herausgezogen werden.
Auf dem Schreibtisch muß ein Gefäß für Blei- und Buntstifte stehen. Wenn sie weggeschlossen werden sollen, kommen sie in eine flache Schachtel, die in die Schublade paßt.
Es ist wichtig, daß Ihr Kind seine Ordnung und sein Handwerkszeug vor Unbefugten, etwa vor kleineren Geschwistern, schützen kann, sonst gerät es bald in Resignation und Chaos und damit in Langeweile, weil ihm nichts Lohnendes einfällt, das es ohne dieses Handwerkszeug tun könnte.
Lassen Sie Ihr Kind selbst sein Ordnungssystem entwerfen und mit selbstgemachten Etiketten festhalten, damit es nicht wieder vergißt, was wo hingehört.
Zum Schreibtisch gehört eine gute Lampe, am besten zum Anschrauben.
Schenken Sie Ihrem Kind von Zeit zu Zeit ein neues Plakat, auch von den Vögeln der Gegend oder den geschützten Pflanzen.
Am Türrahmen kann ein langes, festes Stück Papier hängen (wenn man nicht direkt auf den Rahmen schreiben will), auf dem die Körpergrößen der ganzen Familie eingetragen sind (einschließlich Hund, Katze und Goldfisch) mit Namen, Zentimetern und Datum. Denken Sie auch daran, das naturgroße Bildnis Ihres Kindes mit seiner Hilfe manchmal zu erneuern.

Spielereien mit Magneten, Licht und Farbe

Magnete sind für Kinder von klein auf etwas Faszinierendes. Sie können stundenlang beschäftigt sein, mit Magneten verschiedenster Form auszuprobieren, was an ihnen alles haften bleibt: Büroklammern, Schere, Türklinke, Nägel, Stecknadeln, Küchengeräte. Das Spiel mit dem Magnettheater kommt dem ebenfalls entgegen. Meist ist es allerdings für diese Altersgruppe eher der Erwachsene, der etwas vorführt.

Magnettheater: Sammeln oder kaufen Sie kleine flache Magneten. Hat man zwölf oder mehr, ist das Wichtigste fürs Magnettheater schon vorhanden. Das Theater entsteht aus einem flachen, festen Karton, in den Ihr Kind bequem die Hand stecken kann. Die Oberseite wird mit einem scharfen Messer so herausgeschnitten, daß ringsherum noch ein Rand bleibt. Diese Öffnung wird mit zähem Zeichenpapier wieder zugeklebt. Das ist der Bühnenboden. Darauf wird das eigentliche Theater aus einem weiteren Karton gebaut. Die Vorderwand muß sehr hoch sein, denn erstens muß der Papiervorhang dahinter hochgezogen werden können und zweitens steht der Theaterdirektor beim Spielen hinterm Theater und sollte etwas verborgen sein. Vor die Seitenwände klebt man schräge Pappstreifen, an die die Kulissen angeheftet werden können.

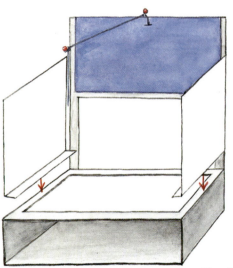 

Der Kern der Puppen ist ein Holzknebel mit Kugel, billig zu haben in Bastelgeschäften. Je nach der Größe des Theaters werden die Püppchen 4–7 cm hoch sein müssen. Der Knebel ist mit Zwei-Komponenten-Kleber auf die unmagnetische Seite des Magneten geklebt.
Auf die Holzkügelchen zeichnet man die Gesichter der Schauspieler, als Kleider genügen bunte Seiden- und Kreppapierumhüllungen. Das Püppchen wird in die Bühne gesetzt und von unten mit einem Magneten durch den papierenen Bühnenboden hindurch festgehalten. Bewegt man den unsichtbaren Führungsmagneten, rutscht es auf der Bühne mit. Es läßt sich sogar drehen. Rutschen die Puppen nicht gut, kann man das Papier mit ein wenig Talkum glatter machen.

Dann werden die Bühnenbilder entworfen, je fabelhafter, desto besser. Stets aus der Sicht des Zuschauers noch einmal überprüfen! Als Beleuchtung dient eine Gelenkarm-Schreibtischlampe.

5-7

Die Stücke entwickeln sich meistens während der Bastelei von selbst. Wenn nicht, nimmt man die bekannten und beliebten Geschichten als Vorbild. Besonders dankbar sind auch Szenen aus dem Leben der eigenen Familie. Dazu kann man statt eines selbstgezeichneten Bühnenbildes ein Pergamentpapier als Rückwand der Bühne nehmen und ein Diapositiv darauf projizieren.

Die Camera obscura oder Lochkamera: Sie ist eine Schachtel oder Konservendose, die an der einen Seite ein Loch hat und an der gegenüberliegenden Seite mit Pergamentpapier bespannt ist, auf das die durch das Loch fallenden Lichtstrahlen treffen. Das entstehende Bild kann man besser erkennen, wenn das Pergamentpapier von Dunkelheit umgeben ist. Bauen Sie die erste Camera obscura ganz primitiv, und finden Sie mit Ihrem Kind zusammen die besten Abmessungen und Lochgrößen heraus: ein kleines Loch gibt ein scharfes, lichtschwaches Bild, ein großes Loch ein helles, unscharfes. Wird eine Sammellinse vor das Loch gehalten, zum Beispiel eine Lupe oder eine Weitsichtigenbrille von der Großmutter, so wird das Bild auch bei großem Loch scharf.

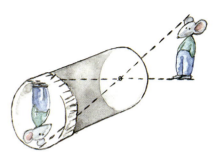

Man kann die Bilder viel besser erkennen, wenn man sie mit beiden Augen anschauen kann, die Camera also breit genug ist.

Das „Heimkino" oder Zootrop: Wenn Sie einen alten Schallplattenteller samt Achse haben, und sei es auch nur von einem ganz einfachen Kinderplattenspieler, so können Sie eine Schlitztrommel für lebendige Zeichnungen bauen.

Die Achse wird in einem kleinen, dicken Brett in einer Bohrung befestigt. Auf den Plattenteller kommt, genau Mitte auf Mitte, eine große, runde, hölzerne Käseschachtel, etwa 30 cm Durchmesser, oder eine Tortenschachtel oder Selbstgebasteltes. Dann kleben Sie einen langen, 15-20 cm breiten Streifen aus Zeichenkarton zu einem Rohr zusammen, das genau in die Käseschachtel paßt. Vorher markieren Sie, wie lang der Streifen sein muß und auch, wo die Sehschlitze ausgeschnitten werden sollen. Sie müssen **gleichmäßige** Abstände haben (6-7 cm), etwa 5 mm breit sein und unten anfangen, wo das Rohr aus der Käseschachtel herausschaut.

Nun werden die Schlitze ausgeschnitten, der Streifen zusammengeklebt und von außen mit Tusche schwarz angemalt. Setzen Sie ihn in die Käseschachtel ein: Der Apparat ist fertig.

Schneiden Sie sich einen Vorrat an Papierstreifen, auf die gezeichnet werden soll, und markieren Sie gleich die Bildabstände (innen in der Trommel ausprobieren). Zu jedem Schlitz gehört ein Bild.

Dann kann das Zeichnen losgehen. Man stellt sich einen einfachen Bewegungsablauf vor und zerlegt ihn in lauter kleine Momentaufnahmen. Was sich nicht bewegen soll, muß immer genau gleich gezeichnet werden. (Siehe S.180/181 unten) Dann legt man den fertigen Streifen unten in die Schlitztrommel ein und dreht sie: allgemeine Be- und Verwunderung. Die Zeichnung ist „lebendig" geworden.

5-7

Mit dem Schallplattenteller allein kann man auch spielen. Nimmt man die Schlitztrommel ab und legt statt dessen eine Pappe mit Loch und darauf ein weißes Papier mit Loch und läßt das Ganze drehen, dann kann man durch Antippen mit Filzschreibern „lebendige Linien" malen, möglichst in zwei oder drei leuchtenden Farben.

Wasserspiele in der Badewanne

Mit einer Flasche: Das ist ein bißchen Physik – probieren Sie alles aus, wenn Sie mit Ihrem Kind zusammen baden. Man braucht eine kleine, durchsichtige, harte Flasche und einen halben Meter Aquarienschlauch aus der Zoohandlung.
Flasche mit der Öffnung nach unten ganz ins Wasser tauchen, sie ist dann voll Luft.
Etwas herausheben und kaltes Wasser drüberlaufen lassen. Die Luft in der Flasche zieht sich zusammen, und das Wasser wird hochgezogen. Wenn man den Handballen an die Öffnung hält, kann man den Sog spüren.
Die Flasche wieder eintauchen, aber diesmal heißes Wasser drüberlaufen lassen. Die Luft wölbt sich aus der Flasche und entweicht in Blasen.

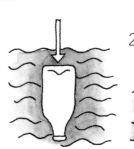

Flasche mit Wasser gefüllt ganz ins Wasser halten, mit der Öffnung nach unten. Mit dem Aquarienschlauch vorsichtig Luft einblasen, bis die Flasche schwebt. Kühles Wasser mit dem Schlauch um die Flasche herumfließen lassen: Sie wird sinken. Wird sie von wärmerem Wasser umspült, steigt sie wieder.
Mit dem Schlauch Wasserfontänen pusten, sich mit Luftblasen gegenseitig kitzeln.
Das Schwebespiel (für ein Kind, das noch ganz und gar in die Badewanne paßt): Die Badewanne ist halb gefüllt, das Kind liegt auf dem Rücken und stützt sich mit dem Ellenbogen ab, bis es nur noch auf den Ellenbogen schwebt. Wenn man ganz still hält und nur atmet, schaukelt man bei jedem Atemzug und spürt genau, wo die Luft im Körper gerade ist, ob mehr oben in der Brust oder im Bauch.

Wasserspiele in einer Schüssel

Von einer brennenden Kerze tropft Wachs in eine Schüssel mit Wasser und erstarrt zu schwimmenden Plättchen. Ihr Kind läßt Tropfen neben Tropfen fallen. So bilden sich Landschaften, Inseln, Häfen und Brücken.

Man kann auch zu zweit über einer Schüssel spielen, entweder einträchtig oder als Kampf: Wer hat zuerst das Papierschiffchen des anderen im Hafen eingeschlossen, durch Tropfen an Land festgeklebt, oder wer macht die größte Fläche und die wenigsten freischwimmenden Tropfen?

Fisch, Schwan oder Schiffchen mit Zahnpasta-, Kampfer- oder Ölmotor baut man so, wie es die Zeichnung zeigt. Der Trick: In die ausgeschnittene Öffnung der Papierscheibe tropft man einen Tropfen Öl oder setzt ein Stückchen Kampfer bzw. einen Klecks (schäumende) Zahnpasta ein. Solche Stoffe wollen sich auf der Wasseroberfläche ausdehnen, können das aber nur in einer Richtung durch den Spalt und schieben so den kleinen Gegenstand vor sich her. Kampfer muß man zwar erst kaufen, aber er treibt besonders lange und gleichmäßig.

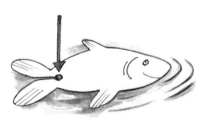

Wenn das Schiffchen nicht mehr recht vorwärts schwimmen will, muß man frisches Wasser nehmen.

Papierstreifen für ein Zootrop (S. 179)

Farb-Wettrennen: Wetten Sie mit Ihren Kindern, Sie könnten übereinandergemalte blaue und rote Filzstiftfarben in einer halben Stunde wieder trennen.

Dazu stülpen Sie eine möglichst große Kaffeefiltertüte über ein Wasserglas als Stütze in einen Suppenteller. Vorher haben Sie auf den Rand der Filtertüte einen blau-roten Fleck gemacht (nur wasserlösliche Farbe) und mit Bleistift umrandet. Daneben kommen noch andere Flecke aus Tinte, vermalbarem Stift, Nescafé, Maggiwürze, alle mit Bleistift umrandet. Dann wird etwas Wasser in den Suppenteller gegossen. Der Filter saugt das Wasser sofort an. Es steigt gleichmäßig höher und saugt die Farben aus ihren Bleistiftkringeln heraus. Bald sieht man, daß Rot schneller „läuft" als Blau, und nach einer halben Stunde hat Rot Blau ganz überholt. Gießen Sie das Wasser ab. Wenn der Filter getrocknet ist, können Sie die Farbflecken ausschneiden und haben damit die Wette gewonnen.

Zum spannenden Farbenrennen kann der rote Fleck auch unter dem blauen angebracht werden. Er wird den blauen einholen, überdecken und wieder aus ihm herauslaufen. Statt mit reinem Wasser kann man die Farben auch mit Prilwasser, Essigwasser oder Seifenwasser laufen lassen. Das Ergebnis wird jedesmal anders. Aber Achtung: Dieses Experiment müssen Sie unbe-

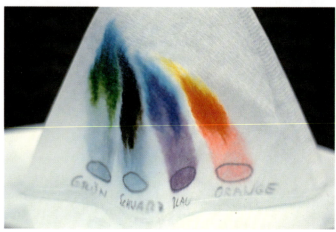

dingt vorher ausprobieren, denn die Farben der verschiedenen Filzstiftfabrikate reagieren nicht alle so wie hier beschrieben! Wenn das Wasser am oberen Rand des Filters angekommen ist, trocknet es weg. Die Farben können sich aber nicht verflüchtigen und bleiben im Papier. Läßt man die Filtertüte stehen, bis alles Wasser aufgesaugt und vertrocknet ist, dann sind die Farben dicht zusammen am oberen Rand versammelt.
Ob man Salz und Zucker auf diese Weise auch wieder trennen kann?
Unsere Fasermalfarbe Grün breitet sich nicht gleichmäßig, sondern eher baumartig mit dem Wasser nach oben aus. In einem solchen Fall könnten Sie zuerst eine kleine Waldszene mit Bleistift unten auf den Rand des Filters zeichnen und ganz mit Grün übermalen. Den Platz für das Lagerfeuer halten Sie frei, er bekommt einen orangenen Klecks. Vor den Augen der staunenden Kinder entwickelt sich das Bild. Wenn es gerade richtig ist, wird es schnell im heißen Backofen getrocknet. Zum Schluß zeichnen Sie die Stämme der Bäume ein, wie sie zur Verteilung der grünen Farbe passen.
Das Lagerfeuer loht gefährlich in die Bäume – ein Orange aus einem anderen Filzstift oder vermalbarem Buntstift würde das vielleicht nicht tun.

| 5-7 | |

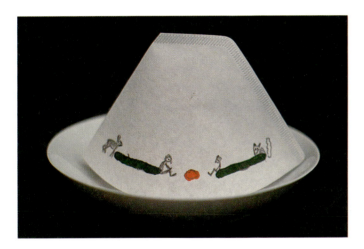

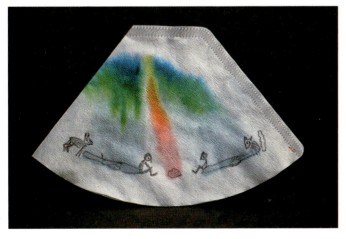

5-7

Der Garten in der Wohnung

Zwiebeln, Knollen, Wurzeln wachsen lassen: Mit vielen Gemüsen können Sie mit Ihren Kindern ausprobieren, was da wohl herauskommt. Knollen und Wurzeln setzt man in leere Saftflaschen, in deren weiten Hals sie bequem hineinpassen, und hält sie mit vier Stecknadeln oben fest.

Schwarzwurzel: Eine dicke, kurze Wurzel kann gleich ins Wasser gehängt werden, bevor sie Würzelchen getrieben hat.

Zwiebeln sollen 2–3 mm über dem Wasserspiegel hängen. Ihre Triebe kann man wie Schnittlauch verwenden.

Kartoffeln bekommen Triebe, aus denen wiederum die Wurzeln brechen. Man hängt eine treibende Kartoffel so über den Wasserspiegel, daß die Haupttriebe seitlich stehen. Die Stengel finden dann den Weg nach oben aus der Flasche heraus, die Wurzeln nach unten ins Wasser. Achtung: Die Triebe sind giftig.

Sellerie mit dem Blattansatz nach oben über den Wasserspiegel hängen. Die Wurzeln erscheinen unten an der Knolle, die leicht fault. Blätter als Gewürz verwenden.

Petersilienwurzel: wie Sellerie.

Gelbe Rüben – wie Sellerie. Triebe ungiftig, als petersilienähnliche Dekoration zu verwenden.
Tip: Gegen das Faulen der Pflanzen helfen Holzkohlestückchen im Wasser.

Einige Zeit wachsen die verschiedenen Triebe in reinem Wasser ganz gut, aber dann merkt man, wie sie dünner werden: die Nährstoffvorräte sind aufgezehrt. Geben Sie den Pflanzen sehr wenig Volldünger, zum Beispiel Mairol. Nach ein paar Tagen haben die Blätter neue Kraft bekommen.

Der Wurzelgemüse-Garten: Beim Gemüseputzen werden die oberen Teile der Knollen und Wurzeln abgeschnitten und weggeworfen. Aus diesem Abfall kann man auf einem großen Teller einen Garten machen: Die Wurzeloberteile werden 2–3 cm dick abgeschnitten und nebeneinander auf einen Teller gelegt. Große Blätter müssen abgebrochen werden. Damit es hübscher aussieht, legt man zwischen die Pflanzen saubere bunte Kiesel. Die wachsenden Blätter brauchen reichlich Wasser und Licht.

Im Sommer kann man dies alles in die Erde pflanzen und zum Blühen kommen lassen. Das ist viel schöner als die Wasserkulturen, die immer ein unschönes Ende nehmen.

Eine dicke Gemüsezwiebel ergibt große, weiße Kugelblütenstände, ebenso Lauch und Knoblauch. Sellerie, Petersilienwurzeln und Gelbe Rüben entfalten Dolden und Kartoffeln schöne violette Nachtschattenblumen.

Samenkörner aus der Küche kann man auf feuchtem Löschpapier aussäen. Außer Erbsen und Bohnen, Kresse und Senf (Kapitel 3–5 Jahre) lassen sich Getreidesorten wie Weizen, Roggen, Gerste, Mais und ungeschälter Reis säen. Die Keimblätter sind eine Delikatesse für Katzen und Käfigvögel.
Kümmel, Fenchel, Koriander sind auch Samenkörner, die keimen könnten, wogegen schwarzer Pfeffer nicht keimen kann, weil er unreif geerntet wurde.

Vogelfutter ergibt, in Sand gesät, sehr verschiedene Pflanzen.

Obstkerne legt man am besten in Erde, nicht auf feuchtes Löschpapier, weil sie verhältnismäßig lang zum Keimen brauchen. Damit die Geduld der Kinder nicht zu sehr strapaziert wird, kann man sie in einen Topf stecken, in dem schon eine einjährige Pflanze steht.

Zitronen- und Apfelsinenkerne keimen gut – besonders Zitronenbäume sind dankbare Zimmerpflanzen, die so groß werden wie Gummibäume und sogar Zitronen tragen. Aus einem Mandarinenkern wachsen immer mehrere Pflanzen, Vierlinge und Fünflinge.

5-7

Datteln und Avocados, Eicheln, Kastanien und **Bucheckern** brauchen sehr lange zum Keimen. Das Experiment lohnt sich aber trotzdem. Den frischen großen Avokadostein läßt man ein oder zwei Tage in einem Marmeladeglas in Wasser weichen, damit er schneller keimt. Dann setzt man ihn mit Stecknadeln oder mit Zahnstochern auf eine Wasserfläche, wie das schon bei den Wurzelgemüsen beschrieben ist. Das breitere Ende des Steines kommt nach unten und sollte die Wasseroberfläche gerade berühren. Nach ein paar Wochen spaltet sich der Stein, oben erscheint ein Sproß und unten eine Wurzel. Die junge Pflanze ernährt sich anfangs von den Vorräten in dem Stein. Wenn sich kräftige Wurzeln gebildet haben, pflanzt man ihn so in einen Blumentopf mit feiner schwarzer Erde, daß die obere Hälfte herausschaut.

Avocadopflanzen können sehr groß werden. Sie brauchen dann einen großen Topf und einen Stock zum Anbinden. Wenn man die Pflanze zurückschneidet, wächst sie besonders buschig und wird zu einem üppigen Bäumchen.
Im Winter können Sie die verschiedensten Zweige austreiben lassen. Bei manchen wird nichts Ansehnliches herauskommen, aber eben das wollte man ja feststellen.

Weidenzweige bekommen bereitwillig Kätzchen und nach einer Zeit Blätter und dann Wurzeln, so daß Sie mit Ihrem Kind einen neuen Baum aus der Blumenvase heraus in die Gartenhecke pflanzen können.

Zum Schluß ein Gedanke über das Ende dieser Versuche: Lassen Sie die Pflanzen nicht so lange stehen, bis sie unschön, vertrocknet oder verhungert sind. Entweder wirft man sie rechtzeitig weg und zieht sich allerdings unter Umständen den Zorn des Kindes zu, oder man ißt etwas davon auf, dann ist die Sache auch beendet. Oder man schenkt die Pflanze noch in ihrer schönsten Blütenpracht einem lieben Menschen. Das ist ein guter Ausweg.

Vasen-Experimente: Wer hätte das gedacht: Wasser fließt auch bergauf – und dann wieder bergab in einem zu einem Streifen gefalteten Taschentuch, das über den Rand eines fast vollen Kruges hängt. Der Krug läuft so weit aus, wie innen das Tuch reicht. Auch in einem Wollfaden fließt Wasser bergauf, nur viel weniger, – gerade so viel, um einen Blumentopf zu bewässern, den man ein paar Tage nicht gießen kann.

Garten-Gesellschaftsspiel: Gemüsesuppe kochen für sechs Kinder.
Material: sechs mittlere Kartoffeln und mindestens fünf Sorten Gemüse, Wasser oder Fleischbrühe und ein großer Suppentopf.

Zuerst wird gewaschen, geschält und geschnitzelt, so daß fünf Kinder eine große Tasse voll kleingeschnittenem Gemüse haben, eines hat sechs gewürfelte Kartoffeln. Wenn um 18.00 Uhr die Suppe gegessen werden soll, dann kommt als erstes in einen großen Topf mit heißem Fett:

Um 17.00 Uhr Möhren und/oder Sellerie. Umrühren.

Um 17.05 Uhr werden sie mit ca. 1,5 Liter heißem Wasser oder Fleischbrühe aufgegossen.

Um 17.15 Uhr kommen die Kartoffeln und Kohlrabi hinein, 10 Pfefferkörner und sonstige Gewürze. Wird die Suppe nur mit Wasser gekocht: 1 Teelöffel Salz.

Um 17.25 Uhr die grünen Bohnen,

um 17.30 Uhr Wirsing- und/oder Weißkohlblätter,

um 17.45 Uhr Lauchkringel und geschälte Tomaten oder Tomatenmark und 6 Paar Wiener Würstchen, und

um 17.55 Uhr ist die Suppe gar!

Nun kommen noch frisch gehackte Petersilie und braune Zwiebeln daran.

Sechs Teller, sechs Löffel, sechs Brötchen – das Schlemmerfest kann beginnen.

Frage: Welche Farbe haben die Fettaugen?

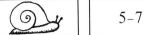

5-7

Sachkunde in der Küche

In der Küche ist Ihr Kind nun langsam von einem Mit-Macher zu einem Selber-Macher geworden.

Die Küchenkiste kann außer Geräten jetzt auch Zutaten enthalten, die frei benutzt werden dürfen, etwa Haferflocken, Traubenzucker und Kakao. Natürlich muß es Regeln geben, wann und wo damit „gekocht" werden darf.

Tip: Viel Ärger wird vermieden, wenn als allgemeine Regel anerkannt wird, daß in bestimmten Zimmern der Wohnung nichts, aber auch gar nichts von den Kindern gegessen und getrunken werden darf, und daß Kinder nie im Gehen essen oder trinken sollen – außer vielleicht im Freien.

Einfache Gerichte: Bringen Sie Ihrem Kind bei, wie man zum Beispiel
- eine Quarkspeise rührt. Das kann es allein und selbständig tun.
- Nudeln kocht. Des kochenden Wassers wegen nur im Beisein der Mutter.
- eine Fertigsuppe bereitet. Zuerst auch nur mit einem Erwachsenen zusammen.
- einen Kuchen aus der Fertigpackung bäckt. Wenn das Kind lesen kann, ermuntern Sie es, allein und genau nach der Gebrauchsanweisung zu arbeiten. Am Anfang müssen Sie bei den elektrischen Geräten helfen, also den Backherd einstellen und das Rühren mit dem Elektroquirl beaufsichtigen.

Zum gemütlichen Sonntagsfrühstück kann Ihr Kind auch beisteuern:
- Eier kochen. Aber Achtung! Kochendes Wasser!
- Spiegeleier braten. Achtung! Spritzendes Fett!
- Rührei bereiten (langsam und voller Ruhe rühren)
- Brot im Toaster rösten
- Schinkenscheiben auf einem Brett anrichten und so weiter.

Wenn Kinder mit ihrer Mutter zusammen in der Küche wirken, können sie viele Handgriffe und Handfertigkeiten lernen, die ihnen sonst als zu gefährlich nicht erlaubt sind. Das fördert sie sehr! Eine Beschäftigungsidee für die Mutter beim gemeinsamen Geschirrspülen: Hören Sie Ihrem Kind mit ungeteilter Aufmerksamkeit zu, während Sie abspülen.

Draußen im Sommer

5-7

Das Kinderbeet im Garten sollte mindestens einen bis anderthalb Quadratmeter groß sein. Damit es keine Enttäuschung gibt, sollten die Pflanzen darauf eine gute Chance zum Blühen und Gedeihen haben. Weisen Sie dem Kind also kein allzu schattiges Plätzchen mit schlechter Erde zu, denn das Kind möchte von seinem Beet etwas haben: zum Anschauen und zum Essen. Es kann sich einen Steckenzaun um sein Beet bauen und braucht ein paar einfache, leichte Gartengeräte: Schaufel, Handhacke, Rechen mit kurzem Stiel, Pflanzholz.

Das Beet mit Kresse und Kräutern wird am schönsten, wenn man die schnell keimenden Samen in Form des Namens sät. Dazu zieht man in die fein geharkte Erde eine Rille und sät hinein. Die Rille nicht zuschütten, sonst wird die Schrift unordentlich, sondern mit einem Brett festklopfen, damit die Samen in die Erde kommen.

Der Puppengarten: Man kann das Kinderbeet auch als Puppengarten anlegen und alles in Miniaturformat übersetzen. Die kleinen blauen und roten Blümchen der Vogelmiere wären dann Blumen normaler Größe. Wenn die Kinder unsere gewöhnlichen Kräuter oder „Un"kräuter unter dem Aspekt des Puppengartens betrachten, werden sie plötzlich zu feinen exotischen Bäumchen und Sträuchern.

Bewährte Sämereien: Kapuzinerkresse, rankend und nicht rankend. Die Blüten kann man als eßbaren Schmuck für Salate nehmen. Jungfer im Grün, Calendula (Ringelblume), Borretsch mit schönen blauen, eßbaren Blüten und Blättern für den Salat. Kerbel, Kresse, eine Schnittlauchpflanze, Dill und Liebstöckel sind wuchsfreudig und können deshalb bald geerntet werden. Vor Petersilie wird gewarnt, weil sie oftmals nicht aufgeht – es sei denn, Sie kennen Ihren Garten ganz genau. Radieschen und Möhren durcheinander (so gedeihen sie besser) und Schnittsalat sind gut geeignet für das Kinderbeet. Wenn viel Platz vorhanden ist, sind auch eine Kürbispflanze oder Zucchini sehr eindrucksvoll. In die wachsenden Früchte kann man sehr vorsichtig den Namen des Kindes ritzen – er wächst dann mit.

5-7

Ein Sandkasten eignet sich auch noch für die Sandtechniker unter den Schulkindern.

Kugelbahn: Zuerst muß man allen Sand zu einem möglichst großen Berg zusammenschaufeln, eventuell anfeuchten und festklopfen. Mit den Händen werden die Bahnen geformt. Es muß immer leicht bergab gehen. Gute Tunnels werden mit ganz glatten Besenstielen gebohrt.
Für sehr festen Sand eignen sich große Glasmurmeln, in etwas weicheren drücken sie sich zu sehr ein, dafür braucht man ganz kleine Flummi- oder Gummibälle, am besten Vollgummi. Das müssen die Kinder ausprobieren.
Man kann auch zwei Berge schaufeln und die Bahn über Viadukte von einem Berg zum anderen leiten.
Sprungschanzen sind wegen der Aufprallstelle schwirig zu bauen, da baut man am besten ein Brettchen in den Sand.
Ist der Berg sehr hoch und groß, können zwei Kugelbahnen verschlungen geführt werden. Man läßt zwei Kugeln um die Wette rollen. Gewonnen hat aber nicht der Schnellste, sondern wessen Kugel am längsten ohne steckenzubleiben unterwegs war.

Im Winter

Bei starkem Frost ist es Zeit für **Eiskerzen.** Ein konisches Gefäß, etwa ein 5-Liter-Eimer, wird mit Wasser gefüllt und mehrere Stunden ins Freie gestellt. Das Wasser soll an der Eimerwand entlang festgefrieren, im Inneren nicht. Die Eisdecke wird oben eingeschlagen und das Wasser ausgegossen. Dann stürzt man das Eis vorsichtig wie einen Kuchen. Es geht leichter, wenn man es ringsum etwas antaut. In den Eiseimer kommt eine brennende Kerze in einem Schüsselchen. Die Wärme der Kerze taut das Eis langsam auf, das Licht glitzert immer wieder anders. Draußen auf der Fensterbank, in der Kälte, steht die Eiskerze besser als im warmen Zimmer.
Ähnlich die **Schneekerze.** Bei mittlerem Frost holt man sich eine große Schüssel Schnee herein und füttert einen Eimer innen dick damit aus. Dann sprüht man ihn mit kaltem Wasser an und läßt ihn draußen hartgefrieren. Aus dem Eimer stürzen wie bei der Eiskerze. Das Kerzenlicht scheint zart durch den weißen Schnee.

Tiere im Haus

Für Ihr Kind sind **Hund** und **Katze** nun richtige Tiere geworden und keine Mit-Kinder mehr. Es reift die Fähigkeit, ein Tier zu betrachten, ohne es anfassen zu müssen. Von jetzt an ist es möglich, ihrem Kind einen **Wellensittich** zu schenken. Es ist unwichtig, wie selten seine Farben sind, er muß vor allem ganz zahm werden, und darum muß man ihn ganz jung in die Hand bekommen. Man erkennt ihn an seinen großen dunklen Augen, die noch keinen weißen Ring haben. Sein Schnabel hat noch schwärzliche Flecken, und er drückt sich im Käfig in dunkle Ecken und schmiegt sich beim Fangen in die Hand. (Weiteres: Sachbücher.)

Ihr Kind kann jetzt seine Katze unter Aufsicht pflegen, aber noch keinen jungen Hund erziehen! Der Hund wäre dabei vielleicht ganz glücklich, aber seine Familie nicht.

Haustiere auf Zeit gestatten dem Kind, ihre Entwicklung und Eigenarten kennenzulernen.

Weinbergschnecken zum Anschauen: Am besten in einem großen, dünnwandigen Glas (zum Beispiel Cognacschwenker) halten, weil man so sehr gut die Bewegungen des Fußes und der Zunge an dünn aufgestrichenem Bananenbrei sehen kann. Nicht zu naß halten, der Kot schimmelt leicht. Futter: Salat, Löwenzahn. Bald wieder aussetzen.

Schneckeneier, im Boden gefunden, sind schwierig am Leben zu erhalten, weil sie sehr gleichmäßige Feuchtigkeit und Temperatur brauchen. Aber wunderschön unter der Lupe: Die jungen Schnecken schwimmen unaufhörlich in ihrem Ei im Kreise.

Kaulquappen: Man widerstehe im Interesse dieser vom Aussterben bedrohten Arten der Versuchung, zu viele Frosch- oder Kröteneier mit nach Hause zu nehmen, höchstens ein paar dikkere Quappen. Es sind vegetarische Vielfraße, die oft neues, aber abgestandenes Wasser brauchen. Man kann sie gut mit Fischfutter in Flockenform, zum Beispiel Tetramin oder Tetraphyll, ernähren. Wenn sie sich zu Fröschen verwandeln, brauchen sie einen Landeplatz, also ein paar dicke Steine, sonst ertrinken sie. In ein flaches Gefäß setzen, nicht ins Einmachglas. Nicht zu warm werden lassen und die jungen Frösche oder Kröten am Fundort wieder in die Freiheit aussetzen.

Libellenlarve: Sie kommt aus einem Tümpel, lebt in einem 2-Liter-Aquarium und frißt Fleisch, Würmchen und Insekten. Sie braucht frisches, abgestandenes Wasser und ein Stöckchen, das schräg aus dem Wasser herausragt. Eines Tages klettert sie daran an die Luft, ihre Haut platzt und eine Libelle kommt daraus hervor und fliegt in die Freiheit.

Ameisen: Man kann sich im Garten mit Bröckchen von hartgekochtem Eidotter und Zucker eine Ameisenstraße „anfüttern".

Kröte: Wird bei reichlicher Fütterung ganz zahm. Sie frißt entweder Tiere, die sich bewegen, oder Fleischbröckchen, die man geduldig bewegt. Sie braucht ein feuchtkühles und auch trockenes, warmes Plätzchen in ihrem Terrarium. Empfindlich gegen zu große Wärme. Muß im Frühherbst am Fundort freigelassen werden, damit sie zu ihrem Winterschlaf kommt.

Grille: Will man sie draußen fangen, scheucht man sie zuerst in ihr Loch und stochert dann mit einem Halm darin herum. Wenn man Glück hat, kommt sie herausgestürzt und läßt sich fangen. Sie kann einige Tage trocken und warm mit Erde und Pflanzen ihres Fundortes in einem Einmachglas leben. Zwei Grillenmännchen in zwei Gläsern singen abwechselnd, aber zusammen in einem Glas beißen sie sich. Futter: Haferflocken, Obst und Insekten.

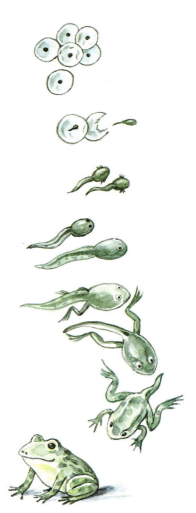

Entwicklungsstadien eines Frosches

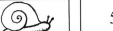 5-7

Raupen: Nicht zu feucht und luftdicht verschlossen halten, weil der Kot leicht schimmelt und die Raupen krank werden, am besten in einem weiten Glas mit Deckel aus Gaze. Futter: Immer nur die Pflanze, an der sie gefunden wurden. Es ist schwer, Raupen zu Puppen und Schmetterlingen aufzuziehen, aber sehr lohnend.

Schlangen: Nicht fangen, auch wenn sie ungiftig sind. Die Ringelnatter entleert sich zum Beispiel in der Angst, was fürchterlich stinkt und von Kleidern und Haut kaum wieder abgeht. Blindschleichen bleiben nur einige Tage in Erde und Pflanzen ihres Fundortes am Leben.
Schlangeneier und Eidechseneier in ihrer Erdhöhle liegen lassen. Sie stehen unter Naturschutz.

Kreuzspinne: Sie beißt nicht. Es ist sehr lohnend, sie irgendwo anzusiedeln, zum Beispiel in einer Lampe, und sie dort zu beobachten. Wenn es ihr zusagt, bleibt sie freiwillig längere Zeit da. Sie frißt täglich mindestens eine halbtot geschlagene Fliege, die noch zappelt. Trinkt gerne Wasser aus Tropfen: Pflanzenspritze gibt Sprühregen.

Igel, die im Garten oder im Park wohnen, kann man an einen bestimmten Platz gewöhnen, indem man dort täglich käufliches Igelfutter oder Katzenfutter aus der Dose aufstellt. Daß ein Igel dort gefressen hat, erkennt man am nächsten Morgen an den rings um die Schüssel abgesetzten Kothäufchen. Bald wird sich der Igel schon vor dem Futter einstellen und sich durch Zuschauer nicht stören lassen. Igel brauchen vielseitiges Futter. Von Milch werden sie sterbenskrank. (Siehe Bücherliste.)

Eichhörnchen kann man aus Park oder Garten mit Nüssen hereinfüttern. Sie können äußerst unbefangen werden, und es kann passieren, daß die Familie frühmorgens davon aufwacht, daß sich die Eichhörnchen in der Speisekammer geräuschvoll darum streiten, wer zuerst die Nudeltüte aufnagen darf.

Salamander und Molche: Auf keinen Fall mitnehmen, sie sind geschützt und selbst nur für einen Tag zu empfindlich!

Eidechsen sind wahre Ausbruchkünstler und in einem provisorischen Behälter nicht zu halten.

Singvögel: Die Kinder können die Winterfütterung einfach im Frühling fortsetzen, damit die Vögel beim Haus bleiben. Haben Sie keine Katze, kommen die Vögel sogar in die Wohnung, wenn sie Vertrauen fassen. Auch die lustigen, gescheiten Spatzen sind geeignet, zahmgefüttert zu werden. In der Brutzeit müssen Sie das Haferflocken-Fett-Futter weglassen. Viele Vögel fressen es nämlich so gerne, daß sie es ihren Jungen statt Insekten bringen, und die vertragen es gar nicht. „Schnabelfertiges Waldvogelfutter" ist dann das richtige.

Basteln

Kinder zwischen 5 und 7 Jahren sind jetzt empfänglicher für das Erlernen neuer Techniken. Das Zusammenspiel der Bewegungen hat eine neue Reife erreicht.

Papier

Neben Collagen und anderen einfachen Papierarbeiten (siehe Seite 107f.) können jetzt auch schon Dinge exakt gefaltet werden. Zeigt man dem Kind einige Grundmodelle, wird es Anregungen und Hinweise aufgreifen und ausbauen.

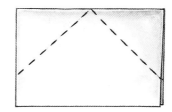

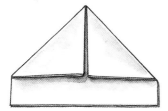
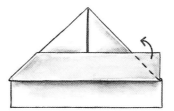
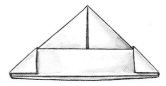

Helm: Ein rechteckiges Blatt in der Mitte zusammenfalten (1 a), die beiden Ecken an der Bruchlinie zur Mitte hin einknicken (b). Den einen unteren Rand nach oben biegen und die abstehenden Ecken umfalten (c). Dasselbe mit dem anderen Rand machen, und der Helm ist fertig (d).

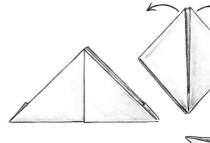

Schiffchen: Ein paar weitere Handgriffe, und der Helm wird in ein Schiffchen verwandelt: Die beiden Ecken werden wie zu einer Tüte zusammengelegt (a), Öffnung nach unten. Dann klappt man die beiden unteren Hälften nach oben (b). Man faßt mit beiden Daumen in den Hut, drückt ihn auseinander und legt ihn quer wieder übereinander (c). Nun die beiden oben etwas abstehenden Spitzen auseinanderziehen.

Windpfeil: Ein rechteckiges Blatt der Länge nach in der Mitte falten, auseinanderlegen und an einer Seite die beiden Ecken zur Mitte hin umknicken (1 a). Beide Bruchkanten wieder zur Mitte hin umknicken (b) und dann noch einmal (c). Dem so entstandenen Kiel die Flügel zurückbiegen, und der Windpfeil kann gerade in die Luft geschossen werden.

Dampfer: Die vier Ecken eines quadratischen Blattes zur Mitte einschlagen (2a). Blatt umdrehen und wieder Ecken zur Mitte einschlagen (b), erneut wenden und zur Mitte falten (c). Man legt das Blatt nun diagonal zusammen, holt die seitlichen Zipfel heraus und richtet die Schornsteine auf.

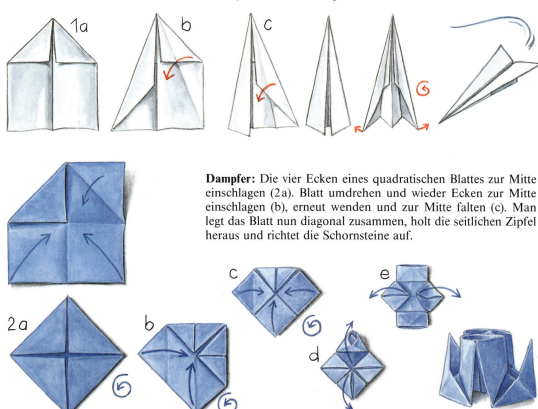

194

Himmel und Hölle: Entsteht, wenn man die beiden Mittelbrüche scharf ausknifft, mit den Fingern in die kleinen Tüten schlüpft und sie so niederdrückt, daß die vier Ecken zusammenstoßen. Ein „Quartal" wird schwarz bemalt, das ist die Hölle, das andere bleibt weiß. Und nun müssen alle raten, wohin sie kommen!

5–7

Wasserfeste Trinkbecher: Quadratisches Blatt von ca. 15 × 15 cm diagonal falten, die eine Ecke zur gegenüberliegenden Seite legen, die andere darüber legen. Von den nun überstehenden Dreiecken eines nach vorn und eines nach hinten falten. Der Trinkbecher ist fertig.

Fangballspiel: Ein Stückchen Zeitungspapier knüllen, eine Schicht Papier drumlegen, das Ganze mit einem Faden abbinden und den Faden mit dem anderen Ende am Trinkbecher befestigen. Ball in die Höhe werfen und mit dem Becher aufzufangen versuchen!

Reihenfiguren: Schneidet man aus gefaltetem Papier einen Teil aus, entsteht beim Aufklappen eine symmetrische Figur. Gebraucht werden Papier, Schere und Bleistift. Einen Papierstreifen wie eine Ziehharmonika falten, eine Figur aufzeichnen und ausschneiden. Achtgeben, daß die Glieder an den Bruchkanten (hier die Hände) nicht ausgeschnitten werden. Sie halten die Girlande zusammen.

195

5-7

Weihnachtsstern: Er wird aus einem quadratischen Stück Gold- oder Glanzpapier ausgeschnitten. Auch normale Katalogblätter sehen gut aus. Blatt doppelt zusammenlegen und dann zu einem Dreieck falten. Beim Aufzeichnen des Musters beachten, daß die Kanten A und B nicht völlig durchgeschnitten werden, da der Stern sonst auseinanderfällt.

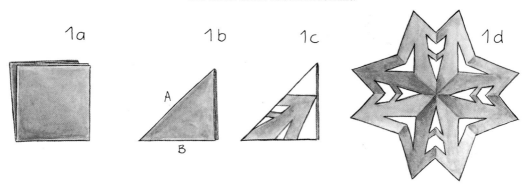

Adventslaterne: Einen Streifen Papier längs zusammenfalten und bis kurz vor den Rand einschneiden. Auseinanderfalten und an den schmalen Seiten zusammenkleben.

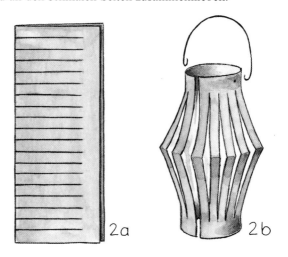

Räuchermännchen: Ein Viertel eines Kreises aus festem Papier ausschneiden, mit Buntstiften oder Deckfarben Körper aufmalen. Statt des Mundes ein kleines, rundes Loch ausschneiden. Figur zu einem Kegel zusammenkleben, unten einen kleinen Spalt (für den Durchzug) offen lassen. Papierstreifen oder Watte dienen als Haare. Hut ist ein kreisrund ausgeschnittener Papierring. Räucherkerze in einen Kronenkorken stellen, Männchen drüberstülpen. Wie lustig das raucht!

Papierperlen: Aus starkem, buntem Papier schmale Papierkeile zuschneiden. Über eine Stricknadel, einen Zahnstocher oder ein Streichholz, mit dem breiten Ende beginnend, fest zusammenrollen. Das Ende mit Kleister bestreichen, Gegenstand herausziehen, und die Perle ist auffädelbereit.

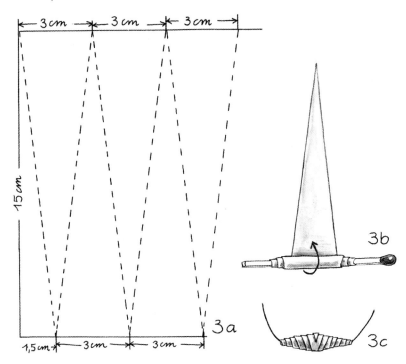

Papierflechten: Grundtechnik siehe Kapitel 3-5. Es können jetzt neben dem einfachen Auf und Ab schon schwierigere Muster versucht werden. Es entstehen abwechslungsreiche Verzierungen; ein ganzer Kalender mit 12 verschiedenen Mustern, für jeden Monat eines; Borten auf Briefköpfen und Geburtstagseinladungen. Eine gute Vorübung für das Weben.

5-7

Wellpappe, Schachteln, Kartons

Häuser, Autos, Landschaften: Wellpappe ist billig und regt Kinder zu großzügigen Bastelarbeiten an. Durch einfaches Umknicken, Aufrollen, Zusammenkleben und Ausschneiden von Details können Häuser und viele andere Gegenstände aufgebaut werden.

Indianerschmuck: Hierfür bietet sich Wellpappe geradezu an. Man schneidet einen Streifen ab, legt ihn um den Kopf, klebt oder heftet ihn zu einem Ring. Die Außenfläche wird bemalt, bevor man Hühnerfedern, mit einem Klecks Klebstoff versehen, in die Rillen schiebt. Man kann auch einen langen Streifen hinten herunterhängen lassen, was besonders prächtig aussieht.

Schachtelkonstruktionen: Aus großen und kleinen Schachteln, Schächtelchen und Dosen lassen sich unzählige Lebewesen, Möbel für Puppenstuben, Zoo- und Zirkuseinrichtungen, Kinderspielplätze, Strandstühle oder eine Gebirgsseilbahn, Hochhäuser und Bungalows bauen. Bevor Sie also in Zukunft Schachteln fortwerfen, heben sie das Material besser auf.

Puppenmöbel: Aus Zündholzschachteln entstehen Schreibtisch, Kommode, eine ganze Ladenwand mit vielen Schubladen. Kleine Truhen, mit Geschenkpapier umklebt oder mit weißem Papier, das nachher angemalt wird, bieten sich als Behälter für Mini-Krimskrams an.

Masken: Ausdrucksvolle Masken entstehen aus Kartons und Schachteln, denen man mit Streichholzschachteln, Käseschachteln und Schächtelchen Augen, Nase, Ohren und wulstige Lippen aufsetzt.
Das Schneiden des Kartons mit einem scharfen Messer sollte von einem Erwachsenen vorgenommen werden.

Korken, Joghurtbecher, Döschen und Schächtelchen

Lauter kostenloses Spielmaterial, das in jedem Haushalt vorhanden ist und von den Kindern gern verarbeitet wird. Hier nur einige Anregungen: Korkenmarionetten, Korkenfloß, Korkenschlange, Joghurtmännchen und die ganze Verwandtschaft von „Familie Dose".

5-7

Styropor

Viele Gegenstände sind heute in Styropor verpackt. Auch wenn es viel Unordnung und Schmutz macht: Werfen Sie dieses ideale Spielmaterial nicht fort! Man kann es zerbrechen, schneiden, sägen, leimen, bemalen, bekleben, nageln, schmelzen und damit drucken. Es gibt spezielle Styroporkleber und auch Sägen, die mit einem erhitzten Draht Styropor schneiden.

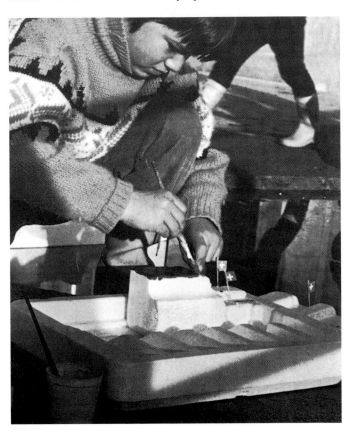

Fahrzeuge: Schiffe aus Styropor schwimmen hervorragend und können sogar mit diversen Gegenständen beladen werden. Aus großen Teilen können Hubschrauber, Motorrad und Lokomotive gebaut werden.

Styropormobile: Besonderes Geschick verlangt das Ausbalancieren eines Mobiles. Man kann es bemalen, mit Zahnstochern und anderen bunten Dingen bespicken, und dann mit Draht aneinanderhängen.

Allerlei Gebilde aus Styropor: Aus kleineren Stücken können Bäume, Springbrunnen, Autos, Möbel oder ein Fernseher gebaut werden.
Manche vorgeprägten Formen bieten sich von selbst als Maske, Puppenstube usw. an. Kinder wissen das meist viel besser. Zum Schluß können Sie alle Styroporreste mit dem Staubsauger leicht entfernen.

Papiermaché

Geben Sie in diesem Alter neben den Arbeiten, wo es auf Genauigkeit ankommt, dem Kind immer wieder die Möglichkeit, großzügig mit Papier zu gestalten. So kann man zum Beispiel aus Zeitungen und Kleister die herrlichsten Figuren knüllen, formen, matschen.

Tiere: Die Zeitungen werden zu lockeren Knäueln geballt und mit einem glatten Stück Zeitung, das gut mit Kleister eingestrichen wurde, wie mit einer Haut umhüllt. Trocknet dieses Gebilde, wird es hart. Mit Papiermaché aus Zeitungsschnipseln und Kleister kann man dann bestimmte Körperteile charakteristisch ausformen. Größere Teile wie Beine, Flügel, Schnabel oder Flossen mit Hilfe von Kartons, Dosen, Schächtelchen oder

zusammengelegten Zeitungen, die verkleistert wurden, ansetzen. Das ganze wird getrocknet und mit Deck- und Plakatfarben bemalt. Es entstehen Krokodil, Pinguin, Fisch, Schildkröte, Igel, womöglich aber auch Krokofanten und Krötenfische, was bestimmt genausoviel Spaß macht. Solch eine Arbeit zieht sich über zwei bis drei Nachmittage und ist lustiger, wenn mindestens zwei oder drei Kinder daran teilnehmen. Der Boden sollte gut mit Zeitungen oder mit Plastikfolie abgedeckt sein, und die Kinder sollten zum Schutz der Kleider Plastikkittel oder alte Herrenhemden tragen. Natürlich kann man so ein Kleisterfest auch draußen auf der Wiese veranstalten.

Luftballonfiguren: Statt einer Papiergrundform kann man auch einen aufgeblasenen Luftballon nehmen. Er wird mit mehreren Schichten Papier umkleistert. Sind diese Schichten trocken und somit hart geworden (in der Nähe der Heizung ca. 24 Stunden Trockenzeit), zieht man den Luftballon heraus und gestaltet die so gewonnene Hohlform zu allerlei Gebilden.

Hohlköpfe und Tiere: Durch Ansetzen verschiedener Details, je nachdem, was gerade zur Hand ist, können komische Köpfe und phantasievolle Tiere entstehen. Schneidet der Erwachsene mit einem scharfen Messer einen kleinen Schlitz in den Rücken

des Tieres, so hat das Kind ein eigenes riesengroßes, selbstgemachtes Spartier, in dessen Bauch die gesammelten Münzen wundervoll rumpeln.

Stehaufmännchen: Sand in die Öffnung der Hohlform gießen, Loch gut verschließen mit Papier und Kleister. Bemalen. Hin und her schaukeln lassen!

Rassel: Hohlraum mit vielen kleinen Steinen füllen, Stab in die Öffnung stecken, gut mit Papierstreifen und Kleister verschließen. Trocknen lassen und bemalen.

Lampion: Hohlform wurde aus durchsichtigem Seidenpapier hergestellt. Öffnung oben vergrößern und den Rand gleichmäßig schneiden. Auf beiden Seiten einen Draht einziehen und an einem Holzstab mit kleinen Haken aufhängen. Teelicht einlegen. Der Umzug kann beginnen.

5-7

Ton und Knete

Das Kind kann jetzt Gegenstände aus Ton formen. Ausgehend von der Grundform Kugel, Rolle oder Würfel, hat es unzählige Möglichkeiten, richtige Figuren herzustellen. Manchmal genügt Kindern nur ein Stichwort wie „Behälter für Bleistifte" oder ein bestimmter Tiername. Hier daher nur noch einige Anregungen für kleine Bastelarbeiten. (Eigenschaften der verschiedenen Knetmassen siehe Seite 94.)

5-7

Häuser: Sie entstehen aus zu Würfeln geklopften Kugeln und werden verziert. Dann trocknen lassen. Eine ganze Spielstadt kann entstehen.

Weihnachtsschmuck: Neben den frei gestalteten Krippenfiguren lassen sich aus Ton kleine Plätzchen als Christbaumschmuck herstellen. Tonklumpen mit Nudelholz oder leerer Flasche wie Teig ausrollen und mit den üblichen Backförmchen ausstechen oder selbst kleine Schablonen im Faltschnitt (siehe Seite 196) herstellen und diese mit dem Messer nachschneiden. Ränder glätten. Oben in der Mitte mit einer dicken Nadel ein Loch durchstechen, damit der Schmuck später aufgehängt werden kann. Auf der Unterlage gut trocknen lassen. Bunt bemalen. Ein liebevoller Schmuck für einen kahlen Winterast!

Tonperlenkette: Tonklümpchen werden zwischen den flachen Händen ganz rund gerollt. Mit einer Stricknadel Loch durchbohren und vielleicht Muster einritzen. Trocknen lassen und dann auf festen Zwirn, Perlonschnur oder Lederband auffädeln. Eventuell zuvor bemalen.

Spielsteine für Dame und Mühle: Tonwurst rollen und gleichmäßige Scheiben abschneiden. Trocknen lassen und mit zwei verschiedenen Farben bemalen und lackieren.

Utensilien für Puppenstube und Kaufladen: Töpfe, Teller, Tassen, Brot, Brötchen und kleine Früchte können geformt werden. Trocknen lassen, eventuell brennen und bemalen.

Steine

Figuren: Steine haben oft die seltsamsten Formen und lassen sich durch Bemalen in alle möglichen Gegenstände verwandeln. Aus Steinen unterschiedlicher Größe kann man lustige Plastiken herstellen. Sie werden mit einer Art Mörtel, aus Sand und Kaltleim gemischt, zusammengefügt. Die entstandenen Figuren können noch bemalt werden. Auch durch Ankleben von anderem Material können neue Figuren entstehen, wie hier diese Maus.

Mosaik: Gießt man den Mörtel (oder auch Gips) in eine abgegrenzte, flache Form, so können Kinder mit kleinen naturfarbenen oder auch bemalten Steinchen originelle Mosaikplatten herstellen.

 5-7

Stroh und Gras

Puppen und Tiere: Ein Büschel Stroh wird einfach mit einem festen Faden an den entsprechenden Stellen abgebunden. An Binsen- und Strohzöpfen läßt sich das Flechten gut üben. Aus Strohzöpfen können Pferdchen und andere Tiere entstehen, werden Schneckenhäuser oder Puppenbettchen zusammengerollt und -genäht.

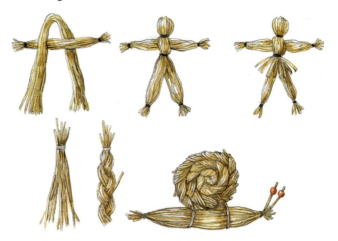

Eicheln, Kastanien und andere Früchte

Sie lassen sich leicht verarbeiten, wenn Sie beachten, daß diese Früchte möglichst frisch sein sollten, damit Sie die Frucht nicht aufsprengen, wenn Sie mit einem Nagel oder einem feinen Bohrer die Löcher vorbohren. Das Spielen mit Naturmaterial macht Kindern Spaß. Hier einige Anregungen.

Däumelinchenwiege: In eine Nußschale legt man ein Bettchen aus Blütenblättern oder Seidenpapier, das Däumelinchen ist ein Hagebuttenkind.

Hühnchen: Eine kleine und eine große Eichel werden mit einem Hölzchen zusammengesteckt. Man kann als Kopf auch eine Hagebutte nehmen. Der Schwanz ist eine richtige kleine Hühnerfeder. Die Streichholzbeine stecken in kleinen Eichelbechern.

Kastanienmännchen: Es besteht aus zwei Kastanien, hat Streichholzbeine, bei noch grünen Kasatanien ein eingeritztes, bei reifen ein aufgemaltes Gesicht.

Schiff: Es ist aus einer Nußschale. Ein kleiner Klecks Knetmasse in der Mitte der Schale, ein Streichholz als Mast, ein Segel aus starkem Papier.

5–7

Kaffeegeschirr für die Puppenstube: Kaffeekanne aus einer Eichel mit einem Henkel aus einem biegsamen Zweig und einer Schnauze aus einem Hölzchen. Die Tassen sind kleine abgeflachte Eicheln, die Untertassen Eichelbecher.

Ketten: Aus Bohnen, Erbsen, Mais, Hagebutten, Kastanien, aus Apfel-, Kürbis- und Sonnenblumenkernen, aus Muscheln und Schneckenhäusern können Kinder Ketten aufreihen.

Kränze: Zeigen Sie den Kindern auf einem Spaziergang, wie man aus Blüten, Blättern und Stielen Kränze binden kann.

5-7

Textilarbeiten

Vom Flechten zum Weben ist nur noch ein kleiner Schritt. Ebenso wie man beim Zopfflechten einmal über, einmal unter dem Strang durchflicht, muß man auch beim richtigen Weben immer auf und ab flechten, nur bereitet man hierbei die Fäden, die man umflicht (Kettfäden) und die Fäden, mit denen man flicht (Schußfäden), getrennt vor (siehe auch Papierflechten Seite 109 und 197). Als Flechtmaterial kann alles dienen, was biegsam und schmiegsam ist. Suchen Sie nach Wollresten, Paketschnur, Bast, Stroh, zugeschnittenen Streifen aus Lederresten oder Stoffstreifen aus der Restetruhe.

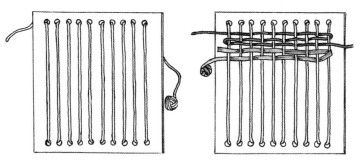

Webrahmen: Einfachster Webrahmen ist ein Stück feste Pappe oder eine Pappmaschéschale für Obst aus dem Supermarkt, die an beiden Querleisten zum Durchziehen der Kettfäden mit Löchern versehen ist. Auch ein Schuhkarton kann als Webrahmen benutzt werden. Oder Sie basteln aus einem Schuhkarton, einem alten Bilderrahmen oder nur aus vier zusammengenagelten Leisten einen Webrahmen. Die Löcher für die Nägel vorher anzeichnen und etwas vorstechen. Nägel im Abstand von maximal 1 cm einschlagen.

Natürlich kann man auch runde Stückchen weben. Dazu eine Pappscheibe in gewünschter Größe anfertigen. Löcher im Abstand von 1 cm anzeichnen. Darauf achten, daß Sie eine ungerade Lochzahl erhalten! Durch diese Löcher hindurch wird die Kette strahlenförmig gespannt, indem der Faden jedesmal über die Mitte hinweg zu dem gegenüberliegenden Loch geführt wird. Mit dem Fadenende kann man in der Mitte gleich zu weben beginnen.

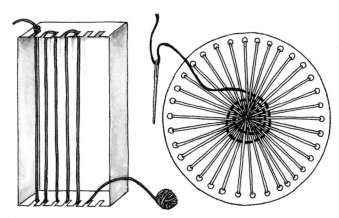

Flickenteppich für die Puppenstube: Auf einem der Webrahmen wird eine Kette aus Bindfaden gespannt. Aus Filz und Stoffresten Streifen schneiden und den Rahmen dicht zuweben. Kettfäden abheben und jeweils zwei nebeneinanderliegende miteinander verknoten.

Deckchen oder Set: Webrahmen in der gewünschten Größe des Sets vorbereiten. Kette spannen. Schuß auf ein Stückchen Karton, das mit Einkerbungen versehen wurde, aufwickeln und eins auf, eins ab zu weben anfangen. Faden gut jeweils an den gewebten Teil anschlagen. Zum Schluß etwas Raum für Fransen lassen. Kette gerade abschneiden und Enden verknoten. Sie können die Arbeit auch mit einem Hohlsaum abschließen. Dazu ist es aber besser, das Set noch auf dem Webrahmen zu lassen und erst danach die Kettfäden durchzutrennen.

Hängetasche: Ein längliches Webstück kann man zusammenlegen, an beiden Seiten vernähen, oben Öffnung lassen, eine Kordel drehen und diese links und rechts an der Tasche festnähen. Die Kordel kann das Kind mit der Strickliesel auch selbst anfertigen.

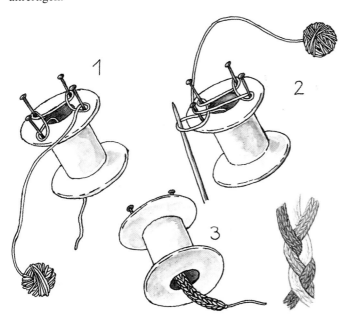

Strickliesel: In eine hölzerne Garnrolle vier Nägel einschlagen. Das Garnende durch die Öffnung schieben und unten ein Stück aus der Rolle heraushängen lassen. Faden um die einzelnen Nägel schlingen, wie es die Abbildung 1 zeigt. Faden außen vor den ersten Nagel oberhalb der Schlinge legen und mit einer Stricknadel die Schlinge über den Faden und über den Nagel hinweg zur Mitte abheben (2). Der vorgelegte Faden bildet eine neue Schlinge. Weiterstricken, bis die Schnur lang genug ist. Zum Abketten zieht man den Faden durch alle vier Maschen und hebt sie von den Nägeln ab. Legt man noch ein dünnes Gummi ein, erhält man ein schönes Haarband. Drei Schnüre zu einem Zopf geflochten, ergeben ein praktisches Stirnband.

5-7

Wandbehang: Stoffreste aus der Flickenkiste, Kordeln, Knöpfe usw. ergeben phantasievolle Wandbehänge. Es genügt schon, wenn man die einzelnen Teile auf ein großes Stück Stoff klebt. Besser aber ist es, wenn sie mit einfachen Stichen auf die Unterlage aufgenäht werden. Große Nadel nehmen, das Kind macht noch sehr große Stiche! Den **Vorstich** lernen die Kinder schnell. Damit können sie schon die wichtigsten Dinge nähen.

Puppenkleider: Nun entstehen – mit Auf- und Abstichen oder Schlingstichen – die ersten Puppenkleider. Damit es keine zu großen Enttäuschungen gibt, könnten Sie dem Kind vielleicht einige ganz einfache Schnittmuster aufzeichnen.

Zwei Handpuppen entstehen aus einfachen Staublappen. Diese werden längs gefaltet, das Kind legt die Hand darauf, und Sie zeichnen die Umrisse ab. Das Ausschneiden, Zusammennähen und Verzieren kann wieder ganz dem Kind überlassen werden. Geben Sie nur manchmal Anregungen und springen Sie erst ein, wenn das Kind Ihre Hilfe braucht.

Knopfbilder: Wer mit dem Nähen noch nicht zu Rande kommt, schafft vielleicht ein kleines Knopfbild. Hier muß nur der Faden jeweils einmal durch Knopf und Stoff gezogen werden und wird dann verknotet.

Bestickte Streichholzschachteln: Auf groben Stoffen und auf Filz können mit Perlen und buntem Stickgarn erste Stickversuche gewagt werden.
Die zu bestickende Fläche einer Streichholzschachtel ist so klein, daß selbst schnell entmutigte kleine Künstler mit der Arbeit fertig werden.

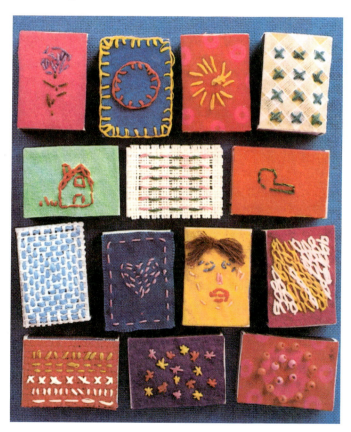

Stickbilder: Hat Ihr Kind ein besonders schönes Bild gemalt, können Sie ihm vorschlagen, es nachzusticken. Solche ersten Stickmalereien besitzen den Charme der ersten Zeichnungen. Man kann sie hinter Glas rahmen. Und welcher Vater hängt sie sich nicht stolz in sein Büro!

5-7

Metall

Sterne und Baumschmuck: Schneiden Sie mit einer Garten- oder Metallschere Sterne oder andere flache Formen aus Metallfolie aus. Die Kinder können mit einem Nagel Muster einhämmern. Als Unterlage ein Stück altes Holz oder Sperrholz verwenden. Siehe auch weitere Anregungen unter „Bildnerisches Gestalten", Seite 174.

Lampions: Von einer Konservendose die scharfen Ränder gut abfeilen. Mit Hammer und Nagel die Löcher einschlagen lassen. Dose über ein Stück rundes Holz (Ast) stülpen, damit sie sich beim Nageln nicht verformt. Als Henkel ein Stück kräftigen Draht (auch bunten Elektrodraht) zurechtbiegen. In den Lampionstock einen Haken einschrauben. Eine dicke Kerze am Dosenboden festkleben. Lampion aufhängen. Eventuell noch mit buntem Seidenpapier auskleiden.

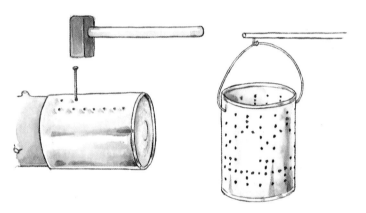

Stelzen aus Blechdosen: Aus Konservendosen und Schnüren von ungefähr 1,20 m Länge entstehen mit Hilfe von Nagel und Hammer Stelzen für Wettrennen bei Kinderfesten. Dosen mit dem Boden nach oben stellen und vorsichtig mit dem Hammer an zwei gegenüberliegenden Seiten je zwei Löcher nageln. In jedes Loch von außen die beiden Enden der Schnur hineinstekken und sie von innen verknoten, damit sie nicht herausrutschen kann.

Holz

Lesen Sie noch einmal, was im Kapitel für 3- bis 5jährige über Holzarbeiten gesagt wurde. Im Gegensatz zu den noch fast unkenntlichen Basteleien jener Altersgruppe kann das Kind jetzt gut Bretter zusammennageln und einfache Gebrauchsgegenstände herstellen.

Borkenschiffchen: Kiefernborke ist besonders weich und kann deshalb am ehesten zum Schnitzen von Schiffchen oder anderen Dingen benützt werden. Zuerst die Grundform schnitzen und dann vorsichtig den Rest herausschneiden.

Klapperschlange: Die einzelnen Glieder vom Rundholz absägen. Das Maul der Schlange einsägen. Die einzelnen Teile werden von einem Erwachsenen durchbohrt. Die Kanten werden geschmirgelt, die Teile gebeizt oder bemalt und am Schluß lakkiert. Auf eine Schnur werden die Glieder aufgereiht, mit jeweils einem Knoten dazwischen.
An zwei Stellen wird eine Ringschraube eingedreht und die beiden Enden einer Schnur daran verknotet. Nun kann man die Schlange aufhängen oder tragen.

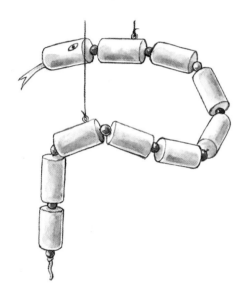

Tiere und Männchen: Verschiedene Holzstücke werden zu kleinen und größeren Figuren zusammengenagelt. Werden dabei zum Beispiel die Beine mit einem langen Nagel außen am Rumpf nicht zu fest eingeschlagen, bleiben sie beweglich, und die Figuren können besser als Spielzeug benutzt werden.

Strickliesel: Man kann sie ganz einfach aus einer Garnrolle basteln. Siehe dazu „Textilarbeiten".

Verschiedene Gegenstände aus Zigarrenkisten: Gemeinsam mit den Kindern kann man ein Leiterwägelchen, kleine Tische und Sessel, einen Puppenwagen oder gar eine ganze Spielzeugeisenbahn herstellen. Das Kind kann mitmachen beim Hämmern,

5-7

Sägen, Leimen! Als Räder dienen Kronenkorken, Korken oder abgesägte Scheiben von einem Rundholz oder alten Besen.

Bauklötze: Sie werden aus abgesägten Vierkanthölzern zu Quadraten, Rechtecken und allen möglichen anderen Formen zurechtgesägt. Schmirgeln nicht vergessen, damit kein Spreißel hängen bleibt und die Holzstücke für die kleinen Geschwister wirklich schmiegsam in der Hand liegen. Bunt bemalt sehen sie fröhlich aus, vor allem wenn das Holz selbst keine schöne Maserung hat.

Wurzelwesen: Beim Waldspaziergang gesammelte Wurzeln brauchen kaum verändert zu werden, um für Kinder die seltsamsten Wesen darzustellen. Durch Abschaben der Borke und Verzieren mit Moose, Blättern oder Stoffresten entstehen Zwerge, Hexen, Geister, Gnome und andere knorrige Gestalten.

Masken: Aus Borke sehen sie besonders gruselig aus. Augenlöcher behutsam einritzen und dann herausdrücken.

Kinderfeste

5–7

 5-7

Ab dem 5. Lebensjahr werden Kinder für Gemeinschaftsspiele reif. Sie können sich nun auf mehrere Kinder gleichzeitig einstellen und sind dadurch zu echtem Zusammenspiel fähig. Am liebsten spielen sie mit Gleichaltrigen. Kleinere Kinder werden mitgezogen. In dieser Altersstufe werden noch die Spiele weitergespielt, wie sie bei den 3- bis 5jährigen aufgezählt wurden. Bestimmte Erfolgsrenner aus dieser Zeit werden sicher immer wieder von den Kindern gefordert. Die Spiele sind bekannt (das ist ein Vorteil) und vermitteln ein rasches Erfolgserlebnis. Generell lassen sich aber jetzt auch Spiele einführen, die eine Stufe schwieriger sind und neu sich entwickelnde Fähigkeiten beim Kind ansprechen.

Festvorbereitung

Die Festvorbereitung bleibt in den Grundzügen die gleiche wie bei der Altersgruppe 3 bis 5 Jahre. Nur übernimmt das Kind jetzt mehr Aufgaben, hat z.T. schon durch die Schule manche eigenen Vorstellungen, wie etwas sein muß und was gespielt werden soll.

Programm: Nach wie vor ist es gut, ein ausgewogenes Spieleprogramm zusammenzustellen und zwischen Austoben und gemeinsam um einen Tisch im Kreis sitzen abzuwechseln. Bewegungsspiele aller Art sind sehr beliebt. Kinder bauen oder basteln gerne etwas gemeinsam. Die Geschicklichkeit nimmt zu, und Wettspiele haben immer größeren Anreiz. Bei Wettspielen wollen alle Kinder etwas gewinnen. Man sollte darauf achten, nicht nur Wettspiele gleicher Art auszusuchen, sondern auch einmal etwas malen lassen, das Langsamste, das Phantasievollste, das Behutsamste und Komischste prämiieren, damit alle Kinder den ihnen gemäßen Anlagen gefördert und bestätigt werden.
Kreis- und Singspiele helfen Kindern, ihr harmonisches Gleichgewicht zu finden. Schließlich kommt jetzt auch die Zeit der Spiele, die an ganz bestimmte Regeln gebunden sind, die keine Abwandlungen zulassen (z.B. bei Kreisspielen, Haschen, Versteck- und Ballspielen, Gesellschaftsspielen).
Als Gesellschaftsspiele eignen sich Lotto, Domino, Kofferpakken, Schwarzer Peter, einfache Wettrennwürfelspiele, Schnipp-Schnapp, Quartett oder ein gemeinsames Puzzle legen oder Wettpuzzeln.

Dekorationen: Bei den Einladungskärtchen und bei der Tisch- und Raumdekoration kann das Kind wieder mitwirken. Es kann Faltschnittsets für den Tisch ausschneiden oder bedrucken und bekleben, Becher oder Gläser verzieren, lange Streifen aus Kreppapier schneiden. Bunte Papierstücke, in ein Seil geknotet, ergeben hübsche Girlanden.
Als Tischkarten eignen sich Mohrenköpfe, in denen der Name steckt, Papierblümchen, die in einer bunt verkleideten Papprühre oder einer leeren Zwirnspule stecken, aus Knet geformte Männchen und Tiere, selbstgefaltete Körbchen mit Inhalt. Unter dem Stichwort „Basteln" sind noch manche weitere Ideen zu finden.

Preise und Gewinne: Als Preise eignet sich alles zuvor (3–5 Jahre) erwähnte und kann noch durch Filzstife, Bleistifte oder Farbstifte, Spitzer, Notizblöcke, Spiegel, Gratisproben aus der Drogerie, hüpfende Blechknallfrösche und Gummibällchen, Luftschlangen, Pfeifen, selbstgemachte Medaillen, eine Brezel oder ein Schokoladenherz zum Umhängen bereichert werden, oder auch einmal Mohrenköpfe, denen man mit Smarties und Papierhütchen lustige Gesichter gegeben hat. Letztere können auch schon von Kindern – natürlich im Beisein der Mutter – vorbereitet werden.

Essen und Trinken: Beim Kindergeburtstag bleibt die Geburtstagstafel wichtigster Mittelpunkt des Festes. Allerdings haben manche Kinder so viel Bewegungsdrang, daß sie nicht still am Tisch sitzen können. Daher kann man bei Kindern ab 6 Jahren eine Art Getränke- und Eßbar einführen. Auf einem Tischchen im Vorraum oder zumindest außerhalb der Spiel- und Tobezone stehen Sprudel- oder Saftflaschen und Pappbecher, auch Strohhalme sind wichtig und beliebt, Kekse, Salziges, Obst, vielleicht ein einfacher Kuchen. Manches Essen müssen die Kinder sich auch „erobern", wie beim Krapfen schnappen, Brezeln von der Leine schneiden, Wurst schnappen.

Auftakt zum Fest

Um das Eis zu brechen, wenn alles noch verschüchtert umhersteht, kann man einige Spiele machen.

Platz suchen: Jedes Kind erhält am Eingang ein Blümchen, ein gleiches steht auf seinem Platz in einem Väschen (Pappröhre oder Zwirnrolle). Es muß nun schauen, wo sein Platz ist. Oder: Jedes Kind zieht die Hälfte eines Bildchens. Die andere Hälfte liegt auf seinem Teller.

Faden wickeln: Pro Kind wurde ein Faden durch die Wohnung gerollt und an einem Stuhlbein festgebunden. Das andere Ende liegt am Eingang bereit und ist um ein Stück Papier geknotet. Jedes Kind wickelt nun seinen Faden auf und gelangt so an seinen Platz.

Trinkbecherdekorieren oder Hutwettbewerb: Es ist ein guter Auftakt, wenn man die Kinder gemeinsam etwas um die Wette basteln läßt. So kann sich jeder seinen Trinkbecher selber mit Seidenpapier, Buntpapier oder Klebefolie schmücken, damit er ihn dann wiedererkennt, oder man legt einen Stapel verschiedener Papiere, Zeitungen und Zeitschriften, Scheren und Weißleim bereit und startet einen Hutmacherwettbewerb. Prämiert werden alle Hüte (der originellste, der größte, bunteste, höchste etc.).

Hindernisrennen ist ein besonders aufregender Auftakt. Die „Bahn" muß vorher aufgebaut werden: unter einem Stuhl durch, über eine Mauer von Bauklötzen, zwischen leeren Flaschen, durch einen großen Karton oder alten Autoreifen, über Stühle und Limonadenkisten. Am Ziel können Papiertüten liegen, die man aufbläst und mit lautem Knall zerplatzen läßt.

5-7

Krachpolonaise: Für jedes Kind steht ein Instrument bereit, Kochtöpfe, Deckel, Löffel, Blechdose mit Steinen, Klingel, Schachtel mit Murmeln (siehe auch unter selbstgemachte Musikinstrumente Seite 155 und 256).
Die Kinder „üben" sich ein, bis alles versammelt ist. Dann beginnt eine vom Erwachsenen angeführte Polonaise durch die Wohnung. Dabei werden gleich die einzelnen Örtlichkeiten wie Küche, Toilette, Waschgelegenheit vorgestellt. Die Polonaise läßt sich auch ausdehnen auf Treppenhaus, Keller und bei schönem Wetter ins Freie. Auf alle Fälle die anderen Hausbewohner vorher verständigen!

Wett- und Bewegungsspiele

Alle Wettspiele, bei denen es um die Sache und nicht um das Einstellen auf ein Gegenüber geht, helfen dabei, die Schüchternheit zu vertreiben, und kommen dem Bewegungsdrang der Kinder entgegen.

Sackhüpfen: Zwei oder mehr Kinder schlüpfen je in einen Sack, den sie mit beiden Händen oben halten oder der um die Taille zugebunden wird. Hüpfend müssen sie nun ein vorher bestimmtes Ziel erreichen. Wer zuerst ankommt, ist Sieger.

Froschhüpfen: Alle Kinder gehen in die Hocke und stemmen die Arme in die Hüften. Auf ein Zeichen beginnen sie, zum Ziel zu hüpfen. Wer ist erster?

Wasser tragen: Auf einem Tablett stehen zwei bis drei unzerbrechliche Gefäße, die mit Wasser gefüllt sind. Wie ein Kellner soll man sie an ein bestimmtes Ziel balancieren, ohne Wasser zu verschütten. Sieger ist, wer als erster ankommt, wer kein Wasser verschüttet hat oder wer sich als geschicktester und elegantester Kellner erwiesen hat.

Pingpongball-Wettrennen: Die Kinder stellen sich in einer Reihe auf. Tischtennisbälle (Kartoffeln, Murmeln oder Ostereier) werden auf ein Startzeichen hin mit einem Löffel um die Wette zum Ziel getragen. Wer etwas fallen läßt, muß von vorn beginnen. Wer mit vollem Löffel die Ziellinie erreicht, bekommt einen Preis.

Schuhrennen: Die Kinder haben ihre Schuhe ausgezogen und möglichst durcheinander auf einen Haufen geworfen. Sie stehen in einiger Entfernung und rennen auf ein Kommando zum Schuhberg. Wer zuerst seine Schuhe angezogen hat und zum Start zurückgekehrt ist, hat gewonnen.

Bäumchen, Bäumchen, wechsle dich: Jedes Kind hat um sich einen Kreis gezogen, mit Kreide oder mit einem Stein im Sand. Nur ein Kind nicht. Dieses ruft: Bäumchen, Bäumchen, wechsle dich! Daraufhin müssen alle Kinder ihren Platz wechseln und versuchen, in einen anderen Kreis zu gelangen. Das Kind, das übrigbleibt, ruft bei der nächsten Runde aus.

Katze und Vogel: Ein Kind ist die Katze. Alle übrigen sind die Vögel. Die Katze muß die Vögel fangen, darf sich aber nur auf allen Vieren bewegen, während die Vögel nur mit geschlossenen Beinen hüpfen dürfen. Wer gefangen wird, scheidet aus. Der letzte Vogel ist Sieger.

5-7

Brezelschnappen (Würstchen oder Krapfen): Wenn ein bestimmter Sieger ermittelt wurde, kann sich dieser eine Brezel schnappen. Auf einer durchs Zimmer gespannten Schnur hängen so viele Brezeln, wie Kinder eingeladen sind. Sie sind so hoch angebracht, daß man sie springend mit dem Mund erreichen kann. Die Hände dürfen dabei nicht zu Hilfe genommen werden. Nur wem es gelingt, ein Stück abzubeißen, der erhält die ganze Brezel. Man kann auch vereinbaren, daß jedes Kind nur eine bestimmte Anzahl von Versuchen hat und dann dem nächsten Platz machen muß.

Stock suchen: Im Freien wird ein Stock in die Erde gerammt, im Zimmer oder Flur kann es eine Flasche sein. Es wird abgezählt, wie viele Schritte es bis zum Stock sind. Dann werden den Kindern die Augen verbunden. Auf ein Startzeichen versucht jedes Kind, mit der vorgeschriebenen Anzahl an Schritten dem Stock so nahe wie möglich zu kommen.

Weitere beliebte Spiele sind Blinde Kuh, Topf schlagen, Plumpsack und andere Kreisspiele. Siehe auch Anregungen unter Musik und Turnen.

Spiele um den Tisch und im Kreis

Neben Gesellschaftsspielen, wie sie bereits unter dem Stichwort Programm erwähnt wurden, ist jetzt schon eine ganze Auswahl an Spielen möglich.

Tip: Bonbons, Zuckereier, Rosinen, Plätzchen werden auf dem Tisch ausgelegt. Während ein Kind vor die Tür geht, bestimmen die anderen eine Süßigkeit, die nicht angefaßt werden darf. Wird das Kind hereingerufen, darf es Stück für Stück die Süßigkeiten an sich nehmen. Alle schauen stillschweigend zu, bis es das verbotene Bonbon berührt, und rufen dann laut „Tip". Dann geht das nächste Kind vor die Tür. Je älter die Kinder hierbei sind, desto mehr wird das Spiel zu einem psychologischen Test mit Wetten und Vermutungen: „Dieses dicke Bonbon nimmt er bestimmt als erstes", usw.

Alle Vögel fliegen hoch: Die Spieler sitzen um den Tisch, in dessen Mitte eine Schachtel mit Steinchen oder Hölzchen steht. Alle Hände liegen auf der Tischplatte. Der Spielleiter zählt nun rasch nacheinander auf, was fliegen kann. „Alle Vögel fliegen hoch! Alle Drachen fliegen hoch! Alle Libellen fliegen hoch!" Jedesmal hebt er dabei die Hände in die Höhe, und alle Kinder machen das gleiche. Nennt er irgend etwas, was nicht fliegen kann, wie: Alle Häuser fliegen hoch!, so darf außer ihm niemand die Hände hochheben. Wer es falsch macht, muß sich ein Steinchen oder Streichholz nehmen. Gewonnen hat, wer kein oder die wenigsten Steinchen hat.

Kommando Pimperle: Alle sitzen um den Tisch und trommeln mit den Fingern auf die Tischplatte. Der Spielanführer gibt nun Kommandos, „wie Kommando Ellenbogen" (Ellenbogen auf den Tisch stützen), „Kommando Flache" (flache Hand auf den Tisch legen), „Kommando Faust" (die Hände bilden eine Faust), „Kommando Hoch" (Hände in die Höhe strecken), „Kommando Pimperle" (mit den Fingerspitzen trippeln). Jedesmal, wenn er einen Befehl erteilt und vorab „Kommando" sagt, werden seine Kommandos ausgeführt. Sagt er jedoch nur „Pimperle" oder „Ellenbogen", so darf keiner den Befehl ausführen. Wer es vergißt, zahlt ein Steinchen, einen Knopf oder ein Hölzchen. Das Spiel ist aus, wer als erster keinen Einsatz mehr besitzt.

Fischen: Alle legen beide Hände vor sich auf den Tisch, das sind die Fische. Einer spricht: Ich hab gefischt, ich hab gefischt, ich hab die ganze Nacht gefischt und keinen Fisch erwischt! Beim letzten Wort schlägt er zu und versucht eine der auf dem Tisch liegenden Hände zu treffen. Die Kinder müssen sie so schnell wie möglich unter den Tisch bringen. Wer getroffen wird, muß als nächster angeln.

Wattepusten: In der Mitte des Tisches liegt ein kleiner Bausch Watte. Die Spieler sitzen eng um den Tisch. Die Hände müssen unter dem Tisch liegen. Der Wattebausch wird von den Spielern hin und her gepustet. Er darf nicht vom Tisch fallen. Die beiden Spieler, zwischen denen die Watte doch herunterfällt, zahlen ein Pfand.

Streichholzschachtel-Staffel: Die Kinder sitzen im Kreis. Eines hat die Hülle einer Streichholzschachtel auf der Nase und versucht, sie, ohne die Hände zu benutzen, an die Nase des Nachbarn weiterzugeben. Wer sie herunterfallen läßt, scheidet aus oder gibt ein Pfand.

Wandernde Glocke: Ein Glöckchen wird im Kreis herumgegeben, aber ganz vorsichtig, denn es darf nicht klingeln. Wer es nicht schafft, es leise weiterzugeben, zahlt ein Pfand oder scheidet aus. Weitere Pfänderspiele auf Seite 138.

Pfand einlösen: ein Liedchen singen, auf einem Bein um den Tisch hüpfen, ein Gedicht aufsagen oder einen Schnellsprechsatz nachsprechen (siehe unter Sprache), beim nächsten Spiel vor die Tür gehen, einen Purzelbaum oder ein anderes kleines Kunststück machen (siehe unter Turnen), eine Schleife binden, sich von einem Mitspieler ins Auge sehen lassen, ohne zu zukken oder zu lachen, blind ein Männchen oder ein Gesicht zeichnen, ein kleines Rätsel lösen. Kinder Vorschläge machen lassen.

Blinzeln und **Hänschen Piep** lassen sich jetzt spielen. Nach dem Prinzip von Hänschen Piep wird auch das folgende Spiel gespielt:

Liebes Tier, wie heiß ich denn? Ein Kind geht vor die Tür. Ein anderes legt sich unter eine Decke auf den Fußboden. Das erste Kind wird hereingerufen und muß erraten, wer unter der Decke steckt. Es darf das Kind unter der Decke dreimal fragen: Liebes Tier, wie heiß ich denn? Das Kind unter der Decke darf die Antwort piepsen oder brummen und muß an der Stimme erkannt werden. Zieht das nicht, kann es ein Bein oder einen Arm hervorstrecken, oder die anderen können es beschreiben, bis der Rater es herausgefunden hat. Um es schwieriger zu machen, kann man das „Tier" zum Beispiel mit einem Kissen ausstopfen oder gar nur einen Puppenwagen unter die Decke schieben und gut verkleiden. Der Erwachsene versucht dann, „bauchredend" zu antworten.

Der duftende Wattebausch: Ein Wattebausch wird mit intensiv duftender Flüssigkeit (Parfüm) getränkt und im Zimmer versteckt. Die Kinder werden hereingerufen und sollen erriechen, wo er ist. Wer hat den besten Riecher?

Weitere Anregungen finden sich unter Horchspiele in den Musikkapiteln, Ratespiele und Gruppenspiele bei Sprache.

Nachahmen, Verkleiden, Rollenspiel

Das Rollenspiel der Kinder wird differenzierter. Es führt hin zu erstem kleinem, richtigem Theater. Dies kann man sich zunutze machen, indem man Nachahmespiele und Spiellieder anregt (siehe auch unter Sprache, Musik und Turnen).

Adam hatte sieben Söhne:
Die Kinder sitzen im Kreis oder gehen singend im Kreis. Auf „sie machten alle so wie ich" bleiben sie stehen. Eines von ihnen macht eine Tätigkeit vor (essen, Seil springen, Treppe steigen, Tier streicheln), und die anderen müssen raten, was das ist. Wer es zuerst erraten hat, darf als nächster etwas vormachen.

Mein Hut, der hat drei Löcher: Ein Lied, bei dem jedesmal ein Wort weniger ausgesprochen und dafür durch Gesten ersetzt wird.

Mein Hut, der hat drei Löcher,
drei Löcher hat mein Hut,
und hätt er nicht drei Löcher,
so wär es nicht mein Hut.

Ersetzt werden „mein" durch mit der Hand auf die Brust schlagen, „Hut" durch sich auf den Kopf fassen, „drei" durch drei vorgestreckte Finger, „Löcher" durch ein in die Luft gezeichnetes Loch. Statt dessen darf kein Brummer, kein Summen, kein Wortansatz hörbar sein.

Spiellieder mit vorbestimmten Handlungen sind zum Beispiel „Mariechen saß auf einem Stein" und „Dornröschen war ein schönes Kind", „Wer will die fleißigen Handwerker sehen" usw. Siehe auch unter Musik und Sprache.

Geschichten nachspielen: Eine Geschichte wird vorgelesen oder erzählt und dann den Kindern zum Nachspielen oder weiterspielen überlassen. Dabei können auch Tagesereignisse ins Spiel umgesetzt werden.

Fernsehprogramm: Durch einen Styroporrahmen als Bildschirmrand kann man besonders aufregende Sendungen von den Kindern nachspielen lassen. Der Erwachsene sollte vielleicht steuern, daß jedes Kind eine Aufgabe erhält, sei es als Zuschauer, Kameramann, ein im Studio auftauchender Hund etc.

Verkleidungskiste: Eine mit lauter interessanten Kleidungsstücken gefüllte Kiste bietet nach wie vor Anreiz genug, sich in Verkleidungs- und Kostümierungsspielen zu ergehen. Siehe auch Rollenspiel auf den Seiten 59, 122 und 130ff.

5-7

Gemeinsames Basteln und Gestalten („Gestaltungsspiele")

In den Kapiteln „Bildnerisches Gestalten" und „Basteln" wurden zahlreiche Möglichkeiten aufgezählt, was Kinder in diesem Alter schon selber machen können. Viele Dinge davon eignen sich zur Gruppenarbeit. So kann ein Hutwettbewerb gestartet werden, oder Kinder bauen gemeinsam Tiere aus Papier und Kleister.

Ein Mal-Happening kann Höhepunkt eines Festnachmittags sein, auch ein Konzert auf selbstgefertigten Instrumenten. Man kann auch eine Gruppenarbeit anregen. Jedes Kind zum Beispiel malt Äpfel und Blätter und schneidet sie aus. Alle gemeinsam setzten daraus einen Riesenapfelbaum zusammen. Wichtig ist hier bei der Vorbereitung, daß für jedes Kind genügend Werkzeug und Arbeitsmaterial vorgesehen wird. Bei den Jüngeren ist es sogar gut, wenn jeder sein eigenes Werkzeug (Schere, Pinsel etc.) zur Verfügung hat.

Passive Unterhaltung

Wie bei den 3- bis 5jährigen Kindern ist es auch jetzt noch gut, wenn man etwas zur Beruhigung, Sammlung oder zum Auspendeln vorbereitet hat, wobei die Kinder ruhig sitzen, schauen, hören und etwas in sich aufnehmen können.

Sie können nun schon ca. 20 Minuten einer Geschichte auf einer Schallplatte zuhören, freuen sich über den Kasper oder eine andere Puppenvorführung, hören gerne zu, wenn man ihnen eine spannende Geschichte vorliest oder ein Musikstück auflegt. Nach Musik läßt sich auch wunderschön malen. Mit geschlossenen Augen und Kreiden in beiden Händen kann man Kinder sich rhythmisch auf dem Papier ausmalen lassen. Geben Sie Ihrem Kind hierzu zum Beispiel einen großen Bogen Packpapier.

Ganz einfache pantomimische Spiele und Ratespiele, bei denen die Kinder erraten sollen, was dargestellt wird, finden immer wieder Anklang. Das ist eine gute Möglichkeit, zuzuschauen und selber tätig zu werden.

Zaubervorführungen fangen jetzt an, interessant zu werden. Noch genügen ganz einfache Tricks, die der Erwachsene oder ältere Geschwister vorführen. Man findet sie in jedem Zauberbuch.

5–7

☆ Die Zauberbanane ☆

Du brauchst: eine große Banane, eine lange Nähnadel, einen ca. 20 cm langen, reißfesten Faden

So wird's gemacht:

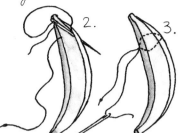
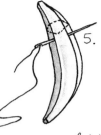

1. Stich die Nadel flach unter einem Schalenstreifen durch. Ziehe die Nadel heraus und laß den Faden unter der Schale.

2. Stich am Fadenausgang wieder ein und unter dem nächsten Streifen durch. So führst du Nadel und Faden ganz um die Banane herum (3.)

4. Wenn du an beiden Fadenenden gleichzeitig ziehst, wird die Banane innen zerschnitten.

5. So kannst du die Banane in Scheiben zerschneiden – unsichtbar!

So wird's vorgeführt:

„HIER EINE GANZ NORMALE BANANE..."

„...HOKUS POKUS FIDIBUS..."

„...DIE BANANE IST VERZAUBERT!"

„SIE IST NÄMLICH SCHON IN SCHEIBEN ZERSCHNITTEN."

Abschluß

Ein Ende muß sein bei jedem Fest. Ein Imbiß ist eine gute Möglichkeit, Kinder von ihren Spielen zu lösen und zu stärken, bevor sie den Heimweg antreten. Um den Kindern den Abschluß zu erleichtern, kann man ihnen auch einen kleinen Anreiz schaffen.

Tombola: Bevor alle nach Hause gehen, darf jeder einmal tief in den Korb greifen und ein Zettelchen ziehen. Die Preise sind auf einem Bücherbord aufgestellt und mit einem Zettel gekennzeichnet, auf dem das gleiche Symbol gemalt oder geklebt ist wie auf dem gezogenen Los.

Blind schneiden: Vor dem Abschied darf sich jeder mit verbundenen Augen ein kleines Päckchen von der Wäscheleine abschneiden. Die anderen dirigieren durch Zurufe, damit nicht die Leine zerschnitten wird.

5-7

Laternenumzug: Laternen wurden vorbereitet und können eventuell von jedem Kind selber zu Ende gebastelt werden (siehe Seite 203, 212 und 308). Dann darf jedes seine Kerze selber anzünden und wird nach Hause begleitet, falls der Heimweg in die nächste Nachbarschaft führt. Sonst wird der Weg zum Auto oder zur Bushaltestelle „geleuchtet". Meist werden ja in einem solchen Falle Eltern oder Geschwister das Kind abholen kommen. Der Laternenzug hat allerdings nur einen Sinn, wenn es abends früh dunkel wird, damit man auch das Kerzenlicht tatsächlich sieht, er kommt also nicht für ein Fest im Hochsommer in Frage.

La - ter - ne, La - ter - ne, Son-ne, Mond und Ster-ne. Bren-ne auf mein Licht, brenne auf mein Licht a-ber nur mei-ne lie-be La - ter - ne nicht!

Sprache

7–10

Wenn das Kind lesen und schreiben kann, erschließen sich ihm ganz neue Bereiche. Es kann sich nun schriftlich mitteilen, und das gedruckte Wort gewinnt immer mehr an Bedeutung. Manche Kinder entwickeln sich bald zur Leseratte. Dann sollten Sie das Kind mit der nächsten Jugendbibliothek bekanntmachen. Dort finden sich Bücher für jede Alters- und Entwicklungsstufe und für alle Interessensgebiete. Wenn Ihr Kind nicht gern liest, sollten Sie ihm Scherzfragen- oder Rätselbücher vorschlagen, abenteuerliche und lustige Geschichten oder Detektivgeschichten.
Darüber hinaus sind die Möglichkeiten, mit der Sprache zu spielen und Sprachspiele zu erfinden, fast unbegrenzt. Hier können nur Beispiele genannt werden, die zur Nachahmung, Erweiterung und Abwandlung anregen sollten. Spiele dieser Art fördern die Ausdrucksfähigkeit des Kindes besonders deshalb, weil es seine Fortschritte nicht durch gezieltes Üben, sondern unbewußt und so mit jener Intensität macht, die allem spielenden Lernen zu eigen ist. Die Auswahl wurde unter folgenden Gesichtspunkten getroffen:
- Das Kind in diesem Alter hat Freude daran, etwas gemeinsam mit anderen zu tun oder zu spielen. Es nimmt jetzt die

7-10

Inhalte und Themen der Spiele wichtiger, deshalb braucht es anspruchsvolle und spannende Spiele.
- Jüngere und ältere Kinder sollten die Chance haben, miteinander zu spielen.
- Man kann viele Spiele variieren und leichter oder schwerer gestalten.
- Schwerpunkte werden gesetzt: Denken – Zuhören – Kombinieren. Konzentration und Gedächtnis stärken, Hemmungen abbauen – Rücksicht nehmen, Geduld üben – Sicherheit gewinnen, spielend lernen – Spaß haben.

Buchstaben-Späße

Kennst du einen Amnabas – Emnebes – Imnibis – Omnobos – Umnubus?
Ißt du gerne Ardbaaraas – Erdbeerees – Irdbiiriis – Ordbooroos – Urdbuuruus?
Ich habe eine Mandharmanaka – Mendhermeneke – Mindhirminiki – Mondhormonoko – Mundhurmunuku.
Im Garten steht ein Gertenzwirg – Gortenzwurg – Girtenzwarg – Gurtenzworg – Gartenzwerg.
Weißt du noch mehr?

Von rechts nach links sprechen: Heißt jemand von euch Retep? Flor? Nirak? Dirtsa?
Kennst du eine Suam? eine Eztak? einen Dnuh?
In welchem Tro wohnst du? In welcher Essarts? Welche Remmun? Rate, was ich meinem Freund zum Gatstrubeg schenke: einen Llabssuf!
Riw nennök snu ella ni reseid ehcraps netlahretnu!

Immer zu dreien:
Eine A-meise, eine B-meise, eine C-meise ...
ein A-horn, ein B-horn, ein C-horn ...
A-merika, B-merika, C-merika ...
A-malie, B-malie, C-malie ...
ein A-bra, ein B-bra, ein C-bra ...
Ein A-braham, ein B-braham, ein C-braham ...

Geheimsprachen

Geheimsprachen kann man sich selber ausdenken. Nach einiger Übung kann man sich fließend darin unterhalten. Hier ein paar Rezepte für Anfänger.
Nach jedem Vokal wird ein „b" eingefügt und der betreffende Vokal wiederholt: Dibisebe Sprabachebe ibist nibicht schweber.
rw wird eingefügt (zwischen dem r und w kann auch der betreffende Vokal noch einmal auftauchen): Dirwieserwe Sprarwacherwe irwist schorwon schwerwererwer.
Diriwieserewe Sprarawacherewe iriwist schorowon schwerewererewer.
lef wird eingefügt: Dilefieselefe Spralefachelefe heilefeißt „Löleföffelefel" – Spralefachelefe.
l und r werden vertauscht: Das kringt so: Übung macht den Meistel – es ist noch kein Meistel vom Himmer gefarren.

Wortspiele

Brotlose Künste: Du kennst viele Berufe. Du weißt, was ein Bäcker, ein Busfahrer, ein Nachtwächter zu tun hat. Was aber tut ein Feder - Halter, ein Gabel - Stapler, ein Ton - Verstärker, ein Magen - Bitter, ein Uhr - Zeiger, ein Hagel - Schauer, ein Treppen - Läufer, ein Zitronen - Falter, ein Taschen - Messer?
Kann das Kind noch mehr sonderbare Berufe aufzählen? Es kann sie seinen Freunden vormachen und raten lassen.

Chinesisch: Wußtest du schon, daß wir viele chinesische Wörter in unserer Sprache haben?
Klei - der Schrank, je - der Mann, Le - der Mantel, Bil - der Rahmen, Son - der Urlaub, Schnei - der Sitz... Wenn das Kind auf die Suche geht, findet es noch viel mehr.

Teekessel: Zwei Mitspieler machen miteinander ein Teekesselwort aus, das ist ein Wort mit zwei Bedeutungen. Die übrigen müssen aufgrund der Aussagen, die die beiden über ihren Teekessel machen, den Begriff erraten. Vielleicht finden die Kinder sogar ein Wort mit dreierlei Bedeutung. Hier ein Beispiel:
A: Meinen Teekessel kann man essen.
B: Meinen nicht.
A: Mein Teekessel schmeckt gut.
B: Meinen muß man vorsichtig behandeln.
A: Mein Teekessel wächst auf Bäumen.
B: Meinen kauft man im Geschäft.
A: Meinen Teekessel kann man kochen.
B: Meiner wird mit Strom gefüttert.
(Birne)

Beispiele für Teekesselwörter: Hahn - Bank - Schloß - Tor - Pflaster - Ton.

 7–10

Wortketten kann man aus drei Hauptwörtern bilden: Steck - nadel - baum, Vanille - eis - scholle, Eis - zeit - lupe, Voll - mond - rakete.
Beim Gruppenspiel baut man die Kette so lang, wie es die Kinder schaffen: Papier - Schnitzel - Jagd - Messer - Schmied(e) - Hammer - Fest - Saal ...
Variation: Die Wortkette muß sich nach der ersten oder zweiten Runde schließen, z.B. Bilder - Buch - Laden - Schluß - Licht - Bilder.

Tiger-Jagd: Ein Ar-tiger, ein Blu-tiger, ein Durs-tiger, ein Eins-tiger, ein Fet-tiger, ein Gü-tiger, ein Hef-tiger, ein Kan-tiger, ein Lus-tiger, ein Mu-tiger, ein Präch-tiger, ein Rüs-tiger, ein Sanftmü-tiger, ein Tüch-tiger und ein Wich-tiger gingen zu einem Tiger-Treffen. Da waren schon versammelt ...
Wie viele Tiger-Arten findet das Kind noch?

ABC-Spiele

Für die ABC-Spiele gibt es keine festen Regeln. Man kann sie allein, zu zweien, zu vielen, an fast jedem Ort, mit Jüngeren, mit Älteren, mit oder ohne Papier und Bleistift, mit Pfandabgabe oder ohne spielen; man kann sie abändern und neue hinzuerfinden.

Wie viele Wörter weißt du mit K..., L..., G...? Den Buchstaben sticht man aus dem Telefon- oder Kinderbuch, man kann mit einer Stoppuhr spielen, nach Sachthemen geordnet, als Gedächtnisübung (alle vorherigen Wörter wiederholen) oder als Ballspiel, z. B. so:
Einer ist der „Lehrer", der den „Schülern" der Reihe nach den Ball zuwirft mit der Aufforderung, einen Namen (eine Stadt, ein Kleidungsstück etc.) mit einem bestimmten Anfangsbuchstaben zu nennen. Wer es geschafft hat, rückt in die nächste „Klasse" auf, wo die Aufgabe etwas schwerer wird; wenn nicht, muß er die „Klasse" wiederholen.

Das Tier- (Namen-, Blumen-, Länder-) ABC aufsagen: Aal, Bär, Chamäleon, Dromedar ... Wenn es nicht weitergeht, kommt der nächste dran.

Karten belegen: Das ABC auf Karten schreiben und ausbreiten. Auf jede Karte wird ein Gegenstand mit dem entsprechenden Anfangsbuchstaben gelegt.

Was steht in der Zeitung? Gesucht werden Wörter, die auf -ung enden: Achtung, Bedeutung, Chlorvergiftung ...

Lustige Begebenheiten: Der Apotheker verschreibt dem Affen eine Arznei. Der Bürovorsteher gibt dem Beuteltier ein Bonbon. Der Chemiker leiht dem Chinchilla seinen Crysler.
Ich heiße Luise, komme aus Ludwigshafen, esse gern Leberwurst, habe einen Lippenstift bei mir und reise nach L ...
Heißt du Wanda Weidenwurm? Nein, ich heiße Wilhelmine Wunderlich. Kommst du aus dem Wilden Westen? Nein, ich komme aus dem weißen Wunderland. Ißt du gerne warme Weißwürste? Nein, ich esse gern weiches Weißbrot ...
Ich zaubere mir einen Apfel, ... einen Baum, auf dem der Apfel wächst; ... einen Christian, der auf den Apfelbaum klettert; ... einen Drachen, der Christian gehört und in dem Apfelbaum hängt.

Eine ABC-Geschichte erzählen: Es war einmal ein Mann namens Alibali, der stieg auf einen hohen Berg. Da begegnete ihm ein Chinese ...

Das Galgenspiel: Das Kind denkt sich ein langes Wort oder einen Satz aus und schreibt den ersten Buchstaben auf. Jeden weiteren ersetzt es durch einen Punkt. Nach den Angaben der Mitspieler ergänzt es den Text. Nennt jemand einen Buchstaben, der nicht vorkommt, wird er stückweise „an den Galgen" gehängt. Die Regeln für das Ende des Spiels kann man selber aufstellen, ob zum Beispiel die Lösung genannt werden darf, sobald jemand sie gefunden zu haben glaubt; ob man „Galgenpunkte" zählen will usw.

Auto-ABC: Jeder wählt sich einen oder mehrere Buchstaben und erhält immer dann einen Punkt, wenn dieser auf dem Nummernschild eines in Sicht kommenden Autos erscheint. Die Buchstaben können auch unterschiedlichen Punktwert haben.
Was die Ortskennzeichen bedeuten könnten: HH: Habe Hunger; heißer Hummer; WOB: Will Onkel besuchen; werde Ostern baden; RAV: Reiselustiger Affe vermißt; Ruths Abendkleid vergessen; MA – GE: Mag Anne gern Erbsen? HB – KL: Hat Bernd keine Lust?

Gesellschaftsspiele

Ratespiele: Ein Wort aufschreiben und den Zettel jemandem auf den Rücken binden. Entweder muß dieser durch Fragen die Lösung herausfinden, oder die nicht eingeweihten Mitspieler erfragen das Wort.

Abwandlung der üblichen Ratespiele (Personen, Tiere, bestimmte Gegenstände raten) durch selbstverfaßte Regeln: Jede Frage nach der Lösung, die mit „ja" beantwortet wird, wird mit einer Spielmarke belohnt, oder man zahlt für jede „Ja"-Frage eine, für jede „Nein"-Frage zwei Spielmarken. Man ist so lange an der Reihe, bis man eine „Nein"-Frage gestellt hat, man bildet zwei Parteien und rät um die Wette usw.

 7-10

Kofferpacken einmal anders: Die „Kofferpacker" müssen alles wiederholen, was bisher schon genannt wurde, bevor sie einen neuen Gegenstand hinzufügen. Wer sich vertut, gibt ein Pfand.

Liederraten: Jeder Mitspieler bekommt ein oder zwei Wörter eines Liedanfangs zugeteilt, z. B. Der - Mai - ist - gekommen. Dieses Wort muß er in seiner Antwort auf Fragen des Ratenden möglichst unauffällig verwenden: „Hast du gut geschlafen?" „Nicht so gut, der Autolärm hat mich gestört." „Wann hast du Geburtstag?" „Im Mai jedenfalls nicht." „Hast du immer gute Laune?" „Leider ist meine Laune sehr unterschiedlich" ... usw.

Weder Ja noch Nein: Einem Freiwilligen werden vom Spielleiter in schneller Folge Fragen gestellt. Die Antworten dürfen die Wörter „ja", „nein" - eventuell auch „schwarz" und „weiß" - nicht enthalten. Wer hält am längsten durch?

Meine Nachbarin ist krank: Die Mitspieler sitzen im Kreis. Der Spielleiter erzählt seinem linken Nebenmann: „Meine Nachbarin ist krank." Der fragt zurück: „Was hat sie denn?" „Ein Zittern in der Hand", („Zahnschmerzen", „Halsweh" oder anderes nach Wahl) ist die Antwort, wobei der Spielleiter eine entsprechende Bewegung macht, um das Leiden anzudeuten. Die Neuigkeit verbreitet sich nun in der gleichen Weise weiter, bis sie einmal die Runde gemacht hat und alle Anwesenden mit der Hand zittern. Dann nennt der Spielleiter unter Wiederholung der ersten die zweite Krankheit (Spielverlauf wie oben) mit einer dazugehörigen Geste; später eine dritte und vierte, eventuell noch eine fünfte, so daß der Dialog nun etwa lautet: „Meine Nachbarin ist krank." „Was hat sie denn?" „Ein Zittern in der Hand, einen steifen Rücken, einen schiefen Hals, einen Stockschnupfen und ein Zucken im linken Bein." Man kann das Spiel dann abbrechen oder die Nachbarin nach und nach wieder gesund werden lassen.

Schreibspiele

Aus 1 mach 10: Aus den Buchstaben eines langen Wortes, auf das man sich einigt, werden möglichst viele neue Wörter gebildet, z. B. aus Elektrizitätswerk: Klee, Keil, Rest, Käse, Werk, Zeit, Kette, Weise, Rätsel, Esel, Tier, List, Täter, Erle...

Wörter beenden: Dieses Spiel eignet sich am besten für zwei Teilnehmer. Es beginnt damit, daß der erste einen Buchstaben aufschreibt, der andere einen zweiten hinzufügt, der erste wiederum einen dritten und so fort, bis ein sinnvolles Wort entstanden ist. Wer das Wort beenden konnte, erhält einen Punkt. Der Reiz des Spieles liegt darin, durch geschickte Auswahl und Planung dem Gegner diese Möglichkeit zu nehmen und sich von vornherein den Punkt zu sichern, den man auch erhält, wenn der Gegner aufgibt. Natürlich muß man jederzeit das Zielwort nennen können, das man im Sinn hatte. Man sollte sich vorher einigen, welche Art von Wörtern anerkannt werden, nur Hauptwörter, keine Eigennamen, keine Fremdwörter usw., wobei man das Alter der Mitspieler berücksichtigen wird.

„Stadt-Land-Name-Fluß" einmal anders. Bekannt ist das Spiel in dieser Form:

	STADT	LAND	NAME	FLUSS	GEBIRGE
M	München	Madagaskar	Moritz	Missouri	—
E	Essen	England	Eva	Eder	Eiger
K	Kassel	—	Karl	Kongo	Karwendel

Man kann sich nun für die Spalten einmal ganz andere Überschriften ausdenken, z. B. Geburtstagsgeschenk / Wovor ich Angst habe / Getränk / Beruf / Person aus einem Buch / Was ich für eine Party brauche / Was ich auf eine einsame Insel mitnehme / und so weiter. Die Anfangsbuchstaben kann man mit einer Stecknadel aus einer Zeitung herausstechen.

Silbenrätsel: Silbenrätsel sind bekannt und in vielen Zeitungen und Zeitschriften zu finden. Lustiger ist es, wenn man sie selber macht – nebenbei eine ausgezeichnete Übung im Umgang mit der Sprache, im Kombinieren, Konzentrieren, Formulieren und Ordnen. Sicher findet man auch jemanden, der die Rätsel lösen möchte: Eltern, Großeltern, Geschwister oder Briefpartner.

Telegramme: Man wählt eine beliebige Buchstabenfolge, z. B. K D O B G. Aufgabe der Mitspieler ist es, daraus einen Telegrammtext zu machen. Eine Jury kann die besten prämieren.

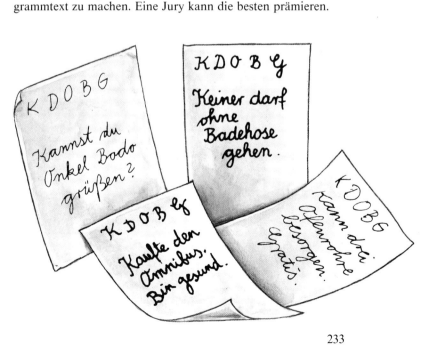

 7-10

Geheimnisvolle Botschaften: Dazu muß man einen Code erfinden. Am leichtesten ist es für Kinder, wenn sie statt der Buchstaben Zahlen verwenden, wobei sie die Reihenfolge beliebig festsetzen können. Man kann die Buchstaben auch durch andere ersetzen, durch die im Alphabet nachfolgenden oder vorhergehenden oder nach einem komplizierten Verfahren. Spaß macht es auch, sich einen Chiffre-Bogen anzufertigen, der die Geheimbotschaft enthüllt, wenn man ihn auf einen normalen Text legt.

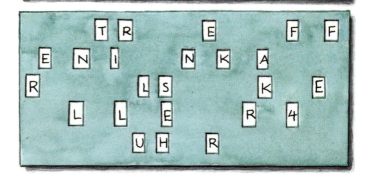

Lustige Sätze: Die Mitspieler werden aufgefordert, eine Ortsangabe auf ein Blatt Papier zu schreiben, das Geschriebene umzuknicken, so daß der obere Rand verdeckt ist, und den Zettel an den Nachbarn weiterzugeben. In der nächsten Runde ist eine Tätigkeit an der Reihe, dann ein Hauptwort, dann eine Begründung, die mit „weil" beginnt. Die Zettel werden noch einmal weitergereicht und dann die Texte verlesen. Das klingt etwa so:

Die Satzmuster kann man verändern und erweitern, und eine Jury kann Punkte für gute Beiträge vergeben, wobei der Zufall eine Rolle spielt, so daß auch jüngere oder weniger geübte Kinder zum Erfolg kommen können.

7–10

Zu verkaufen: Dieses Spiel ähnelt dem vorigen und wird in gleicher Weise durchgeführt. Eine Verkaufsanzeige soll zusammengestellt werden. Sie muß enthalten: Das Verkaufsobjekt (Wellensittich, Waschmaschine, Klavier, Wohnwagen), seine Eigenschaften und besonderen Merkmale (blau-grün, fast neu, 3,30 m lang, hört auf den Namen Jaco, oben zu öffnen, 10 000 km gelaufen), Begründung für den Verkauf (verträgt sich nicht mit dem Hund, die Nachbarn fühlen sich gestört, die Unterhaltskosten sind zu teuer etc.) und die Preisangabe (zu verschenken in liebevolle Hände, 350 DM, zu tauschen gegen Farbfernseher etc.)

Die Riesenschlange: Eine Riesenschlange herzustellen ist eine gute Beschäftigung für Regentage oder lange Genesungsstunden im Bett. Zuerst malt man eine große Schlange oder Raupe auf ein Blatt Papier, deren Leib man mit einem Ringelmuster versieht. Aus Katalogen und Illustrierten schneidet man nun Wörter aus, die aneinandergereiht einen witzigen Text ergeben und die man abwechselnd mit kleinen Bildern oder bunten Flecken in die Felder klebt.
Die fertige Schlange hängt man über sein Bett, oder man schickt sie als Botschaft an einen Verwandten oder Freund.

Geschichten erfinden

Kinder denken sich gern Geschichten aus – das sollte man auf jeden Fall unterstützen und sie auch dazu ermuntern. Oft fehlt nur der Anreiz, der durch das Thema oder bestimmte Spielregeln gegeben werden kann. Hier sind einige Vorschläge:
Eine Geschichte erzählen, in der 3 oder 4 vorher festgelegte Wörter vorkommen.
Eine Geschichte vom „Unugunu", vom „kleinen Riesen" oder anderen erdachten Gestalten erfinden.
In der Familie Fortsetzungsgeschichten ausdenken, zu denen jeder etwas beisteuert.

Lügen-Wettbewerbe veranstalten: „Ich habe mal einen Mann gesehen, der hatte so große Füße, daß er 3 Meter lange Schuhe brauchte, und wenn er sie waschen wollte, brauchte er für jeden Fuß ein großes Stück Seife ..."

„Fang an – Hör auf"-Geschichten erfinden: Dabei handelt es sich um zwei Brüder mit Namen „Fang-an" und „Hör-auf". An einer beliebigen Stelle sagt der Erzähler etwa: „... und die Mutter rief einen der Brüder herbei, damit er ihr tragen helfe. Wen rief sie?" Antwortet das Kind: „Hör-auf", so ist die Geschichte für diesmal zu Ende; sagt es: „Fang-an", beginnt der Erzähler von vorn. Das wiederholt sich, bis es dem Zuhörer zu langweilig wird. Sehr geeignet als Gute-Nacht-Geschichte.

7-10

Stegreifspiele

Neben den Rollenspielen, zu denen auch die Kasper- und Puppenspiele gehören (siehe Kapitel 5-7jährige) sind für Jüngere alle Spiele geeignet, bei denen das Dargestellte erraten werden soll, meistens Tätigkeiten oder Berufe.

Verschiedene Versionen existieren von dem bekannten **„Zeigt euer Handwerk"**, unter anderen diese:

Die Teilnehmer - mit Ausnahme des Meisters, der vorher bestimmt wird - einigen sich leise auf ein Handwerk oder eine berufliche Tätigkeit. Dann begeben sie sich zum Meister, und es entwickelt sich folgender Dialog: „Wir kommen aus dem Morgenland und haben schwarze Ohren, die Sonne hat uns schwarz gebrannt, wir sehen aus wie Mohren." „Was seid ihr für Leute?" - „Ehrliche Leute; drum, Meister, gib uns Arbeit." - „Zeigt euer Handwerk." Darauf führen sie ihre Tätigkeit vor, und der Meister muß sie erraten. Nennt er die richtige, laufen alle weg. Wen der Meister vor der Ziellinie oder dem Erreichen des Mals erwischt, der muß sich ihm anschließen und beim nächsten Mal mitraten und mitfangen.

Zwiegespräche: Wenn sich zwei Leute unterhalten, so wird das ein Dialog genannt. Man kann einen Dialog selbst erfinden oder einen aufgeschriebenen Text auswendig lernen.

Das folgende Stück ist ein Dialog zwischen einem Jungen und seinem Hund. Die Worte des Jungen sind aufgeschrieben, so daß sie der Spieler vorlesen oder auch auswendig aufsagen kann. Der Spieler des Hundes muß seine Sprache selber erfinden. Hinweis: in verschiedenen Tönen bellen, jaulen, japsen, je nachdem was der Hund ausdrücken möchte.

Peter: (ruft seinen Hund) „Fifi, hierher!"
Fifi kommt gerannt und bellt, als wolle er sagen: „Hallo, Peter!"
Peter: (klopft ihm den Rücken) „Guter Hund! Braver Fifi!"
Fifi bellt, als wolle er sagen: „Ich werde gern geklopft und gestreichelt."
Peter: „Wir wollen spielen, Fifi, ja?"
Fifi bellt, als wolle er sagen: „Das ist eine gute Idee!"
Peter: „Was wollen wir spielen? Willst du einen Stock holen?"
Fifi brummt, als wolle er sagen: „Nein, dazu bin ich zu müde."
Peter: „Oder sollen wir mit dem neuen Gummiball spielen?"
Fifi knurrt, als wolle er sagen: „Dazu bin ich auch zu müde."
Peter: „Ich weiß was. Wir wollen nachsehen, ob wir andere Jungen mit ihren Hunden treffen, mit denen wir spielen können."
Fifi bellt fröhlich, als wolle er sagen: „Das ist großartig, Peter. Ich bin nie zu müde, um mit anderen Hunden zu spielen."
Peter: (beim Hinausgehen) „Das hab ich mir gedacht, daß du das möchtest. Los, Fifi!"
Fifi bellt fröhlich, als wolle er sagen: „Ich bin dabei!"

7-10

Nun kommt die „Unterhaltung" der Hunde, die Geräusche machen, als ob sie sich unterhielten. Die Bedeutung der Geräusche ist vorgegeben, und man muß versuchen, die Laute so hervorzubringen, daß die Zuschauer oder Zuhörer erkennen können, was für eine lustige Unterhaltung gerade stattfindet. Bewegungen und Gesichtsausdruck können die Aussagen noch verstärken.

Kauderwelsch: So wie das Gespräch des Hundes kann man sich auch einen Fantasiedialog zu zweit ausdenken – fragend glucksen, bejahend gurren und Vokale und Konsonanten in verschiedener Betonung flüssig aneinandersetzen, bestätigen, verneinen, sich aufregen, Stimme heben, zischen usw.
Mancher Zuhörer, etwa im Bus oder beim Vorübergehen, wird sich wohl irritiert fragen, welche Sprache die zwei Leute denn da sprechen.

Das Spiel mit den Betonungen: Auch richtige Worte können, durch unterschiedliche Betonung, laute oder leise, langsame oder schnelle Sprechweise jeweils verschiedene Bedeutung in ein Gespräch bringen. So kann man in einem beliebigen Satz, wie etwa „Zum Frühstück esse ich gern ein Ei" der Reihe nach immer wieder ein anderes Wort betonen, flüstern, fragen oder auftrumpfen.

7–10

Etwas auf verschiedene Weise auszusprechen und durch Betonungen Sinnzusammenhänge zu verändern, kann zu einem unterhaltsamen, ja sogar spannenden Lach- und Ratespiel werden.

Wir erfinden unser Spiel selbst: Es gibt viele Möglichkeiten, um zu einer Idee, einem Grundgedanken für ein Stück zu kommen. Etwas ältere Kinder beziehen die Themen für ihre Stegreifspiele aus Erlebnissen, aus der Umwelt, aus Geschichten und Fernsehsendungen und aus der Phantasie. Dazu brauchen sie die Erwachsenen im allgemeinen nicht. Aber vielleicht fragen sie Sie doch einmal um Rat, oder Sie möchten mit einer Gruppe etwas aufführen, im Kinderhort, im Heim, im Ferienlager. Dann brauchen Sie ein paar Themenvorschläge für Spiele, bei denen alle mitmachen können:
Markus hat sich verlaufen / Eine Reise mit Hindernissen / Das ist noch einmal gutgegangen / Erlebnisse im Zoo / Eine Gespenstergeschichte / Eine Familie mit vielen Kindern / Juanita kommt aus Spanien.

Der **Besuch auf einem anderen Stern** zeigt, wie man vorgehen kann, um ein Thema in ein Spiel umzusetzen.

Besuch auf einem anderen Stern
Zuerst sammeln alle Mitwirkenden Ideen: Die Planetenbewohner gehen nicht, die hüpfen immer... Sie haben einen Dolmetscher, sonst kann man sich ja nicht unterhalten... Es sind Vegetarier... Sie schlafen im Stehen... Sie sind grau gepunktet und haben ihre Haare in einem Schopf hochgebunden... Die kleinen Kinder wachsen in Blumenkästen und müssen immer begossen werden... Die Kinder sind sehr streng erzogen... Niemand braucht zu arbeiten, alles wird von Robotern gemacht...
Der Erwachsene gibt einige Stichworte in Form von Fragen, die die Phantasie in Gang setzen. Durch die Beantwortung präzisieren sich die Vorstellungen: Wie heißt der fremde Planet? Wie sieht es dort aus? Wie nennen sich die Bewohner? Wie sehen sie aus, was essen sie, wie sprechen sie? Wie und wo wohnen sie?
Gemeinsam wird entschieden, welche Vorschläge alle aufnehmen wollen. Es wird deutlich, daß sie aufeinander abgestimmt sein müssen und daß die Spieler nicht alle Ideen verwirklichen können. Sie legen die Szenen fest: Die Ankunft, Einladung zum Mittagessen, eine Unterrichtsstunde, eine Sportveranstaltung. Der Besuch findet ein überraschendes Ende.
Den Darstellern wird bei der Aufführung zunächst freie Hand gelassen. Danach wird besprochen, was man noch besser machen könnte. Kinder sind sprunghaft, und ihre Szenen geraten oft sehr kurz. Alle kommen überein, daß sie es noch einmal versuchen und alles möglichst genau zeigen wollen: wie die Planetenbewohner essen, wie sie sich bewegen und was sie zueinander sagen.

Das Spiel wird ein Erfolg, wenn Sie diese Punkte beachten:
- Erwarten Sie nicht gleich beim ersten Mal ein Meisterstück.
- Greifen Sie nicht zu oft ein.
- Lassen Sie zwischendurch einmal einen Satz auf ganz ver-

schiedene Weise sprechen: verzweifelt, erleichtert, erstaunt, lachend, böse, leise, erschrocken, weinerlich ...
- Achten Sie darauf, daß Verkleidung und Ausstattung mit einfachen Mitteln herzustellen sind.
- Zeigen Sie Ihre Freude und ermutigen Sie zum Weitermachen. Vorsichtige Kritik ist gut – Anerkennung ist wichtiger.

7–10

Das Spiel der Spiele. Man bildet zwei Gruppen von je 5–10 Teilnehmern. Jede Gruppe schreibt eine Anzahl von Themen auf einzelne Zettel, die von einem Mitglied der gegnerischen Mannschaft darzustellen sind. Dabei wird man sich in der Schwierigkeit nach dem Durchschnittsalter richten. Das Spiel beginnt damit, daß ein Mitglied der Gruppe A einen der verdeckten Zettel der Gruppe B zieht. Ein Thema darf er zurückweisen, muß aber dann das zweite nehmen und es in jedem Fall der Gruppe B zeigen, so daß diese eingeweiht ist. Die Aufgabe des Spielers besteht nun darin, seiner eigenen Mannschaft das Thema als Pantomime so gut vorzuführen, daß es in möglichst kurzer Zeit (sie wird von jemandem gestoppt) erraten wird. Die Mannschaft darf in beliebiger Reihenfolge Fragen stellen, auf die der Darsteller mit Gebärden antwortet. Dabei hat sich folgender Fragenkatalog als praktisch erwiesen: Ist es ein Filmtitel (Buchtitel, Oper, Schauspiel, Zitat, Lied, Märchen, Schlager)? Der Darsteller kann nicken, den Kopf schütteln oder eine entsprechende Bewegung machen: ein Buch lesen, Anführungszeichen in die Luft schreiben, eine Kamera betätigen. Wie viele Wörter hat das Thema? Das darf mit den Fingern gezeigt werden.
Welches Wort stellst du zuerst dar? Das darf mit den Fingern gezeigt werden.

 7-10

Wieviel Silben hat dieses Wort? Das darf mit den Fingern gezeigt werden.

Während der nun folgenden Vorführung geht es laut und lustig, manchmal turbulent zu, weil die ganze Gruppe den Darsteller durch Zurufe zu deutlicheren Bewegungen auffordert, Fragen stellt und die vermuteten Lösungen für ein einzelnes Wort oder den ganzen Titel in möglichst rascher Folge kundtut. Der Darsteller kann durch eine vorher ausgemachte Handbewegung anzeigen, daß die Gruppe oder ein einzelner auf der falschen (oder richtigen) Fährte ist und daß er von vorne beginnt oder es jetzt mit einem anderen Wort versucht. Er darf aber nicht sprechen.

Hat man Gefallen an dem Spiel, wird man weitere Absprachen treffen, wird besondere Zeichen für die immer wiederkehrenden Artikel (der, die, das, ein, eine) vereinbaren und andere kurze Wörter, die schlecht darzustellen sind.

Man wird zeigen, wie man von einem Wort den „Kopf" oder den „Schwanz" abhackt (Frost - Rost; kalt - alt; Dach - da; Kampf - kam), oder daß sich das gesuchte Wort mit einem soeben geratenen reimt. Es ist zum Beispiel schwer, „leben" darzustellen. Der Spieler stellt also „heben" dar, und sobald das erraten wird, greift er sich an die Ohren, was nach Übereinkunft bedeutet: „reimt sich mit...", worauf die Zuschauer schnell alle Reime wie streben, neben, kleben, geben, leben aufzählen und schließlich auf das richtige Wort stoßen.

Da die andere Gruppe die Lösung kennt, ist das Zuschauen für sie oft besonders amüsant. Ist die Lösung nach einer bestimmten Zeit nicht gefunden, sollte man die Runde abbrechen. Die Gruppe erhält dann keine Punkte oder die Sekundenzahl angerechnet. - In der nächsten Runde ist Gruppe B mit Raten dran, dann wieder Gruppe A, bis alle Teilnehmer einmal an der Reihe waren oder die festgesetzte Zeit herum ist.

Turnen und Bewegung

7–10

Mit dem siebten Lebensjahr und dem Schulanfang beginnt die Zeit der Gemeinschaftsspiele. Zuerst knüpfen sie noch an das Phantasieleben der Kinder an, werden aber nach und nach in bezug auf Gewandtheit, Zusammenspiel und Erfassen von Spielsituationen immer anspruchsvoller und komplizierter.
Geben Sie Ihren Kindern Anregungen und machen Sie Spielvorschläge. Ziehen Sie sich dann aber möglichst vom Spielgeschehen zurück. Die Kinder entwickeln Phantasie und Initiative, wenn sie selbständig spielen können.
Das gleiche gilt auch für die Gymnastik. Die Kinder suchen und brauchen einen Ausgleich für das Stillsitzen in der Schule. Regen Sie Ihre Kinder an, „Turnstunde" zu spielen. Eine Wolldecke oder eine Matratze als Unterlage genügt. Motivieren Sie Ihre Kinder durch Fragen „Wer kann ...?" – machen Sie Vorschläge; loben Sie die Kinder und sorgen Sie dafür, daß die Gymnastik den Kindern wie bisher vor allem Spaß macht.

Akrobatenspiele

Kerze: In der Rückenlage die Knie, so weit es geht, an den Bauch ziehen. Den Rücken mit den Händen abstützen und die Beine kerzengerade in die Luft strecken. Nur Schultern und Kopf liegen noch am Boden. Beim Zurückgehen die Beine über den Kopf nach hinten senken.
„Wer kann mit den Fußspitzen den Boden berühren?" – Einen Moment verharren und die Beine langsam und leise zurück auf den Boden legen. Nicht gleich aufgeben, wenn es im Nacken zieht. Beim zweiten Mal geht es schon viel besser.

Klappmesser: Ausgestreckt auf dem Rücken liegen. Hände und Füße in der Luft so zusammenklappen, daß nur noch der Po den Boden berührt. Einen Moment die Balance halten und sich dann leise und langsam wieder ausgestreckt hinlegen. Die Übung zwei- bis dreimal wiederholen.

Handstand an der Wand: Sich ungefähr einen halben Meter von der Wand entfernt und mit dem Rücken zu ihr in die Hocke setzen. Hände auf den Boden stützen und mit den Füßen an der Wand hochlaufen, bis zum Handstand. Genauso wieder herunterkrabbeln.

 7-10

Flugzeug: Mit dem Bauch auf einem Hocker oder Stuhl liegen. Arme und Beine hängen locker herab. Nun Beine und Arme so hoch heben, daß der ganze Körper gestreckt ist. Die Übung wiederholen und in der gestreckten Lage bis 5 zählen. – „Wer kann noch länger oben bleiben?"

Hampelmann: Beim Hampelmannspringen sind die Beine abwechselnd geschlossen, dann die Beine gegrätscht und die Hände über dem Kopf zusammengeschlagen.

Stehaufmännchen: Am Boden hocken, mit den Armen die Unterschenkel umfassen und die Stirn auf die Knie pressen. Mit Schwung zurück auf den Rücken rollen und ebenso wieder auf die Füße kommen. „Wer schafft es mehrmals hintereinander?"

Gerader Schneider, krummer Schneider: Immer wieder sollten die Kinder den Schneidersitz üben und versuchen, sich hinzusetzen und aufzustehen, ohne sich mit den Händen am Boden abzustützen. Beim „geraden Schneider" ist der Rücken ganz gestreckt, aufgerichtet - beim „krummen Schneider" wird versucht, den Boden vorn mit der Stirn zu berühren. Abwechselnd einen geraden und einen krummen Schneider machen. Das Atmen dabei nicht vergessen!

Bockspringen: Die Kinder stellen sich hintereinander und in Abständen auf. Die Beine sind gegrätscht, die Hände auf die Knie gestützt, die Köpfe eingezogen. Der Springer nimmt Anlauf, stützt die Hände auf den Rücken des Bocks und springt hinüber. Vorne reiht er sich als Bock ein, und der letzte beginnt zu springen.

Schiebkarre: Die „Schiebkarre" wird vom „Fahrer" an den Beinen, oberhalb der Knie, gepackt und geht auf den Händen vorwärts. Bei dieser Übung geht es darum, wer als Schiebkarre die längere Strecke schafft.

Rückenwiege: Zwei Kinder stehen Rücken an Rücken, die Arme sind an den Ellbogen fest eingehakt. Durch Bücken hebt abwechselnd der eine den anderen hoch. Bei gleicher Ausgangsstellung versuchen die Kinder, sich gemeinsam hinzusetzen und wieder aufzustehen.

Kräftemessen

Zwei Kinder knien sich einander gegenüber hin und halten die Arme vor dem Brustkorb verschränkt. Auf ein Kommando versuchen die beiden, sich gegenseitig nach hinten wegzudrücken. Wer zuerst umkippt oder mit dem Po auf den Fersen zu sitzen kommt, hat verloren.

Zwei Kinder legen sich im Stehen gegenseitig die Hände auf die Schultern. Sie versuchen nun, den Gegner auf die andere Seite zu drücken. Gewonnen hat derjenige, der den anderen über eine Linie oder an die gegenüberliegende Wand geschoben hat.

Zwei Kinder halten einander an den rechten oder linken Händen gefaßt und versuchen, sich gegenseitig mit der anderen Hand auf den Po zu klopfen. Wer die meisten Treffer für sich buchen kann, hat gewonnen.

Gleiche Handhaltung wie oben. Die Kinder versuchen, mit dem eigenen Fuß auf den Fuß des anderen zu tippen. Entweder behalten beide bei diesem Spiel die Schuhe an, oder beide ziehen sie aus.

Die Kinder bilden händehaltend einen Kreis, in dessen Mitte eine Kunststoffflasche oder etwas ähnliches steht. Durch Ziehen und Schieben versuchen die Kinder, sich gegenseitig dazu zu bringen, die Flasche umzuwerfen oder den Ball anzustoßen. Derjenige, der sie umgeworfen hat, hat verloren oder scheidet aus. Gewinner ist, wer bis zum Schluß die Flasche nicht umgeworfen hat.

Atemspiele

Richtig atmen macht Spaß und belebt müde Schulkinder und Eltern.

„Schnaufen" Sie mit Ihren Kindern um die Wette. Atmen Sie kräftig durch die Nase ein und aus. Es muß sich wie eine Dampflokomotive anhören. Setzen Sie sich dabei aufrecht auf einen Stuhl oder im Schneidersitz hin. Die Kinder legen die Hände auf den Bauch und merken dabei, wie er sich beim Einatmen hebt und beim Ausatmen senkt.

Kerze ausblasen. Stellen Sie die Kerze immer weiter weg. – „Wer schafft es jetzt noch?" – Die Kinder versuchen, die Kerzenflamme nur zum Flackern zu bringen.

Wettspiel mit Bleistiften: Die Kinder hocken sich auf die eine Seite des Raumes und versuchen, einen Bleistift durch das Zimmer zu pusten. Sie krabbeln dabei dem Bleistift hinterher.

Atemübung zum Erholen: Die Kinder legen sich gemütlich auf den Rücken mit einem mittelschweren Buch auf dem Bauch. Nun können sie spüren, wie das Buch sich beim Aus- und Einatmen senkt und hebt.

Bei allen Atemspielen ist es unbedingt wichtig, daß jeder durch die Nase einatmet. Sie oder die Kinder werden vielleicht zu Anfang bemerken, daß es ihnen bei dem intensiven Atmen schwindelig wird. Das ist durch die intensive Anregung des

Kreislaufes bedingt und verliert sich bald. Es erklärt aber, weshalb man die Atemspiele nicht übertreiben soll. Steigern Sie sich langsam, und machen Sie zwischen den einzelnen Atemübungen Pausen.

7-10

Für geschickte Füße

Fußgymnastik sollte auch in diesem Alter nicht vernachlässigt werden, damit Zehen und Fußmuskulatur kräftig bleiben oder werden.

Handtuchziehen: Die Kinder sitzen sich auf dem Boden gegenüber. Zwischen ihnen liegt ein Handtuch, das sie mit den Zehen beider Füße greifen und dann versuchen, es sich gegenseitig zu entreißen. Wer losläßt, hat verloren.

Steinchenwettspiel: Die Kinder stehen hinter einer Linie. Vor jedem liegen sechs Murmeln auf dem Boden, die hinter eine Ziellinie zu tragen sind. Jedes Kind greift mit den Zehen des linken Fußes eine Murmel und bringt sie auf dem rechten Fuß hüpfend hinter die Ziellinie. Dann läuft es zurück, um mit dem rechten Fuß die nächste Murmel zum Ziel zu tragen. Wer zuerst seine sechs Murmeln oder Steinchen auf die andere Seite gebracht hat, hat gewonnen.

Seilgreifen: Das Kind sitzt am Boden und greift das Seil mit einem Fuß, hebt es hoch und gibt es an den anderen Fuß weiter. Die Kinder sitzen sich zu zweit gegenüber und geben sich gegenseitig das Seil mit den Zehen.

Brücken bauen: Im Stehen wölben die Kinder ihre Füße so stark, daß man eine Murmel oder einen dicken Bleistift hindurchschieben kann.

7-10

Mit Stock oder Besenstiel

Wer ist geschickt? Den senkrecht stehenden Stab mit einer Hand fassen. – „Wer kann sich unter dem Arm hindurchdrehen, ohne den Stab loszulassen?" „Wer kann den Stab im Liegen waagerecht auf den Füßen balancieren?" „Wer kann den waagerechten Stab im Stehen auf dem Kopf – auf dem Nacken balancieren?" „Wer kann den Stab senkrecht auf der Handfläche balancieren? – Dabei vor- und rückwärts gehen, sich hinsetzen und wieder aufstehen?" „Wer kann den senkrechten Stab von einer Hand in die andere hüpfen lassen?"
Der Stock wird an beiden Enden angefaßt. – „Wer kann mit beiden Beinen gleichzeitig über den Stock springen.

Wer ist stark? Auf den Bauch legen und den Stab mit beiden Händen heben. – „Wer kann mit dem Stab nach rechts, dann nach links ziehen?" Das geht leichter, wenn jemand die Füße fest am Boden hält.
Stab auf die Handrücken legen, Finger stark nach oben strecken, sonst rollt der Stab hinunter. Jetzt Arme heben, den Stab auf den Armen hin und her rollen.
Stab heben, in den Nacken legen, wieder nach vorne strecken, leise hinlegen. Kopf und Arme dürfen dabei nicht den Boden berühren. „Wer schafft es dreimal hintereinander?" – Hinsetzen und Stab auf die gestreckten Füße legen, Beine sind leicht gegrätscht. Beine ruckartig etwas anheben, so daß der Stab hochfliegt. – „Wer kann den Stab fangen? – Wessen Stab fliegt ganz waagerecht hoch? Wer kann die Füße trotz der Anstrengung leise hinlegen?"
Stab mit beiden Händen hoch über den Kopf in die Luft strecken. – „Wer kann dabei ganz aufrecht sitzen und sich einmal nach rechts, einmal nach links drehen?"

Mit dem Seil

Das Seilspringen gelingt den Kindern in diesem Alter schon recht gut, wenn sie das Seil richtig halten (siehe Kapitel für 5–7 Jahre) und wenn sie genug Übung haben. Je sicherer das Kind wird, um so kompliziertere Bewegungen wird es beim Seilschwingen machen und erfinden können:
Auf einem Bein hüpfen, die Füße beim Springen überkreuzen, sich beim Hüpfen vorwärts bewegen, die Hände beim Schwingen überkreuzen, das Seil rückwärts schwingen.
Viel Spaß macht es den Kindern, im großen Seil zu springen. Es wird entweder von zwei Personen gehalten, oder ein Ende wird befestigt. Das Hinein- und Hinausspringen erfordert Mut und macht mehreren Kindern zusammen nochmal soviel Spaß. Die Kinder versuchen ihr eigenes Alter, die Uhrzeiten oder nach Versen zu springen:

Der Kaiser von Rom,
der hatte einen Sohn.
Der Sohn war zu klein,
um Kaiser zu sein.
Drum ging er fort!

Bei „fort" und beim „du" im nächsten Vers läuft das Kind aus dem schwingenden Seil heraus. Ebenso läßt sich spielen:

Henriette, goldene Kette,
goldener Schuh, und raus bist du!

Teddybär, Teddybär dreh dich um.
Teddybär, Teddybär mach dich krumm.
Teddybär, Teddybär zeig dein' Fuß.
Teddybär, Teddybär mach ein' Gruß.
Teddybär, Teddybär Augen zu.
Teddybär, Teddybär wie alt bist du?

Bei diesem Vers machen die Kinder die entsprechenden Kunststücke und springen zuletzt, solang sie können.

Hüpfkarussell: Ein Kind steht und hält das Seil an einem Ende fest. Jetzt dreht es sich um sich selbst und bringt das Seil knapp über dem Boden zum Fliegen.
Ein Kind oder mehrere stellen sich innerhalb des Kreises an einen festen Platz. Sobald sich das kreisende Seil den Kindern nähert, springen sie hinüber.
Sind die Kinder zu Anfang noch nicht so geschickt, so lassen Sie sie einzeln springen. Die gelungenen Hüpfer zählen, und zum Schluß wird festgestellt, wer die meisten geschafft hat. Springen mehrere Kinder im Kreis, muß dasjenige ausscheiden, das das Seil zum Stoppen bringt. Höhe und Geschwindigkeit des kreisenden Seils können gesteigert werden. Wenn man das Seilende mit einem Turnschuh oder ein paar Knoten beschwert, fliegt es noch besser.

Hochsprung: Zwei Kinder halten das Seil locker in den Händen, oder ein Ende wird befestigt. Die übrigen Kinder springen über das Seil.
Langsam wird der Abstand zwischen Seil und Boden vergrößert. Hakt ein Kind beim Springen mit dem Fuß hinter das Seil, wird es von dem haltenden Kind sofort losgelassen.

Gummitwist: Ein Gummiseil wird so geknotet, daß sich zwei Kinder einander gegenüber hineinstellen und es straff spannen können. Ein drittes Kind springt nun verschiedene Sprünge, die vorher festgelegt werden. Zum Beispiel:
Mit beiden Füßen erst auf das vordere, dann auf das hintere Gummiband springen.
Gleichzeitig mit dem rechten auf das vordere, dem linken auf das hintere Band springen.
Beide Füße unter das vordere Band schieben und es mit dem Sprung über das hintere hinwegheben, und so weiter.
Die Kinder entwickeln bei diesem Spiel viel Phantasie und Geschicklichkeit und steigern sich zu den verschiedensten Schwierigkeitsstufen.
Zuerst spannen die Kinder das Seil um die Knöchel, dann um die Waden und dann um die Knie. Wer den ersten Sprungdurchgang fehlerlos geschafft hat, nimmt die nächsthöhere Stufe. Die Kinder lernen beim Gummitwist auch, daß ein Spiel besser gelingt und mehr Spaß macht, wenn man gut mit den anderen Kindern zusammenarbeitet.

7-10

Ballspiele und Ballproben

Der Ball ist bei den Kindern weiterhin sehr beliebt. Die Turnübungen mit dem Ball, die für die 5- bis 7jährigen beschrieben wurden, machen die Größeren auch noch gern. Das Werfen und Fangen wird sicherer, und die Zeit der Ballproben und -schulen und all der anderen klassischen Ballspiele beginnt.

Ballsprüche: Der Ball wird in die Höhe geworfen und wieder aufgefangen. Zwischen Wurf und Fang muß das Kind einen Spruch hersagen. Es darf die Hände erst zum Fangen ausstrecken, wenn es den Spruch beendet hat.

Eins, zwei, drei, vier,
Ball, komm zurück zu mir.

Steig auf, fall nieder,
ich fang dich wieder.

Geht dein Flug zu Ende,
komm in meine Hände.

Ich bin klein,
der Ball ist mein.

Ich bin ein Student –
(Hochwurf, fangen)
und wasche mir die Händ' –
(Hochwurf, Hände „waschen", fangen)
ich trockne sie mir ab –
(Hochwurf, Hände „trocknen", fangen)
ich steck sie in die Tasch' –
(Hochwurf, Hände in die Tasche, fangen)
ich knie nieder –
(Hochwurf, knien, fangen)
und steh wieder auf –
(Hochwurf, aufstehen, fangen)
ich fang den Ball mit einer Hand auf!
(Hochwurf, fangen)

Ballproben: Es gibt zwei verschiedene Formen. Die ersten (I.) sind für die Kleineren gedacht, die voll damit zu tun haben, die Technik des Werfens und des Fangens zu erproben. Die zweite Form (II.) ist für die Älteren gedacht.

I.   1. beidhändig werfen und fangen
   2. rechts werfen, beidhändig fangen
   3. links werfen, beidhändig fangen
   4. rechts werfen, rechts fangen
   5. links werfen, links fangen
   6. rechts werfen, links fangen
   7. links werfen, rechts fangen
   8. werfen, einmal klatschen, fangen
   9. werfen, zwei- oder dreimal klatschen, fangen
   10. werfen, einmal um sich selbst drehen, fangen
   11. Rücken zur Wand, werfen, herumdrehen, fangen

II. 10× nacheinander mit der flachen Hand an die Wand prellen
   9× nacheinander mit der rechten Faust an die Wand prellen
   8× nacheinander mit der linken Faust an die Wand prellen
   7× nacheinander mit aufeinandergelegten Händen an die Wand prellen

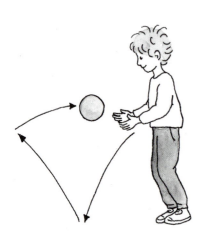

7-10

6 × nacheinander mit gefalteten Händen an die Wand prellen
5 × nacheinander mit dem Unterarm an die Wand prellen
4 × nacheinander mit dem Kopf an die Wand prellen
3 × nacheinander mit der Brust an die Wand prellen
2 × nacheinander mit dem Knie an die Wand prellen
1 × mit dem Fuß an die Wand prellen.

Ballschule: Den Ball auf den Boden prellen und in dauernder Bewegung halten. Dabei vorwärts, im Kreis oder in Kurven gehen. Den Ball um den Körper herumprellen.
Das rechte oder linke Bein beim Prellen über den Ball schwingen.
Den Ball unter dem erhobenen rechten oder linken Bein hindurch in die Luft werfen und fangen.
Den Ball zwischen die Füße klemmen, ihn hochwerfen und fangen.
Den Ball mit den Händen auf dem Rücken halten, über den Kopf nach vorne werfen und fangen, und so weiter.

Neckball: Die beiden Außenstehenden werfen sich den Ball zu, der in der Mitte Stehende muß ihn fangen. Wenn es ihm gelingt, muß der als Fänger in die Mitte, der als letzter geworfen hat. Dieses Spiel kann auch zu mehreren im Kreis gespielt werden. Man kann den Ball statt werfen auch hin und her rollen.
Die Kinder stehen in einer Reihe. Der Werfer steht ungefähr fünf Schritte vor ihnen und hat ihnen den Rücken zugewandt. Er wirft den Ball über den Kopf und ruft: „Eins, zwei, drei, wer hat den Ball?" Die Kinder fangen den Ball oder heben ihn auf, dann legen sie alle die Hände auf den Rücken und eines hält den Ball versteckt. Der Werfer darf sich umdrehen, wenn die Kinder rufen: „Vier, fünf, sechs, wer hat ihn jetzt?" Der Werfer nennt einen Namen. Hat er richtig geraten, darf er Werfer bleiben. War es der falsche, muß er zurück in die Reihe, und der falsch aufgerufene Mitspieler darf nun den Ball werfen. Wer die meisten Namen erraten hat, ist Sieger.

Namensball: Die Kinder stehen im Kreis. Eines wirft den Ball hoch und ruft den Namen eines Mitspielenden. Dieser versucht, den Ball so schnell wie möglich zu fangen oder aufzuheben. Sowie er den Ball in den Händen hat, ruft er „Halt". Alle müssen sofort stehen bleiben, und er zielt und wirft den Ball auf einen Mitspieler, der mit dem Körper auszuweichen versuchen darf. Gelingt der Wurf, so bekommt der Getroffene den Ball, im anderen Fall der Werfer.

Foppball: Die Kinder stehen im Kreis oder in einer Linie, die Hände hinter dem Rücken verschränkt. Ein Mitspieler steht vor den Spielern und foppt die auf der Linie stehenden, das heißt er versucht, durch täuschende Wurfbewegungen einen Mitspieler zu verführen, die Hände vom Rücken zu nehmen, um den Ball zu fangen. War der Wurf nur getäuscht und hat das Kind die Hände vorgenommen, muß es ausscheiden. Wurde der - gut! - geworfene Ball nicht gefangen, so muß das Kind, das den Ball verfehlt hat, ebenfalls ausscheiden. Wer übrigbleibt, hat gewonnen und darf nun die anderen mit dem Ball foppen.

249

7-10

Jägerball: Einer ist Jäger, alle anderen sind Hasen. Der Jäger darf mit dem Ball laufen und wirft einen Hasen ab. Der Getroffene wird jetzt Jäger oder scheidet aus.

Burgball: Auf dem Boden wird ein größerer Kreis gezeichnet, in dessen Mitte die Kinder drei Keulen oder ähnliches stellen. Damit wird eine Burg angedeutet, die von einem Wächter gehütet wird.
Am Kreisrand stehen die anderen Mitspieler. Sie sollen sich den Ball so zuwerfen, daß sie schnell in eine Wurfposition gelangen, von der aus sie ungehindert die Keulen umwerfen können. Der Wächter darf den Ball mit dem ganzen Körper abwehren, also auch mit den Füßen. Wechsel bei einem Treffer.

Singspiele

Häschen in der Grube
Häschen in der Grube saß und schlief,
armes Häschen bist du krank,
daß du nicht mehr hüpfen kannst.
Häschen hüpf, Häschen hüpf, Häschen hüpf!
Das ist ein Singspiel, das von den Kindern von klein auf gespielt und gesungen wird. Die Siebenjährigen haben einen ganz neuen Anlaß dazu: Sie wollen zeigen, wie gut sie hüpfen können und wollen sich dabei austoben. Die „Häschen" können ganz verschieden hoch und kunstvoll hüpfen, und das Häschen in der Mitte kann zu dem Kind hüpfen, das nun in die Mitte kommen soll.

Der Kreisel
Kreisel, kleiner Kreisel,
dreh dich immerzu,
um und um und rundherum,
und jetzt kommst du!
Die Kinder fassen sich an und gehen singend im Kreis herum. Eines steht als Kreisel in der Mitte und dreht sich, auf einem Bein hüpfend, auf der Stelle. Bei „du" bleibt der „Kreisel" stehen und zeigt auf ein Kind im Kreis, das dann der neue Kreisel wird.
Der „Kreisel" kann sich auch anders drehen: sich im Laufen um die eigene Achse drehen – sich auf den Po setzen, Füße in die Luft heben, sich um sich selbst drehen – sich auf den Bauch legen, Füße hochheben und sich drehen – auf beiden Beinen hüpfen und sich drehen, im Stehen und in der Hocke.

Sandmann
Der Sandmann der ist da, der Sandmann ist da,
er hat so schönen weißen Sand,
ist allen Kindern wohlbekannt,
der Sandmann der ist da!
Die Kinder stehen sich in einer Reihe paarweise gegenüber. Jeweils das letzte Paar faßt sich an beiden Händen und hüpft im Seitgalopp durch die Gasse nach vorn und reiht sich dann wieder einander gegenüber ein. Die übrigen Kinder klatschen in die Hände und singen ein Lied.

Abwandlungsmöglichkeiten für das jeweils hüpfende Paar: gemeinsam vorwärtshüpfen - rückwärtshüpfen - Rücken an Rücken hüpfen - sich an den rechten Händen fassen und sich beim Hüpfen drehen. Wichtig ist nur, daß die Kinder harmonisch mit dem Liedrhythmus hüpfen.

Hüpfspiele

Es gibt die verschiedensten Arten von Hinkekästen. Man spielt zu zweit oder mehreren und kontrolliert sich beim Hüpfen gegenseitig. Das eigentliche Spielgerät ist ein Steinchen, das jeweils in ein Feld geworfen wird. Dieses darf nicht betreten werden. Der Spieler muß darüber hinwegspringen.
So beginnt das Spiel mit „Wochentagen": Der Spieler steht unmittelbar vor dem Hinkekasten und wirft das Steinchen in das Feld „Montag". Er springt darüber, nimmt das Steinchen auf und hüpft auf einem Bein nacheinander in die folgenden nach Wochentagen benannten Felder. Bei „Sonntag" angelangt, darf er sich auf beide Beine stellen und ausruhen, dann geht es auf einem Bein den gleichen Weg zurück.
Beim zweiten Durchgang wird das Steinchen in das Feld „Dienstag" geworfen und so weiter. Nach sechs Durchgängen ist das Spiel beendet. Hat der Spieler das Steinchen nicht in das richtige Feld geworfen oder beim Hüpfen eine Linie berührt, kommt ein anderer Mitspieler an die Reihe. Wer zuerst alle sechs Durchgänge geschafft hat, ist Sieger. Statt auf einem Bein zu hüpfen, kann man auch mit geschlossenen oder gekreuzten Beinen hüpfen.

Laufen und Fangen

Der Plumpsack
Die Kinder hocken im Kreis und singen. Eines der Kinder geht als Plumpsack mit einem Tuch außen um den Kreis. Es läßt das Tuch hinter einem der Kinder fallen, tut aber so, als wäre nichts geschehen. Merkt das Kind, hinter dem das Tuch liegt, was passiert ist, dann hebt es das Tuch auf und versucht, den „Plumpsack" zu fangen. Dieser rettet sich ganz schnell in die entstandene Lücke. Bemerkt das Kind das Tuch nicht, hebt der „Plumpsack" es nach seinem Rundgang wieder auf und schickt das Kind mit den Worten „Tick, tick, tick ins faule Ei" in die Mitte des Kreises.
Wird der „Plumpsack" gefangen, muß dieser ins faule Ei. Das Kind im faulen Ei kann durch das nächste zugetickte Kind wieder erlöst werden und weiter mitspielen.

Dreht euch nicht um,
denn der Plumpsack geht rum.
Wer sich umdreht oder lacht,
kriegt den Buckel blau gemacht!

Schwarzer Mann: Die Kinder stehen hinter einer Linie. Auf der anderen Seite des Raumes oder Spielfeldes steht der Schwarze Mann und ruft: „Wer fürchtet sich vorm Schwarzen Mann?"
Antwort der Kinder: „Niemand!"
Schwarzer Mann: „Und wenn er kommt?"
Antwort: „Dann laufen wir!"
Damit laufen alle Kinder auf die gegenüberliegende Seite. Der Schwarze Mann versucht, so viele wie möglich anzuticken.

7-10

Diese helfen ihm nun beim Rufen und Fangen. Wer zuletzt übrigbleibt, ist beim nächsten Spiel Schwarzer Mann.

Katz und Maus: Alle Kinder fassen sich zu einem Dreiviertelkreis an, bis auf die „Maus", die sich im Kreis befindet, und die „Katze", die draußen wartet. Vor dem Spiel entwickelt sich ein Dialog:

Katze: „Mäuschen, Mäuschen, komm heraus, ich gebe dir ein Stück Zucker."
Maus: „Mag ich nicht!"
Katze: „Mäuschen, Mäuschen, komm heraus, ich geb dir ein Stück Speck."
Maus: „Mag ich nicht!"
Katze: „Mäuschen, Mäuschen, komm heraus, sonst kratz ich dir die Augen aus."
Maus: „Versuch es doch!"

Damit beginnt das Kriegenspiel. Die „Maus" darf überall hindurch, die „Katze" wird daran gehindert. Frei hinein und hinaus kann sie nur durch die Kreislücke laufen. Gelingt es der „Katze", die „Maus" zu berühren, ist diese gefangen. Gelingt es ihr nicht, dann kommen zwei andere Spieler dran.

Brüderchen hilf: Das Spiel ist ein Fangspiel, bei dem man nicht abgeschlagen werden kann, wenn man zu zweit ist. Wer allein ist und verfolgt wird, ruft: „Brüderchen hilf!" Die anderen Kinder bemühen sich, dem in Not befindlichen Kind zur Hilfe zu kommen und ihm die Hand zu geben. Stehen drei Kinder zusammen, so kann jedes von ihnen abgeschlagen werden. Spiele dieser Art, bei denen es um Kooperation und nicht um Wettkampf geht, sollten die Kinder so oft wie möglich spielen.

Wie spät ist es, Wolf? Ein Kind geht als Wolf umher. Die übrigen Kinder laufen hinter ihm her und rufen im Chor: „Wie spät ist es, Wolf?" Der Wolf antwortet: „9 Uhr!" oder „11 Uhr!" und einmal ganz plötzlich: „Frühstückszeit!" Damit läuft er den Kinder nach und versucht, eines zu fangen, das dann die Rolle des Wolfes übernimmt.

Alle meine Gänschen, kommt nach Haus! Die „Gänsemutter" steht auf der einen Seite und ruft ihre „Küken" herbei, die auf der gegenüberliegenden Seite stehen. Während des Hinüberlaufens jagt aus dem Hinterhalt ein „Wolf" in die Schar hinein und schleppt seine Opfer fort. Danach wechselt die „Gänsemutter" auf die andere Seite und lockt die „Küken" von neuem.

Musik

7-10

Geräusche aus der Umwelt

Der Weg des Kindes zur Musik führt am Anfang immer über seine unmittelbare Umwelt, das gilt auch noch für diese Altersgruppe. Das Kind kennt sich nun in vielen Geräuschen und Klängen aus. Es verfügt über viele Anregungen und Erfahrungen auf dem ganzen akustischen Gebiet, das von Straßenlärm, Radiogedudel, Stimmen, elektronischen Geräuschen bis zur Musik reicht. Der Erwachsene muß jetzt versuchen, das Ohr des Kindes zu sensibilisieren, damit es nicht durch das allgemeine akustische Überangebot abstumpft. Das Kind sollte zusammen mit anderen auf die Suche nach Klangquellen gehen, sollte selber aktiv Geräusche und Klänge produzieren. Seine Phantasie und seine schöpferischen Kräfte anzuregen, ist der Sinn der folgenden Vorschläge.

Horchspiel für Indianer: Mit dem Ohr am Boden horcht der Indianer gespannt. Er wird seinen Freunden gleich Dinge berichten, von denen sie noch nichts wissen können!

Reporterspiel: Beim nächsten Zoobesuch, auf die Urlaubsreise, auf den Jahrmarkt oder auch nur auf den Weg zur nächsten Straßenkreuzung nehmen Sie das Kind als Reporter mit. Mit Mikrofon und Kassettenrecorder ausgerüstet, wird es viele Geräusche festhalten. So entstehen farbige Geräuschbilder zum Raten, Sich-Erinnern oder als Geräuschhintergrund für ein Hörspiel.

7-10

Geräusch-Imitationen: Was prasselt wie Feuer? Einzelne Geräusche für ein Hörspiel versucht das Kind mit der Stimme, auf einem Instrument oder mit Material nachzuahmen.

Körpergeräusche: Durch ein dicht an die Haut gehaltenes Mikrofon verstärkt, werden Körpergeräusche akustisches Spielmaterial für Hörspiele oder Hörrätsel. Die Kinder schaben, reiben oder klopfen über oder auf Haut, Haare, Zähne oder Nägel, atmen, schnalzen mit der Zunge, blasen oder hauchen.

Geräuscheraten: Merkwürdige Geräusche aus Technik, Natur, Tierwelt oder vom menschlichen Körper sind oft schwer zu erraten, vor allem wenn sie verstärkt oder ganz aus der Ferne aufgenommen wurden.

Hörspiele: Gemeinsam mit anderen Kindern werden nach den Geschichten aus Bilder- und Kinderbüchern Hörspiele geplant und in ihrem Spielablauf geregelt. Immer wieder werden die Rollen vertauscht.

Trommelspiele mit Geräuschen: Auf der Tischplatte, auf Pappkartons oder auf Tamburinen wird rhythmisch getrommelt. Dabei sind verschiedene Spielarten möglich:
Alle trommeln zusammen so laut sie können. Auf ein Zeichen sind alle so lange still, bis der Dirigent wieder das Zeichen zum Einsatz gibt.

Geräuschlawine: Ein Kind beginnt, eines nach dem anderen setzt ein. So entsteht ein im Kreis laufendes, immer lauter werdendes Geräusch. Beim zweiten Durchgang reduziert sich die Lautstärke wieder von Kind zu Kind.
Eines spielt im Wechsel mit allen. Es gibt durch eine entsprechende Bewegung das Zeichen zum allgemeinen Einsatz.
Ein Kind gibt durch Zublinzeln sein Motiv an ein anderes weiter, das dies leise wiederholt (Echo). Jeder darf einmal blinzeln.

Selbstbespielte Tonbänder (Kassetten) können an Eltern, Geschwister und Freunde verschenkt werden. Dafür eignen sich kurze Interviews mit Familienmitgliedern, Reportagen, Lieder, Gedichte oder musikalische Märchen aus dem Bilderbuch, die besonders für kleine Geschwister geeignet sind.

Akustische Spiele und Erfahrungen mit Material

Im spielerischen Umgang mit Holz, Glas, Wasser, Plastik oder Metall kann das Kind ein Gespür für die verschiedenen Stoffe entwickeln. Es wird entdecken, wie verschieden und vielfältig sie klingen, und es wird durch diese Experimente die Klänge von Flöte, Gitarre und anderen Instrumenten eher verstehen und beurteilen können.

Wasser und Stimme: Regen Sie Ihr Kind dazu an, mit Wasser und seiner Stimme Musik zu machen. Je mehr Freunde teilnehmen, desto mehr macht es Spaß! Die Kinder werden von selbst auf Ideen kommen und sich für dieses musikalische Experiment die geeigneten Hilfsmittel beschaffen: Schläuche, Trichter, Strohhalme und wassergefüllte Gläser zum Schnorcheln, Gurgeln, Blubbern ...

Gläserglockenspiel: Verschieden voll gefüllte Gläser oder Flaschen werden zunächst zu einer Tonreihe geordnet. Später versucht das Kind einen Liedanfang zusammenzustellen.

Tropfenspiele mit dem Tonband: Verschiedene Tropfgeräusche sind durch Veränderung der Lautstärke oder der Laufgeschwindigkeit beim Aufnehmen kaum wiederzuerkennen. Als zusätzliches gestalterisches Element kann man Rauschen, Dröhnen oder Stille mit aufnehmen.
Variationen: Dasselbe kann das Kind mit anderen Stoffen wie Styropor, Papier oder Holz machen. So kann die ganze Geräuschskala eines Materials eingefangen werden.

Kegeln: Verschieden beschaffene Kegel (Flaschen, Dosen, Plastikbehälter, Kartons) werden mit einer Holzkugel umgekegelt. Die Kinder lauschen mit zugehaltenen oder verbundenen Augen: Aus welchem Material war der Gegenstand?

Klingendes Innenleben: Kaputte Spieluhren, Wecker, Fahrradklingeln oder alte Radios sollten erst durch die Hände Ihres neugierigen Kindes gehen, bevor sie in den Müll wandern. Es zerlegt sie voll Interesse und untersucht dabei, wie der bestimmte Klang zustande kommt.

Papierkonzert: Lieder oder Melodien können mit den Geräuschen und Klängen begleitet werden, die Kinder aus Papier zaubern. Kämme oder Marmeladengläser werden mit Pergamentpapier bespannt. Bauklötze werden mit Sandpapier überzogen und aneinander gerieben. Wellpappe kann mit den Fingern oder einem Stöckchen abgefahren werden. Waschmitteltonnen und Pappröhren ergeben Trommeln und Bongos. Gerolltes Papier und Pappröhren werden zu Sprachverstärkern. Wenn Packpapier geschüttelt wird, klingt es wie Theaterdonner. Raschelt man mit Papier, klingt das wie prasselndes Feuer.

Melodie: D. Kreusch-Jacob
Text: N. Boge-Erli und
D. Kreusch-Jacob

*Tief im Keller
bellt Herr Höller,
poltert mit den Füßen,
will Herrn Krachmach grüßen.*

*Auf der Treppe
sitzt Frau Schleppe,
bläst auf einer Flasche
ihre neuste Masche*

*Die Frau Mock
singt im 1. Stock,
bimmelt mit 10 Glocken,
ist ganz von den Socken.*

*die Frau Schnitte
in der Mitte
mag es auch nicht lassen,
wirft mit 7 Tassen.*

7-10

Das eigene, selbstgemachte Instrument

Haushaltsgegenstände und viele andere Dinge und Materialien seiner Umwelt kann das Kind mit einiger Phantasie zu einem Musikinstrument umfunktionieren. Es besitzt jetzt genug handwerkliches Geschick, um zusammen mit einer Kindergruppe oder einem Erwachsenen ein Instrument zu bauen und in den Klangmöglichkeiten zu erweitern oder zu verändern. Bei dieser Arbeit kommen ihm alle Erfahrungen zugute, die es bisher im freien Spiel und im Umgang mit den verschiedenen Materialien gesammelt hat.

Xylophon: Eine geschlossene Pappschachtel mit ausgeschnittenem Loch dient als Resonanzkasten. Eine Papproehre oder eine Bambusröhre wird darübergelegt, die an beiden Enden auf einem Stück Filz oder Tesamoll ruht. Dieses Ein-Ton-Xylophon kann man später erweitern.
Variation: Mehrere verschieden lange und dicke Holzstäbe, Metallrohre oder Bambusstücke lassen sich nach Tonhöhen ausrichten und auf einem geeigneten Resonanzkasten anordnen.

Harfe: Ein Dreieck aus Holzleisten wird mit Nylonfäden bespannt und anschließend auf einen Resonanzkasten aus Holz oder Pappe geleimt. Die verschieden langen Saiten ergeben immer wieder andere Töne.

Panflöten: Sie werden aus verschieden langen Bambusstücken oder Papproehren hergestellt. Nachdem sie nach Höhen und Tiefen ausgerichtet wurden, bindet man sie mit einem Stück Bast oder klebt sie mit Tesaband fest aneinander. Über den Rand hinwegblasen!

Bongos: Pappollen oder -röhren, verschieden dick und lang, können verschieden bespannt und aneinandergebunden werden. Für Bongos eignen sich auch Pappmachéformen. Dabei wird die feuchte Masse über Marmeladegläsern oder Blechdosen geformt und nach dem Trocknen abgelöst.
Variation: Über den Verschlußdeckel einer Papproehre oder eines Marmeladenglases wird ein Gummi gespannt. Anziehen und loslassen! Dasselbe Geräusch wird wesentlich verstärkt, wenn durch den Gummi ein Knopf, Ring oder eine Kugel gezogen wird.

Klangmobile: Ein Klangspiel, das immer klingt, soll erfunden werden! Vielleicht aus Muscheln, Joghurtbechern, Pappollen oder klingenden Schildpattplättchen, die wie ein Mobile an Fäden aufgehängt sind und bei einem Luftzug aneinanderstoßen?

Klangwand: Ein Vorhang oder von oben nach unten gespannte Schnüre dienen zum Aufhängen von Schlagwerk. Es soll stets verfügbar sein und in schnellem Wechsel von verschiedenen Kindern bespielt werden.

Klangraum: Ein ganzer Raum voller Klangspiele und anderer geräuschvoller Hindernisse! Alles ist knapp über den Köpfen der Kinder an Schnüren aufgehängt. Auf ein Zeichen, das die Kinder unter sich verabreden, schwärmen sie aus. Mit ausgestreckten Händen verursachen und erleben sie immer neue

Klänge und Geräusche und hören, wie sie sich bewegen. Auf ein zweites Zeichen stehen alle Kinder still. Sie lauschen den Tönen nach und warten, bis auch der allerletzte Ton verklungen ist. Ein Kind möchte einmal ganz alleine seinen „Klangweg" gehen. Die anderen sollen mit geschlossenen Augen zuhören und danach versuchen, denselben Weg zu finden.

Geräusch-Labyrinth: Haben sich das Baufieber und das anschließende geräuschvolle Ausprobieren etwas gelegt, ist wieder eine gewisse Bereitschaft für die Stille da. Gemeinsam versuchen die Kinder, einen leisen Weg durch das Geräuschlabyrinth zu finden. Das kann sehr schwierig sein, wenn knirschende Erbsen, Papier und knisternde Folie, wackelnde Büchsentürme und herunterhängende Klangstäbe den Weg versperren! Laute und leise Aktionen wechseln auf ein bestimmtes Zeichen ab.
Tip: Solche Kollektivinstrumente, die von mehreren Kindern zugleich auf vielfältige Weise benützt werden können, machen auch den kleineren Geschwistern Spaß. Man kann sie ihnen nach dem Bauen und ausgiebigen Spiel überlassen.

Spiel mit den Instrumenten der Erwachsenen

Das Ausprobieren von Instrumenten sollte gerade in diesem Alter als bewußtes und schöpferisches Erhorchen von Klang- und Musikquellen verstanden werden. Gerade in einem Altersabschnitt, in dem viele Eltern bereits an einen systematischen Instrumentalunterricht denken, kann spielerisches Kennenlernen zu einer bewußten Wahl des Instruments führen, für das das Kind veranlagt ist. Auch weniger musikalische Kinder lieben es, Bekanntschaft mit einem Instrument zu schließen. Die folgenden Vorschläge sollen Ihnen zeigen, wie man das sinnvoll anregt und so sanft lenkt, daß das Kind in aller Freiheit experimentieren kann und das Instrument trotzdem nicht leidet.

7-10

Tip: Sollten Sie die unten angeführten Instrumente nicht zur Verfügung haben, schauen Sie bei den Vorschlägen für die vorhergehenden Altersgruppen nach. Danach können Sie die folgenden Spiele entsprechend abwandeln.

Zupfinstrument: Ihr Kind horcht verschiedene Instrumente dieser Familie ab, probiert sie aus und beschreibt sie. Es entdeckt dabei Zupf-, Streich-, Gleit-, Klopf- und andere Klänge und Geräusche. Wenn mehrere Kinder mitspielen, bilden sich Gruppen, die sich auf das Zeichen eines Dirigenten beim Spiel abwechseln.

Eine Klanggeschichte soll erfunden werden, die speziell zu diesen Instrumenten paßt, zum Beispiel: Regengeschichte, Wassermusik, Schlaflied.
Die Kinder überlegen sich den Ablauf der Musik und wie bestimmte Klänge gespielt werden können. Ein Spielplan mit den entsprechenden Zeichen für Klänge und Instrumente entsteht.

Gespräch: Zwei im Klang sehr verschiedene Instrumente (dumpf und dunkel gegen hell, scharf klingend) führen ein Gespräch. Etwa so: vorsichtig – stockend. Oder: albern – übermütig. Oder: zornig – heftig.

Spiel am Schlagwerk: Große, auffällige Handbewegungen eines Dirigenten zeigen den Kindern an, wie das Spiel verlaufen soll. Finger-, Hand- und Armbewegungen, Gleit-, Schlag-, Klopf- oder Schüttelbewegungen sowie Pausen erschweren dieses Reaktionsspiel. Die Rolle des Dirigenten wechselt reihum ab. Für dieses Spiel eignen sich auch andere Instrumente.

Suchspiele: Motive, Ausrufe, Liedanfänge oder ganze Lieder werden nach dem Gehör auf Instrumenten zusammengesucht. Anschließend kann man die vollständigen Lieder singen und spielen.

Information über Instrumente

Konzert: Man kann Kinder früher zu einem Konzert mitnehmen, als es allgemein üblich ist, vielleicht zu einem Schülerkonzert, in dem ältere Geschwister oder Freunde mitspielen, einer Folklore- oder Tanzgruppe, einem Adventsingen oder ähnlichem, zu dem ein Kind seinen Bezug finden kann. Es fühlt sich dabei erwachsen und hört atemlos und gespannt zu. In der Pause oder nach dem Konzert sollte man das Kind an der Hand nehmen und ihm die Bühne so ausführlich zeigen, wie es möglich ist.
Auch Künstler sind ansprechbar und freuen sich, wenn man ihnen sagt, daß einem ihre Musik gefallen hat. Das kann ein Kind nicht früh genug mitbekommen.
Manchmal kann man mit mehreren Kindern eine Probe miterleben. Bei einem Orchester gibt es besonders viel zu sehen. Es werden viele Fragen auftauchen, von den einzelnen Instrumenten bis zum Notenpult und der Partitur.

Museumsbesuch: In vielen Städten gibt es Museen mit Sammlungen von Musikinstrumenten. Hier kann man Kindern nicht nur einen Überblick über heute gebräuchliche Instrumente verschaffen, es sieht Instrumente aus früheren Zeiten oder Instrumente anderer Völker. In den meisten Museen kann man den Besuch einer Kindergruppe anmelden. Viele werden bereit sein, eine Führung zu organisieren. Vielleicht können die Kinder sogar die Erlaubnis bekommen, auf ein paar Instrumenten zu spielen.

In manchen Museen werden regelmäßig mit alten Instrumenten Konzerte veranstaltet, bei denen nicht nur die Kinder etwas lernen können.

Spiel mit Atem, Lied und Stimme

Sprechen, Singen, Spielen stehen für das Kind in engem Zusammenhang und müssen als wichtige Ausdrucksmöglichkeit ins Musikmachen miteinbezogen werden. Das Kind spielt mit der Sprache, erfindet neue Melodien und versteht es, Lieder, Verse oder Geschichten im Spiel lebendig zu machen und musikalisch auszudeuten. Gerade hier bietet sich dem Erwachsenen die Möglichkeit, sein Kind im Spiel mit anderen und durch seine ureigensten Äußerungen tiefer als sonst kennenzulernen und zu verstehen.

Atem-Spiele: Wer hat den längsten Atem? Ein Pfeifenton wird nach Sekunden gemessen und vom Kind während des Pfeifens als Strich aufgemalt.
Kurz gestoßene Pfeifen(Flöten-)töne werden als Punkte aufgemalt. Wer schafft mit einem Atemzug die meisten Punkte?
Ein Stück Seidenpapier wird mit dem Strohhalm angesaugt und von Kind zu Kind weitergegeben. Wer es fallen läßt, muß ein Pfand geben.
Wer schafft es, einen Vers oder den Text eines Liedes in einem Atemzug zu sprechen? Dabei erlebt das Kind, wie notwendig es ist, einen Text, ein Lied oder ein Musikstück zu gliedern.

Spiel mit Sprache und Stimme: Ob man einen bekannten Vers wiedererkennt, wenn man ihn im Kanon spricht, einzelne Teile ineinander verflicht, bestimmte Worte ausläßt oder das Ganze in verschiedener Ausdrucksweise und Betonung weinerlich, neckisch, wütend spricht?

Ein-Mann-Hörspiel: Ein Kind spielt drei verschiedene Rollen. Es verstellt dabei seine Stimme oder es verändert die Bandgeschwindigkeit eines Recorders. Dadurch kann es seine Stimme in die eines grimmigen Monstrums oder eines Mickymauswesens verwandeln.

Echo-Spiel mit einer frei erfundenen Melodie: Ein Kind singt eine Melodie und blinzelt dabei einem anderen Kind zu. Dieses soll die Melodie als leises Echo wiedergeben und durch eine kleine Schlußwende abrunden.
Variation: Eine Melodie wird erfunden, ein anderes Kind versucht weiterzusingen und die Melodie abzurunden.

7-10

Ein Vers wird zum Lied: Hier sollte das Kind lernen, auf Versrhythmus, Artikulation, Satzzeichen und Aussagen zu achten.

Aprilwetterspiel

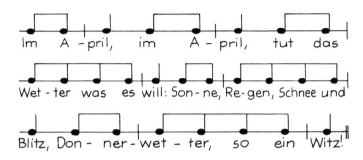

Wie entsteht ein Lied? Jeder sucht zu dem vorliegenden Sprachrhythmus eine Melodie.
Wie kann man das eigene Lied begleiten?

Radio-Spiel: Jedes Kind überlegt sich ein bestimmtes Programm und spielt es vor: Nachrichten, Kinderfunk, Instrumentalmusik, Werbefunk, Zeitzeichen, Rauschen und so weiter. Wie laut oder wie leise das Radio gestellt wird, wie lange ein Programm gehört oder wie schnell gewechselt wird, entscheidet ein Kind, das vorher zum Dirigenten bestimmt wurde. Das läßt sich dann auch als Hörspiel aufs Tonband aufnehmen.

Lieder-Raten: Reihum geben sich die Kinder Lieder zum Raten auf. Entweder wird die Melodie gesummt, nur der Rhythmus geklopft oder das Lied als Scharade dargestellt. Welches Lied stellt sich als das bekannteste heraus? Gemeinsam wird dann der Text besprochen, und alle überlegen sich, wie man dieses Lied musizieren kann. Etwa so: es wird mit Körperinstrumenten begleitet (Klatschen, Schnalzen, Schnipsen). Oder: verschiedene, lange Summtöne bilden einen musikalischen Hintergrund. Oder: Die Phrasenenden, Pausen und Einschnitte können mit einem Klangzeichen hervorgehoben werden. Schließlich wird das Lied durch dynamische Veränderungen, wie lauter oder leiser werden, belebt.

Sascha

2. Saschas Vater wollt' mit Pferden
reich und wohlbehäbig werden,
viele drehten manche Runde,
zehn Kopeken in der Stunde.

3. Sascha liebte nur Geflügel,
Rosse hielt er streng am Zügel,
tat sie striegeln oder zwacken
an den beiden Hinterbacken.

4. Und die kleinen Pferdchen haben
Sascha, diesen Riesenknaben,
irgendwoherum gebissen
und die Hose ihm zerrissen.

Sascha
Das nebenstehende Lied läßt sich wunderbar spielen und variieren:
- Konsonanten, Silben, Vokale und Phantasielaute können als Begleitung miteinbezogen werden.
- Sprechen des Textes. Aus welchem Land könnte das Lied stammen? Gibt es Worte, die darauf hinweisen? (z. B. Sascha, Kopeken)
- Das Lied wird mit Körperinstrumenten und anderen Instrumenten begleitet.
- Die Kinder bewegen sich zum Lied, Zeichen und Gesten werden miteingeflochten.
- Kontraste zwischen Strophen und Refrain durch verschie-

dene Begleitinstrumente. Wechsel der Bewegungen oder Wechselspiel zwischen Gruppe und einzelnem Kind.

Wenn zwei sich streiten: Zwei Freunde begegnen sich, sie erzählen sich etwas, hören sich zu, wissen etwas Wichtiges, geraten in Streit und gehen wieder auseinander. Diese Szene wird gespielt und anschließend durch Instrumente ausgedrückt.

Musik für musikalische Märchen, Rollen- oder Hörspiele wird aus dem Plattenvorrat der Familie ausgesucht, und zwar aus Musik-, nicht aus Märchenplatten. Welche Musik paßt für welche ganz bestimmte Situation im Spiel?

Geschichten aus Kinderbüchern, kleine Krimis oder zusammengesetzte Comicszenen eignen sich gut für Hörspiele, in denen nicht der Erzähler, sondern verschiedene Kinder durch Spiel- und Musizierrollen den Ablauf bestimmen.

Tips für die nötigen Vorarbeiten: Welche Geräusche werden gebraucht? Wie lassen sie sich erzeugen? Welche Musik kann eine besondere Situation erklären oder beleuchten? Musik aus Fernsehspielen, Hörspielen oder Märchenplatten wird mit den Kindern zusammen als positives oder negatives Vorbild angehört. Gemeinsam malen und schreiben sich die Kinder einen Plan für ihr Hörspiel. Bei der Aufnahme gibt ein Regisseur die Zeichen für die verschiedenen Einsätze.

Nach dem Abhören: Hat man sich in seiner Rolle erkannt? Waren Höhepunkte oder Steigerungen erkennbar? Hat man die Freude, die Überraschung, die unheimliche Stille deutlich wahrgenommen? Waren die Musik, das Instrument oder die Stimme an dieser Stelle passend, zu harmlos oder zu dick aufgetragen?

Wer war Mozart? Welche Musik hat er geschrieben, wie sah er aus, wie hat er gelebt? Interviews mit oder ohne Tonband werden von den Kindern mit dem Erwachsenen zusammen aufgenommen. Man kann gemeinsam eines seiner Werke, etwa die „Kleine Nachtmusik", anhören. Vielleicht werden die Kinder ein Museum einrichten wollen, wo sie ausgeschnittene Bilder, Postkarten, Noten oder Erinnerungsstücke aus seinem Leben ausstellen, zum Beispiel seinen Schlüsselbund, seine Stimmgabel, seine Notenständer. Schließlich spielt das „Orchester" die „Kleine Nachtmusik": Die Musiker erscheinen auf der Bühne, sie stellen die Notenpulte auf, stimmen die Instrumente, und dann setzt die Musik ein. Auf diese Weise können auch schon kleine Kinder die Bekanntschaft mit großen Musikern machen!

Tanz- und Bewegungsspiele zur Musik

Dem Kind, gleich welchen Alters, kann man die Möglichkeit des freien Tanzens gar nicht oft genug bieten! Es kann sich dabei frei machen und gleichzeitig seinem Gegenüber mitteilen. Es lernt spontan, sich, seinen Körper, den Partner oder die Gruppe abzuschätzen. Das schenkt ihm Vertrauen zu sich selbst und zu den anderen. Genauso selbstverständlich teilen sich dem Kind musikalische Gesetzmäßigkeiten mit: Es reagiert in seiner Bewegung auf Formen und musikalische Abläufe und versucht, Gehörtes bewußt in Empfindung und Bewegung umzusetzen.

7-10

Freies Tanzen zur Musik: Auf ein Klangzeichen hin begleiten die Kinder ihre Tanzbewegungen zusätzlich mit Gesten von Händen und Füßen.

Versteinert: Sobald die Musik ausgeschaltet wird, darf sich keiner mehr bewegen.

Reise nach Jerusalem: Sobald die Musik aussetzt, muß man nicht nur schnell einen Stuhl finden, sondern außerdem einen Hut, einen Schuh oder ein anderes Kleidungsstück anziehen.

In eine andere Haut schlüpfen: Große Papiertüten werden mit den eigenen Umrissen bemalt, mit Armlöchern versehen und übergestülpt. Die Kinder spielen und tanzen zur Musik. Auf ein Zeichen werden die Kostüme vertauscht. Dabei soll sich jedes Kind so verhalten, wie das, in dessen Haut es geschlüpft ist.

Körperkontakt: Zu den Klängen eines Instruments (Xylophon, Flöte oder Trommel) tanzt eine Gruppe von Kindern so eng verbunden, daß sie nie den körperlichen Kontakt verliert. Sobald ein weiteres kontrastierendes Instrument dazukommt, versucht ein „Außenseiter", in den Kreis zu dringen. Wie groß ist der Zusammenhalt der Gruppe?

Spiel mit einem Tuch: Die Kinder tanzen und bewegen sich zur Musik und fassen dabei alle ein Tuch an. Manchmal wird es wie ein Zeltdach über die Köpfe gespannt, die Kinder hocken eng zusammen und verkriechen sich darin. Dann streben alle Kinder so weit auseinander, wie es das Tuch zuläßt. Sie lehnen sich nach außen und halten sich gegenseitig im Gleichgewicht (Vertrauen in die Gruppe!). Schließlich wird das Tuch losgelassen, hochgeschleudert und wieder aufgefangen. Jedesmal übernimmt ein anderes Kind die Initiative, um die Gruppe zu gemeinsamem Handeln zu bringen.
Ein Kind legt sich ins Tuch wie in eine Hängematte. Es wird von den anderen geschaukelt, geschüttelt oder gewiegt, je nach Art der Musik. Es vertraut darauf, daß es nicht fallengelassen wird.

Auf den anderen eingehen: Alle Kinder schließen die Augen. Sie gehen leise zur Musik. Sie ertasten sich einen Partner, mit dem sie gemeinsam weitergehen. Dabei einigen sie sich nur durch leichte Handbewegungen, wer führt und wer sich führen läßt. Nach einiger Zeit wechseln sie die Rollen.

Reaktionsspiele: Ein oder mehrere Kinder bewegen sich zur Musik frei im Raum. Auf vorher abgesprochene Klangzeichen reagieren sie mit den entsprechenden Bewegungen. Zum Beispiel: Zimbelklang: hocken, Paukenschlag: stampfen, Klanghölzer: hüpfen.

Bildnerisches Gestalten

Gegen Ende des Grundschulalters wird das Bedürfnis des Kindes stärker, sich über das spontane Gestalten hinaus auch an langwierigen Aufgaben zu versuchen, die Ausdauer, Fleiß und Geschicklichkeit in höherem Maße fordern. Kompliziertere technische Arbeitsabläufe verlangen ein zielbezogenes, planend vorausschauendes Denken und Handeln. Im bildnerischen Bereich gibt es für das Kind viele Möglichkeiten, dieses neue Leistungsbedürfnis zu erproben und zu üben. Es kann sich an neuen Materialien und Werkzeugen bewähren, aber auch an scheinbar längst vertrauten Dingen, denen neue Möglichkeiten abgewonnen werden. Die Bildsprache bleibt in dieser Zeit noch erzählend, zielt aber auf stärkere Differenzierung, Unterscheidung, Gliederung, Verdeutlichung.

Beim **Malen** werden neben reinen Grundfarben jetzt auch die Mischfarben verwendet und bereichern die Palette. Beim **Zeichnen** nimmt die Binnengliederung der Formen zu; mit verschiedenen Schraffuren und Musterungen versuchen die Kinder, die stofflichen Eigenschaften der dargestellten Dinge näher zu beschreiben.

Zehnjährige Kinder können schon recht selbständig gemeinsame Arbeitsvorhaben ausführen und sollten dazu nicht nur in der Schule angeregt werden. Auch zu Hause sollte es einen erwachsenen Berater geben, nicht so sehr, um Dinge zu entscheiden, sondern um zu ermutigen und das Kind in seinem Tun zu bestätigen.

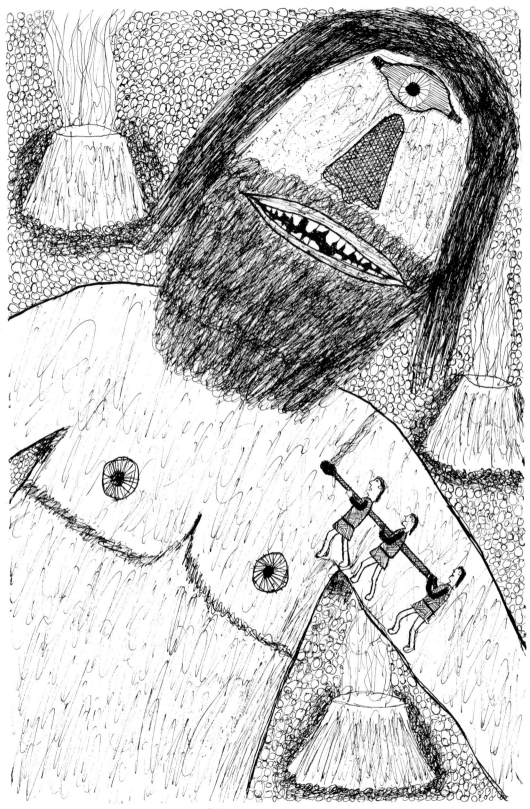

Zeichnen und Malen

Federzeichnungen sind für kleine und kleinste Bildformate geeignet. Sie fördern nicht nur die Beherrschung feiner Hand- und Fingerbewegungen, sondern fordern auch zu differenzierter Beobachtung und Gestaltung feinteiliger Formzusammenhänge heraus.

Die dünne Zeichenfeder reagiert im Gegensatz zu Filz- und Kugelschreiber auf den leisesten Druck der Hand und macht die Linien durch An- und Abschwellen lebendiger. Acht- und neunjährige Kinder können sich schon gut in dieser Technik erproben. Material: Zeichenfeder mit passendem Federhalter, schwarze Tusche oder Scribtol sowie glattes, gut geleimtes Zeichenpapier.

Auf Bleistift-Vorzeichnungen lieber verzichten und die Bildvorstellung direkt mit Feder und Tusche gestalten. Nachdem das Kind die ersten Versuche in einfacher Umriß-Zeichnung hinter sich gebracht hat, sollte es auf Möglichkeiten aufmerksam gemacht werden, Dinge nicht nur durch ihre äußere Form, sondern auch durch ihre innere Gliederung und unterschiedliche Materialbeschaffenheit genauer zu beschreiben.

Durch unterschiedlich bewegte Linienführungen, Strichbündelungen, Überkreuzungen, Punktierungen, Wechsel der Schraffur-Richtung usw. lassen sich eine Unzahl verschiedener Strukturen erzeugen, die eine Federzeichnung bereichern, lebendig und farbig machen.

7-10

Bild links: Der Riese Polyphem wird von den Männern des Odysseus geblendet (Federzeichnung).

unten: Durch unterschiedliche Linienführung und Wechsel der Strichlagen kann die Federzeichnung reich gemustert werden.

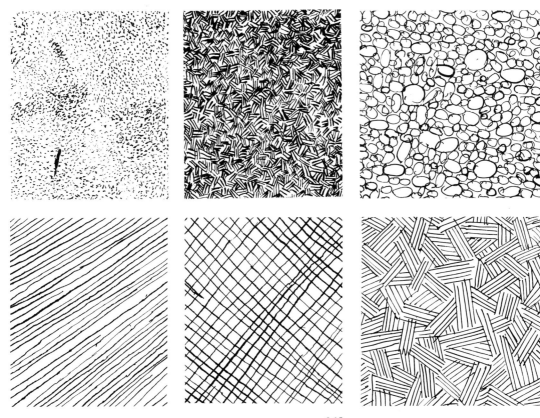

265

7-10

Was kann gezeichnet werden?
Themen erzählenden Inhalts, mit Gegenständen möglichst unterschiedlicher Material- und Oberflächenbeschaffenheit: Der Schornsteinfeger auf dem Dach (Gliederung der Dachfläche durch Ziegelreihen, Musterung des gemauerten Kamins, die rechtwinklige Leiter, die struppige Kehrbürste, der schwarze Mann, der feine kringelige Rauch oder der dicke Qualm, der aus dem Kamin aufsteigt).
Ein altes Segelschiff auf stark bewegtem Wasser (helle Segel, dunkler Gewitterhimmel, Regenwolken, Taue, Strickleitern, Netz, Masten und Flaggen, Rettungsboote, Kajütenaufbau, Bordwand aus einzelnen gemaserten Holzplanken, welliges helles und dunkleres Wasser).
Baustelle (Maurer auf dem Gerüst, Holzbalken, Leitern, Flaschenzug, Kran und Bagger, feine Sand- und grobe Kieshaufen, Eimer und Schaufeln, Schubkarren, gestapelte Ziegel, Bretterzaun und neugierige Zuschauer).
Vor dem Zeichnen das Kind aufzählen lassen, was alles zum Thema gehört. Einzelne Dinge und ihren Zusammenhang möglichst genau beschreiben lassen. Dies schafft im Kind eine konzentrierte Bildvorstellung und erhöht den Wunsch, sich durch Bilder mitzuteilen.

Zum Weiterzeichnen mit der Feder: **Klecksographie.** Etwas Tusche, Tinte oder Wasserfarbe auf das Zeichenpapier tropfen lassen, leicht verblasen und den Bogen in der Mitte zusammenfalten, solange die Kleckse noch naß sind. So entstehen spiegelbildliche Abdrucke und reizvolle Formen. Kleckse in unmittelbarer Nähe der Falzlinie erhalten dabei einen symmetrischen Aufbau. Da die meisten Lebewesen symmetrisch gebaut sind, fällt es den Kindern nicht schwer, Fabelwesen, Gespenster, Menschen, Vögel, Schmetterlinge darin zu erkennen. Sie werden durch Hinzufügungen mit der Zeichenfeder eindeutig gemacht und ausgeschmückt.

7-10

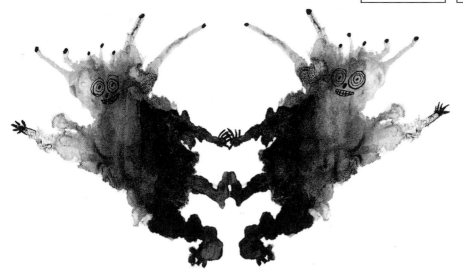

Ziehharmonika-Monster (Zeichenspiel für mehrere Kinder).
Material: Mehrere Zeichenpapiere, am besten lange Papierstreifen, Bleistifte, Filzschreiber oder Buntstifte.
Die Kinder sitzen um einen großen Tisch. Gezeichnet wird eine „menschliche Figur". Nähere Angaben werden nicht gemacht. Keiner darf dem anderen aufs Blatt sehen. Ein Kind dirigiert den Spielverlauf: Zuerst zeichnen alle Kinder den Kopf bis zum Halsansatz. Dann wird die Kopfzeichnung nach hinten umgebogen und das Papier geknickt. Nur zwei kurze Striche an der Knickkante bleiben sichtbar. Die Papiere werden reihum an den linken Nachbarn weitergegeben. Jetzt wird der Hals gezeichnet und umgeknickt. Zwei Striche am oberen Knickrand zeigen das Halsende an. Weitergeben. Nächster Bildteil: Oberkörper mit den Oberarmen bis zur Gürtellinie. Umknicken. Weitergeben. Nächster Abschnitt: Gürtellinie bis zum Knie. Umknicken. Weitergeben. Nächster Abschnitt: Unterschenkel. Letzter Abschnitt: die Füße.
Sind alle Kinder fertig, werden die Kunstwerke entfaltet. Man kann den Papierstreifen auch quer falten und ein Fabeltier entwickeln. Wenn die Kinder auf große Papierblätter gezeichnet haben, können sie das „viel-fältige" Gemeinschaftswerk im Kinderzimmer aufhängen.

Gemälde auf Sandpapier
Material: Wasserfarben, Pinsel, helles, sehr feinkörniges Sandpapier (Schleifpapier) als Bildträger.
Gemalt wird technisch genauso wie auf gewöhnlichem Zeichenpapier. Durch die rauhe Oberfläche lassen sich aber die Farbflecken nicht scharf gegeneinander abgrenzen; sie verschwimmen an den Rändern und verzahnen sich. Deshalb muß das Bild großzügig aus einfachen Formen aufgebaut werden. Die Sandkörner brechen das Licht in vielen Facetten, so daß die Wasserfarben geheimnisvoll-samtartig aufleuchten.

 7-10

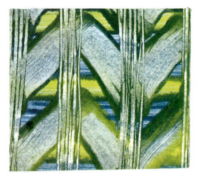

Kleisterzeichnung
Material: Größere Bögen festes, gut geleimtes weißes Papier als Bildträger. Dicker Tapetenkleister, Kleisterpinsel. Pulverfarben, Plakatfarbe, Tusche. Als Zeichengeräte: Pappstückchen, Kamm, Holzstäbchen. Als Unterlage Zeitungspapier oder Plastikfolie.

Das Papier wird auf der Unterlage ausgebreitet und satt mit Kleister eingestrichen. Ist es gut durchfeuchtet, wird ein zweiter Anstrich aufgebracht. Durch Aufstreuen von Farbpulver und Einrühren flüssiger Farbe oder Tusche wird der Kleistergrund abwechslungsreich, aber nicht zu unruhig getönt. Nun kann das Zeichnen beginnen.

Mit der Pappspachtel, dem Holzstäbchen, Kamm oder einfach mit dem Finger werden Linien durch den Kleister gezogen, wobei der weiße Untergrund wieder zum Vorschein kommt und der auf die Seite gedrängte Kleister als dunkler Rand stehenbleibt. Dies gibt den Kleisterzeichnungen ein eigenartig plastisches Aussehen. Nach einiger Übung kann das Zusammenspiel von Farbe und Linie vorgeplant und gesteuert werden. Da der Kleister sehr langsam trocknet, ist genug Zeit, nicht besonders gut gelungene Stellen des Bildes durch Überstreichen und neues Zeichnen zu verbessern. Farbige Kleisterpapiere eignen sich besonders gut als dekoratives Packpapier für Geschenke.

Reizvolle Bildwirkungen erzielt man bei der **Spritztechnik mit Papierschablonen.**
Material: Mehrere Bogen starkes weißes Zeichenpapier, Bleistifte, Scheren, Stecknadeln. Sprühgerät (alte Zahnbürste und Kaffeesieb oder Fixativspritze). Wasserfarben oder farbige Tuschen. Alte Zeitungen als Unterlage.

Nachdem die Kinder sich auf ein Bildthema geeinigt haben, an dem alle mitarbeiten können (z.B. Segelregatta, Autorennen, Märchenstadt, Schneeballschlacht, Faschingszug), werden die einzelnen Bildelemente schön groß auf Papiere gezeichnet und ausgeschnitten.

Auf dem Tisch oder Fußboden Zeitungen ausbreiten, darauf einen großen Bogen Zeichenpapier legen und an den Ecken mit Stecknadeln feststecken, damit er nicht verrutscht. Die ausgeschnittenen Papierschablonen werden auf das Zeichenpapier gelegt und erst dann mit Nadeln festgesteckt, wenn alle mit der Komposition zufrieden sind.

Nun wird das Ganze kurz übersprüht: Zahnbürste in dünne Farbflüssigkeit tauchen und über das umgedrehte Sieb streichen. Das Kind darf dabei das Sieb nicht zu nah über das Papier halten, damit die Farbspritzer nicht zu häßlichen Batzen zusammenlaufen.

Nimmt man nach dem Trocknen der Farbe die Schablonen ab, so erscheinen die ausgeschnittenen Formen als weiße Silhouetten vor dem gesprenkelten Farbgrund. Der Vorgang läßt sich am gleichen Bild mehrfach wiederholen. Nach jedem Trocknen können einzelne Schablonen ausgewechselt oder verschoben werden.

Jeder neue Sprühvorgang, bei dem man auch die Farben wechseln kann, tönt das Papier eine Stufe dunkler. So entstehen neben den weißen Silhouetten andere Strukturen in unterschiedlichen Farbabstufungen, was eine reizvolle räumliche Bildwirkung ergeben kann.

Wachsmalerei mit Tuschestegen
Material: Farbige Wachskreiden, Kratzblech (Schaber). Schwarze Ausziehtusche, Pinsel. Starkes Zeichenpapier (Malblock).

7-10

Bildthema mit einfachen Formen wählen. Bildgrund ohne Vorzeichnen großzügig aus geschlossenen hellen Farbflächen aufbauen. Wachskreiden dick aufreiben. Keine Zwischenräume lassen. Ist das ganze Bild mit Wachs bedeckt, mehrmals mit Tusche überpinseln, bis eine gleichmäßig schwarze Oberfläche erreicht ist. Trocknen lassen. Jetzt kann mit dem Kratzblech der farbige Untergrund wieder herausgeschabt werden, wobei dicke schwarze Stege als Zeichnung stehengelassen werden. Sie rahmen die hellen Farben ein, verstärken ihre Leuchtkraft und halten das Bild zusammen.

Zum Ausbessern: herausgeschabte Stelle nochmals mit Wachskreide einreiben und wieder mit Tusche überziehen.

7-10

Absprengtechnik
Material: Festes weißes Zeichenpapier, Deckweiß, Pinsel, Malwasser, schwarze wasserfeste Tusche.

Auf ein Blatt Papier wird eine Pinselzeichnung mit Deckweiß nicht zu dünn aufgetragen und nach dem Trocknen das ganze Blatt mit schwarzer Tusche überstrichen. Ist auch die Tusche getrocknet, wird das Blatt in Wasser gelegt und seine Oberfläche mit den Fingerspitzen leicht abgerieben. Wo die Tusche direkt auf dem Papier sitzt, läßt sie sich nicht mehr entfernen. Über dem Deckweiß kann sie leicht abgesprengt werden. Schließlich löst sich auch das Deckweiß vom Papier wieder ab.

Absprengtechnik

Hinterglasmalerei. Im Gegensatz zur herkömmlichen Malweise wird das Bild spiegelverkehrt von der Rückseite der Malfläche her aufgebaut. Der Untergrund wird nicht als erste, sondern als letzte Farbschicht gesetzt. Das erfordert ein planvolles Vorgehen. Alle Arbeitsschritte müssen vorher in ihrer Abfolge sorgfältig bedacht sein, damit keine Pannen entstehen. Nachträgliche Korrekturen sind schlecht möglich.
Material: Eine Glasscheibe, für den Anfang nicht größer als ein Schulheft, ein feiner Malpinsel, Wasserfarben (Deckfarbenkasten oder Plakat-Temperafarben in Gläsern oder Tuben), ein Stückchen Seife, Papier und Bleistift.
Zuerst wird auf Papier im Format der Glasscheibe ein Entwurf angefertigt, der die Figuren und Gegenstände in ihrer Größe, Form und Farbe festlegt. Glasplatte auf die Vorlage legen und die Umrißzeichnungen in feinen Linien mit dem Pinsel übertragen. Wasserfarbe haftet auf Glas schlecht. Deshalb setzt man der dick angerührten Farbe etwas Seife zu. Plakatfarbe haftet auch ohne Zusätze.
Ist die Umrißzeichnung gut getrocknet, kann mit der farbigen Ausgestaltung begonnen werden. Zum Schluß muß die ganze

Glasplatte mit Farbe bedeckt sein und die einzelnen Farbflächen müssen dicht aneinanderschließen.
Mischfarben machen das Bild lebendiger und spannungsreicher. Zur Kontrolle des Gemalten Glasplatte umdrehen. Mißrät der erste Versuch, Platte mit warmem Seifenwasser säubern, gut trocknen und neu beginnen. Nach einiger Übung können ältere Kinder auf die Entwurfszeichnung verzichten und gleich auf das Glas malen.
Alte Bilderrähmchen mit Verglasung eignen sich bestens für diese Maltechnik. Ist das Bild fertig, kann es gleich aufgehängt werden.

Drucken

Monotypie: Wer schon einmal beim Maschinenschreiben aus Versehen ein Kohlepapier falsch eingelegt hat und dann den geschriebenen Text spiegelverkehrt auf der Rückseite des Blattes vorfand, kennt das Prinzip der Monotypie.
Material: Kleine Platte aus Glas, Resopal oder Linoleum als Farbträger, eine Farbwalze, wasserlösliche Linoldruckfarbe (Japanaqua), Papier, Bleistift oder Kugelschreiber.
Platte mit Druckfarbe dünn und gleichmäßig einwalzen, ein größeres Blatt Papier darauflegen, so daß die Farbplatte in der Mitte sitzt.
Mit Bleistift oder Kugelschreiber zeichnen. Ist die Zeichnung fertig, wird das Blatt von der Farbplatte abgezogen. Auf der Rückseite des Papiers erscheint die Monotypie in sattem Farbton mit leicht sprenkeligen Rändern als Einmaldruck, von dem kein gleicher zweiter Abzug mehr gemacht werden kann. Druckfarbe beim Einwalzen richtig dosieren. Zu viel Farbe verdirbt das Bild.
Streicht man mit leichtem Druck den Daumen über die Papierfläche, entstehen Grautöne, die in die Zeichnung einbezogen werden können.

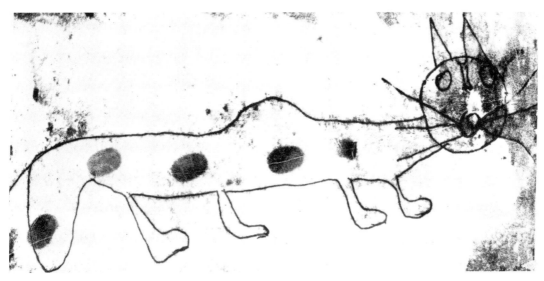

 7-10

Linolschnitt

Material: Linolreste in der dicksten Qualität, ein Satz Linolschneidemesser mit Federhalter, kleine Gummiwalze, kleine Glas- oder Resopalplatte, eine Tube Linoldruckfarbe (wasserlöslich), Pinsel und Bleistift, Zeichenpapier, ein Eßlöffel (rostfrei).

Eine kleine Linolplatte zurechtschneiden (etwa DIN A 6). Linol wird von der Rückseite her geschnitten: Lineal anlegen und mit einem scharfen Messer nur das Gewebe durchtrennen. Das macht am besten der Vater! Dann wird die Platte an der Schnittlinie durchgebrochen.

Bearbeitung der Linolplatte: Die Schreibhand führt das Schneidewerkzeug, mit dem feine Linolspäne von der Platte abgehoben werden. Die andere Hand hält die Linolplatte fest. Vorsicht! Immer das Schneidemesser von der Hand und dem Körper wegführen! Nie in Richtung der haltenden Hand schneiden, sonst kann man sich verletzen.

Negativ-Schnitt: Bildentwurf mit Bleistift auf die Linolplatte zeichnen. Gezeichnete Linien mit dem Schneidemesser ausheben. Dabei die Linolplatte drehen, damit die Schnittrichtung immer vom Körper wegführt. Beim Druck erscheint die Zeichnung weiß auf schwarzem Grund, also negativ.

Positiv-Schnitt: Bildentwurf mit Pinsel und verdünnter Linoldruckfarbe mit kräftigen schwarzen Strichen auf die Druckplatte zeichnen. Nach dem Trocknen die nicht bemalten Stellen aus der Platte ausheben. Beim Druck erscheint die Zeichnung farbig auf weißem Grund, also positiv.

Ein gut geglückter Negativ-Schnitt kann zu einem Gipsrelief weiterverarbeitet werden, wenn man die Linolplatte mit Gips ausgießt. (Siehe dazu „Gipsrelief aus der Plastilinform" bei der Altersgruppe 5-7 Jahre.)

oben: Richtige Schneidehaltung schützt vor Verletzungen.

rechts unten: Linol-Positiv-Schnitt (Abzug)

links unten: Linol-Negativ-Schnitt (Abzug)

Löffelabzug: Etwas Druckfarbe mit der Walze auf der Glas- oder Resopalplatte ganz gleichmäßig verteilen, den Druckstock auf Zeitungen legen und sorgsam einwalzen. Dazu mehrfach von der Platte auf die Walze Farbe aufnehmen. Achtung: Die Farbe darf nicht in die ausgeschnittenen Vertiefungen des Druckstocks laufen.

Einen größeren Papierbogen so auf den Druckstock legen, daß dieser schön im Zentrum sitzt. Mit dem runden Löffelrücken in engen Zügen über den Bogen reiben, bis sich die Farbe ganz auf das Papier übertragen hat. Zügig arbeiten, da die Druckfarbe rasch trocknet. Zum Schluß den Druckstock gut mit Wasser reinigen.

7-10

Kleben

Papier-Mosaik
Material: Alte farbig illustrierte Zeitschriften, Tapetenkleister und Pinsel, Packpapier als Bildträger, kleine Pappschachteln.
Farbseiten der Illustrierten in kleine Fetzen reißen. Papierfetzen nach Farbverwandtschaften sortieren: alle Rottöne in eine Pappschachtel geben, Grüntöne in eine andere usw., Schwarz, Weiß und Grau nicht vergessen. Ausgefallene Muster (Streifen, Punkte etc.) kommen in eine eigene Schachtel. Das Bild wird mit Bleistift in groben Umrissen auf dem Packpapier entworfen, mit Kleister bestrichen und mit den farbigen Fetzen belegt. Sie sollen dicht aneinander sitzen und sich an den Rändern überlappen.

Stoff-Applikation
Klebebilder (Collagen) können nicht nur aus Papier, sondern auch aus Stoff bestehen.
Material: Stoffreste verschiedener Farbe, Qualität und Größe, Rupfen, stärkerer Stoff oder Packpapier als Bildträger, Schere, Klebstoff, Tafelkreide, Kleinmaterial wie Knöpfe, Bänder, Borten, Spitzen.
Stoffreste nach Grundfarben ordnen. Rupfen (Packpapier) ausbreiten und eventuell mit Reißnägeln spannen. Die Bildform wird grob mit Tafelkreide aufgezeichnet. Verschiedene Stoffreste

7-10

versuchsweise auf einzelne Partien der Zeichnung legen. Verschiedene Zusammenstellungen ausprobieren und dabei Farbzusammenklang und Farbunterscheidung klären. Erst wenn die Farben stimmen, tritt, wenn nötig, die Schere in Aktion, um den Stoffteilen die gewünschte Form zu geben. Von Zeit zu Zeit vom Bild zurücktreten (liegt es am Boden, auf den Stuhl steigen), um die Gesamtwirkung zu beurteilen. Erst wenn das Bild fertig ist, werden seine einzelnen Teile auf dem Bildträger festgeklebt.

Stoffkleber gibt es auch in Pulverform. Mit ihm werden die einzelnen Teile auf dem Trägerstoff aufgebügelt. Das diverse Kleinmaterial dient zur weiteren Ausschmückung. Knöpfe werden zu Augen, Bänder grenzen einzelne Farbbereiche ab, Borten verzieren ein Kleid, Spitzen lugen unter einem Rock hervor, und so weiter.

An einem größeren Stoffbild können mehrere Kinder gut zusammenarbeiten. Gemeinsam klärt man die Farben des Hintergrundes, dann übernimmt jedes Kind die Gestaltung einer Figur.

Mögliche Themen: Faschingszug, Fische unter Wasser, orientalische Stadt, Urwaldlandschaft mit seltsamen Tieren.

Collage-Brief
Material: Ein Blatt Papier, Zeitschriften und Zeitungen, Schere, Klebstoff.
Kinder haben zum Briefeschreiben oft wenig Lust, oder ihnen fällt nichts ein. Mit alten Zeitschriften können Sie dieses Problem leicht lösen: Einen Brief aus lauter ausgeschnittenen Buchstaben und Silben in verschiedenen Größen und Schrifttypen werden die Kinder mit Begeisterung „schreiben". Entsprechend der Gelegenheit können noch Fotos oder andere Erinnerungsstücke hinzugeklebt werden.

Bauen und Montieren

Zehnjährige Kinder lieben nicht nur wilde Spiele, an denen sie ihre wachsenden Körperkräfte erproben können. Sie suchen auch Selbstbestätigung in neuen Aufgaben, die ihre Konzentrationsfähigkeit, Geduld und manuelle Sorgfalt herausfordern.

Fadenbilder
Material: Dunkler Plakat-Karton, Weichfaserpappe (Dämmpappe) oder Styroporplatte, lange Stecknadeln, weißer Zwirnsfaden oder farbiges Perlgarn, spitzer Bleistift, Schere, Klebstoff. Ein Lineal mit Zentimetereinteilung und ein Winkeldreieck.
Mit Winkel und Lineal auf dem farbigen Karton ein Rechteck in ganzen Zentimetern abmessen und dünn mit Bleistift zeichnen (Seitenlängen des Rechtecks nicht über 20 cm). Auf den Bleistiftlinien jeden vollen Zentimeter durch einen kleinen Teilstrich markieren. Außen um das Rechteck einen 2 cm breiten Rand ziehen, das Ganze an diesem Rand entlang ausschneiden und sorgfältig auf ein gleich großes Stück Dämmpappe kleben. An den Ecken und Teilstrichen des inneren Rechtecks Stecknadeln so durch den Karton in die Dämmpappe stecken, daß sie oben noch einen Zentimeter herausragen.

Nun kann das Fadenbild im Innern der Nadelumzäunung

gespannt werden: Zwirnsfaden an einer Stecknadel festknoten, zur gegenüberliegenden Nadelreihe führen, direkt unter dem Nadelkopf einhängen und wieder zurückleiten. Nach ersten Zickzack-Übungen kann man sich kompliziertere Muster ausdenken, so daß Überkreuzungen in verschiedenen Richtungen entstehen. Bald wird das Kind merken, daß die schönsten Wirkungen durch regelmäßige, sich wiederholende Richtungswechsel des Fadens entstehen. Die Regeln dazu kann es selbst aufstellen, muß sie dann aber auch konsequent befolgen.

7-10

Türme aus Papier (Bauen mit Winkelschienen)
Material: Papierstreifen, Pappe, Schere, Papierkleber.
Papier in daumenbreite, lange Streifen schneiden und an der Mittellinie entlang scharf falzen. So entstehen Winkelschienen, die als Bauelement genügend Festigkeit besitzen. Winkelschienen auf die gewünschte Länge kürzen und die einzelnen Elemente gerüstartig miteinander verstreben. Aneinanderstoßende Winkelenden mit Klebstoff bestreichen und überlappend sorgfältig miteinander verbinden. Ein stärkerer Pappkarton dient als Fundament.

7-10

Material-Bilder
Material: Ein alter Wecker, eine Küchenuhr, der Federmotor eines Spielzeugautos oder ähnliches, Kneif- und Flachzange, Rundzange, Schraubenzieher, Klebstoffe, Nägel, eine kleine Sperrholz- oder Spanplatte, Farbe und Pinsel oder farbiges Papier.

Die Neugier des Kindes richtet sich beim Zerlegen des Weckers nicht nur auf die Art und Weise, wie die einzelnen Teile miteinander verbunden sind, sondern auch, welche Bedeutung sie für das Ganze haben. Mechanische Funktionen, die Bewegung eines Zahnrades und das Schwingen einer Feder kann man sehen. So erhält das Kind zunächst einen zweifachen Forschungsauftrag:

Wie sind die einzelnen Teile miteinander verbunden, wie ist die Verbindung (möglichst ohne Beschädigung) zu lösen?

Welche Bedeutung haben die einzelnen Teile, wie wirken sie aufeinander ein?

Ist der Wecker schließlich ganz auseinandergenommen, werden die einzelnen Teile sortiert und liegen für die zweite Aufgabe bereit:
Nun soll das Kind versuchen, aus möglichst allen Teilen ein Material-Bild zu gestalten. Dazu wird zunächst die Holzplatte mit einer kräftigen hellen oder dunklen Farbe grundiert oder mit

einem farbigen Papier beklebt. Das Kind legt die Teile auf, ordnet sie durch Verschieben, Überlagern, Verbinden. Alles kann entstehen: ein neuer Apparat oder eine Figur, ein Lebewesen. Erst wenn alle Teile richtig liegen, werden sie mit Nägeln oder Klebstoff auf der Grundplatte befestigt.

Gemeinschaftsarbeiten. Zehnjährige können schon gut gemeinsam eine Arbeit ausführen, die nicht gleich an einem Nachmittag fertig ist.
Ist ein geeignetes Rahmenthema gefunden, kann jedes Kind seine eigenen Ideen und Fähigkeiten im Zeichnen und Malen, im Basteln und Modellieren in das Vorhaben einbringen. Gegenseitige Beratung, Absprache und Hilfeleistung sind dabei nötig. Zusammenarbeit kann sich entwickeln und in der Gemeinschaft bewähren.
Rahmenthemen: Weihnachtskrippe – Arche Noah – Wochenmarkt – Astronauten und Marsbewohner – Ritterburg – Seeräuberversteck – Indianerdorf usw.

Vorspielen und Gestalten

Anregungen zu Puppen- und Theaterspielen finden Sie unter „Kinderfeste" und „Sprache", die Herstellung von einfachen Kasperlfiguren unter „Basteln".
Einfachere Variante des Puppentheaters: das Stabpuppenspiel.

Kochlöffel-Theater: Kochlöffel verschiedener Form und Größe werden durch kleine Veränderungen zu Spielfiguren „umfunktioniert": die Andeutung eines Gesichts mit ein paar Filzschreiberstrichen, eine kleine Schleife um den Hals, ein Papierschiffchen auf den Kopf, fertig sind Kasperl und die schwarze Köchin.

Obst- und Gemüse-Theater: Ein Apfel, eine Kartoffel, eine Mohrrübe, ein Rettich auf einen langen Bleistift oder einfach auf eine Gabel gespießt, kleine Knöpfe mit Stecknadeln als Augen befestigt, Zahnstocher als widerborstige Frisur darauf, der Mund mit dem Messer eingeschnitten – schon ist die Schauspieltruppe spielbereit!

7-10

Dingsbums-Theater. Eigentlich kann jeder greifbare Gegenstand, den das Kind in der Hand halten und ohne Mühe hin und her bewegen kann, zum Schauspieler werden, auch ohne daß er ein menschliches Aussehen bekommt. Alles, was sich bewegt, ist lebendig. Alles, was sprechen kann, ist eine Person. Ein Lineal kann weinen, eine Glühbirne heiter strahlen ohne zu leuchten und ein Hammer nachdenklich sein Gesicht in Falten legen. Die Phantasie des Kindes kann alles verwandeln; nur der Erwachsene tut sich schwer, die Dingsbums-Dinge anders zu sehen als in dem Zusammenhang, für den sie eigentlich gemacht worden sind.

Bühne: Für Stabpuppen ist die Tischkante meist als Bühne zu niedrig. Zwei Stühle mit hohen Lehnen, ein Besenstiel, Bindfaden, ein Tischtuch oder eine Wolldecke sind schnell zu einem Puppentheater montiert.

Schattenrisse. Eine feine Sache für Kinderfeste! Jeder darf einmal auf dem Stuhl sitzen, und jeder darf eine Zeichnung machen. Die fertigen Portraits können in einem Ratespiel (Verbrecherjagd) die Steckbriefe der gesuchten Gauner sein. Setzt man den Versuchspersonen komische Hüte auf und bezieht ihren Schatten in das Bild mit ein, wird die Sache noch lustiger und das Raten schwerer und spannender. Jedes Kind darf sein eigenes Konterfei als Andenken an das Fest mit nach Hause nehmen.

Material: Große weiße Papierbögen, Klebestreifen, Bleistift oder Farbkreide (eventuell Zeichenkohle), Malfarben, Pinsel. Eine bewegliche Lampe mit Reflektorschirm oder ein Dia-Projektor, ein Stuhl und eine glatte Wand als Hintergrund.

Den Stuhl seitlich möglichst nahe an die Wand schieben, ein Kind nimmt auf ihm Platz. Den Papierbogen hinter dem Kopf an der Wand mit Klebestreifen befestigen. In einiger Entfernung starke Lampe oder Diaprojektor aufstellen (Lichtquelle in Kopfhöhe). Andere Beleuchtungskörper im Zimmer ausschalten. Auf dem Papier zeichnet sich der Schatten des Kopfes ab. Nun werden seine Umrißlinien mit Bleistift oder Kreide auf dem Papier nachgefahren. Die Innenfläche der Umrißzeichnung kann mit Wasserfarben ausgemalt werden.

Je kleiner der Abstand zwischen Kopf und Papier ist, um so schärfer zeichnet sich der Schatten ab. Je stärker der Lampenschirm das Licht bündelt, um so kontrastreicher wird das Schattenbild. Je größer der Abstand des Kopfes zur Wand ist, um so größer wird der Schatten. (Schattenspiele siehe auch Seite 99 und 122.)

7-10

Schattenspiele
Die einfachsten Spielfiguren sind zweifellos die Kinder selbst im „Menschenschattenspiel". Eine geschlossene Spielhandlung im Schattentheater für die Zuschauer klar verständlich darzustellen, erfordert einige Übung unter wechselseitiger Kontrolle der Spieler.

Material: Ein weißes Bettlaken, eine starke Lampe mit einem Reflektorschirm oder ein Dia-Projektor, der das Licht gut bündelt, ein paar Reißnägel, vielleicht noch ein Tisch – das ist alles, was man als Grundausrüstung braucht, um als Schauspieler ein „Schattendasein" zu führen.

Das Bettlaken wird am besten in einen Türrahmen gespannt und mit Reißnägeln gut festgemacht. Es trennt die Zuschauer von den Spielern. In einiger Entfernung von der Leinwand wird die Lampe hinter der Bühne aufgestellt und der Lichtstrahl in mittlerer Höhe auf das Tuch gerichtet. Die Spielfiguren agieren möglichst nahe an der Leinwand. So zeichnen sich ihre Schatten für die Zuschauer am deutlichsten ab. Spielfiguren können alle möglichen und unmöglichen Dinge sein.
Körperbewegungen sind nicht in jeder Himmelsrichtung für die Zuschauer gleich deutlich zu erkennen und verständlich. Bewegungen, die sich von der Tuchfläche entfernen oder sich ihr nähern, sind schwerer zu deuten als Bewegungen, die parallel zur Leinwand verlaufen. Das erfordert ein Umdenken, das aber schon nach einigen Versuchen Erfolg verspricht. Für ein abendfüllendes Programm eignet sich für Kinder am besten eine lok-

7-10

kere Folge von kurzen Szenen, in denen die Akteure jeweils wechseln.

Die Zirkusvorstellung: Dazu wird der Tisch mit einem Tischtuch bedeckt, an die Leinwand geschoben und diese mit Reißnägeln an der Tischkante befestigt. Hinter dem herunterhängenden Tischtuch kann man allerlei Dinge verstecken, die für das Spiel gebraucht werden. Im Zirkus Humbsdibumsdi treten auf:

Der Zirkusdirektor mit Zylinderhut, der die einzelnen Nummern ansagt und die Spielhandlung erklärt.

Der Schwertschlucker, der sein Mordinstrument (aus Pappe) statt in seinen aufgerissenen Schlund hinter seinem Kopf an Ohr und Hals vorbeiführt – aber das kann der Zuschauer natürlich nicht unterscheiden.

Der Zauberer, der sich die Tiefenblindheit des Publikums in besonderer Weise für seine Tricks zunutze machen kann – indem er zum Beispiel seine Zauberstab in eine Schnapsflasche verwandelt. (Flaschenform aus Pappe ausschneiden oder aus Sperrholz aussägen. Sie wird so in die Hand genommen, daß nur die Schmalseite ihren langen dünnen Schatten werfen kann. Dann wird die Flasche schnell parallel zur Leinwand gedreht, und der Schatten der Flaschenform ist sichtbar.) Aus seinem Zylinderhut kann er pausenlos die verrücktesten Sachen hervorholen, wenn er ihn offen auf den Tisch legt und hinter dem Tisch einen Helfer hat, der ihm die Sachen direkt hinter dem Hut hinaufreicht. So kann selbst ein großer Kehrbesen aus dem Hut herauswachsen.

Weitere Spielvorschläge: Eine „gefährliche" Operation, bei der jemandem allerhand kuriose Gegenstände aus dem Bauch herausoperiert werden – Spaziergang durch einen Geisterwald, der aus Luftschlangen, Lappen, Spitzenstoff, Tüll und verhangenen Zweigen besteht (musikalische Untermalung mit Ächzen, Jammern, Pfeifen, Heulen). Es regnet seltsame Sachen vom Himmel etc. . . .

Figurenschattenspiel
Material: Pappkarton (Aktendeckel), Schere (evtl. Schneidefeder), Blumendraht, dicker Draht, Kneifzange, Tesafilm, Papier und Bleistift, schwarze Wasserfarbe oder Tusche, Pinsel, Filzschreiber.
Figurenherstellung: Erst nachdem man weiß, was für ein Stück gespielt werden soll (ein Märchen, eine Sage, die spannende Geschichte aus einem Jugendbuch oder eine selbst erfundene Spielhandlung, bei der, ähnlich wie beim Kasperltheater, zunächst einmal nur die Typen festgelegt werden), entwirft man die Spielfiguren als Zeichnung auf ein Blatt Papier. Alles Wesentliche, was die Figur erkennbar und von anderen Figuren unterscheidbar machen soll, muß in ihrer Umrißlinie ausgedrückt werden. Hat nach einigen Anläufen der Entwurf die richtige Form, wird er auf Karton übertragen (pausen oder besser frei zeichnen) und ausgeschnitten. Soll die Figur an einigen Stellen beweglich sein, werden die Gliedmaßen wie beim Hampelmann miteinander verbunden (Drehscharnier aus Blumendraht oder Rundkopfklammern). Mit den stärkeren Drahtstücken oder einem Lineal (siehe Abb.) wird die Figur von unten gehalten. Die Halterungen müssen an geeigneten Stellen mit Uhu-Hart auf die Pappe geklebt oder mit Rundkopfklammern befestigt werden, falls sie beweglich bleiben sollen. Je mehr bewegliche Teile eine Figur hat, um so schwerer ist sie zu führen. Deshalb: Beweglichkeit auf einige Teile beschränken, vielleicht nur einen Arm, ein Bein, das genügt völlig – und nicht bei jeder Figur an der gleichen Stelle!

7-10

Als Bühne dient ein großer Pappkarton, aus dem eine Seitenwand herausgeschnitten und mit Pergamentpapier beklebt wird. Der Karton wird so aufgestellt, daß die Innenseite mit dem Fenster zu den Zuschauern zeigt. Somit kann der Spieler die Schattenfiguren ungehindert an der ihm zugewandten ebenen Spielfläche bewegen.

Wer eine größere Bühne braucht, kann auch Transparentpapier oder ein altes Leintuch auf einen Holzrahmen spannen, rundherum mit einem Rahmen aus Zeichenkarton versehen und mit Schraubzwingen an einem Tisch befestigen. Als Beleuchtung eignet sich eine schwenkbare Schreibtischlampe oder ein Dia-Projektor. Für den Hintergrund kann das Kind ebenfalls Schattenkulissen ausschneiden oder ein buntes Bild mit Wasserfarben malen, das der Vater mit seinem Fotoapparat als Dia aufnimmt. Der Dia-Projektor ersetzt dann die Lampe und wirft gleichzeitig ein leuchtendes Bild auf die Leinwand! Man kann zum Beispiel auch ein Landschaftsdia aus dem letzten Urlaub nehmen.

Bewegte Bilder

Zwirbel-Kino

Material: Heller Pappkarton, Schere, Bindfaden, Bleistift, Buntstifte oder farbige Filzschreiber.

Aus dem Karton ein rechteckiges oder rundes Stück ausschneiden. Am rechten und linken Rand in Höhe der waagerechten Mittelachse ein kleines Loch bohren, je ein doppeltes Stück Bindfaden hindurchziehen und sorgfältig verknoten. Die Fadenenden zwischen Daumen und Zeigefingern spannen und hin und her zwirbeln. Die Pappscheibe in der Mitte dreht sich und macht abwechselnd die Vorder- und Rückseite sichtbar. Aufpassen! Beide Pappseiten erhalten deshalb verschiedene Zeichnungen. Bei schneller Drehung kann das Auge die beiden Zeichnungen nicht mehr auseinanderhalten, sie ergänzen sich zu einem einzigen Bild.
Vorderseite: Vogel. Rückseite: Käfig. Durch schnelles Zwirbeln wird der Vogel in seinen Käfig hineingezaubert! Vorderseite: Junge (links). Rückseite: Mädchen (rechts). Wenn man die Scheibe zwirbelt, reichen sie sich die Hände. Erhalten beide Seiten die gleiche Zeichnung, die nur an einigen Stellen abgewandelt ist, so erscheinen die veränderten Teile beim Drehen als bewegt.
Anregungen: Gesicht mit bewegtem Mund, mit/ohne heraushängender Zunge – mit geschlossenen/aufgerissenen Augen – Kopf mit wirren/glattgekämmten Haaren – Ein Mädchen winkt mit beiden Armen – Ein Mann lüftet grüßend den Hut und setzt ihn wieder auf – Eine Lokomotive stößt Rauchwolken aus – Eine Henne pickt Körner auf – Ein Turner macht einen Klimmzug am Reck.

Je genauer sich die Grundform der Zeichnung auf beiden Seiten wiederholt, um so deutlicher heben sich die veränderten Teile in der Wirkung voneinander ab. Bei komplizierten Figuren kann die Grundform zuerst auf ein Blatt Papier gezeichnet und dann mit Pauspapier auf jede Pappseite übertragen werden. Die „bewegten" Teile werden direkt auf der Pappe ergänzt.

7-10

Das Eselsohr- oder Daumenkino enthält bewegte Bilder mit mehreren Phasen.
Material: Ein altes Buch oder ein dickeres Heft mit möglichst breiten, leeren Rändern auf den bedruckten oder beschriebenen Innenseiten oder ein kleines, dickes Notizbuch, Bleistift, Filzschreiber.

Auf die äußeren Ränder der rechten Seiten werden die einzelnen Bewegungsschritte auf die hintereinander folgenden Blätter gezeichnet. Beim schnellen Durchblättern der Buchseiten mit dem Daumen werden die einzelnen Zeichnungen in einem fortlaufenden Bewegungszusammenhang gesehen.

Ein längerer Handlungsablauf muß sorgfältig geplant werden. Deshalb die wesentlichen Bewegungsfolgen gut überlegen und durchdenken. Kleine Skizzen machen klar, wie man sie am besten darstellen kann.

Karten-Kino: Hier wird statt der gebundenen Buchseiten ein Stoß einzelner, gleichformatig zugeschnittener Papierkärtchen benützt (kostenlose Abfallpapierstreifen aus einer Druckerei oder Buchbinderei). Veränderungen und Verbesserungen lassen sich durch Auswechseln und Einschieben neuer Kärtchen jederzeit vornehmen. Ganze Abschnitte können umgebaut und Abläufe umgedreht werden. Die Kärtchen sind auf jeder Seite doppelt, im ganzen also für 4 Filmgeschichten, zu verwenden.

Vorschläge: Ein Zauberer zieht aus seinem Hut nacheinander verschiedene Tiere und Gegenstände hervor – Ein Skifahrer fährt über eine Hügelkette – Dick und Dünn machen einen Boxkampf über 3 Runden – Aladin befreit den Geist aus der Flasche.

Man kann auch ganz einfache Formen in Bewegung setzen: Ein kleiner schwarzer Punkt wird zu einem runden Kreis, der immer größer wird und schließlich platzt – Ein gerader Strich biegt sich langsam zum Kreis – Das große A bekommt weiche Beine und sinkt in sich zusammen – eine Wunderblume wächst langsam aus der Erde heraus und entfaltet sich.

Der echte Trickfilm

Gibt es in der Familie eine Schmalfilmkamera mit Einzelbildschaltung und einem Objektiv, mit dem man sehr nahe an die Dinge herangehen kann, ein kräftiges Stativ und Fotolampen, so kann das Kind mit Hilfe des Erwachsenen aus den Kinokärtchen einen Zeichentrickfilm drehen. Auf die Tischplatte wird ein Anschlagwinkel aus einem dicken Klebstreifen geklebt, damit die einzelnen Kärtchen immer genau auf den gleichen Platz gelegt werden können. Stativ und Kamera werden aufgebaut, die Entfernung zum Objektiv gemessen, dieses genau eingestellt und die Fotolampen so postiert, daß die einzelnen Kärtchen reflexfrei aufgenommen werden können.

Bitte beachten Sie, daß bei der Vorführung des Films etwa 16 Einzelbilder pro Sekunde durch den Filmprojektor laufen. Deshalb muß jede einzelne Zeichnung mindestens 5-8mal aufgenommen werden, damit das Auge sie noch erfassen kann.
In der Projektion erscheinen weiße Flächen erheblich heller als sonst. Das helle Licht der Projektorlampe überstrahlt also leicht zu dünne und feine Linien. Deshalb müssen die Bildvorlagen in möglichst kräftigen Hell-Dunkel-Kontrasten gestaltet werden. Lieber starkfarbige Filzschreiber als Bleistift oder pastellig-weiche Buntstifte verwenden.

Trickfilmvorschläge:
Farbige Papierstückchen verschiedener Form und Größe können auf einer kontrastierenden Grundfläche in Phasen hin und her geschoben und dadurch bewegt werden – Schnürsenkel und dickere Wollfäden können sich schlangengleich durchs Gelände winden. – In der Form gut unterscheidbare kleinere Gebrauchsgegenstände werden zu Lebewesen: Eine Schere sperrt ihr Maul auf und will einen Radiergummi fressen, eine Briefmarke wird von einer Heftklammer verfolgt und flüchtet sich in einen Briefumschlag, Halmasteine gehen auf einer Straße spazieren (der Straßengrundriß wird vorher auf einen großen Papierbogen aufgezeichnet). Pfennige flüchten aus einer Geldbörse und werden von einem Kaugummi wieder eingefangen, an dem sie klebenbleiben.
Das Kind kann aus Bauklötzen und Pappschachteln ein kleines Dorf bauen, in dem Spielzeugautos umherfahren und kleine Puppen spazierengehen. Rindenschiffchen mit geblähtem Segel können über eine große Spiegelscherbe fahren, auf die mit grüner und blauer Wasserfarbe Wellen gemalt sind. Damit die Farbe auf der Glasfläche besser haftenbleibt: etwas Seife in das Malwasser geben.

 7-10

Hampelmänner-Film: Bewegliche Figuren für den Trickfilm kann sich das Kind aus dünnem Karton ausschneiden. Die einzelnen Teile werden wie bei einem Hampelmann an den Gelenkpunkten mit dünnem Draht oder einer Rundkopfklammer verbunden oder mit einer Stecknadel aufgespießt und um sie gedreht. Die Figuren können selbst gezeichnet oder ihre Teile wie bei einer Collage aus Illustriertenfotos zusammengesucht und ausgeschnitten werden. Auch Fotos von Familienmitgliedern und Freunden lassen sich verarbeiten!

Der Modellierton-Film: Die plastischen Eigenschaften des Modelliertons machen ihn zum idealen Medium für phantastische Filme.
Material: Reichlich Modellierton, eine Tischplatte oder ein größeres Brett als Spielfläche, Schmalfilmkamera mit Einzelbildschaltung, Stativ, 2 Filmleuchten.

Die auf dem Stativ montierte Kamera so aufstellen, daß der Blick durch das Objektiv die Spielfläche leicht schräg von oben erfaßt. Die Begrenzungen des Bildausschnittes auf der Spielfläche markieren. Tonkugel in die Mitte des markierten Feldes legen. Bei der Ausleuchtung mit den beiden Lampen Schlagschatten auf der Spielfläche vermeiden. Unterschiedliche Helligkeiten für die Lichtquellen zum Objekt wählen (Abstände), das erhöht die plastische Wirkung. Schärfebereich am Objektiv prüfen, Drahtauslöser einschrauben.

Da der Ton in fast jede beliebige Form zu bringen ist, kann er unendlich viele Verwandlungen durchmachen. Jede Gestalt ist zugleich Ausgangspunkt für weitere Veränderungen. Für die Bewegungsillusion brauchen also nur die einzelnen Phasen der Veränderungen fotografiert zu werden: Achtung: Jede einzelne Phase 5–8mal fotografieren!

Drehbuch: Der Tonklumpen wird langsam auf der Fläche hin und her gerollt und nimmt allmählich Kugelgestalt an – Die Kugel wird allmählich zu einem Pfannkuchen plattgedrückt – Der Pfannkuchen rollt sich langsam zu einer Superzigarre ein – Die Enden biegen sich allmählich aufeinander zu, die Rolle schließt sich zu einem Ring, der sich an einer anderen Stelle wieder öffnet – Die neuen Enden recken sich in die Höhe. Aus ihnen wachsen Köpfe mit einem großen Maul heraus. Die Köpfe nähern sich einander und reißen die Mäuler auf, um sich gegenseitig zu verschlingen – Alles wächst wieder zu einem großen Klumpen zusammen, der immer schmäler, dafür aber höher wird – Der hohe Turm beginnt zu wandern, er schiebt sich ruckweise über die Grundfläche und begegnet einer Tonkugel, die ihm entgegenrollt – Die Kugel klettert langsam am Turm aufwärts, erreicht die Spitze und bildet sich zu einem Hut mit breiter Krempe um. Darunter formt sich allmählich ein Gesicht mit einer Gurkennase und Elefantenohren aus.

Ein großer Vorteil des Ton-Films ist, daß beliebig viele Kinder an ihm mitarbeiten können, auch die jüngeren Geschwister. Nach Abschluß einer Verwandlungsphase kann ein anderes Kind weitermachen. Besonders originelle Einfälle rufen in der Phantasie der anderen Kinder Kettenreaktionen hervor.

Da ein Dreiminutenfilm etwa aus 3240 Einzelaufnahmen besteht, beziehungsweise aus 650 bis 700 Bewegungsphasen, dürfte ein Nachmittag kaum für einen kompletten Film ausreichen. Dann ist es gut, wenn man das Filmatelier im Hobbyraum aufgebaut hat und die Geräte unverändert bis zum nächsten Drehtag stehenlassen kann. Muß abgebaut und das nächste Mal wieder neu aufgebaut werden, so sollte für den ersten Teil ein guter Abschluß gesucht werden, zum Beispiel: Der hohe Turm beginnt zu wandern – er schiebt sich ruckweise über die Grundfläche, bis er den Bildausschnitt im Sucher der Kamera verlassen hat. Am nächsten Drehtag schiebt sich der hohe Turm wieder ins Blickfeld der Kamera; von der entgegengesetzten Seite rollt eine Tonkugel auf ihn zu ...

Kann alles bis zur Fortsetzung so bleiben wie es ist, muß der Ton mit feuchten Tüchern frisch gehalten werden.

Ist der Film abgedreht, können es die Kinder kaum erwarten, bis er entwickelt ist und vorgeführt werden kann. Seine Wirkung bei der Vorführung wird meist weitere Filmvorhaben der Kinder nach sich ziehen. Und eines dürfte sicher sein: Der Film ist eine Hauptattraktion bei jedem Kinderfest!

Aus diesen Charlie-Chaplin-Bildern kann man ein kleines Eselsohr- oder Kartenkino zusammenstellen. Wird jedes Bild einzeln auf eine neue Seite abgepaust und läßt man Bild für Bild abrollen, so dreht sich Charlies Hut auf seinem Kopf herum.

Natur und Sachwelt

7–10

Das eigene Reich

Der eigene **Schreibtisch** wird immer mehr auch Werktisch. Das Kind braucht für den Bastelkleinkram Schubläden und Fächer aus dem Werkzeugladen und dem Laden für Bürobedarf, schick zum Herzeigen und dekorativer als alte Pappschachteln.
Spätestens jetzt muß Ihr Kind ein **Bücherregal** haben. Das kann zunächst ruhig provisorisch sein, zum Beispiel aus farbig gebeizten Obstkisten zusammengestellt. Das Kind kann mit selbstgebastelten Dingen die persönliche Note des eigenen Reiches betonen:

Das Windrad im Warmluftstrom der Heizung
Material: festes, dünnes Papier, lange Stecknadeln, zwei Perlen, Korken oder Holz und ein Stock mit Reißzwecke.
Es wird nach den Angaben der Illustration gebaut. Die Grundform ist zwar sehr einfach, aber die Ansprüche, die an das Windrad gestellt werden, sind hoch: Es soll sich geräuschlos, leicht und gleichmäßig drehen und auch nicht mit der Zeit verschleißen oder in sich zusammensinken.

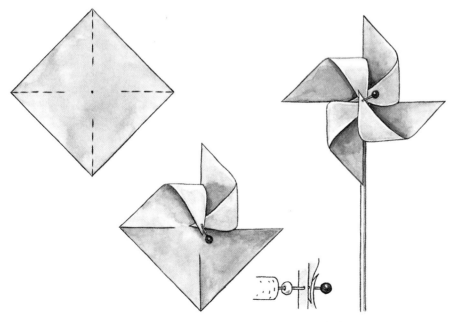

7-10

Das Farbkarussell über der Lampe: Eine runde Kartonscheibe von ca. 45 cm Durchmesser bekommt ringsherum 5 cm lange Einschnitte, die etwa 5 cm voneinander entfernt sind. Die Innenfläche der Scheibe mit Lochmuster versehen und die Löcher mit buntem Cellophan hinterkleben. Die Ecken an den Einschnitten alle windradartig umknicken. Durch vier Löcher Fäden ziehen und diese so zusammenknoten, daß die Scheibe genau waagerecht hängt. An einem langen Faden über der Tischlampe an der Decke aufhängen. Im warmen Luftstrom der Glühlampe dreht sich die Scheibe langsam, und ihr farbiger Schatten dreht sich an der Decke mit.

Die Wärmeschlange über der Heizung. Aus Zeichenpapier eine Spirale ausschneiden und bemalen. Es gibt ein Hänge- und ein Standmodell.

Der eigene Körper

Kinder beschäftigen sich sehr viel mit ihrem Körper. Diesen natürlichen Forscherdrang sollte man nicht unterbinden. Man kann an sich selbst so vieles studieren: Welche Muskeln bewegen sich bei welchem Handgriff? Bleibt das Wasser beim Baden im Bauchnabel stehen? Kann man auch „bergauf" schlucken, wenn man auf dem Kopf steht? etc. Mit größeren Kindern kann man ganz bewußt einige Versuche mit dem eigenen Körper machen.

Ein **Kopf** ist so ähnlich wie eine Gitarre konstruiert: Die Stimmbänder funktionieren wie die Saiten und der Mundraum wie der Körper der Gitarre. Wo sind denn die Stimmbänder? Das Kind weiß: Der Ton kommt zwar aus dem Mund heraus, aber dort entsteht er nicht.

Die Gitarre klingt nicht nur, wenn man an den Saiten zupft, sondern auch, wenn man an den Resonanzkörper klopft. Man kann lauter verschiedene Töne machen, indem man den Mund rundet, als wollte man O sagen, und an die Backe klopft und schnippt.
Ganze Lieder kann man auf diese Weise spielen. Jeder kennt das „Plopp", wenn der Daumen aus dem Mund schnellt.

7-10

Hören durch die Zähne: Man klemmt einen Bleistift fest zwischen die Zähne. Vorher hat man eine Stecknadel fest in sein anderes Ende gespießt. Zupft man an der Nadel, hört man selbst die Schwingung laut, ein anderer hört sie aber nicht.
Hören durch den Mund: Man spannt einen Gummiring mit den Händen zu einer kurzen Saite und zupft mit den Zähnen oder der Zunge Lieder daran.

Hören mit verstopften Ohren: Man steckt den Zeigefinger ins Ohr. Um den Finger ist ein Gummiband geschlungen, das mit der anderen Hand gespannt wird. Mit einem Finger zupft man daran und hört einen lauten Gitarrenton. Oder man bindet an den Zeigefinger einen Faden und daran eine Gabel. Dann läßt man die Gabel schwingen und irgendwo hart anstoßen – wieder hört man einen lauten Ton!
Krach ohne Höhlung drumherum tönt nicht weit: Ein Kind ißt Knäckebrot, und die anderen hören ihm zu, wie es das Brot zerbeißt. Das ist nicht sehr laut. Nun horcht einer direkt mit seinem Ohr an der kauenden Backe!

Unsere **Lunge** ist ebenso wie die Mundhöhle ein tönender Hohlraum. Man klopft an den Brustkasten und kann dann deutlich hören, ob es hinter der beklopften Stelle hohl ist oder nicht. Versuchen, wie es sich beim Ein- aus Ausatmen ändert!

Wer hat eine ruhige Hand? (Spiele für Kinder und Erwachsene, bei denen die Kinder oft besser sind.) Sie brauchen ein Rohr oder ein sehr hohes, schmales Trinkglas oder einen Meßzylinder aus dem Fotolabor und einen nassen Baumwollfaden. Das Spiel besteht darin, daß der Faden am Ende angefaßt und langsam in das Glas versenkt wird, ohne daß er an der Wandung anstößt – was man gleich merkt, weil er nämlich festklebt.
Einfache Form: Der Faden ist so lang wie das Glas, man sitzt am Tisch, kann womöglich den Ellenbogen aufstützen. Erschwerung: Ellenbogen nicht aufstützen, Person muß stehen, etwa auf einem Bein, Faden wird immer länger, Glas steht auf dem Boden, Person steht auf dem Tisch, auf einem Bein und so weiter.
Man kann die ruhige Hand auch wie im Deutschen Museum in München erproben und dazu einen kleinen Apparat bauen, so wie Sie ihn auf der Zeichnung sehen.
Dazu braucht man ein Brettchen, so groß wie ein Schulheft, 50 cm langen Draht, 2 Schrauben, Klebeband, eine Taschenlampenbatterie, eine Taschenlampenbirne mit Fassung und Klingeldraht. Die Aufgabe besteht darin, die Öse an dem Stiel so um den unregelmäßig gebogenen Draht zu halten und den ganzen Draht entlangzuführen, daß sie den Draht nicht berührt. Tut sie es doch, ist der Kontakt hergestellt und das Lämpchen leuchtet auf.

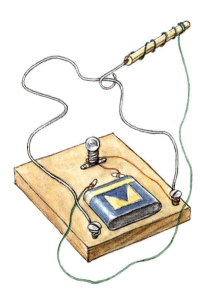

Der magische Arm: Alle stellen sich mit der Seite an eine Wand oder Tür und drücken mit dem ausgestreckten Arm einige Minuten fest dagegen. Dann tritt man von der Wand weg und nimmt sich vor, den Arm ruhig hängen zu lassen. Und was macht er? Er hebt sich, wie von Geisterhand bewegt, langsam hoch und bleibt so stehen, eine Zeitlang, und sinkt dann wieder hinab.

Optische Spielchen

Das Gespür für Perspektive bildet sich immer mehr aus. Alles, was nach Zauberei aussieht, neue Blickwinkel bietet, was das Auge täuscht, fasziniert die Kinder nun.

Spiegelzeichnen: Lachsalven gibt es, wenn sich ein Kind oder auch ein Erwachsener zum ersten Mal im Spiegelzeichnen versucht. Man setzt sich mit Bleistift und Papier an den Tisch und hat vor sich einen Spiegel, in dem sich das Papier spiegelt. Ein Helfer hält ein Stück Pappe so über die Hand, daß man sie nicht direkt sehen kann. Nun fängt man mit etwas Einfachem an: z. B. ein Quadrat und die Diagonalen dazu. Das Quadrat geht meistens ganz gut, obwohl es nicht sehr quadratisch wird, aber die Diagonalen sind die Fallen. Wie festgehext sitzt die Bleistiftspitze in einer Ecke und kann nicht heraus und macht verzweifelt Ausbrüche in die verkehrten Richtungen. Es gibt einen Trick, mit dem man dieses Zeichnen ziemlich schnell lernen kann: Man stellt sich vor, man führe der gewünschten Richtung entgegen.

Hat man das gelernt, versuche man so zu zeichnen, während man unter dem Tisch mit einem Fuß kreisende Bewegungen macht, das kann man fast gar nicht lernen!

Mit einem Glasröhrchen: In ein durchsichtiges leeres Tablettenröhrchen füllt man Wasser ohne eine Luftblase. Dann schreibt man einen Zaubertext auf ein Papier:

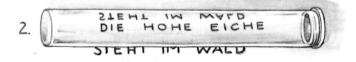

Die beiden Zeilen sollen zusammen so hoch sein, wie das Röhrchen dick ist. Nun schaut man sich die Zeilen durch das Röhrchen an, das direkt auf dem Papier liegt: Sie sind etwas vergrößert. Hebt man das Röhrchen 1–2 cm an, so verändert sich eine Zeile, die andere nicht. Wieso?

In Wirklichkeit werden beide Zeilen umgekehrt, nur merkt man es bei der Zeile DIE HOHE EICHE nicht, weil sie aus lauter symmetrischen Buchstaben besteht. (Geben sie acht, daß Sie die Buchstaben wirklich symmetrisch schreiben und kein I-Pünktchen machen!)

Kaleidoskop: *Material: 2 Spiegelscheiben 20 × 4 cm, exakt ausgeschnitten; dünner Karton, gummiertes Buntpapier, Klebeband, ein kleiner Plastikbeutel, Butterbrotpapier und Schere.*

Die Spiegelscheiben mit den spiegelnden Seiten aufeinanderlegen und die Kanten einer Längsseite mit Klebeband verbinden. Die Spiegel aufklappen und einen 2,5 cm breiten Pappestreifen dazwischenkleben. Es entsteht eine dreieckige Säule. Wickeln Sie die Säule in ein 20 cm breites Stück Pappe, so daß sie fest in einem Papprohr sitzt, und kleben Sie das Rohr seitlich zu. Ein Ende des Rohrs wird mit klarer Plastikfolie verschlossen, das andere mit Pappe, in die ein kleines Guckloch geschnitten wurde. Nun wickelt man einen 5 cm breiten Pappstreifen um das Rohr und klebt so ein fest passendes Überrohr zusammen. Man schiebt es etwas über das Ende des langen Rohrs und verschließt das offene Ende mit Butterbrotpapier. Buntpapier zu zweiseitig buntem Papier zusammenkleben und daraus kleine Schnipsel schneiden. Das kurze Rohr wird abgezogen, die Schnipsel auf das Butterbrotpapier geschüttet. Dann wird es so auf die Seite mit der Plastikfolie geschoben, daß die Schnipsel gerade noch lose durcheinanderfallen können. Auch kleine Perlen und andere kleine Gegenstände eignen sich sehr gut. Selber ausprobieren.

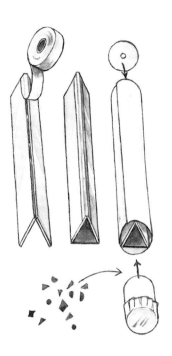

Periskop: U-Boote haben ein Periskop, um über die Wasseroberfläche schauen zu können. Sie können mit Ihrem Kind eines bauen, mit dem es über Mauern oder Hecken und nach hinten über den eigenen Kopf gucken kann.
Material: dünne Pappe, 2 Spiegelscheiben 3,5 × 9 cm, Klebeband, Lineal, Schere.

Das Periskop besteht aus zwei gleichen Teilen. Man klebt mit Klebeband eine Spiegelscheibe auf ein gefaltetes Blatt Pappe wie in Abb. 1 und 2. Das ist der Spiegelständer. Der Kasten für den Spiegel wird zuerst zugeschnitten wie in Abb. 3 und zusammengeklebt, danach wird der Spiegelständer eingeklebt. Ist die Pappe ziemlich steif, ist es nützlich, wenn einer der Teile etwas breiter ist als der andere, damit sie übereinander passen. Nun kommt es darauf an, wie man die beiden Teile zusammenhält (Gummiband), um damit nach vorne oder nach hinten sehen zu können. Es ist günstig, wenn das Periskop innen schwarz ist (Plakafarbe).

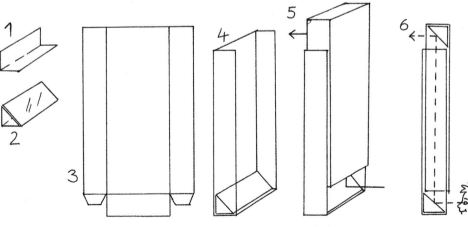

7-10

Das magische Pendel. *Material: ein rechteckiges Stück rotes Cellophan, ein ebenso großer weißer Zeichenkarton, bunte Stifte, Faden und Nadel, Klebeband und Heftzwecken.*

Man schneidet von dem Zeichenkarton ringsum einen Rand ab, das ergibt den Rahmen. In den wird das Cellophan geklebt. Auf das restliche Stück zeichnen Sie und Ihr Kind ein Bild, zum Beispiel ein Haus mit Garten, in Schwarz und dunklen Farben, aber ohne Rot.

Lassen Sie zunächst alle Lebewesen aus dem Bild weg: Leute und Vögel, Blumen und den Hund. Die werden später in Rot dazugemalt, und zwar möglichst im selben Ton wie das Cellophan. Dann wird der Rahmen an zwei Fäden (Nadel) so aufgehängt, daß er an zwei Nadeln vor der Wand frei nach rechts und links schaukeln kann. Genau hinter dem Rahmen heften Sie das Bild mit Heftzwecken an die Wand. Durch den Rahmen schauen Sie mit Ihrem Kind das Bild an: Wo sind Leute, Blumen, Vogel und Hund geblieben? Man kann sie nur sehen, wenn der Rahmen gerade nicht vor dem Bild ist.

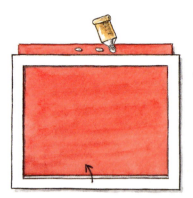  

Spiel und Zauberei mit Flüssigkeiten

Öldrucke: *Material: eine große, flache Schüssel Wasser und wasserfeste Tuschen oder mit Terpentin verdünnte Ölfarben.*

Man tropft einige Tropfen verschiedener Farben auf die Wasseroberfläche und läßt sie sich ausbreiten. Die Bewegung der Farben läßt sich eventuell etwas mit einer Bleistiftspitze lenken. Ein Stück Papier langsam und sorgfältig auf die Wasseroberfläche legen und ein paar Sekunden liegen lassen. Das Papier ebenso langsam und sorgfältig wieder hochheben, umdrehen und es liegend trocknen lassen. Variationen sind möglich durch Ändern der Farben und Tropfengrößen.

Wasserspiele sind nach wie vor beliebt (siehe die vorhergehenden Altersgruppen). Wasser und Flüssigkeiten werden jetzt auch auf ihre Eigenschaften untersucht. Die folgende kleine Auswahl an Experimenten kann nur Anregung zu eigenen Versuchen geben.

Die Zauberblume: Auf weißes Schreibpapier einen Kreis zeichnen, Blütenblätter darum herum malen und ausschneiden (siehe Abbildung). Die Blütenblätter so nach innen kniffen, daß sie fest auf dem Kreis aufliegen. Legt man die Blüte nun in eine Schüssel mit Wasser, kann man verfolgen, wie sie sich langsam öffnet. Die Feuchtigkeit dringt zwischen die Papierfasern und läßt sie quellen. Die zusammengefalteten Stellen saugen sich voll Wasser, dehnen sich aus. Dadurch verschwinden die Kniffe.

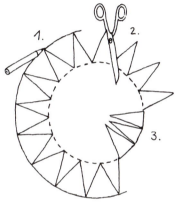

Seifenblasen: Ein Marmeladeglas halb voll Regenwasser und ein Stückchen Kernseife, wie es vom Händewaschen übrigbleibt, im Warmen aufweichen lassen und sehr wenig rühren, sonst ist gleich alles voller Schaum. Am besten ist es, wenn die Lösung Fäden zieht.

295

7-10

Durch Zusetzen von wenigen Tropfen Glyzerin werden die Blasen haltbarer und schillern in noch schöneren Farben. Aus Papier können kleine Männlein geschnitten werden. Man bindet sie an einen kurzen Faden, an dessen Ende ein Papierschnipsel befestigt ist. Es wird mit Seifenwasser befeuchtet und an die Seifenblase gehängt. Nun kann der kleine Ballonfahrer mit seiner schillernden Kugel die Luftreise antreten.

Geheimtinten: Schrift aus Zitronensaft wird fast unsichtbar, wenn sie trocknet, ebenso eine aus Zuckerwasser oder Eiweiß. In der Hitze werden diese Stoffe aber leicht braun. Deshalb kann man die Geheimschrift sichtbar machen, indem man das Blatt Papier heiß bügelt oder nahe an den heißen Ofen oder eine heiße Kochplatte hält.

Weiße Wachsmalkreide auf weißem Papier ergibt auch eine fast unsichtbare Schrift. Die Schrift tritt deutlich hervor, wenn man mit dem Pinsel Wasserfarbe oder verdünnte Tinte verstreicht. Schraffiert man das Blatt ganz leicht mit weichem Bleistift, wird die Schrift auch sichtbar.

„Tintentod"-Stifte sind eigentlich dazu da, Tintenstriche auszulöschen. Aber man kann es auch umgekehrt machen und zuerst mit Tintentod etwas Unsichtbares schreiben und diese Botschaft mit verdünnter Tinte überstreichen. An den vorher beschriebenen Stellen wird die Tinte sofort gebleicht. Auch bestimmte Filzschreiber lassen sich für solche Versuche verwenden, man muß es selber ausprobieren!

Unwahrscheinliche Gleichgewichte

Es macht Spaß, etwas abzuwiegen, die Gewichte verschiedener Gegenstände zu vergleichen, das Ausbalancieren einer Waage zu beobachten.

Die Kerzen-Schaukel. *Material: 2 gleiche Kerzen, ein Flaschenkorken, eine Stopfnadel, eine Stricknadel, zwei gleiche Trinkgläser und wachsfeste Unterlage.*

Stricknadel der Länge nach durch den Korken stecken und dann quer hindurch die Stopfnadel, so daß zwei gleichlange Enden vorstehen. Die Kerzen werden auf die Stopfnadelenden gesteckt, und das Ganze wie eine Waage auf die Stricknadel zwischen zwei Trinkgläser gehängt, daß es schaukeln kann. Jetzt werden die Kerzen angezündet. Sie fangen bald an zu tropfen. Immer wenn ein Tropfen fällt, steigt diese Seite der Waage erleichtert hoch. Die Kerze, die nun nach unten zeigt, tropft durch die starke Schräglage um so mehr. Bald tropfen beide Kerzen abwechselnd, und die Kerzen-Schaukel bleibt in Bewegung. Ein faszinierendes Spiel auch für jüngere Kinder! Ob die Schaukel schneller oder langsamer wird, wenn die Kerzen kürzer werden?

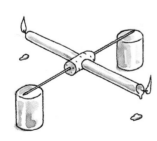

Balance-Akte: Kinder bekommen mehr Gefühl für schwer und leicht. Koordination von Auge und Hand nehmen zu. Sie werden geschickter. Das wollen sie auch gerne beweisen und ihr Gegenüber mit kleinen Vorführungen verblüffen. Hier einige Anregungen:

Wer kann einen Korken auf einer Nadelspitze balancieren lassen?
Oder einen gespitzten Bleistift auf einem Finger?

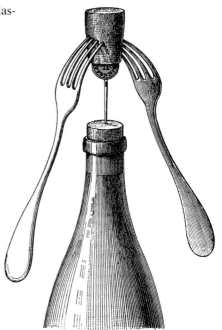

So kann man eine größere Anzahl Streichhölzer mit einem einzigen Zündholz in die Höhe heben.

Der Pfennig auf der Nähnadel

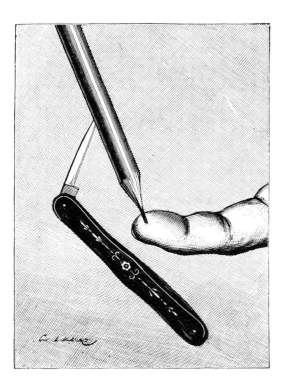

Der Bleistift als Akrobat

Der balancierende Weinkelch

297

In der Küche

Die Küchenkiste kommt wohl langsam aus der Mode, weil Ihr Kind mit der größer werdenden Geschicklichkeit die normalen Geräte mitbenutzt. Es ist inzwischen imstande, für sich und andere eine einfache Mahlzeit zu bereiten und auch die Spuren seiner Tätigkeit wieder zu beseitigen.

Der Fortschritt besteht inzwischen darin, daß Ihr Kind jetzt zwei Sachen gleichzeitig kochen und auf den Tisch bringen kann, wie Bratkartoffeln und Spiegelei, Rührei und Toast, Spaghetti mit Tomatensauce, weiße Würstchen mit Senf und aufgebackenen Brötchen.

Der Experimentiergeist der Kinder befaßt sich besonders gern mit Süßigkeiten.

Süßer Haselnußaufstrich

Zutaten: 200 g gemahlene Haselnüsse, 2 Eßlöffel Sojamehl, 2 Eßlöffel Carobpulver (Johannisbrotmehl, aus dem Reformhaus), ca. 200 ml eines guten Pflanzenöles.

Die Nüsse mit dem Sojamehl und dem Carob vermischen. Dann soviel Öl dazugeben, bis die Nußmasse nur noch leicht krümelig ist. Man kann hier ganz auf Süßungsmittel verzichten, weil der Carob leicht süß schmeckt.

Ananascreme:
1 Ananas, 1 Becher Joghurt, 1 Becher Sahne (200 ml).
Die Ananas putzen, zerkleinern und einige Stücke zum Garnieren aufheben. Das Obst in einem Mixer oder mit einem Mixstab pürieren. Joghurt und die geschlagene Sahne unterheben. In Gläser füllen und mit den Ananasstücken verzieren.

Chemische Hellseherei: Behaupten Sie kühn, Sie könnten einen frisch gespülten von einem sauber abgeleckten Löffel unterscheiden, ohne ihn auch nur näher anzusehen. Dazu brauchen Sie nur zwei Schüsselchen abgekühlten Pudding, in die die Löffel abends vor Zeugen gesteckt werden. Sie müssen richtig im Pudding stehen. Über Nacht bei Zimmertemperatur wirken die Verdauungsfermente des Speichels am abgeleckten Löffel: Feste Stärke wird zu flüssigem Zucker. Am Morgen ist in einem Schüsselchen der Pudding um den Löffel herum suppig geworden, und – hokuspokus – das war der abgeleckte.

Rezepte – nicht zum Essen

Backpulver, selbst gemischt und abgewogen: In der Apotheke besorgen: 100 g trockenes Weinsteinpulver und 45 g trockenes Natronpulver. Beides gründlich mischen.
Zehn Tütchen aus Schreibpapier kleben und „Backpulver" daraufschreiben. Nun kann das Kind entweder auf der Briefwaage in jedes Tütchen 15 g Pulver füllen und hat dann die richtige Menge für ein Pfund Mehl, oder Sie bauen mit ihm zusammen selbst eine Waage.

Küchenwaage aus Papier: Ein Bogen Schreibpapier wird einmal quer gefaltet und bekommt dann entlang dem Kniff etwa vier weitere Falten, wie Sie es auf der Zeichnung sehen. Die Falten werden nur wenig auseinandergezogen, so daß so etwas wie ein stabiler Balken entsteht. Er wird über einen runden Bleistift gelegt, und dann wird ausprobiert, wo er seinen Schwerpunkt hat und ganz leicht schaukelt. In dieser Stellung wird er an dem Bleistift mit Klebeband festgeheftet. Nun wird die Waage ausprobiert: An beiden Enden wird ein Groschen in die Falten gestellt, dann müßte sie wieder im Gleichgewicht sein, das heißt, ganz leicht hin und her schaukeln können. Auch bei zwei Groschen am Ende – oder mit zwei Groschen näher an der Mitte und einem am Ende. Nun wiegen vier Groschenstücke zusammen so viel wie ein Backpulvertütchen. Also steckt man ein geöffnetes Tütchen in ein Ende der Waage und am anderen Ende baut man vier Groschen in die Falten. Dann füllt man mit einem Teelöffel vorsichtig Backpulver in das Tütchen, bis die Waage gerade umkippt. Die Menge müßte für knapp 10 Tütchen reichen.

Pflanzen in Haus und Garten

Hier lassen sich alle Spiele und Versuche der vorhergehenden Altersgruppe weiterverfolgen. Noch immer sind Kinder nicht sehr ausdauernd bei der Gartenarbeit und brauchen ein rasches Erfolgserlebnis. Gerne beschäftigen sie sich mit Pflanzen, wenn es um „Mini-Gartenarchitektur", Wettspiele und kleine Versuche geht, die sie mit bestimmten Eigenschaften von Planzen vertraut machen.

Die zweifarbige Blüte: Mit Hilfe einer weißen Blüte (Dahlie, Margerite oder Nelke), 2 Glasröhrchen mit verdünnter roter bzw. blauer Tinte und einem leeren Trinkglas oder zwei Gläsern mit verschiedenfarbiger Flüssigkeit (siehe Abb.) läßt sich verfolgen, wie Pflanzen trinken.
Spalten Sie den Stengel der Blüte (unten etwas einschneiden und auseinanderziehen) und stellen Sie die Stengelhälften in die Glasröhrchen, die in dem Trinkglas lehnen. Bald sieht man in den feinen Wassersträngen der Pflanze die Farbe hochsteigen, bis nach einigen Stunden auch die Blüte gefärbt ist – je zur Hälfte rot und blau.

Ein Garten auf dem Fensterbrett läßt sich anlegen, wenn eine große Schale, etwa eine Foto-Entwicklerschale oder ein tiefes Backblech, Erde und viele sehr klein bleibende Pflanzen, eventuell Moos, und anderes Zubehör wie Puppenmöbelchen und schöne Kieselsteine zur Verfügung stehen.
Der Miniaturgarten, der zu einem Garten für die Puppe werden kann, muß liebevoll vorbereitet werden, damit Ihr Kind lange daran Freude hat und nicht mitansehen muß, wie er schon bald verdorrt oder aus Lichtmangel eingeht. Gehen Sie gemeinsam zum Gärtner ins Gewächshaus und schauen sich um nach geeigneten Pflanzen. Es gibt schöne Steingartenpflanzen, Farne und Moose. Auch im Wald und am Feldrand wachsen sehr niedliche kleine Pflanzen, die Sie mitsamt dem Wurzelballen vorsichtig nach Hause bringen. Angesichts der gesammelten Pflanzen kann man sich eine Skizze machen, wie der kleine Garten aussehen soll. Eventuell auch kleine Hügel anlegen.
Die Schale wird zum Bepflanzen hergerichtet: Boden mit Kies oder (besser noch) Holzkohle auslegen. Darauf kommt Blumenerde, die mindestens 5 cm tief sein sollte. Von Pflanzen, deren Wurzeln für die Schale zu lang sind, schüttelt man vorsichtig die Erde ab und breitet die Wurzeln flach aus; wenig, höchstens um ⅓ abschneiden, nicht knicken. Als Rasen eignet sich am besten feines Moos.
Pflanzen, die im Lauf der Zeit zu groß werden, kann man beschneiden oder ausgraben, teilen, den einen Teil wieder einsetzen und den anderen für eine neue Gartenanlage verwenden oder weiterschenken. Damit der Garten, wenn er gepflanzt ist, nicht austrocknet, braucht er jeden Tag seinen Miniaturregen aus einer Pflanzensprühflasche.

Miniaturwüsten: Für diese Landschaft braucht man die gleiche Grundausstattung wie für den Miniaturgarten, nur wird das Zubehör jetzt bestimmt von Wüstengewächsen wie Kakteen und anderen fettblättrigen Pflanzen, Sand und Wüstenlebewesen.

In die Schale kommt wieder als unterste Schicht Kies oder Holzkohle, darüber Blumenerde. Später, wenn alles gepflanzt ist, wird noch eine Lage heller Sand darübergestreut. In die kleine Wüste pflanzen Sie mit Ihrem Kind junge Kakteen. Das wirkt schon sehr echt. Man kann „Felsbrocken" in Gestalt schöngefärbter Kiesel dazwischenlegen, eine Oase anlegen, deren kleiner See aus einem Taschenspiegel besteht, und in die kleine Kamele aus dem Spielzoo zur Tränke geführt werden ...

Wettrennen auf Kinderbeeten: Sonnenblumen sind richtige Renner! Man sät sie zuerst in kleine Töpfe und läßt sie bei viel Licht keimen. Im Mai werden sie verpflanzt. Man kann Listen anlegen, in denen Datum und Länge sowie Blätter-, Knospen- und Blütenzahl vermerkt werden.
An Stangen von drei Meter Länge wachsen: Stangenbohnen, Winde und Glockenrebe (Cobaea scandens).
An Gittern wachsen um die Wette: Zierkürbis und Kapuzinerkresse.
Erdbeeren treiben lange Ausläufer, Kapuzinerkresse und Kürbis schlängeln sich ebenso gern in die Weite wie in die Höhe. Gewisse Gräser treiben auch Ausläufer nach allen Seiten. Man kann raten lassen, welche Graspflanze ein bestimmtes Quadrat zuerst zugewachsen hat.
Wer mehr Geduld hat, kann auch ein Baum-Wettwachsen veranstalten. Am schnellsten wachsen die weidenartigen Bäume wie Zitterpappel, Schwarzpappel, Weide. Die Trauerweide ist nicht so gut geeignet, weil man schlecht messen kann, wieviel sie gewachsen ist.

Tiere drinnen und draußen

Man muß nicht unbedingt davor zurückschrecken, Kinder auch ungewöhnliche Haustiere halten zu lassen wie Ameisen, Schmetterlingsraupen oder Mehlwürmer. Das kann sehr interessant sein, wenn die Tiere gedeihen. Nur macht es keinen Spaß, wenn es nicht gelingt. Deshalb sollte man sich vorher genau über die Lebensbedingungen der Tiere informieren. Hinweise auf Fachliteratur finden Sie im Anhang.

Schneckenwohnung zum Züchten von zwei oder drei Weinbergschnecken: Ein durchsichtiger Behälter von 5-10 Liter Inhalt, etwa ein altes Aquarium, das nicht mehr dicht zu sein braucht, bekommt einen fest sitzenden Deckel aus Leisten und Maschendraht.
Als Einrichtung brauchen die Schnecken Äste, einen abgenagten Hühnerknochen oder eine Muschelschale für ihr Kalkbedürfnis, ein Schüsselchen mit feuchter Erde zum Eierlegen, eine Schale mit Wasser, einen halben Zentimeter hoch, verschiedene Gemüse und etwas Fleisch als Futter, einen halben Blumentopf als Unterschlupf und Steine als Dekoration. Schnecken sind recht schleimige Tiere, die ihren Käfig nicht sauber halten. Er muß deshalb jede Woche gründlich ausgespült werden. Es ist praktisch, wenn man zwei Käfige herrichtet, damit man die Schnecken einfach nur umsetzen und den alten Käfig in Ruhe putzen kann.

Wenn Schnecken zu trocken gehalten werden, fallen sie in Trokkenstarre, und bei Kälte gehen sie in Winterschlaf. Am hellen Tag ruhen sie oft und gehen erst in der Dämmerung spazieren. Man kann ihnen künstlich eine Dämmerung bereiten, indem man ihnen ein Tuch über den Käfig legt.

Die frei herumlaufenden Tiere wie **Hund und Katze** sind für Kinder besonders reizvoll, wenn sie etwas „können". Die wichtige Grunderziehung des Hundes sollte der Erwachsene immer in der Hand behalten, einfache Dressuren können die Kinder selbst vornehmen. Auf jeden Fall sollte man das Vorhaben erst zusammen besprechen. Ist das Tier nicht zu jung und verspielt? Ist es zu alt und zu wenig verspielt? Kann das Tier überhaupt lernen, was ich ihm beibringen will? Im allgemeinen kann man nur das zu einer Dressur werden lassen, was das Tier hin und wieder von selbst tut. Das muß das Kind begreifen können.

Hund und Katze können mittels eines Leckerbissens lernen, auf Ruf oder Pfiff an einen bestimmten Platz gerast zu kommen. Hunde können springen üben. Sie verstehen besonders gut, was gemacht werden soll, wenn das Herrchen vorher selber springt.

Wenn man es genau beobachtet, entdeckt man bald die Talente des eigenen Tieres. Kleinere Hunde gehen gern ein paar Schritte auf den Hinterbeinen, wenn sie einen Hundekuchen über sich wissen. Manche singen melodiös mit, wenn musiziert wird. Plötzlich ist eine kleine lustige Familien-Zirkusnummer fertig!

Manche Hunde haben Spaß am Versteckspiel. Ein Kind hält den Hund fest, das andere geht fort und versteckt sich. Dann wird der Hund losgelassen, der den Versteckten wieder zurückbringt.

Auch die kleinen Käfigtiere wie **Hamster und Maus** können Kunststückchen lernen, zum Beispiel auf Befehl auf einen Kletterturm zu klimmen. Zuerst werden sie mit einem Leckerbissen gelockt, dazu wird das Befehlswort gesagt – mit der Zeit kann man den Leckerbissen immer später einsetzen, so daß er zum Schluß erst als Belohnung erscheint.

Basteln

7–10

Kinder ab 7 Jahren sind nun schon ausdauernder, möchten „etwas Richtiges" machen. Sie werden zunehmend geschickter und schneller bei ihrer handwerklichen Tätigkeit. Neben den vorangegangenen Basteleien einfacher Art, die sie meist leicht ausführen und die man ihnen auch weiterhin vorschlagen kann (rasches Erfolgserlebnis!), sollte man sie jetzt etwas mehr fordern. Das große Bastelalter beginnt.

Papier

Zeitungspapier, Kataloge, Packpapier, Buntpapier, Bleistift, Farben, Klebstoff und Schere gehören zu jeder Grundausstattung. Aus dem fast kostenlosen Material lassen sich viele Dinge gestalten. Es können ganze Spiellandschaften entstehen.

Postkarte zum Durchsteigen: Wer kann durch eine Postkarte steigen? Dieser ganz einfache Trick, eine Postkarte zu zerschneiden, macht immer wieder Spaß und ist auch eine hübsche Einlage für Zaubernachmittage. Postkarte der Länge nach in der Mitte falten und einschneiden, wie es die Abbildung 1 zeigt. Den mittleren Bruch bis auf die jeweils äußerste Lasche durchschneiden.

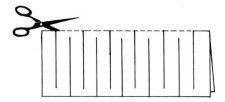

Relief-Postkarte: Wenn es im Urlaub einmal regnet, läßt sich aus etwas Zeichenkarton oder gar nur einer Postkarte mit Bleistift, Farben, Messer oder Schere eine kleine Klapp-Postkarte basteln. Man zeichnet die Umrisse der Motive auf das Papier und schneidet sie aus – nicht jedoch an den gestrichelten Linien. Hier werden die Figuren geknifft und hochgeklappt, die Fenster geöffnet usw. Vor dem Ausschneiden kann man das Ganze noch bemalen. Klebt man die Postkarten an den flach aufliegenden Stellen auf ein Stück Karton, so hat man ein Mini-Spielgelände, oder es entsteht auch – je nach Papier und Kartonunterlage – eine größere Spiellandschaft.

Papiermenagerie: Die einzelnen Faltschnitt-Tiere sollte man aus einem festen Papier ausschneiden, damit sie standfest sind. Einen Streifen Papier in der Mitte zusammenlegen und entlang

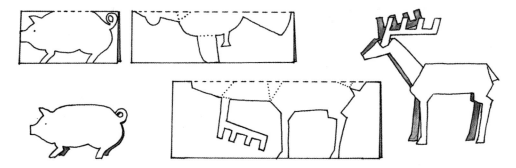

des Bruches (gestrichelte Linie) die gewünschten Formen aufzeichnen. An den punktierten Linien nach dem Ausschneiden kleine Falten kniffen, damit die charakteristische Form besser herauskommt.

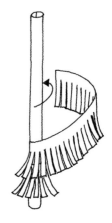

Bäume: Palmenartige Gebilde entstehen durch Faltschnitt oder indem man ein Stück Papier einrollt und an einem Ende einschneidet. Tannenbäumchen werden aus zwei flachen, aus festem Zeichenkarton ausgeschnittenen Teilen zusammengesteckt. Oder man stellt sie aus einer dünnen Papphöhre her, um die ein langer Streifen Papier gewickelt und geklebt wird, der zuvor auf einer Seite eingeschnitten wurde. Gewickelt wird von unten nach oben!

So kann ein ganzer Märchenwald entstehen. Die einzelnen Bäume werden auf festen Karton geklebt, damit sie bessere Standfestigkeit haben.

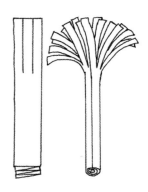

Häuser: Aus einem einfachen Grundschnitt lassen sich eine Unzahl von verschiedenen Häusern entwickeln. Den kleinen Architekten werden sicher eigene Varianten einfallen. Dabei tritt das Ausschmücken und Bemalen in den Vordergrund. Es ist einfacher, die Häuser zu bemalen, bevor man sie aufbaut und zusammenklebt. Diese Faltschnittarbeiten regen Kinder zum Rollenspiel an. Mit kleinen Püppchen, Bäumen, Autos und Tieren lassen sich Straßen und Landschaften beleben. Menschen treffen sich auf dem Marktplatz, unterhalten sich, machen Einkäufe.

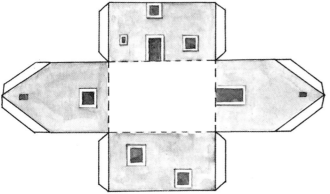

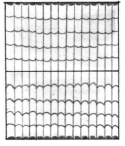

Glückwunschkärtchen mit Faltschnitten: Erste Faltschnitte wurden bereits auf Seite 108 und 195 erklärt. Nun lassen sich schon schwierigere Muster und Spielereien vorschlagen. Papier kniffen und mit Bleistift Muster vorzeichnen. Eine feine, spitze Nagelschere eignet sich am besten zum Ausschneiden. Beim Aufkleben der Faltschnitte erhält man hübsche Geburtstagsglückwunsch-, Weihnachts- oder Osterkarten. Allerdings ist das Aufkleben bei sehr zierlichen Mustern eine Geduldsprobe.

Sterne: Zart und festlich sehen die aus einer „Ziehharmonika" gefalteten und geschnittenen Sterne aus Gold- oder Silberpapier aus. Man kann sie auch aus dünnem Pergamentpapier arbeiten. Ein langer Streifen, zum Beispiel 5 × 20 cm, wird in Falten gelegt, möglichst exakt. Eine Möglichkeit, die Zacken zu schneiden, zeigt Abbildung 1. Es macht Spaß, immer neue Muster zu erfinden. Mit zwei Fäden, die durch alle Falten gezogen werden, wird der Stern erst auf der einen, dann auf der anderen Seite fest zusammengezogen. Eventuell kann man ihn zusätzlich kleben. Wenn der Stern aufgefaltet wird, klebt man die erste und die letzte Zacke ganz fein zusammen. Sterne aus festem Goldpapier lassen sich auch als Kerzenhalter verwenden, wenn man eine Reißzwecke mit einklebt.

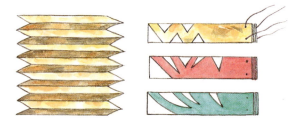

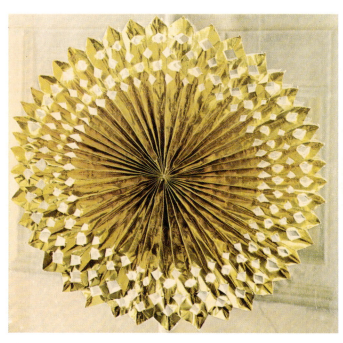

Engel-Mobile: Aus Gold- und Buntpapier, mit Schere, Klebstoff und Faden entseht ein bunter Engelsreigen. Wie das Engelchen ausgeschnitten wird, zeigt Abbildung 6a. Der innere Kreis ist der Kopf, der zweite ist für die Hände, der äußere wird zu Rock und Flügeln. Entlang den Linien ausschneiden, an den angezeichneten Stellen einschneiden und ineinanderstecken. Etwas Klebstoff verwenden. Aufgehängt wird das Ganze an einem alten, bunt lackierten Bügel, an einem schmalen Reifen aus einem Pappstreifen oder an dünnen Drahtbügeln.

7–10

7-10

Papierblumen: Aus Krepp- und Seidenpapier entstehen schöne Frühlingsdekorationen für Feste. Kreppapierrolle in ca. 10 cm breite Stücke schneiden, diese ausrollen, mehrfach zusammenlegen und eventuell wie bei der „Palme" einschneiden. Dann eng aufrollen und das andere Ende mit einem Stück Blumendraht abbinden. Die einzelnen Blütenblätter ausschneiden, zurechtzupfen und den Krepp etwas dehnen, formen und wellen.
Seidenpapier falten, lauter gleiche Blütenblätter ausschneiden und zu einer Blüte arrangieren. Zusammenbinden. Eventuell eine zweite Schicht Blütenblätter von einer anderen Farbe darumwickeln. Krepp- und Seidenpapierblüten lassen sich auch zu Phantasieblüten zusammenstellen.

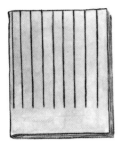 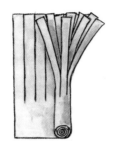  

Anziehpuppen: Hierzu werden Zeichenkarton, Bleistift, Schere und Farben benötigt. Zuerst wird eine Puppe in einfachen Umrissen auf festen Zeichenkarton aufgezeichnet, bemalt und ausgeschnitten. Welche Kleider soll sie tragen? Jetzt kann man ein richtiges Spiel inszenieren, etwa „Berufe raten": Man überlegt, bei welchen Berufen ganz spezielle Kleider getragen werden. Jedes Kind fertigt eines an. Es gibt Gärtner, Schornsteinfeger, Arzt, Richter, Krankenschwester, Köchin, Straßenbahnschaffner. Man kann aber auch Indianer, Cowboy, Scheich und Eskimo anfertigen. Zum Herstellen der Kleidungsstücke legt man die ausgeschnittene Puppe auf Zeichenkarton und fährt mit einem Bleistift ganz fein an den Umrissen entlang. Somit ist sichergestellt, daß Kleid oder Hut auch genau passen. Zum Befestigen werden kleine Laschen mit ausgeschnitten, wie es auf der Abbildung zu sehen ist.

Karton, Wellpappe, Schachteln

Schachtelkonstruktionen: Aus kleinen Schachteln und Streichhölzern und mit etwas Kleber kann jeder, der gerne tüftelt und Geduld hat, Fahrzeuge, Türme und andere Dinge bauen. Man sollte zu solchen Arbeiten keine Anleitungen geben, sondern Kinder völlig frei mit dem Material gewähren lassen, höchstens ab und zu ein Thema anregen wie Puppenbühne, Hochhaus mit Fahrstuhl und vielen Treppen oder Turmbau zu Babel. Aus größeren und kleineren Schachteln können Kaufmannsladen, Burg mit Zugbrücke, Raumfahrtstationen oder ganze Gelände für die Modelleisenbahn entworfen werden.

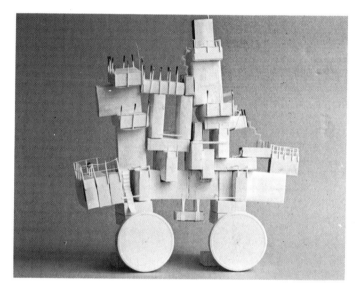

Adventshaus: Ein Haus wird aus vielen Streichholzschachteln zusammengeklebt, und zwar so, daß sie jeweils nur von einer Seite zu öffnen sind. Aus der Abbildung rechts kann man ersehen, wie es gemeint ist. In die Vorderseite der Schublade ein kleines Loch bohren und eine Rundkopfklammer hineinstecken, damit sich die Schachtel leicht öffnen läßt. Zahlen von 1 bis 24 aus einem alten Kalender ausschneiden und aufkleben. Zum Schluß wird das Haus mit Buntpapier, eventuell auch mit Plätzchen oder Schokolinsen verkleidet und geschmückt. Fast ein Knusperhäuschen.

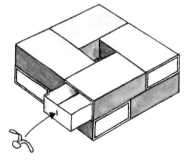

Adventskalender aus Streichholzschachteln: Ein Adventskalender verkürzt die lange Wartezeit bis Weihnachten. Jeden Tag, vom 1. Dezember bis zum Heiligen Abend, gibt es irgendeine Überraschung. 24 leere Streichholzschachteln mit Buntpapier bekleben oder mit Farbe bunt bemalen und auf einen bunten Pappstreifen kleben. Jede Schachtel mit Datum versehen. Die Schachteln werden gefüllt mit kleinen Süßigkeiten, einem Bildchen, einem Gutschein, einem kleinen Spielzeug, Puppenkleidchen, Liebesperlen, Glasperlen und einer Schnur, einem schönen Schneckenhaus und anderen liebevollen Kostbarkeiten. Ein gutes Geschenk für jüngere Geschwister.

1

2

Eine Leuchte aus Alufolie: Sie spendet ganz besonders schönes, geheimnisvolles Licht. Ein längliches Stück Alufolie flach auf einen Stoß Zeitungspapier legen. Auf einem gleich großen Stück Papier mit Bleistift ein Muster entwerfen, das Papier auf die Folie auflegen und mit Tesafilm befestigen, damit es nicht verrutscht. Nun wird das Muster nachgestochen, und zwar mit feinen Nadelstichen, mit einem Nagel, einer Stricknadel, einer Zirkelspitze oder was zur Hand ist, so daß verschieden große Löcher entstehen. Die beiden Schmalseiten mit Spezialkleber oder einem Hefter zusammenfügen. Lampenschirm über ein Teelicht stülpen, das auf einem Unterteller steht.

Laterne: Für eine einfache Laterne werden Zeichenkarton, bunter oder schwarzer Karton, Bleistift, Lineal, Schere, Klebstoff, Transparentpapier, Teelicht und Draht benötigt. Schnitt anfertigen, wie es Abbildung 1 zeigt, oder runde Laterne (wie Abbildung 2 zeigt), und ausschneiden. Die Muster werden herausgeschnitten und an der Innenseite mit buntem Transparentpapier hinterklebt. Dann falzt man entlang der gestrichelten Linie die Ränder nach innen, klebt oder heftet die beiden Seiten zusammen. Die unteren Ränder sollte man zur Sicherheit an den jeweiligen Ecken mit etwas Klebstoff zusammenfügen. Dann schneidet man ein Quadrat in der Größe einer Seitenlänge aus, klebt in der Mitte das Teelicht fest und legt diesen Boden lose in die Laterne. Zum Anzünden und Ausblasen des Lichtes kann man so den Boden einfach hochschieben. Soll die Laterne aufgehängt werden, befestigt man an zwei gegenüberliegenden Seiten ein Stück Draht.

Fensterschmuck: Häuser werden aus schwarzem Karton ausgeschnitten und mit buntem Seiden- oder Transparentpapier hinterklebt.

7–10

Bierfilz-Figuren: Lustige Männchen und Tiere lassen sich aus einfachen Bierdeckeln und Rundkopfklammern zusammenstellen. Grundkörper entwerfen. Bierfilze zurechtschneiden und verzieren. An Arm- und Beingelenken oder an Flügeln, Ohren und Flossen Löcher mit Nagel oder Ahle durchbohren und die Teile mit Rundkopfklammern am Rumpf befestigen. Es ist ganz erstaunlich, wie viele Figuren man aus den einfachsten Formen der Bierfilze entwickeln kann.

Das große Drachenspiel: Aus einem Stück großer, starker Pappe und alten Nylonstrümpfen entsteht dieser bunte Jahrmarktszauber. Man schneidet aus Pappe phantasievolle Drachenköpfe mit großen Mäulern aus. Augen, Nase, Zähne und Ohren aufmalen. Auf die Rückseite, hinter das Maul, einen Strumpf kleben, der am Ende zusammengeknotet wird. Wenn alle Köpfe mit Schnüren oder Wäscheklammern an einer Leine aufgehängt sind (am besten vor einer Mauer), kann das Wettschießen beginnen. Als Wurfgeschosse dienen Tennisbälle oder Zeitungspapierknäuel (siehe Seite 112).

Das Großwildjagdspiel: Statt der Drachenköpfe kann man auch solche von wilden Tieren ausschneiden und bemalen. Wer hier die meisten Treffer hat, wird „Safarileiter".

Vielfraß: Das gleiche Spiel mit dicken Figuren oder vergrößerten Fotos der Kinder oder Eltern, Lehrer usw.

7-10

Ton und Papiermaché

Immer wieder sind und bleiben Ton und Modelliermassen sehr beliebte Ausdrucksmittel für Kinder (siehe auch Seite 94 und 204). Sie werden immer noch von den Grundformen Kugel und Rolle ausgehen, können aber schon erste Hohlkörper bauen.

Sparschweinchen: Eine große Kugel wird halbiert, innen ausgehöhlt, wieder zusammengesetzt und an der Fuge gut verschmiert. Nase, Ohren und Beine sind Rollen, die an den Ansatzstellen mit Tonbrei gut verschmiert werden müssen. Augen mit einem Bleistift sanft hineinstechen. Schlitz für den Spargroschen vorsichtig mit einem spitzen Messer einschneiden und herausheben.

Anhänger: Ton flach ausrollen. Schablone zuschneiden, die die gewünschte Form des Anhängers hat (Kreis, Fischchen), auf den Ton legen und mit einem Messer ausschneiden. Loch zum Aufhängen durchbohren. Mit kleinen Kugeln und Rollen verzieren oder Muster eindrücken mit einem Bleistiftende, einer Gabel, einer Stricknadel usw. So können auch Reliefbilder für die Wand entstehen (siehe auch Seite 172ff.) oder Christbaumschmuck.

Masken aus Papiermaché: Für komische und gruselige Masken wird zuerst eine Hohlform aus Pappstreifen hergestellt. Dazu schneidet man einen Streifen biegsamen Kartons von ca. 50 cm Länge zurecht, legt ihn zum Maßnehmen so um das Gesicht, daß er gut anliegt, und klebt ihn zusammen. Weitere Streifen werden längs und quer so hinzugeklebt, daß sie sich wölben. Im Bereich der Nase kann der Längsstreifen spitz geknickt werden. Wenn die Hohlform fertig ist, sollte sie wie ein halbes großes Osterei aussehen. Mit der Hand streicht man Kleister auf Zeitungspapierstücke und umkleidet die Form. Je mehr man nimmt, um so dicker und stabiler wird die Maske. An der Sonne trocknet sie in wenigen Stunden, im Backofen schon in einer halben Stunde. Die Augenlöcher und der Mund lassen sich nun leicht mit einem spitzen Messer oder einer Schere aus der getrockneten Form herausschneiden. Will man Nase, Ohren und andere Details nicht plastisch hervorheben, kann jetzt mit dem Aufmalen begonnen werden.

Hat das Kind Lust, die Maske weiter zu bearbeiten, kann es wieder Zeitungsfetzen mit Kleister beschmieren und aus ihnen Nase, Kinn, Backen, Ohren, Warzen, Stiftzähne und was ihm sonst noch einfällt formen.

Zwischendurch sollten immer wieder größere, bekleisterte Papierstücke über die neugeformten Wölbungen gelegt werden, damit sie fest am Untergrund haften. Dann können der Maske all die kleinen Dinge und Dekorationen eingesteckt und angekleistert werden, die sie besonders charakteristisch machen: Federn, Schnüre und Fäden, Stroh, Streichhölzer, Zweige, Holzwolle, Papierfransen, Perlen, Flaschenkorken, Lappen oder Tücher. Mit einer Ahle oder einem anderen spitzen Gegenstand sticht man seitlich und oben Löcher durch die Maske, damit zur Befestigung am Kopf eine Schnur oder ein Gummiband durchgezogen werden kann.

Puppen für das Puppenspiel: Sehr viel Freude macht es Kindern, sich kleine Schauspieler für ihr Puppentheater selber herzustellen. Schon beim Formen der Köpfe und beim Anfertigen der Kleider ergeben sich immer wieder Spielsituationen. Allerdings erstreckt sich das Herstellen über mindestens zwei Nachmittage, und der Erwachsene wird öfters als Helfer benötigt. Daher sollte man sich für diese Bastelei Tage aussuchen, an denen man den Kindern mit Rat und Tat zur Verfügung stehen kann. Besonders schön ist es, wenn auch die Freunde der Kinder mitmachen.

Material: Zeitungen, Kleister, je Kopf 5×10 cm weiche Pappe, Moltofill, Pinsel, Stoffreste, Schere, Garn, Nadel. Zum Ausschmücken: Wollreste, Perlen, Knöpfe, Band usw.

Zunächst wird Pappmaché hergestellt (siehe Seite 111). Für den Hals der Puppe ein ca. 5×10 cm großes Stück Pappe um den Finger wickeln und zu einer Röhre zusammenkleben, die etwa zeigefingerhoch sein sollte. Nun eine ganze Zeitungsseite nehmen, zu einer Kugel knüllen und außen ganz mit Kleister bestreichen. Sie wird auf den Hals gesetzt und mit Hilfe von Papierstreifen, die ebenfalls aus Zeitungen ausgerissen und auf der einen Seite gut eingekleistert wurden, gut am Hals befestigt. Zum Trocknen kann man die Köpfe auf einen Stock, Ast oder alten Pinsel stecken und diesen in eine Sprudelflasche stellen.
Nach dem Trocknen modelliert man den Kopf mit Pappmaché. Die markantesten Teile wie Ohren, Nase, Kinn, Hörner, Backen, Schnauze usw. werden aufgesetzt. Zum Schluß rührt man in einem Joghurtbecher etwas Moltofill an und streicht es mit dem Pinsel über den getrockneten Kopf. Dabei können unschöne Fugen zugeschmiert werden. Gut trocknen lassen.
Danach wird der Kopf bemalt. Zum Ausschmücken kramt man am besten alle Schubladen durch. Haare, Augenbrauen, Bärte, Hüte oder Kopftücher werden angeklebt.

7-10

Das Gewand wird ganz einfach aus einem ca. 30 × 80 cm großen Stoffrest zugeschnitten (Abbildung links). Das Kind kann mit einfachen Stichen einen offenen Sack nähen oder kleine Ärmel andeuten. Am Halsausschnitt wird ein Wollfaden eingezogen. Der Hals der Puppe wird soweit gekürzt, daß der Kopf fest auf der Fingerkuppe des Kindes sitzt und dieses seinen Finger biegen kann, so daß die Puppe dabei nickt. Nun steckt man den Hals in den Ausschnitt des Puppenkleides, zieht den Faden fest zusammen, macht eine Schleife und klebt den Stoff an die Puppe. Natürlich kann man das Kleid vorher noch mit Fransen, Knöpfen, Spitzen und Bändern verzieren. Weitere Puppen siehe Seite 277ff.

Ytong

Ytong ist ein leichter Schaumbeton, den man in Baustoffhandlungen oft als Abfall bekommt. Zum Bearbeiten von Ytong eignen sich Säge (Fuchsschwanz), Taschenmesser, Stemmeisen, alte Messer und lange Nägel. Im Gegensatz zu Ton und anderen Modelliermassen wird hier nicht aufgebaut, sondern aus einem Block wird eine Figur herausgeschält. Man muß aufpassen, da nichts wieder angefügt werden kann, was einmal entfernt wurde. Am besten arbeitet man im Freien, da beim Sägen viel Staub entsteht. Zu Beginn zeichnet man die groben Umrisse mit Kreide auf und sägt sie ab. Die feineren Formen holt man mit einem Messer oder Stemmeisen heraus oder kratzt die letzten Feinheiten mit einem Nagel aus.

Glas und Korken

Bemalte Gläser: Leere Marmeladegläser, Flaschen oder andere Gefäße können zu hübschen Behältern werden, wenn man sie bemalt. Gemalt wird mit Glas- oder Plakatfarben. Sollen bestimmte Dinge darin aufbewahrt werden, kann man das entsprechende Bildchen malen oder den Namen darauf schreiben. Sollen die einzelnen Farben kräftig werden, kann man zuerst mit schwarzer Farbe Konturen aufmalen und dann die freien Felder bunt ausfüllen. Pinsel vor jedem Farbwechsel gut auswaschen oder in jeden Farbtopf einen extra Pinsel stellen. Glasfarben nach dem Trocknen im Backofen einbrennen (siehe Gebrauchsanleitung bei den Farben). Plakatfarben mit Klarsichtlack überstreichen.
Wer keine Farben hat, kann auch sehr dekorative Wirkungen mit auf- und übereinandergeklebten Seidenpapieren erzielen. Das fertig geklebte Bild sollte mit einer Lackschutzschicht überzogen werden.

Spielzeug aus Korken: Alte Korken sollten nicht einfach weggeworfen werden. Das Kind kann sich mit diesem Material ganz allein beschäftigen, bedarf vielleicht nur anfangs einiger Anregungen, um in Schwung zu kommen. Mit Hilfe von Streichhölzern, Nägeln, einem Taschenmesser und etwas Holzleim lassen sich aus ihnen Pferdchen, Katzen, Giraffen, ein Leiterwägelchen oder gar ein ganzer Zug zusammenbauen.

Holz

Arbeiten aus Astholz: Wenn im Frühjahr Obst- oder Alleebäume beschnitten werden, kann man die Abfallstücke sammeln. Aber auch das Jungholz der Hasel, Buche oder Esche ist geeignet. Daraus kann man alles mögliche schnitzen: Kühe, Schweine, Schafe, eine ganze Arche Noah, Menschen, Schachfiguren oder ein Floß. Wenn man mit Astholz arbeitet, braucht man weder Hammer, Nagel noch Kleister.

Floß: Äste gleichlang schneiden. Zwei Querbalken zurechtstutzen und dann mit Bast oder Bindfaden Ast für Ast kreuzstichartig fest an die Balken wickeln.

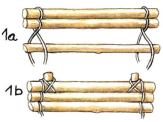

Weidenflöte: Aus einer schönen glatten Weidenrute sucht man ein fingerdickes, langes Stück ohne Seitentriebe heraus. Bis zur nächsten Verästelung wird es abgeschnitten. Oberhalb der Verästelung macht man rundum einen Einschnitt, bis auf das Holz. Der obere Teil wird mit dem Messer so lange weichgeklopft und vorsichtig gedreht, bis sich die Rinde löst und das Kernholz herausgezogen werden kann (2a). Nicht weit vom oberen Rand schneidet man eine Kerbe für das Flötenloch hinein und streift dann die Rinde herunter (b). Vom Kernholz wird ein Stück abgeschnitten (c), an einer Seite leicht abgeflacht und als Mundstück oben in die Rindenhülle geschoben (d). Man steckt die Rindenhülle wieder auf das Kernholz, und die Flöte ist fertig (e). Je mehr man das Holz in die Rindenhülle schiebt, um so heller, je mehr man es herauszieht, desto dunkler wird der Ton beim Blasen.

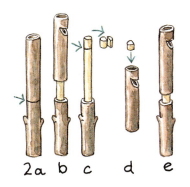

Pferdefuhrwerk: Verschieden starke Hölzer werden zurecht gesägt (Laubsäge genügt): dicke Äste für das Pferd und die Räder, dünnere für das Geländer des Wagens, ganz dünne für die Querstäbe, die Achse und die Deichsel. Diese Arbeit erfordert etwas Geduld und Geschick. Wenn die Querstäbe des

 7-10

Wagens zum Beispiel nicht alle gleich lang sind, fällt das Ganze auseinander. Man kann bestimmte Stellen haltbarer machen, wenn man sie mit etwas Bast umwickelt.

Wanderstab: Wenn im Frühling der junge Saft in die Weiden und Haselnußsträucher steigt, läßt sich die Rinde besonders leicht vom Holz abziehen, wodurch sich zum Beispiel an einem Wanderstab die schönsten Verzierungen anbringen lassen. Wichtig ist dabei, daß die abzuziehenden Rindenteile vorher an allen Umrißlinien bis zum Holz durchgeschnitten werden, sonst kann beim Abziehen das Muster zerstört werden. Den weißen Untergrund kann man mit farbiger Tusche einfärben.

Pfeil und Bogen: Für den Bogen nimmt man einen ca. 1 m langen Stab (Esche oder Weide) und verziert ihn in gleicher Weise wie den Wanderstab. An beide Ende werden noch Kerben geschnitzt, damit der Bindfaden, den man vorher wachst, nicht abrutscht beim Spannen. Auch die Pfeile können verziert werden. Vorn mit Stoff umwickeln, hinten eine gespaltene Gänsefeder ankleben.

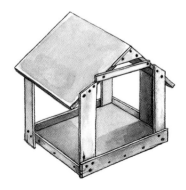

Verschiedene Vogelhäuschen: Für das Häuschen links z. B. braucht man drei Sperrholzplatten 30 × 30 cm. Zwei von ihnen vernagelt man so, daß sie im rechten Winkel zueinander stehen. Sie bilden das Dach. Für den Boden braucht man Stützen, die in der gewünschten Höhe aus Holzresten (z. B. von einer alten Obstkiste) abgesägt oder abgebrochen werden. Mit diesen Stäben werden Dach und Boden des Vogelhäuschens verbunden. Für einen besseren Halt kann man den Giebel noch einmal mit zwei Querleisten vernageln. Die Bodenplatte aus Sperrholz bekommt einen etwas erhöhten Rand, damit das Vogelfutter nicht herausfällt.

Man kann Vogelhäuschen auch nur aus alten Obstkisten zusammenzimmern oder sich aus einer Zigarrenkiste, einigen Querleisten und etwas Holzleim eines bauen. Hübsch sieht es aus, wenn man das Häuschen lackiert und das Dach mit Stroh oder Tannenzweigen bedeckt.

Das vorhandene oder verfügbare Material bestimmt hier die Ausführung. Oft ist es gut, sich vorher eine kleine Skizze zu machen, um seine Vorstellungen besser verwirklichen zu können.

7–10

Das Nagelbrett: Zu diesem Spiel gehört eine besonders ruhige Hand. Es gilt, die Kugel durch den Nagelwald in eines der beiden Löcher zu balancieren, ohne daß die Kugel vom Brett herunterrollt. Man schneidet in der Form des Küchenbretts ein gleich großes Stück ziemlich dicker Pappe aus und sticht mit einer spitzen Schere an der linken und rechten Schmalseite der Pappe je ein Loch aus, das etwas kleiner sein muß als die Kugel. Danach klebt man die Pappe genau auf das Brett auf. Nun schlägt man die Nägel in unregelmäßiger Reihenfolge vorsichtig 3 bis 4 mm tief in das Brett ein (Löcher vorher mit einer Ahle etwas vorbohren).

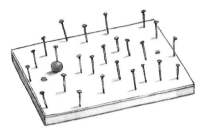

Hampelmann: Die einzelnen fünf Teile (Rumpf, 2 Arme, 2 Beine) werden im Faltschnitt aus Papier zugeschnitten, auf dicke Pappe oder Sperrholz übertragen, mit der Laubsäge ausgesägt, angemalt und mit Zaponlack bestrichen. An den angegebenen Stellen mit dem Drillbohrer kleine Löcher bohren. Die äußeren Löcher der Arme und die der Beine je durch einen feinen Bindfaden verbinden und die Enden vorläufig noch unbefestigt hängen lassen. Arme und Beine auf den Rumpf auflegen, so daß die noch freien Löcher auf die Rumpflöcher kommen. Diese vier Stellen beweglich miteinander verbinden, am einfachsten durch Bindfaden und kleine Holzperlen, das heißt, man zieht den Faden auf eine Stopfnadel, geht durch beide Löcher, nimmt eine Perle auf, geht mit dem Faden wieder zurück, nimmt eine zweite Perle auf und verknotet das Fadenende mit dem Anfang. Wenn alle vier Glieder am Rumpf befestigt sind, gibt man dem Hampelmann die Ruhestellung, knotet den Verbindungsfaden zwischen den Armen, ebenso den zwischen den Beinen fest und verbindet beide Fäden durch einen dritten Faden, dessen Ende hängen bleibt. Und wenn man nun an dem Zugfaden zieht, wirft der Hampelmann seine Arme und Beine in die Höh'!

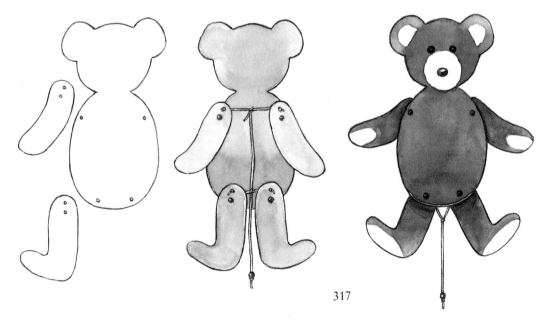

7-10

Drachen: Für den Bau eines Drachens benötigt man folgendes Material: 2 Holzleisten (Maße: Längsleiste 75 cm lang, Querleiste 50 cm lang, Stärke 5 × 10 mm), 4 Agraffen, Drachenpapier, dünne feste Schnur, 100 m Steigschnur mit Spule, farbiges Seidenpapier, Schere, Kleister, Hammer und Nägel. Zuerst hämmert man eine Agraffe in jedes Leistenende, so daß eine Öse stehen bleibt (Abb. links). Dann werden die beiden Leisten über Kreuz mit einem kleinen Nagel zusammengeheftet und mit Schnur verbunden. Jetzt führt man eine Schnur, beim Schwanz beginnend, durch alle Agraffen um die Leisten herum. Sie muß gut gespannt sein und wird verknotet. Die Enden bleiben hängen. Dieses Gerüst wird auf das Papier gelegt. Mit einem Filzstift fährt man entlang der Schnur um das Gerippe herum.

Das Drachenpapier wird mit einer Zugabe von 5 bis 10 cm an allen Seiten zugeschnitten. Gesicht aufmalen oder mit Seidenpapier aufkleben. Ist es getrocknet, kann das Gerippe überzogen werden. Die Papierränder werden mit Klebstoff eingestrichen, um die Schnur gefaltet und festgeklebt. Die Ecken kann man noch mit Tesaband verstärken, damit sie nicht einreißen.
Ohrtroddeln aus Seidenpapierstreifen fransig einschneiden und mit einem Stück Schnur, das so lang ist wie der Drachen, zusammenbinden und direkt an die beiden Agraffen der Querleiste anbinden. Das lange Schnurende bleibt hängen. An das Kopfende der Längsleiste wird ein ebenso langes Stück Schnur geknotet, an das Schwanzende ein doppelt so langes. Nun hämmert man die 4 Agraffen ganz ein.

Dann wird der Drachen mit dem Gesicht nach oben auf den Boden gelegt, und alle vier Schnüre werden in einem Knoten zusammengefaßt, die sogenannte Waage wird angebracht (Abb. unten). Dies ist die heikelste Arbeit beim Bau, denn wenn sie nicht stimmt, fliegt der Drachen nicht. Der Knoten sollte ca. 50 cm über der Fläche genau rechtwinklig zum Leistenkreuz stehen. Hängt man den Drachen frei an diesem Knoten auf, so muß die Spitze etwas höher als der Schwanz schweben und die beiden Seitenenden in genau gleicher Höhe, also waagerecht.

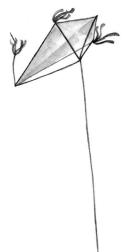

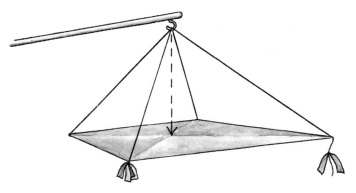

Die Schwanzschnur ist viermal so lang wie der Drachen. Im Abstand von 15 cm werden gebündelte Seidenpapierstreifen eingeknotet, am Ende ein etwas größeres Büschel.
Die Steigschnur wird am Knoten der Waage befestigt und in Achterform um ein Stück Besenstiel aufgewickelt. Der Drachen ist flugbereit.

Faltdrachen: Das ist die erste, ganz einfache Art, einen Drachen zu bauen. Aus einem festen, 50 × 50 cm groß zugeschnittenen Stück Papier wird ein Drachen gefaltet, wie es die Abbildung zeigt. Die Steigschnur darf nur 100 m lang sein. Am Schwanz werden einige Stücke buntes Seidenpapier und am Schwanzende eine Quaste eingeknotet. Schwanzlänge und Knoten für die Waage können beim Flugversuch noch korrigiert werden.

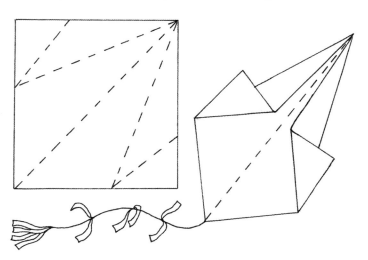

Span und Stroh

Figuren aus Holzspan: Für das Küken werden ein größerer und ein kleinerer Kreis S-förmig gebogen und zusammengeklebt. Büro- oder Wäscheklammern über die Klebestellen stecken, bis der Klebstoff getrocknet ist. Der Schnabel ist ein 2 cm langes, in der Mitte leicht geknicktes und einfach angeklebtes Stück Span. Für den Schwanz wird ein 5 cm langes Stück zur Hälfte so oft wie möglich aufgeschlitzt (mit Schere oder Nadel) und dann angeklebt. Das geschlitzte Ende rollt sich leicht auf, wenn man es stramm über die stumpfe Seite der Schere zieht. Ein weiteres, etwa 3 cm langes Spanstück wird für die Füße angeklebt. Die Küken können als Tischschmuck auf kleine Pappstücke geklebt werden, direkt auf Zweige, oder man läßt sie an einem langen Faden frei herumbaumeln.

Auf ähnliche Weise können auch Eulen, Osterhasen oder Spansterne entstehen.

Strohsterne: Für die einfachste Form von Strohsternen braucht man das Stroh nicht einzuweichen. Fast alle Strohsternformen bauen sich aus dem achtstrahligen Stern auf. Aus vier halben Halmen zwei Kreuze legen und diese wiederum versetzt übereinanderlegen. Am Kreuzpunkt mit einem Tupfen Klebstoff versehen und flachdrücken. Zum Umschnüren eignet sich farbige Nähseide. Die rechte Hand führt den Faden zuerst über einen obenliegenden Halm, dann unter einem untenliegenden durch und so fort. Fängt man anders an, löst sich die Bindung.

Nach der zweiten Runde wird der Anfangsfaden verknotet. Wenn sich die Halme vorher verschoben haben sollten, werden

sie durch das Anziehen des Fadens in die richtige Lage gebracht. Damit ist der erste Strohstern schon fertig. Durch schräges Abschneiden der Strahlenenden kann er noch feiner werden.
Zwei solche Sterne, versetzt aufeinandergelegt und wieder mit Faden umflochten, ergeben einen sechzehnstrahligen Stern.

7-10

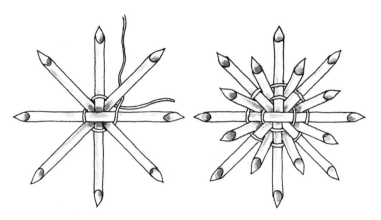

Durch unterschiedliches Anschneiden der Strahlen können viele reizvolle Variationen entstehen.

Damit sich die Sterne gut drehen können, wird an einem Strahl der Faden zum Aufhängen befestigt. Er kann angeklebt oder mit einer Nadel vorsichtig durch die Spitze gezogen werden.

Für flache Sterne wird das Stroh eingeweicht, auf einer Seite aufgeschlitzt und dann auf einer dicken Lage Zeitungen ausgebügelt. Mit dem heißen Eisen kann man auch verschiedene Gelb- und Brauntönungen erzielen. Nun lassen sich neue Sternarten basteln. Will man außergewöhnliche Formen aus den Halmen ausschneiden, sollte man sie zuvor auf dünnes Seidenpapier aufkleben, damit das Stroh nicht so leicht bricht. Man sollte allerdings dafür mit einer Schneidefeder umgehen lernen.

Neben Christbaum- und Fensterschmuck lassen sich auf diese Weise auch sehr schöne Weihnachtsgrußkarten herstellen.

Eier und Eierschalen (Osterbasteleien)

Gefärbte Ostereier: Die schönste Osterbastelei ist immer noch das Eierfärben. Im allgemeinen nimmt man dafür die ungiftigen Ostereierfarben aus der Drogerie.
Man kann aber auch Zwiebelschalen verwenden. Je länger die Eier in der Brühe kochen, desto dunkler werden sie. Klebt man zuvor kleine frische Blättchen auf und wickelt Mull darum, so bleiben nach Abkühlen, Auswickeln und Ablösen der Blätter die negativen Muster erhalten.
Die einfachste, farbigste und schnellste Methode des Verzierens ist das Bemalen mit Filzstiften. Dabei können Kinder frei experimentieren. Man sollte allerdings nur abgekühlte, gekochte Eier nehmen, damit die Farbe nicht durch die Schale dringt.
Unzählige Möglichkeiten bietet auch das Eierbekleben mit kleinen Scherenschnitten, mit ausgeschnittenen Mustern aus Geschenkpapier, mit kleinen bunten Fetzchen aus Seidenpapier, mit Borten und Spitzen.

Ausgeblasene Eier: Dazu sticht man mit einer Stopfnadel Löcher in beide Enden und bläst Eiweiß und Eigelb heraus. Vorteil bei ausgeblasenen Eiern: Beim Bemalen und Verzieren dringen die Farben nicht ins Eiweiß und machen es ungenießbar. Die ausgeblasenen und bemalten Eier kann man in einem Frühlingsstrauß aufhängen. Man bindet ein Streichholz oder ein Stück Zahnstocher an einen Faden, steckt es in eines der Löchlein und verknüpft das andere Ende des Fadens in den Zweigen.

Pyramidenbaum: Ein fester Vierkantstab, etwa 50 bis 60 cm hoch, wird in einen viereckigen oder runden, 2 cm dicken Holzboden verleimt. Drei Rundhölzer, 20, 40 und 60 cm lang, werden quer durch diesen Stab hindurchgesteckt und festgeleimt. Zu Weihnachten kann man Tannenzweige daran festbinden, und von den Seitenarmen hängen Äpfel, Lebkuchen und Engelchen. An Ostern wird der Baum mit frischem Grün verziert und mit selbstbemalten und beklebten Ostereiern geschmückt.

7–10

Ostereiermännchen: Als Tischschmuck können aus Eiern auch Männchen und Tiere gebastelt werden. Für den Ständer leere Papprolle (von Toilettenpapier) verwenden, bemalen und bekleben. Die Gesichter werden mit Filz- oder Buntstiften auf die Eier gemalt, aus Papierstreifen werden Ohren, Schnurrbarthaare, Zöpfe oder kleine Hüte geklebt. Eventuell kann man auch mit Filz und Stoffresten arbeiten. Borten und kleine Knöpfe oder Perlen verzieren den Kragen. Aus Zeichenkarton werden Gockelschwänze und Flügel ausgeschnitten.

7-10

Perlen

Das Auffädeln von Perlen ist eine beliebte Beschäftigung für Kinder bereits ab 3 Jahren. Schwierig ist es, Perlen zu bestimmten Mustern zusammenzufügen, Serviettenringe oder gar Untersetzer zu machen. Wer keine Perlen zu Hause hat, findet sie in Bastelläden, im Handarbeits- oder Spielwarengeschäft.

Serviettenring: Um einen Serviettenring herzustellen, braucht man ca. 120 Glasperlen, Zwirn oder ganz dünnen Paketbindfaden, 1 Nadel mit stumpfer Spitze. Zuerst sollte man mit einer Farbe an einem Ring die Technik üben. Es ist nicht schlimm, wenn die Arbeit mißlingt, man kann sie ohne Materialverlust wieder auflösen und neu beginnen.

Man läßt das Fadenende etwa 15 cm hängen und knotet nicht zu stramm eine Halteperle daran. Diese Perle wird später wieder entfernt. Jetzt zieht man 6 Perlen auf den Faden (1). (Es muß immer, auch bei Untersetzern, eine gerade Anzahl sein.) Danach wird eine 7. Perle (das ist die Wendeperle) aufgezogen. Nun sticht man durch die zweitletzte Perle der ersten Reihe zurück (2), zieht eine neue Perle auf und sticht in die 3. Perle der ersten Reihe. Wieder eine Perle aufziehen und durch die 1. Perle der ersten Reihe stechen (3). Jetzt wird wieder eine Wendeperle aufgezogen, und dann arbeitet man weiter wie beschrieben. Es ergeben sich schon deutlich die Lücken, in die man immer die nächste Perle setzt (4). Man muß den Faden zwar fest, aber nicht zu fest anziehen, sonst wird die Arbeit steif wie ein Brett. Der Arbeitsfaden wird durch einfaches Anknoten eines neuen Fadens verlängert. Hat man alle Perlen verarbeitet, wird der Streifen zu einem Ring zusammengenäht. Das ist ganz einfach, denn die Perlen der letzten Reihe passen genau in die Lücken der ersten. Die Halteperle wird entfernt und der Anfangsfaden gut vernäht.

Erst wenn man einen einfarbigen Serviettenring einwandfrei zustande gebracht hat, sollte man sich Muster ausdenken. Die Abbildung zeigt ein paar einfache Beispiele.

Auch runde Holzperlen und – für geschickte Hände von Kindern, die gern puzzeln –, die feinen, nadelkopfgroßen Glasperlen lassen sich zu schönem „Perlenschmuck" verarbeiten.

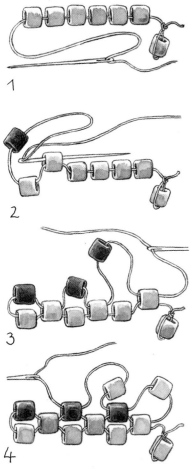

Mit Nadel, Stoff und Faden

Textilarbeiten machen nicht nur Mädchen Spaß. Schlagen Sie Jungen und Mädchen vor, sich im Umgang mit Nadel und Faden zu üben. Vielleicht lockt man die einen eher mit einer Indianerausrüstung, die anderen mehr mit Puppenkleidern, aber allen macht das richtige Nähen Spaß. Auch selbstgebastelte „Flicken" werden mit Begeisterung von Jungen und Mädchen auf löcherige Jeans oder als Ellenbogenschutz aufgenäht.

Applikationen: Hierbei gibt es verschiedene Möglichkeiten, zum Beispiel das Arbeiten nach einem Papierschnittmuster. Diese Methode ist die beste, wenn man ein bestimmtes Motiv – zum Beispiel ein Tier – auf einer begrenzten Fläche unterbringen will.

Man kann aber auch mit den vorhandenen Stoffresten eine Applikation aufbauen. Diese Methode nennt man freies Applizieren. Sie macht mehr Spaß, weil man ungebunden ist und alles, was einem während der Arbeit noch einfällt, gleich ausführen kann. Man kann Stoffe auch wellig aufnähen, sie falten, raffen, umbiegen oder einrollen.

Will man eine größere Fläche aus vielen Einzelteilen gestalten, sollten die kleinen Stoffstücke jeweils in der Mitte mit einem Tupfer Papierkleber oder Klebestift befestigt werden. Keinen Alleskleber nehmen, er macht häßliche Flecke! Man fängt mit dem Hintergrund an. Was am weitesten vorn steht, wird als letztes aufgenäht.

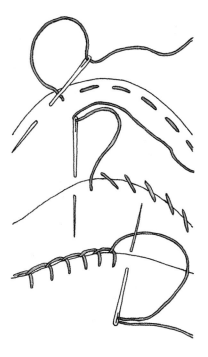

Wandbilder: Aus Woll- und Stoffresten lassen sich alle erdenklichen Arten von bunten Applikationen ausführen, von der Tiermenagerie über Urwaldszenen zu Stadtbild, Arche Noah, Sterntalermädchen oder Prinzessin auf der Erbse. Die Bilder können vorgezeichnet und die Stoffe nach diesem Entwurf zurechtgeschnitten werden. Manche Kinder begnügen sich, Wolle und Stoffe aufzukleben, andere verwenden bereits einfache Auf- und Abstiche, die Geübteren werden auch schon mit Ketten- und Hexenstichen fertig.

Wandteppich mit Puppenbettchen: So können alle Lieblingstiere und -puppen ins Bett gebracht werden: Eine Bastmatte oder ein großes Stück Stoff (Rupfen, Halbleinen oder anderer fester, einfarbiger Stoffrest) wird zurechtgeschnitten, umsäumt und mit Gardinenringen zum Aufhängen versehen. Auf dieser großen Fläche können nun nach Belieben und nach jeweiliger Größe des Spielzeugs „Betten" aufgenäht werden. Bei der Zudecke etwas Spielraum lassen, am besten sie erst um den Puppenkörper legen und dann festheften, sonst wird der Eingang zu eng und der ganze Wandbehang wellt sich. Am einfachsten läßt sich mit Filz nähen, da er nicht ausfranst. Aber natürlich sehen auch bunt geblümte, gestreifte, karierte und gepunktete Betten sehr schön aus. Selbst an das Hundekörbchen wurde gedacht.

Adventskalender aus Filz: Eine Filzapplikation mit weihnachtlichen Motiven kann zu einem hübschen Adventskalender werden. 24 kleine und größere Quadrate und Rechtecke aus Filz ausschneiden und an drei Seiten auf den Untergrund aufnähen. Zahlen aufkleben. In jeden der entstandenen Beutel kann eine kleine Überraschung gesteckt werden.

Indianerausrüstung: Einen alten Sack, ein Stück Rupfen oder ein ausrangiertes Leintuch doppelt zusammenlegen und an den Seiten zusammennähen. Armlöcher und Halsausschnitt frei lassen. Mit einfachen Stichen einfassen. Hemd unten und an den Armen ausfransen oder eine Fransenborte mit einfachen Stichen festnähen. Das Stammeszeichen, ein großer Büffelkopf, eine Maske, Tigerkralle oder ein Adlerkopf wird mit Stoffarben auf die Brust gemalt oder aus Filzresten ausgeschnitten und aufgeklebt oder -genäht. Alte Hosen oder Pullover und T-Shirts lassen sich im übrigen ebenfalls sehr schnell durch Annähen von Borten und Fransen zum Apachenlook umarbeiten. Kopfschmuck Seite 198.

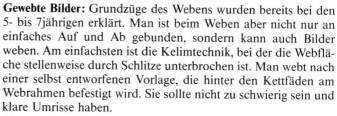

Gewebte Bilder: Grundzüge des Webens wurden bereits bei den 5- bis 7jährigen erklärt. Man ist beim Weben aber nicht nur an einfaches Auf und Ab gebunden, sondern kann auch Bilder weben. Am einfachsten ist die Kelimtechnik, bei der die Webfläche stellenweise durch Schlitze unterbrochen ist. Man webt nach einer selbst entworfenen Vorlage, die hinter den Kettfäden am Webrahmen befestigt wird. Sie sollte nicht zu schwierig sein und klare Umrisse haben.

Als Webrahmen kann man einen kleinen Bilderrahmen benutzen, in dessen Schmalseiten man Nägel im Abstand von $1/2$ cm so tief einschlägt, daß sie beim Spannen der Kettfäden nicht wieder herausgezogen werden können.

Die gezeichnete Webvorlage wird mit Tesafilm hinter dem Rahmen befestigt, dann wird die Kette davorgespannt und das Ende des Fadens am letzten Nagel so befestigt, daß man es später wieder lösen kann.

Zuerst wird das Motiv gewebt. Bei dem Roboter müßte man mit dem Mittelfeld beginnen. Danach webt man den übrigen Körper, ohne die Fäden mit denen vom Mittelfeld zu verbinden. Man wendet bei dieser Webart immer dann um, wenn es die Vorlage verlangt – also auch mitten in der Reihe. Schräge Flächen, wie zum Beispiel die Beine, entstehen, wenn man auf einer Seite der jeweiligen Reihe immer einen oder mehrere Kettfaden weniger umwebt (vor dem Wenden) und an der anderen Seite einem mehr. Ist das Motiv fertig, wird der Hintergrund gewebt und die Arbeit von den Nägeln abgehakt.

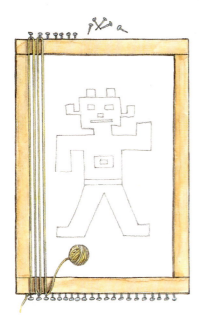

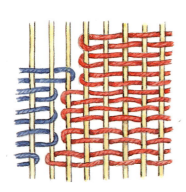

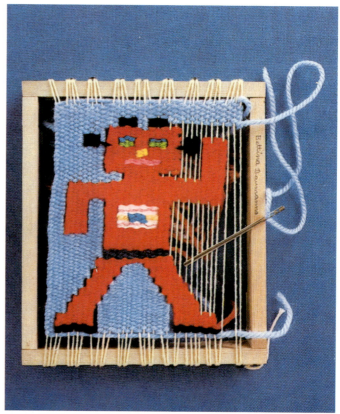

Kinderfeste

7-10

Mit dem Eintritt in die Schule hat für das Kind eine neue Phase der Entwicklung begonnen. Es wird selbständiger. Sein Spiel wird vielfältiger, gezielter, bewußter. Einzelinteressen werden langsam zurückgestellt. Es zeigt immer mehr Freude an der Betätigung in der Gruppe. Kinder kommen zu wirklichem Zusammenspiel und Durchführen einfacher Pläne. Nachzügler sollten dabei von Erwachsenen gestützt und gefördert werden. Ab dem 8. Lebensjahr beginnt Bildung von Cliquen und Banden mit geheimem Losungswort. Kinder übernehmen bestimmte Rollen und können Leistung der anderen ermessen. Sie handeln und wetteifern als Gruppe. Ab dem 8./9. Lebensjahr zeigt sich auch der Wunsch, daß Mädchen und Jungen getrennt unter sich sein wollen. Das gilt auch bei Kinderfesten.

Festvorbereitung

Nach wie vor garantiert eine gute Vorbereitung das Gelingen eines Festes. Dabei sollte man aber sehr flexibel bleiben, Spiele zwar bereithalten, aber nicht mit einem bis in alle Einzelheiten vorgeplanten Ablauf die Kinder erdrücken, sondern ihnen Raum und Möglichkeit zur Entwicklung eigener Spiele lassen. Bei den Vorbereitungen kann man schon gut mit der Hilfe der Kinder rechnen.

Programm: Die Spiele der vorhergehenden Altersstufen lassen sich zum größten Teil übernehmen und erweitern, darüber hinaus kann folgendes Unterhaltungsprogramm zusammengestellt werden: Zauberkunststücke, Wettspiele, Gelände-, Banden-, Abenteuerspiele (Indianer, Ritter, Räuber). Körperliche Gewandtheit, Mut und Durchsetzungsfähigkeit sollen bewiesen werden. Hat man die Möglichkeit, im Freien zu feiern, werden am liebsten alle Freunde eingeladen. Bei Spielen im Zimmer sollte man sich auf 8 bis 10 Kinder (möglichst gleichaltrig) beschränken. Das Fest erstreckt sich jetzt meist über den ganzen Nachmittag und manchmal auch bis zu einem herzhaften Abendimbiß.

Regelspiele sind die Spiele des Schulalters. Sie fördern durch Wettbewerb und Regelgebundenheit die Initiative des Einzelnen und zugleich seine Eingliederung in die Gruppe. Die beliebtesten Gesellschaftsspiele sind jetzt alle Arten von Würfelspielen, Brettspielen, Memory, Kartenspiele, Koffer packen, Domino, Geschicklichkeitsspiele, Boccia, Ring- und Pfeilwurfspiel. Bei Spielen im Zimmer kommen zu den üblichen Gesellschaftsspielen Schreib- und Malspiele. Die Ausgewogenheit zwischen ruhigen und lauten Spielen und anderen, bei denen die Kinder stillsitzen und in Ruhe zuhören, sollte berücksichtigt werden. Der Festablauf kann im Sommer mit einer Schnitzeljagd in Wald oder Park, mit anschließendem Würstchenbraten, im Winter mit einer Rodelpartie, Schneemänner- und Schneehüttenbauen und anschließender Kaffeetafel, Bratäpfel, einer heißen Suppe oder etwas Heißem zu trinken verknüpft werden.

Einladung: Da es eine Vielzahl von Festmöglichkeiten gibt, ist es sicher von Vorteil, eine genaue schriftliche Einladung mit Dauer, Motto und eventuellen Hinweisen, was jeder mitbringen sollte (z. B. ein Paar Hausschuhe, wenn ein Teil des Festes draußen im Schnee stattgefunden hat), zu verteilen. Durch ein Motto auf der Einladung wird zudem in groben Zügen der Ablauf eines Nachmittags festgelegt. Einzelheiten zuvor mit den eigenen Kindern durchsprechen.

7-10

Dekoration: Tischkärtchen, Girlanden und Raumschmuck hängen ganz vom Motto des jeweiligen Festes ab. Kinder können das meiste selber machen. Eine einfache Art, Girlanden herzustellen: Ein quadratisches Blatt buntes Papier dreimal zusammenfalten (1) und zum Schluß die obere Ecke abschneiden. Von beiden Seiten ein-, aber nicht durchschneiden (3). Das Blatt vorsichtig auseinanderfalten. Ein Achteck mit vielen Einschnitten ist entstanden. Zwei solche Achtecke am Außenrand aneinanderkleben (a). Ein drittes Achteck Mitte an Mitte mit einem der beiden anderen kleben (b) usw.

Die Geburtstagstafel, bzw. Eß- oder Getränkebar, können mit bunten Papieren geschmückt und verpackt werden. Vorsicht! Plastiktuch unterlegen, da Bunt- und Kreppapier meist abfärben, wenn sie feucht werden. Spitzendeckchen und Sets aus weißem Papier ausschneiden (Faltschnitt). Auch Schränke und Truhen können verkleidet werden. Bei einem Bastel- oder Malfest wird man Tische oder Wände mit großen Bögen Zeitungspapier oder Packpapier auslegen und bespannen. Natürlich findet so etwas im Bastel- oder Spielzimmer oder bei schönem Wetter im Freien statt.

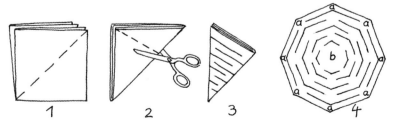

Hat das Fest ein bestimmtes Motto (Seeräuberfest, Hutmodenschau, Tiefseeparty, im Land der Gartenzwerge, Safari, Zirkusfest, Indianertreffen, Kinder-Hitparade) können die Kinder vorher passende Poster malen, Tische und Stühle entsprechend umstellen oder den Raum ganz leeren oder im Freien Platz für die Spiele schaffen.

7-10

Beim Geburtstagsfest läßt sich die Tafel mit kleinen Besonderheiten und Überraschungen schmücken. Als Tischkärtchen steckt der Name in einem rotbackigen Apfel oder am Hut einer Apfelsine, die mit Rosinen zum Männchen verwandelt wurde. Verzierte Mohrenköpfe sind nach wie vor beliebt. Oder es werden Tischkärtchen ausgeschnitten und aufgeklappt. Auch Faltschnittiere oder -bäume (siehe Seite 304/305) eignen sich gut als Tischschmuck.

Als Tischleuchten können einfache helle Gläser mit durchsichtiger farbiger Folie oder Seidenpapier in mehreren Schichten übereinander beklebt werden. Innen steht ein Teelicht. Sehr festlich wirkt, in der Vorweihnachtszeit, eine „Kerzenflotte" aus Nußschalen, die in einer Schüssel schwimmen. So wird sie vorbereitet: Man legt halbe Nußschalen bereit, schneidet Dochte zu, schmilzt Wachsreste (von alten Kerzen) und gießt das zähflüssige Wachs in die Nußschalen, stützt den Docht in der Mitte der Nußschale, bis das Wachs so weit erstarrt ist, daß er nicht mehr umkippen kann. Aber auch Teelichter schwimmen, wenn man sie aus ihrem Aluminiumbehälter nimmt und aufs Wasser setzt. Achten Sie darauf, daß diese brennenden Kerzchen nicht aus dem Wasser genommen werden.

Preise: Die Preise der vorhergehenden Altersgruppe kann man durch kleinen Krimskrams ergänzen wie Buttons, Aufkleber mit flotten Sprüchen, Stifte, Spitzer, Hüpfbälle, eine selbstgebastelte Maske.
Kleinigkeiten wie Gummitierchen, Smarties, Murmeln, besondere Perlen, selbsthaftende Glückskäfer oder kleine Orakelsprüche passen in zwei wieder zusammengeklebte Walnußhälften. Jeder darf sich eine Nuß ziehen und dann knacken ...

Essen und Trinken: Neben dem traditionellen Geburtstagskuchen (mit Kerzen und möglichst nicht aus schwerer Buttercreme oder mit allzuviel Sahne) eignen sich weiter alle Dinge, die nicht bröseln, nicht viele Fettflecke hinterlassen, schmackhaft, aber leicht verdaulich sind (Obstkuchen, Krapfen, Hefegebäck, Amerikaner, Mohrenköpfe, Baisers, Nußschnitten und ähnliches). Das Essen geht jetzt meist schnell über die Bühne, weil die Kinder schon den folgenden Spielen entgegenfiebern. Beliebt ist es, gegen Abend eine Abschiedsmahlzeit aus Würstchen, Kartoffelsalat oder belegten Broten einzuplanen. Hat man viel Zeit, kann man (mit den Kindern) vorher Plätzchen backen. Man kann auch zu einem „Backfest" einladen. Die Ernährung regelt sich dabei durch Probieren und Naschen von selbst, und am Ende trägt jeder reich verzierte Wecken und Plätzchen nach Hause. Als Getränke bevorzugen Kinder Sprudel und Säfte, nur nach winterlichen Ausflügen sollte man heißen Kakao oder Tee anbieten.

Auftakt zum Fest

Hierzu sollte man sich die Seiten 118 und 217 noch einmal durchlesen. Das gleiche gilt auch jetzt. Zum Auftakt lassen sich alle Arten von Wettspielen durchführen, bei denen die Platznummer oder ein bestimmtes Kennzeichen als Preis gewonnen wird, den man an seinem Platz vorfindet, oder das einen bei dem nächsten Spiel berechtigt, anzufangen oder das einen in eine bestimmte Gruppe einordnet.

Angeln: Kleine gemalte Gegenstände werden ausgeschnitten (Ball, Schnecke, Uhr, Fisch etc.), mit einer Büroklammer versehen und in eine Plastikschüssel geworfen. Die Angelruten bestehen aus einem Stab und einer Schnur, an der ein Magnet baumelt. Der Reihe nach darf sich jedes Kind einen „Fisch" angeln. Der geangelte Gegenstand paßt zu demjenigen, der auf dem Tischkärtchen abgebildet ist.

 7-10

Roß und Reiter: Auf dem Tisch stehen Falttiere, jedes in einer anderen Farbe oder mit einem anderen Muster. Die Kinder ziehen aus einem Korb je einen „Reiter" in gleicher Farbe oder Muster. Es lassen sich auch Kärtchen mit anderen Zuordnungen zusammenstellen, z. B. Maus und Mausefalle, die Hexe und das Hexenhaus, ein Junge im Fußballdreß und ein Fußball, Nadel und Faden zu einem Stück genähten Stoff, die zweite fehlende Haarspange für ein Mädchen etc.

Platz würfeln: Der Reihe nach darf jedes Kind, das beim Würfeln mit zwei Würfeln neun Augen geworfen hat, sich am Tisch einen Platz aussuchen. Oder jeder Platz hat eine andere Zahl, und die Kinder erwürfeln sich ihren Platz. Ist eine Zahl schon besetzt, muß man so lange weiterwürfeln, bis man eine unbesetzte Platznummer erwürfelt hat. Der letzte darf sich ohne „Arbeit" an den noch freien Platz setzen.

Platz puzzeln: So viele gleiche Bilder (oder Aufkleber) wie eingeladene Kinder. Von jedem Bild wird ein Teil abgeschnitten, mal im Zickzack, mal als Rundbogen; die Teile dürfen sich ruhig ähneln, dann wird es schwieriger. Die Kinder ziehen sich beim Ankommen einen abgeschnittenen Teil und müssen nun vergleichen, auf welchem Teller der dazu passende andere Teil liegt. Bei Aufklebern gilt es, das Bild zu ergänzen und hinzuzukleben.

Ausscheidungsspiele

Wenn man die Kinder in mehrere Gruppen aufteilen muß, spielen sie vorher Ausscheidungsspiele.

Familie Meier: Entsprechend der Anzahl der Kinder werden kleine Kärtchen mit Familiennamen vorbereitet und gemischt: bei neun Kindern drei Familien mit Vater, Mutter, Kind, bei 15 Kindern fünf Familien mit Vater, Mutter, Kind oder drei Familien mit Großvater, Vater, Mutter, Tochter und Sohn, je nachdem, wie viele Kinder bei dem nächsten Spiel antreten können. Die Familiennamen sollten sich möglichst ähneln, also z. B. Meier, Leier, Reiher, Zweier, Feier. Auf ein Zeichen des Spielleiters sollen alle gleichzeitig ihren Familiennamen rufen und sich dann zusammenfinden. Das gibt erst einmal großen Lärm und große Verwirrung, da alle Namen so ähnlich klingen.

Tierstimmen: Auf zwei Kärtchen wurde jeweils der gleiche Tiername vermerkt. Da gibt es zwei Elefanten, zwei Hühner, zwei Hähne, zwei Katzen, zwei Hunde etc. Alle schauen sich ihr Kärtchen an, ohne daß der Nachbar es sehen kann. Auf ein Zeichen hin müssen sich die Tierpaare durch lautes Rufen in der jeweiligen Tiersprache finden.

Wettpuzzeln: Man zerschneidet zwei bis vier Bilder in einzelne Abschnitte, je nachdem, in wieviel Gruppen man die Kinder für weitere Spiele einteilen will. Dann steckt man ein bis zehn Teile (je nach Schwierigkeit und nach Anzahl der anwesenden Kinder) in ein Tütchen oder einen Briefumschlag, so daß jeweils aus zwei bis vier Tüten alle Teile wieder zusammengesetzt werden können. Die Kinder öffnen gleichzeitig ihre Tütchen, müssen sich nun mit demjenigen zusammenfinden, der Teile zum gleichen Bild hat, und mit ihm gemeinsam das Puzzle zusammensetzen. Die Gruppe, die zuerst fertig ist, darf als erste zum nächsten Wettspiel antreten. Damit es einfacher ist, sollten die Bilder möglichst verschiedene Grundfarben haben.

Wettspiele

Preisangeln: An zwei Angelschnüren hängt je ein Gardinenring. In Armlänge Abstand stehen Flaschen, an denen mit Tesafilm kleine Preise befestigt wurden. Es gilt, den Gardinenring über den Flaschenhals rutschen zu lassen. Wer es schafft, erhält den Preis auf der Flasche. Ein neuer Preis wird für den nächsten „Angler" aufgeklebt.

Ring rollen: Auf dem Boden ist ein Leintuch oder Papiertischtuch ausgebreitet, auf dem lauter Pfennige im Abstand von ca. 20 cm voneinander liegen. Man rollt von einer Startlinie aus einen Gummireifen oder Gardinenring auf das Tuch. Legt er sich dabei um einen Pfennig, darf man diesen einstecken. Der Pfennig muß innerhalb des Reifens liegen. Jeder hat 10 Würfe oder darf so lange probieren, bis er einen Pfennig erobert hat.

Dreibeinlauf: Vier Kinder bilden zwei Paare. Bei jedem dieser Paare wird das linke Bein des einen Kindes mit dem rechten des anderen mit einem Kopftuch zusammengebunden. Sie sollen nun versuchen, von einer Startlinie aus, auf ein Zeichen des Spielleiters hin, zu einem vorher festgelegten Ziel zu rennen. Welches Paar ist schneller?

7-10

Wettlauf mit Verkleiden: Jeweils zwei Kinder stehen sprungbereit am Start. In bestimmten Abständen zum Ziel liegen jeweils gleiche Kleidungsstücke, die jedes Kind im Laufen anziehen soll, etwa ein Kopftuch, Handschuhe, Riesengummistiefel, ein Latz, ein Mantel. Auf ein Zeichen rennen sie los. Wer ist zuerst, in voller Bekleidung, am Ziel?

Wettanziehen: Hier wird die Verkleidungskiste geplündert. Jedes Kind erhält eine große Tüte (Koffer oder Reisetasche sind auch witzig) voll mit allen möglichen und unmöglichen Klamotten: von Morgenkleid, Gürtel, Unterrock, alter Strumpfhose über Schleier, Bolero, altem Vorhang bis zu Schal und Hut. Auf einen Tusch breiten alle den Inhalt aus und sollen sich so sinnvoll wie möglich (mit Bewegungsfreiheit!) um die Wette anziehen. Daran könnte sich eine Art „Modenschau" anschließen.

Papierschlangen reißen: Jedes Kind erhält einen gleich großen Bogen Zeitungspapier. Schneckenförmig nach innen vorgehend, sollen sie einen möglichst langen Streifen aus diesem Zeitungsbogen reißen. Wer hat den längsten Streifen?

Zeitungen ordnen: Vier bis sechs große Tageszeitungen mit gleicher Seitenzahl werden vor Spielbeginn in falscher Reihenfolge geordnet. Aufgabe der Spieler ist es, diese Zeitungen auf ein Kommando hin so schnell wie möglich in der richtigen Reihenfolge wieder zusammenzulegen. Die Spieler auf möglichst kleinem Raum dazu zusammensitzen lassen! Ein köstliches Schauspiel für die Zuschauer!

Stühle beschuhen: In das Spielfeld werden zwei leere Stühle gestellt. Im Raum werden acht einzelne Schuhe verstreut. Zwei Kinder sollen nun mit verbundenen Augen die Schuhe suchen und alle vier Beine eines Stuhles beschuhen. Jedes Kind darf jeweils nur einen Schuh greifen. Die Zuschauer sollen nicht durch Hinweise helfen. Die vier Kinder, deren Schuh sich am Stuhl befindet, könnten bei einem weiteren (Wett)Spiel eine Mannschaft bilden.

Kellner-Künste: Das beste Servierteam soll gekürt werden. Es gilt, mit einem Löffel aus einer Schüssel Wasser zu schöpfen, zu einem 5 Meter (auch länger oder kürzer, je nach Räumlichkeiten) entfernten Ziel zu tragen und eine Flasche damit zu füllen. Welche Partei hat als erste ihre Flasche gefüllt? Läßt sich auch als Ausscheidungsspiel von jeweils nur 2 Mitspielern spielen.

Die wilde Meute: Zwei Mannschaften mit je einem Mannschaftsführer werden gebildet. Jede wählt sich eine Tierstimme als Erkennungszeichen (Miau, Wau-wau, Tschilp). Vor Spielbeginn wurden viele kleine Gegenstände gleicher Art (Wäscheklammern, Murmeln oder Knöpfe) im Raum versteckt. Auf ein Startzeichen dürfen beide Mannschaften sich auf die Suche machen. Keiner darf aber die Gegenstände berühren. Er muß mit seinem Erkennungslaut den Mannschaftsführer herbeibellen oder herbeimiauen. Der Spielleiter beendet die Jagd durch einen Gongschlag, Pfeifen auf einer Trillerpfeife oder lautes In-die-Hände-klatschen. Die Gruppe, die die meisten Gegenstände gefunden hat, hat gewonnen.

Was hat sich verändert? Zwei Mannschaften sitzen sich gegenüber. Auf ein Zeichen drehen sie einander den Rücken zu und sollen ein bis drei (vorher festlegen) Veränderungen an sich vornehmen: einen Socken ausziehen, Pulli verkehrt anziehen, Scheitel auf die andere Seite machen, Zöpfchen flechten, Ärmel aufkrempeln. Dann dreht man sich auf ein Zeichen wieder einander zu. Was hat sich an jedem verändert? Jede Mannschaft erhält für die richtig geratenen Veränderungen einen Punkt. Die Mannschaft, die die meisten Sachen herausgefunden hat, hat gewonnen.

„Krankenfangerles": Als erstes wird abgezählt, wer fangen muß. Der Fänger hat eine Krankheit, z.B. Kopfweh oder Bauchweh, und hält sich die kranke Stelle, in diesem Fall den Kopf. Hat er jemanden abgeschlagen, muß dieser sich die Stelle halten, auf welche er den Schlag des Fängers erhalten hat, und dann weitere Patienten fangen helfen. Wer bis zuletzt gesund bleibt, hat gewonnen und darf das neue Spiel mit einer anderen „Krankheit" beginnen.

Tauziehen: Ein dickes Seil! Zwei Kinder, die vorher ausgezählt wurden, wählen sich ihre Mannschaft. Und los geht's!

7-10

Spiele um den Tisch und im Kreis

Kinder finden jetzt Spaß an Sprachspielereien und ersten Schreibspielen. Ihre Fähigkeit, sich an Regeln zu halten, ermöglicht jetzt auch schon selbständiges Durchführen von Gesellschaftsspielen, wie sie unter dem Punkt „Programm" aufgezählt wurden. Im allgemeinen aber ist es gut, wenn ein Spielleiter noch die Regie in der Hand behält.

Propaganda: Die Kinder sitzen um einen Tisch. Der Spielleiter wendet sich zu seinem Nachbarn und gibt ihm einen Löffel und sagt dabei: „Ich heiße (er nennt seinen Vornamen) und behaupte, das hier ist ein Krokodil." Der Nachbar reicht den Löffel nach links weiter und sagt: „Ich heiße ... (er nennt seinen Namen) und ... (hier nennt er den Namen des Spielleiters), und ich behaupte, daß das ein Krokodil ist." Jeder Spieler sagt seinen Namen und wiederholt alle Namen der vor ihm Sitzenden. Der Letzte hat es am schwersten. Man kann auch vereinbaren, daß nur zwei weitere Namen genannt werden müssen. Wer sich verspricht, kann ein Pfand zahlen.

Einer hat es, einer hat es nicht: Die Kinder sitzen im Kreis. Der Spielleiter wählt sich ein Merkmal aus, das einige Kinder im Kreise haben, zum Beispiel eine Armbanduhr, einen Rock, eine Jacke oder Söckchen. Er geht dann herum und tippt jedem auf die Schulter und sagt entweder „du hast es" oder „du hast es nicht". Die Kinder müssen das Merkmal erraten, um das es geht. Wer es als erster errät, darf die nächste Runde leiten.

Chinesisch: Ein Kind geht vor die Tür. Die übrigen Kinder überlegen sich ein Wort mit mehreren Silben und teilen die einzelnen Silben unter sich auf. So übernimmt etwa bei dem Wort Geburtstagskuchen eine Gruppe die Silbe „Ge-", die nächste Gruppe die Silbe „-burts-", dann „-tags-", dann „-ku-", dann „-chen".
Das Kind wird von draußen hereingerufen. Auf ein Zeichen beginnen alle ihre Silben zu schreien. Es gilt nun, die einzelnen Silben zu einem Wort zusammenzufügen. Wurde das Wort erraten, geht ein anderes Kind vor die Tür. Bei diesem Spiel können sich die Kinder herrlich abreagieren. Anstatt die Kinder laut schreien zu lassen, kann man ihnen auch sagen, sie sollen ihre Silbe singen oder flüstern.

Radio: Ein Kind geht vor die Tür. Die anderen sitzen im Kreis. In der Mitte liegt unter der Decke ein Mitspieler so gut versteckt, daß nichts von ihm zu sehen ist. Das Kind wird jetzt hereingerufen.
Man erklärt ihm: Schau, wir haben ein neues Radio gekauft. Du darfst dir den Sender einstellen, den du hören willst. Das Kind tut, als drehte es an einer Schraube und sagt: Ich möchte den Wetterbericht hören. Von unter der Decke kommt mit verstellter Stimme ein „Kalt. Dicke Wolken. Morgen wieder Sonnenschein." Wünscht sich das Kind Musik, erschallt von unter der Decke ein imitiertes Konzert. Wird erraten, wer unter der Decke steckt, wird das nächste Kind vor die Tür geschickt und ein anderes Radio bestimmt.

Die unbekannten Nachbarn: Die Kinder sitzen mit ihren Stühlen im Kreis. Es wird zu zweien abgezählt. Während Nummer 1 auf dem Stuhl sitzen bleibt, steht Nummer 2 auf, verbindet dem linken Nachbarn die Augen und geht dann in die Kreismitte. Auf ein Zeichen beginnen alle Kinder ein vorher verabredetes Lied zu singen. Während sie singen, setzen sich die stehenden Kinder leise auf einen der freien Stühle und singen weiter mit (Verstellen der Stimme ist erlaubt). Auf ein Zeichen des Spielleiters hören alle zu singen auf. Jeder Sitzende muß nun den Namen seines linken Nachbarn sagen. Hat er ihn richtig geraten, so werden die Plätze getauscht, sonst bleibt er auch in der kommenden Runde noch im Kreis sitzen.

7–10

Versenken: In der Mitte des Tisches steht eine Schüssel voll Wasser. Im Wasser schwimmt ein Marmeladedeckel oder ein Joghurtbecher, der halb mit Wasser gefüllt ist. Es wird reihum gewürfelt. Wer eine 6 hat, muß einen Kaffeelöffel voll Wasser in den Behälter füllen. Wer ihn durch seinen Löffel voll Wasser zum Sinken bringt, muß ein Pfand zahlen.

Wer pfeift zuerst: Zwei Kindergruppen sitzen sich am Tisch gegenüber. Vor jedem liegt ein Keks. Auf ein Zeichen beginnen die beiden ersten Kinder ihren Keks zu essen (Sandgebäck eignet sich hier besonders gut) und versuchen dann zu pfeifen. Der Pfiff gilt als Startschuß dafür, daß das nächste Kind seinen Keks essen darf. Die Kindergruppe, die als erste bis auf den letzten Mann „gepfiffen" hat, hat gewonnen.

Pfand einlösen: Bei vielen der Spiele läßt es sich einrichten, daß man Pfänder zahlt. Z. B. kann man bei Gruppenwettbewerben von jedem Kind der Verlierergruppe ein Pfand einsammeln. Wer beim anschließenden Keksessen nicht pfeifen kann, kann ebenfalls ein Pfand zahlen usw. Beim Pfandeinlösen lassen sich meist die Kinder selber etwas einfallen. Beliebt ist, das Kind

7-10

etwas raten zu lassen. Es kann etwas vorturnen oder eine bestimmte Übung, die Geschicklichkeit erfordert, ausführen müssen. Zum Beispiel: Blatt Papier mit dem Mund vom Boden aufheben, im Schneidersitz eine Nadel einfädeln, mit einer Hand ein Streichholz aus einer Streichholzschachtel nehmen, das Abc rückwärts aufsagen, aus dem Fenster dreimal laut „Hurra" schreien, jedem Mitspieler eine Schmeichelei sagen, etwas vormachen, das die anderen erraten müssen, zu einem Nachbarn gehen und ihm etwas Komisches mitteilen ... usw.

Gesellschaftsspiele, bei denen es vor allem um Fragen, Raten und Antworten geht, sowie Schreibspiele finden Sie im Kapitel Sprache (Seite 232ff.).

Pantomimische Spiele, Vorspielen

Aus dem Rollenspiel, in das Kinder sich immer wieder gerne hineinleben (siehe auch Seite 222ff. Kinderfeste 5–7), lassen sich jetzt erste Ansätze zum Theaterspielen entwickeln. Als Auftakt dazu eignen sich Sprachspiele (siehe Seite 228ff.) und pantomimische Spiele.

Beruferaten: Ohne eine Wort zu sagen, stellt ein Kind einen bestimmten Beruf dar, und die anderen sollen ihn erraten: Kinderschwester, Lehrer, Kassiererin, Buchhalter, Koch. Den Kindern fällt selbst meist genug ein. Das Kind, das als erstes richtig geraten hat, kommt als nächstes dran.

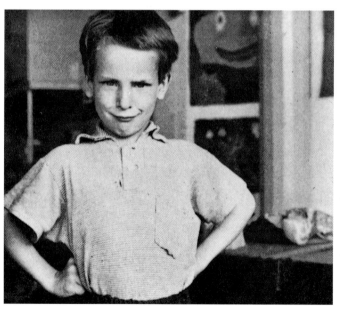

Zeichensprache: Ein Kind versucht, sich dem anderen durch Zeichensprache verständlich zu machen. Es zeigt zum Beispiel Zahnweh oder Abschiedwinken, etwas suchen, jemanden einfangen, ich habe Hunger, ich friere, etwas Schweres tragen, traurig, lustig. Wer es errät, macht als nächster etwas vor.

Mütterchen, Jäger, Löwe: Es werden zwei Gruppen gebildet, die sich mit großem Abstand gegenübersitzen. Auf ein Zeichen hin stellt sich aus jeder Gruppe ein Kind vor seine Gruppe, mit dem Rücken zu der anderen Gruppe, und spielt den seinen eine Rolle vor: entweder einen Löwen, ein altes Mütterchen oder einen Jäger.

Während sie spielen, drehen sie sich langsam einander zu. Ist der eine das alte Mütterchen, der andere der Jäger, so hat der Jäger verloren. Stehen sich Löwe und altes Mütterchen gegenüber, so hat das alte Mütterchen verloren. Stehen sich Löwe und Jäger gegenüber, so hat der Löwe verloren. Entweder erhält nun die Gewinnerpartei einen Punkt, oder der Darsteller aus der Verliererpartei scheidet aus. Sind in einer Gruppe alle ausgeschieden, so hat diese Gruppe verloren.

Etwas vorspielen: Manchmal entsteht bei Kindern spontan der Wunsch, etwas vorzuspielen. Stückespielen ist einfach, wenn man richtige Themen bei der Hand hat: Eine Erzählung kann mitten in einer spannenden Handlung abgebrochen werden. Die Kinder sollen von alleine weiterspielen. Oder man nimmt Sprichwörter wie: Wer anderen eine Grube gräbt, fällt selbst hinein – Morgenstund hat Gold im Mund – Trocken Brot macht Wangen rot – Viele Köche verderben den Brei, und versucht, diese von den Kindern nachspielen zu lassen. Es können auch zwei Gruppen gebildet werden. Jede Gruppe spielt der anderen etwas vor, und die soll erraten, was es war. Dazu sind als Ideenspender und Nothelfer ältere Geschwister oder Erwachsene meist gefragt. Weitere Anregungen dazu unter „Stegreifspiele" auf Seite 236 ff.

Sketche: Ein Witz wird ausgesucht und den anderen vorgespielt. Es können sich jeweils auch zwei oder drei Kinder zusammentun und mit anderen kleinen Gruppen wetteifern, wer die beste Aufführung macht. Preise bekommen alle.

7–10

Schattenspiel: Die Kinder denken sich eine Geschichte aus und basteln sich selbst dazu ein Schattenspiel (siehe dazu unter Bildnerisches Gestalten auf Seite 279 ff.). Allerdings muß hierfür Material vorbereitet sein. Und es muß viel Zeit zur Verfügung stehen.

Zauberkunststücke gehören jetzt zum Repertoire. Vielleicht hat der kleine Gastgeber einige Tricks vorbereitet und Hut und weiter Mantel liegen schon bereit. Vielleicht haben sogar Eltern oder ältere Geschwister etwas parat. Anschließend will sicher mancher der Zuschauer auch etwas zum besten geben. Anregungen für Zauberkunststücke finden sich in Zauberbüchern für Kinder.

„Frau Gräfin, die Pferde sind gesattelt." „Ich danke dir, Johann." Dieser einzige Satz (Rede und Antwort) bildet das „Textbuch" für die schauspielerischen Künste zweier „Akteure". Es gilt, ihn einmal als Lustspiel vorzutragen, einmal als Tragödie, einmal als Gangsterposse, einmal als Operette, einmal als Oper. Letzteres könnte ein nicht enden wollendes Stück werden, da es ja mehr auf die Koloratur als auf den Text ankommt; etwa: „Frahahahahau, Frahahahahahahau, Frahahau Frau Gräfin, Frahahau Grähäfihin ... usw. Eventuell jedes Stück von verschiedenen Akteuren vortragen lassen. (Endet meist im totalen Gelächter!) Auch nur als Vertonung (Rede/Antwort zweier Musikinstrumente) denkbar; oder nur gesummt, gehustet, geschnalzt, geklatscht. Wer erfindet weitere oder ganz neue Varianten?

Gestalterische Spiele

Aus der Vielzahl der Vorschläge unter „Basteln" und „Bildnerisches Gestalten" läßt sich auch jeweils einer auswählen und für die ganze Kindergruppe als nachmittagfüllende Beschäftigung anbieten. Es können auch kürzere Betätigungen herausgegriffen werden, die nicht allzuviel Zeit beanspruchen und deren Ergebnisse zum Abschluß prämiert und mit nach Hause genommen werden. Die Kinder können Laternen herstellen, Steine bemalen, eine Maske fertigen. Wichtig hierbei ist, daß die Beschäftigung gut vorbereitet wurde, das Thema klar ist und genügend Werkzeug (Malstifte, Papier, Schere) vorhanden ist.

Modenschau: Große Rollen Papier, Zeitungspapier, Alleskleber, Klebeband, Pinsel, Scheren und Farbe werden benötigt. Als Laufsteg dienen aneinandergestellte, mit Papier belegte Tische oder ein Brett zwischen zwei Stühlen, das mit einem alten Stück Stoff bedeckt wurde. Dann beginnt ein freies Gestalten.
Schneidet man in die Mitte des Papiers ein Loch für den Kopf, schlüpft hindurch und bindet mit Klebeband einen Gürtel rundherum, so ist schon das erste Kleid fertig. Es entstehen lange Röcke, Ponchos, phantastische Kopfbedeckungen, ein Mantel mit Schleppe und vieles mehr. Die Kleidungsstücke werden angemalt. Am besten ist hier, man malt sich gegenseitig Muster, Taschen und Knöpfe auf. Die Modenschau kann beginnen: Alle zeigen sich nacheinander auf dem Laufsteg in besonders schönen Stellungen. Gefällt das Kleid den anderen, klatschen sie Beifall.

Man kann auch am Nachmittag alle Modelle erarbeiten und für den Spätnachmittag die Eltern, die die Kinder abholen kommen, als Zuschauer einladen. Gut ist es auch, einen Fotoapparat (evtl. eine Sofortbildkamera) bereitzuhalten. So kann man von jedem Fotomodell eine Staraufnahme machen, die man mehrfach abziehen läßt und, als Erinnerung, den einzelnen Kindern zuschickt.
Nach gleichem Muster lassen sich auch Brillen- oder Hutmodeschauen durchführen.
Einfach hergestellte **Augenmasken** können jedes Kind rasch und wirkungsvoll verändern: auf Karton Maske aufmalen, ausschneiden, Augenschlitze herausschneiden. An beiden Seiten lochen und Löcher mit Verstärkungsringen bekleben. Zwei Gummis durchziehen, die man an den Ohren festhängen kann. Fertig. Fantasievoll angemalt, verleihen sie dem Träger die verschiedensten Gesichtsausdrücke.
So eine Maske, womöglich noch während des Festes selbst bemalt, ist außerdem ein schönes Geschenk, das zum Schluß jeder gerne mit nach Hause nimmt.

7–10

Wir schneiden uns selber aus: Hierzu braucht man Riesenbögen Packpapier, Filz- oder andere Farbstifte, Scheren. Zwei Kinder helfen sich gegenseitig. Ein Kind legt sich auf das Papier, ein anderes fährt seine Umrisse nach. Die Umrisse werden ausgeschnitten und dann die Figur angemalt: Haare, Fingernägel, Augen, Söckchen, etc. Am Schluß hängt die Galerie der Gäste rundum an der Wand oder entlang dem Korridor. Es können auch jeweils zwei Kinder an einer Figur arbeiten, die Anziehsachen „mixen" oder jeder eine Hälfte der Riesenpuppen anmalen. Hängen die Bilder, können die Kinder gegenseitig erraten, wer mit wem zusammengearbeitet hat, welches Kleidungsstück oder Accessoire zu welchem Kind gehört. Die Prämierung wäre gleichzeitig ein schöner Abschluß des Nachmittags. Jeder erhält hierbei natürlich einen Preis: der Bunteste, der Lustigste, der Kleinste, der Einfarbigste müssen belohnt werden.

Die schönste Belohnung aber ist natürlich, daß das Kind „sich selbst mit nach Hause nehmen kann".

Abschluß

Haben sich die Kinder ausgetobt, zugehört, sich eventuell zwischendrin zu zweit in einer Ecke verkrochen, um für sich etwas alleine und in Ruhe zu spielen, ist es gut, sie am Schluß eines Festes noch einmal bei etwas Gemeinsamen zu vereinen. Am einfachsten geschieht dies bei einem gemeinsamen Imbiß. Würstchen vom Grill sind eine besondere Attraktion. Man kann fast auf jedem kleinen Balkon einen Grill aufstellen, auf dem Würstchen munter brutzeln. Dazu gibt es Kartoffelsalat oder Brötchen und Senf. Oder man hat vorher schon eine Pizza belegt (fertigen Teig dazu bekommt man heute bei fast jedem Bäcker) und schiebt sie zwischendrin rechtzeitig in den Ofen. Dazu gibt es „Kinderbowle", eine farbenfrohe Saftmischung mit Obsteinlage.

Da die Kinder vom Wetteifern müde sind, kann man Preise für vorherige Basteleien austeilen oder eine Tombola inszenieren. Siehe dazu auch die Vorschläge in der vorangegangenen Altersgruppe. Auch Topfschlagen ist immer noch ein beliebtes Spiel, um sich einen Abschiedspreis zu ergattern. Jeder kommt noch einmal dran. Sind es Überraschungspakete, die unter den Topf gelegt werden, ist die Reihenfolge egal. Sind bestimmte Gegenstände zu gewinnen, können die Kinder selber mitbestimmen, welchen Preis sie sich „erschlagen" wollen. Melden sich mehrere, wird ausgezählt.

7-10

Anhang

Weiterführende Literatur

Hier finden Sie, nach Sachgruppen zusammengestellt, eine Auswahl an Büchern, die weitere Informationen zu den verschiedenen Gebieten vermitteln.

Reime und Verse

ABC und alles auf der Welt von Ute Andresen, Ravensburger Buchverlag Ravensburg
Allerleirauh von H. M. Enzensberger, Insel Verlag Frankfurt
Ganz ganz groß, Hrsg. v. J. Spohn, Breitschopf Verlag
Eins, zwei, drei – ritsche ratsche rei von S. Stöcklin-Meier, Ravensburger Buchverlag Ravensburg
Heut Nacht steigt der Mond über's Dach von D. Kreusch-Jacob, Ellermann Verlag München
Kindergedichte von E. Harries, Ravensburger Buchverlag Ravensburg
Kinderreime von R. Seelig/R. Dirx (Hrsg.), Ravensburger Buchverlag Ravensburg
Oh Verzeihung, sagte die Ameise von J. Guggenmoos, Beltz & Gelberg Verlag Weinheim
Onkel Florians fliegender Flohmarkt von P. Maar, Oetinger Verlag Hamburg
Was denkt die Maus am Donnerstag? von J. Guggenmoos, Georg Bitter Verlag Recklinghausen

Sprachentwicklung

Die Sprache des Kindes im Volksschulalter von H. Gausmann, Hermann Schroedel Verlag Hannover
Die sprachliche Entwicklung in Kindheit und Jugend von J. Britton, Patmos Verlag Düsseldorf
Sprachspiele (Ludi Musici Bd. 3) vo W. Keller, Fidula Verlag Boppard/Rhein
Sprachspiele für Kinder v. Kurt Peukert, Rowohlt Taschenbuch Verlag Reinbek
Die Sprechsprache des Kindes von K. Wagner, Teil 1 und 2, Sprache und Lernen Bd. 37 und 38, Patmos Verlag Düsseldorf
Duden Schülerhilfen, Schreibspiele, Lesespiele, Grundwortschatz, Dudenverlag Mannheim
Sprechen und Spielen von S. Stöcklin-Meier, Ravensburger Buchverlag Ravensburg
Sprache und Humor des Kindes von H. Helmers, Ernst Klett Verlag Stuttgart

Bilderbücher, die das Sprechen anregen

Pappbilderbücher für Kinder ab 1, 2 und 3 Jahren bieten eine gute Grundlage, Dinge zu erkennen und zu benennen. Sie helfen, Wörter, Begriffe, Überbegriffe und erste Zusammenhänge kennenzulernen und darüber zu sprechen.
Ab 3 Jahren läßt sich generell sagen, daß Bücher mit großen Schaubildern und vielen kleinen interessanten Einzelheiten aus dem täglichen Leben, oder auch Bildergeschichten, zum Sprechen und Nacherzählen anregen, wenn jemand mit anschaut und „da" ist, mit dem man darüber sprechen kann. Das gemeinsame Anschauen und darüber sprechen ist wichtig.
Titel unter anderem:
Bei uns im Dorf, Unsere große Stadt, Komm mit ans Wasser – alle von A. Mitgutsch, Ravensburger Buchverlag Ravensburg
Der Kleine Herr Jakob, Bildergeschichten von H. J. Press, Ravensburger Buchverlag, Ravensburg
Komm heraus und spiel mit uns, Das sind wir, Sachen suchen – alle von E. Scherbarth, Ravensburger Buchverlag Ravensburg
Was ist hier los? von R. und M. Rettich, Ravensburger Buchverlag Ravensburg

Rätselbücher

Das Buch der 100 Rätsel von M. Beisner, Insel Verlag Frankfurt
Freche Fragen von para, Ravensburger Buchverlag Ravensburg
Großes Rätselraten von Kirsch & Korn, Ravensburger Buchverlag Ravensburg
Rätsel – Denkspaß – Kniffeleien von Manuel, Ravensburger Buchverlag Ravensburg
Rätselkönig werd ich heut von Kruse/Probst, Ravensburger Buchverlag Ravensburg
Reihe **Junior Spiel und Spaß** mit Rätseln, Zuordnungsspielen und Beschäftigungen, Ravensburger Buchverlag, Ravensburg
Reihe **Spiel und Spaß** – u. a. **Rätselzwerge, Bilder-Kreuzworträtsel, Bilder – Rätsel – Bilder, Kinder-Kreuzworträtsel,** Ravensburger Buchverlag Ravensburg

Rollenspiel	**Brülle ich zum Fenster raus** von K. Wächter, Beltz & Gelberg Verlag Weinheim
	Das Kasperlebuch von U. Lange und G. Könemund, Ravensburger Buchverlag Ravensburg
	Die Vogelhochzeit von R. Zuckowski, Ravensburger Buchverlag Ravensburg
	Du wärst der Pienek von U. Wölfel, Anrich Verlag Kevelaer
	Lustige Theaterstücke von E. Harries, Ravensburger Buchverlag Ravensburg
	Theaterstücke zur Weihnachtszeit von B. Cratzius und G. Könemund, Ravensburger Buchverlag Ravensburg
Turnen und Bewegung	**Erstes Turnen und Spielen** von J. Radel, Orell Füssli Verlag Wiesbaden
	Fußgymnastik mit Kindern von Martha Scharll, Thieme Verlag Stuttgart
	Psychomotorische Elementarerziehung von E. J. Kiphard und A. Leger, Flöttmann Verlag Gütersloh
	Schöpferisches Spielen und Bewegen von R. Metzenthin/U. Markus, Orell Füssli Verlag Wiesbaden
	Yoga mit Kindern von Eve Diskin, Econ TB Düsseldorf
Musikpädagogik	**Gib deinem Kind Musik** von J. Philipps, Piper Verlag München
	Kinder gestalten Feste mit Musik und Bewegung von N. Berzheim, Verlag Ludwig Auer Donauwörth
	Integrative Musikpädagogik/Polyästhetische Erziehung Bd. I und II von W. Roscher, DuMont Buchverlag Köln
Bildnerisches Gestalten	**Farbspiele mit Kindern** von K. Wölfel/U. Schrader, Kösel Verlag München
	Kinderatelier von R. Seitz, Ravensburger Buchverlag Ravensburg
	Kinder entdecken das Museum von B. Wolffhardt, Kösel Verlag München
	Lila, Rot und Himmelblau von S. Lohf, Ravensburger Buchverlag Ravensburg
	Linnea im Garten des Malers von Chr. Björk/L. Anderson, C. Bertelsmann Verlag München
	Schule der Phantasie von R. Seitz/T. Haberlander, Ravensburger Buchverlag Ravensburg
	Zeichnen und Malen mit Kindern von R. Seitz, Don Bosco Verlag München
Natur- und Sachbücher	**Die Ampel** von E. Dietl/U. Andresen, Ravensburger Buchverlag Ravensburg
	Reihe **Farbiges Wissen** – u. a. **Unser Planet im Universum, Leben der Tiere, Die Erde ernährt uns,** Ravensburger Buchverlag Ravensburg
	Mein erstes großes Experimentierbuch, Tessloff Verlag Nürnberg
	Mein großes Gartenbuch von C. und R. Fischer, Ravensburger Buchverlag Ravensburg
	Mein erstes großes Naturbuch, Tessloff Verlag Nürnberg
	Mit Kindern die Natur erleben von Joseph B. Cornell, Ahorn Verlag Prien
	Peter, Ida und Minimum von G. Fagerström und G. Hansson, Ravensburger Buchverlag Ravensburg
	Das große Buch der Saurier von P. Klepsch/Th. Thiemeyer, Ravensburger Buchverlag Ravensburg
	Reihe **Sehen, Staunen, Wissen** – u. a. **Vögel, Bäume, Schmetterlinge,** Gerstenberg Verlag Hildesheim
	Unsere Erde von S. Aust, M. Beck und T. Menzel, Ravensburger Buchverlag Ravensburg
	Warum ist das Wetter so? von W. de Haen, Ravensburger Buchverlag Ravensburg
Liederbücher	**Das Liedernest** von Lieselotte Rockel, Bd. 1 und Bd. 2, Fidula Verlag Boppard/Rhein
	Das Liedmobil von D. Kreusch-Jacob (Hrsg.), Ellermann Verlag München
	Der Liederspatz von F. Vahle, Aktive Musik, Dortmund
	Lieder von der Natur von D. Kreusch-Jacob, Ravensburger Buchverlag Ravensburg
	Ludi Musici von W. Keller, Bd. 1, 2 und 3, Fidula Verlag Boppard/Rhein
	Tanzlieder von D. Kreusch-Jacob, Ravensburger Buchverlag Ravensburg
	Weihnachten überall von K. W. Hoffmann und G. Spee, Ravensburger Buchverlag Ravensburg
	Wenn der Elefant in die Disco geht von K. W. Hoffmann, Ravensburger Buchverlag Ravensburg
	Willkommen lieber Tag von R. R. Klein, Moritz Diesterweg Verlag Frankfurt

Musik spielen und lernen	**Erklär mir die Musik** von K. Behrend, H. Lesch und H. Poppel, Piper Verlag München **Musikinstrumente - erfinden, bauen, spielen** von U. Martini, Ernst Klett Verlag Stuttgart
Basteln und Werken	**Das hab ich selbst gemacht** von S. Lohf, Ravensburger Buchverlag Ravensburg **Falten und Spielen** von S. Stöcklin-Meier, Ravensburger Buchverlag Ravensburg Reihe **Ich mach was mit . . . u. a. . . . Blättern, . . . Holz, . . . Knete,** Ravensburger Buchverlag Ravensburg **Kinderwerkstatt Holz** von E. Gloor, Ravensburger Buchverlag Ravensburg **Mein großes Bastelbuch** von S. Cuno, Kirsch & Korn u. a., Ravensburger Buchverlag Ravensburg Reihe **Ravensburger Bastelbär** - u. a. **Alles aus Papier, Für kleine Indianer, Leuchtende Laternen, Kleine Geschenke,** Ravensburger Buchverlag Ravensburg **Werkbuch Papier** von U. und T. Michalski, Ravensburger Buchverlag Ravensburg
Spielen und Feiern	**Alles für die Kinderparty,** Reihe Bastelbär, Ravensburger Buchverlag Ravensburg **Kinderspiele - Kinderparties** von A. und M. Bartl, Ravensburger Buchverlag Ravensburg **Knisters Geburtstagsknüller** von Knister, Ravensburger Buchverlag Ravensburg **Vogelhochzeit** von R. Zuckowski, Ravensburger Buchverlag Ravensburg
Für alle Bereiche	**Der Übergang vom Kindergarten zur Grundschule,** hrsg. vom Bayerischen Staatsministerium für Unterricht und Kultus, Ludwig Auer Verlag Donauwörth **Fröhliche Kinderzeit** von R. Zechlin und G. Walter, Ravensburger Buchverlag Ravensburg **Frühling im Kindergarten, Sommer im Kindergarten, Herbst im Kindergarten, Winter im Kindergarten (4 Bd.)** von B. Cratzius, Herder Verlag Freiburg Reihe **Mit Kindern leben,** Rowohlt Taschenbuch Verlag Reinbeck **Taschenbücher Elternpädagogik,** Herder Verlag Freiburg

Gesellschaftsspiele für Kinder

Bis zu 3 Jahren

Bodenpuzzle (Ravensburger und Jumbo): Riesen-Puzzleteile auf dem Boden auslegen
Bunte Ballone (Ravensburger): Zuordnungs- und Farbwürfelspiel
Erste einfache **Lotto-Spiele** (div. Hersteller): Zuordnen und Konzentration werden geübt.

Ab 3 Jahren

Lotto- und Farbwürfelspiele (div. Hersteller): Zum Zuordnen, Kennenlernen von Farben, Zählen, Benennen von Dingen
Vier erste Spiele (Ravensburger): Eine Sammlung von vier Farbwürfelspielen - Vogelspiel, Blumenwürfeln, Schloßspiel und Wurstschnappen
Angelspiel (div. Hersteller): Mit Ausdauer und Geschick gilt es, die meisten Fische zu fangen.
Blinde Kuh (Ravensburger): Fühlst du, was es ist?
Junior-Memory (Ravensburger): Ein Konzentrationsspiel für beliebig viele Kinder
Bilder-Dominos (div. Hersteller): Dominos für bis zu 6 Spieler
Bilderwürfel (Selecta und Naef): „Bauklötze", die man zu sechs verschiedenen Bildtafeln legen kann.

Ab 5 Jahren

Mix-Max (Ravensburger): Lustiges Hut-Kopf-Bauch-Beine-Vertausch-Würfelspiel
Memory (Ravensburger): Verschiedene Ausstattungen - ein Klassiker unter den Konzentrationsspielen
Fang den Hut (Ravensburger): Weltbekanntes Würfelspiel
Schau genau oder **Differix** (Ravensburger): Zwei knifflige Konzentrationsspiele
Clown (Ravensburger) oder **Jumbolino** (Jumbo): Beim Würfeln entstehen die ulkigsten Clownfiguren.
Diverse **Lottospiele** (div. Hersteller): Auf schnelles Wiedererkennen und Zuordnen kommt es an.
Schnipp-Schnapp (div. Hersteller): Ein Kartenspiel, bei dem schnelles Reagieren notwendig ist.
Spitz paß auf (Schmidt Spiel und Freizeit): Wer reagiert am schnellsten und fängt die meisten Hunde?
Flohhüpfen (div. Hersteller): Wer knipst die meisten Flöhe in den Topf? Ein seit Generationen bekanntes Geschicklichkeitsspiel
Schwarzer Peter und allgemeine **Quartette** (div. Hersteller)
Junior-Elexikon (Ravensburger): Quiz für 1–10 Personen. Ein Leuchtstift zeigt an, ob die Lösung richtig ist.
Bärenspiel (Herder): Ein spannendes Suchspiel
Wundergarten (Herder): Blumen pflanzen, ehe das Unwetter kommt
Was darf's denn sein? (Ravensburger): Ein Einkaufsspiel mit Spielgeld

Ab 7 Jahren

Hase und Igel (Ravensburger): Ein pfiffiges Wettrennen für 2-6 Spieler - mit Hilfe von Karotten und Salat
Bimbo (Pestalozzi): Lustiges Buchstabenspiel zum Erlernen von Rechtschreibung und Wortschatz
Deutschlandreise (Ravensburger): Ein interessantes Reisespiel, um Deutschland kennenzulernen
Vier gewinnt (MB): Wer hat als erster senkrecht, waagerecht oder diagonal vier Steine gelegt?
Das Malefiz-Spiel (Ravensburger): Aufreibendes Würfelspiel für die ganze Familie
Hardy's Kinder-Zauberspiele (Ravensburger): Hokus-Pokus! Fix- und Fertigtricks mit jeweils passendem Zauberreim
Elexikon (Ravensburger): Ein Ratespiel mit Elektrokontakten, die über 11 000 Fragen ermöglichen
Mensch ärgere Dich nicht (Schmidt Spiele und Freizeit): Das bekannteste Würfelspiel zum Rausschmeißen
Micado (div. Hersteller): Eines der ältesten Geschicklichkeitsspiele der Welt
Denk fix (Spear): Ein Quizspiel, das nie langweilig wird
Scabble (Spear): Ein faszinierendes Kreuzwortlegespiel
Mastermind (Spear): Es gilt, eine versteckte Farbkombination zu erraten
Reversi (Ravensburger): Die Steine mit der „Kehrseite" - für zwei Spieler
Knobelspiele und allgemeine **Kartenspiele** (div. Hersteller)
Das verrückte Labyrinth (Ravensburger): Ein Irrgarten für die ganze Familie
Das Waldschattenspiel (Kraul): Ein Versteck- und Suchspiel bei Kerzenschein
Sauerbaum (Herder): Alle helfen, den Baum vor dem sauren Regen zu retten.

Das richtige Spielzeug für jedes Alter

Tabelle des spiel gut
Arbeitsausschuß Kinderspiel + Spielzeug e. V.

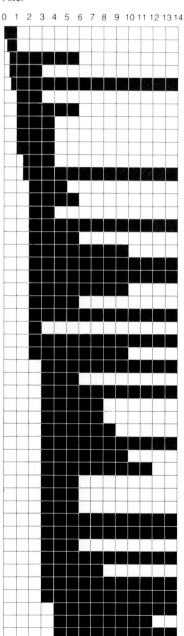

Alter: 0 1 2 3 4 5 6 7 8 9 10 11 12 13 14

Spielzeug zum Schauen + Horchen
Greifspielzeug, Rassel, Kugelkette
Badewannenspielzeug
Werfpuppe, Werftiere
Stoffball, Bälle, Sportbälle
Nachziehspielzeug, Schiebespielzeug
Handwagen, Sandwagen
Einfachste Fahrzeuge und Schiffe
Hampelmann, Stehauf, Kugelbahn
Steckspielzeug (Baubecher ...)
Hammerspielzeug
Spielmöbel, große Spielelemente
Holzeisenbahn ohne Schienen
Gr. Lastauto (zum Draufsitzen)
Dreirad
Schlitten
Schaukelpferd, Bodenschaukel
Stofftiere
Puppe
Geschirr, Haushaltsgeräte, Telefon
Sandkasten, Sandspielzeug
Fingerfarben
Faserstifte
Formensteckspiel
Puzzle
Bauklötze aus Holz
Wasserspielzeug (Bälle, Ringe ...)
Kletterpyramide
Schaukel
Roller
Schubkarre
Versch. Fahrzeuge (Handbetrieb)
Puppenkleidung, Puppenzubehör
Aufstellspielzeug (Menschen, Tiere ...)
Miniaturfahrzeuge
Einfache Gesellschaftsspiele
Einf. Baumaterial mit Steckverbindung
Material z. Legen, Stecken, Nageln
Material z. Werken, Basteln, Handarb.
Buntpapier, Schere
Papierflechten
Fädelperlen, Fädelspiele
Knetmaterial
Tafel, Staffelei, Tafeltuch, Kreide
Wachsfarben, Malbrett
Babypuppe + Zubehör
Puppenstube, Biegepuppen
Puppentheater, Handspielpuppen

Alter

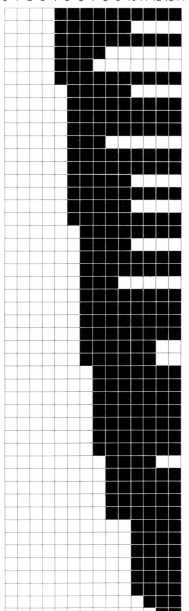

Zubehör z. Rollen- und Theaterspiel
Verkehrsanlagen ohne Antrieb
Großbauelemente
Kugelbahn zum Bauen
Bilderlegespiele
Kaleidoskop, Oktaskop, Magnet
Ruderrenner, Go-cart
Gleitschuhe
Springseil, Gummi-Twist
Geschicklichkeitsspiele
Holzkonstruktionsmaterial
Kleinteil. Bau- und Konstruktionsmat.
Deckfarben, Buntstifte (Holz)
Malbücher
Katapult-, Segelflugzeuge, Drachen
Gartengeräte
Wurfspiele
Rollschuhe, Schlittschuhe
Kreisel mit u. ohne Peitsche
Turngeräte (Ringe, Trapez, Schaukel)
Kletterseil, Strickleiter
Ausschneidebogen
Kamera (Fotografierbücher
Webrahmen
Mini-Bobschlitten
Spielfeder
Seilbahn (Handbetrieb)
Verkehrsanlagen mit Uhrwerk/Batterie
Schwierigere Gesellschaftsspiele
Zauberspiele
Modellfahrzeuge mit Antrieb
Einfache Verkehrsanl. m. Netzanschl.
Stempelkasten (Buchstaben)
Segelschiffe
Einfaches Experimentiermaterial
Stelzen, Balanciergeräte
Metallkonstruktionsmaterial
Werkzeug, Werkbank
Modelliermaterial
Modellbaubogen
Sportspiele, Blasrohr
Sportgeräte, Sportausrüstung
Elektr. Haushaltsgeräte
Aquarellfarben, Zeichenschablonen
Modelleisenbahn mit Netzanschluß
Experimentiermaterial (Physik . . .)
Marionetten
Modellbau (Flugzeuge, Schiffe)

351

Wer sind die Autoren?

Helga Braemer, geb. 1928 in Freiburg im Breisgau. Studium der Zoologie, Botanik, Chemie und Physik in Freiburg, Basel und Tübingen, dort Promotion 1955. Heirat mit Dr. Wolfgang Braemer 1955. USA-Aufenthalt 1957/58. Verwitwet 1962. Drei Töchter.
Seit 1962 Mitarbeiter am Max-Planck-Institut für Verhaltensphysiologie in Seewiesen, Fragestellung Orientierung der Fische.
Hatte einen Vater, der wunderbar mit ihr mit Eisenbahnen und technischem Spielzeug gespielt hat und ihr einfach alles erklären konnte, weil er selber Naturwissenschaftler war.

Renate Falk, geb. 1946 in Bremen. 1963-65 Ausbildung zur Gymnastiklehrerin in „Loheland" (Fulda/Rhön). Verheiratet. Zwei Kinder.
Arbeitete in Kinderheim, Praxis, Schule und Turnverein und macht derzeit Rehabilitationsarbeit in einer Nervenklinik. Wohnt mit ihrem Mann und den Kindern in einer Dreizimmerwohnung und weiß, was es für Probleme mit sich bringt, wenn man sich da gerne austollen und toben möchte, und hat das bei ihren Spielanregungen berücksichtigt.

Kraft Geer, Studiendirektor, studierte an der Akademie der Bildenden Künste in München Bildhauerei und Kunsterziehung. Von 1959-71 Lehrer für Kunsterziehung an Münchner Gymnasien. 1971-73 als Seminarleiter für die Einführung junger Kollegen in die Schulpraxis verantwortlich. Seit 1973 Referent für Kunsterziehung für die Lehrplanentwicklung und Lehrerfortbildung in Bayern am Staatsinstitut für Schulpädagogik, München. 2. Vorsitzender des Bundes Deutscher Kunsterzieher. Seinen drei Kindern, die argwöhnisch die Arbeit an diesem Buch verfolgt haben, dankt er für Kritik und viele praktische Anregungen und Beispiele.

Edith Harries (1922-1982). Nach dem Besuch des altsprachlichen Gymnasiums Studium der Pädagogik in Jena. Studienaufenthalt in den USA. Unterrichtete in Grund-, Haupt- und Realschulen in Bremen Deutsch, Englisch, Mathematik, Kunsterziehung. Zwischendurch 5 Jahre Mitarbeit bei Paul Geheeb in der Ecole d'Humanité, Goldern/Schweiz. Hobbies: Schulspiel, Theater, Gäste haben, Arbeiten für den Otto Maier Verlag, Reisen. Lieblingsbeschäftigung: Geschichten erzählen (siehe auch Band 737 der Ravensburger Taschenbücher).
Hatte einen Vater, der voller Sprachwitz steckte und keine Gelegenheit ausließ, sie davon profitieren zu lassen. Am liebsten am Sonntagmorgen, während die Mutter Kakao und frisches Rosinenbrot servieren mußte ...

Bertrun Jeitner-Hartmann, geb. 1943 in Reichenberg/Sudeten. Nach dem Abitur und einem Jahr „Ersatzdienst" in einem Altersheim: Ausbildung zur Beschäftigungstherapeutin in München. Auslandsaufenthalte in Frankreich, Spanien und der Schweiz. 1971-1980: Redakteurin für Kinderbeschäftigung im Otto Maier Verlag Ravensburg. Parallel dazu Ausbildung zur Kinderpsychotherapeutin. Derzeit hauptberuflich mit den zwei eigenen Kindern beschäftigt. Daneben Spiel, Spaß und Ernst als Spieltherapeutin, sowie als Herausgeber und Autor für den Otto Maier Verlag.

Dorothée Kreusch-Jacob. Nach dem Abitur in Stuttgart und München, Ausbildung zur Musikpädagogin und Konzertpianistin. Sie gründete das Münchener Klavierquartett. Konzerte, Aufnahmen, Uraufführungen moderner Werke. Musikpädagogische Arbeit mit pianistischem Nachwuchs. Neue Wege der Musikpädagogik werden, nicht zuletzt durch die eigenen Kinder angeregt, praktiziert und veröffentlicht: Musik als kreatives Tun und Möglichkeit zur Entwicklung kindlicher Ausdrucksfähigkeit.
Lebt bei München mit ihrem Mann und drei Kindern.

Doris Rübel, geb. 1952. Freie Illustratorin. Studierte Kunsterziehung in Karlsruhe und Braunschweig. Lebt jetzt mit ihrem Mann und zwei Töchtern in der Provence.

Großer Dank gilt Frau **Ursula Zakis** in München, die die Anfangsarbeiten an diesem Buch überwachte und die mit ihrer Erfahrung als Diplompädagogin und Psychologin zur Entstehung des Buches beigetragen hat.

Quellen- und Bildnachweise

(Anmerkung: RBV steht für Ravensburger Buchverlag Otto Maier GmbH)

Grafiken und Gestaltungsbeispiele

S. 22 aus: Helmut Spanner, Da ist die Maus, 1981, RBV; S. 41 aus: Lothar Kampmann, Wachsmalstifte, 1967, RBV; S. 88, 89, 270, 272 u. li. Familie Geer; S. 90 aus: Sabine Lohf, Ich mach was mit Papier/Papiergeld, 1987, RBV; S. 181, 297 aus: Kolumbus Eier, Stuttgart 1890, Union Verlag; S. 160 o. aus: E. Röttger/D. Klante, Die Fläche, 1968, RBV; S. 170 aus: Lothar Kampmann, Buntes Papier, 1967, RBV; S. 263 aus: E. Röttger/D. Klante, Punkt und Linie, 1964 RBV; S. 264, 265 Schülerarbeiten aus München; S. 268 o. und mi. aus: L. Kampmann/H. Petersen, Deckende Farben, 1967, RBV; S. 271 aus: L. Kampmann/H. Petersen, Farbiges Drucken, 1969, RBV; S. 272 u. re. Schüler der Ecole d'Humanité; S. 319 o. Elisabeth Gloor

Lieder

S. 37 „Kletterbüblein", S. 160 „Rundadinella" aus Wilhelm Keller, Ludi musici Band 1; S. 157 „Mein Pferdchen" aus: Heinz Lemmermann, „Der kleine Globus" (Fidula FON 1159), Fidula Verlag Boppard; S. 163 „Ri-ra-rutsch" aus: Wilhelm Keller, „Der Sonnenkäfer"; S. 260 „Sascha" aus: „Die Zugabe" Band 2 (Fidula FON 1193), Fidula Verlag Boppard; S. 84 „Das Karussell" aus: Richard Rudolf Klein, „Willkommen, lieber Tag" Band 1, Diesterweg Verlag Frankfurt; S. 255 „Tief im Keller"/Krachmach.

Humorzeichnungen und Bildgeschichten

S. 138 UFS New York, erschienen im AAR Verlag Wiesbaden
(Bildverzeichnis „Das große Buch der Kinderbeschäftigung")

Fotos

S. 17, 48 Elisabeth Niggemeyer aus: E. Niggemeyer, Ich bekomme einen Bruder, 1973, RBV; S. 19, 55, 338 u. aus: Betty Lowndes, Erstes Theaterspielen, 1979, RBV; S. 23 Rupert Leser aus: Hör, was ist das?, Ravensburger Spiele; S. 25, 130, 131, 148, 149 o. und u., 174, 227, 241, 245, 273, 302, 311 Doris Rübel; S. 26 aus: T. Berry Brazelton, Babys erstes Lebensjahr, 1970, RBV; S. 29 Peter Stückl aus: H. und M. Vorderwülbecke, Gymnastik und Spiel mit unseren Kleinen, München 1969, BLV; S. 31, 151 Ursula Markus; S. 36, 39, 76, 78 o., 158, 162 Alexander Schumacher aus: Dorothée Kreusch-Jacob, Das Musikbuch für Kinder, 1975, RBV; S. 37, 75, 277 aus: Dorothée Kreusch-Jacob, Liederspielbuch, 1978, RBV; S. 44, 112, 168, 269 aus: Rudolf Seitz, Kinderatelier, 1986, RBV; S. 45 Archiv RBV; S. 50 Erika Foerster; S. 52 Helga Braemer; S. 53, 116 aus: Brigitte Corell, Das schenk ich dir, 1988, RBV; S. 59 Marianne Hurlbut aus: Das Handbuch des Kindergartens, 1974, RBV; S. 60, 102 Gabriele Pée aus: Gutes Spielzeug von A–Z, 1974 RBV; S. 62, 98, 122 aus: Miriam Stoppard, Das große Ravensburger Babybuch, 1984, RBV; S. 66 aus: Jutta Radel, Erstes Turnen und Spielen, 1989, RBV; S. 74, 77, 79, 257 o. Alexander Schuhmacher; S. 78 u. Christine Fenderl; S. 83, 152, 156, 256, 257 u., 261 aus: Dorothée Kreusch-Jacob, Mach mit und mach Musik, 1981, RBV; S. 87 Wolfgang Zacharias und Hans Mayrhofer aus: W. Zacharias/H. Mayrhofer, Mal mit uns und spiel mit uns, 1973, RBV; S. 95 u. Schäl/Abdalla/Wiesner, Spielsachen aus Ton, 1987, RBV; Seite 100, 101, 182, 183 (je beide Fotos), 190, 327 Bertrun Jeitner-Hartmann; S. 108 aus: Sabine Lohf, Ich mach was mit Papier, 1987, RBV; S. 109 aus: Beatrice Tanaka, Märchenspiele, 1983, RBV; S. 111, 200 (beide Fotos) aus: Herta Petersen, Basteln mit Kindern - Spielen und Bauen mit Styropor, 1975, RBV; S. 113, 214, 315 aus: Elisabeth Gloor, Kinderwerkstatt Holz, 1983, RBV; S. 114 aus: Johanna Huber, Das große Buch der Kinderbeschäftigungen, 1963 RBV; S. 123, 124 aus: Susanne Stöcklin-Meier, Sprechen und Spielen, 1980, RBV; S. 150 Edward Kimball jr. aus: R. Carr, Erstes Yoga mit Kindern, 1975, RBV; S. 159, 253 aus: Dorothée Kreusch-Jacob, Musikbuch für Kinder 1975, RBV; S. 160, 161, 223 aus: D. Kreusch-Jacob, Tanzlieder, 1990, RBV; S. 165, 281 aus: Rudolf Seitz/Trixi Haberlander, Schule der Phantasie, 1989, RBV; S. 173 Manfred Burggraf aus: M. Burggraf, Basteln mit Metallfolien, 1966, RBV, S. 175 Wolfgang Zacharias und Hans Mayrhöfer; S. 184 Marion von Plate; S. 187 aus: Sybil Gräfin Schönfeldt, Kochbuch für Kinder, 1979, RBV; S. 192 Agentur Mauritius aus: Tierbabies Lotto, Ravensburger Spiele; S. 194 aus: Monika Blume/Christl Burggraf, Erstes Papierfalten, 1988, RBV; 198 o., 199 aus: Sabine Lohf, Das hab ich selbst gemacht, 1983, RBV; S. 198 u. aus: Elisabeth Gloor/Christl Burggraf, Für kleine Indianer, 1989, RBV; S. 201, 202 (je beide Fotos) aus: Elisabeth Gloor, Aus Luftballons und Pappmaché, 1975, RBV; S. 203, 310 aus: Gisela Walter/Jule Ehlers-Juhle, Heute ist Laternenfest, 1988, RBV; S. 206 aus: Sabine Lohf, Komm wir verzaubern den Wald, 1987, RBV; S. 209 Manfred Bauer aus: Jutta Lammèr, Ravensburger Kinderhandarbeitsbuch, 1974, RBV; S. 210, 211 u., 326 aus: Jutta Lammèr, Ravensburger Kinderhandarbeitsbuch, 1974, RBV; S. 211 o. aus: Sabine Lohf, Ich mach was mit Knöpfen, 1988, RBV; 215, 295 u. aus: Ute und Tilman Michalski, Wie der Wind geschwind, 1988, RBV; S. 219 Ulrich Kerth aus: Meine Familie und ich, Sonderheft 3/75, Kochen für Kinder; S. 226 aus: Sabine Cuno/Kirsch & Korn, Leuchtende Laternen, 1986, RBV; S. 236, 339, 340 aus: Pat Keysell, Pantomime mit Kindern, 1977, RBV; S. 239 aus: Beatrice Tanaka, Verkleiden, Maskieren, Schminken, 1982, RBV; S. 274, 275 Claus-Peter Schmid; S. 276 aus: Dorothée Kreusch-Jacob, Wenn der Trommelbär tanzt, 1986, RBV; S. 279 Vlasja Simončič aus: B. und S. Remann, Das Fotografierbuch, 1976, RBV; S. 280, 282 Brigitte Mayerhofer aus: B. Morgenstern, Schattenspiel, 1975, RBV; S. 295 o. aus: v. Allwörden/Drees/Müller, Marmorieren, 1976, RBV; S. 298 aus: Sybil Gräfin Schönfeldt, Kochbuch für Kinder, 1979, RBV; S. 305 Ruth Zechlin aus: R. Zechlin, Werkbuch für Mädchen, 1969, RBV; S. 306 aus: Jutta Lammèr, Kinder basteln vor Weihnachten, 1979, RBV; S. 307 aus: Sabine Lohf, Himmelsleiter und so weiter, 1985, RBV; S. 309 Gerda Meyerhof aus: Lothar Kampmann, Ravensburger Kinderwerkstatt, 1973, RBV; S. 320, 321 li. und re. aus: Jutta Lammèr, Span und Stroh, 1972, RBV; S. 322 li. und re., 323 aus: Sabine Lohf, Has, Has, Osterhas, 1987, RBV; S. 330 o. aus: Klaus Bliesner, Alles für die Kinderparty, 1986, RBV; S. 330 u. aus: Elisabeth Gloor, Wir basteln mit Nüssen, 1987, RBV; S. 331 aus: Maureen Roffey, Kinder feiern Feste, 1977, RBV.

Register

ABC-Geschichten erzählen 231
ABC-Spiele 230 ff.
Abschluß des Kinderfestes 225, 342 ff.
Absprengtechnik 270
Abzählverse 128
„Adam hatte sieben Söhne" 222
Adventshaus 309
Adventskalender 309, 325
Adventslaterne 196
Affe 64
Akrobaten 63
Akrobatenspiele 241 ff.
Aktenlocherbilder 114
Akustische Spiele 153 ff., 254 ff.
Akustische Versuche 74 ff.
Alberne Sätze 61
Alle meine Gänschen . . . 252
Alle Vögel fliegen hoch 220
Alphabet auf der Leine 135
Ameisen 191
An auf hinter . . . 61 ff.
Angeln 331
Anhänger 136
Anhänger aus Ton 312
Anziehpuppen 308
Apfelsinenkerne 185
Applikationen 273 ff., 324 ff.
„Aprilwetterspiel" 260
Armer schwarzer Kater 121
Astholz 315
Atem 153
Atem sichtbar machen 80
Atemspiele 36, 80 ff., 159 ff., 244, 259 ff.
Atemübungen zum Erholen 244
„Auf dem Berge Sinai" 55
„Auf der Eisenbahn" 32
Auf der Matratze 147 ff.
Auf der Mauer 61
Auffädeln von Ketten 114
Aus eins mach zehn 232
Ausnähkarten 114
Ausrufer- und Anruferspiele 82
Ausscheidungsspiele 332 ff.
Auto-ABC 231
Autofahrt 43
Autos 198
Avocados 186

Bach 103 ff.
„Backe backe Kuchen" 19
Backpulver 299
Badespielsachen 98
Bäumchen, Bäumchen, wechsle dich 218
Bäume aus Papier 305
Balance-Akte 296 ff.
Balancieren 68 ff., 142
Balgen 148
Ball 145 ff.
Ballproben 248 ff.
Ballschule 249

Ballspiele 29, 65 ff., 145 ff., 248 ff.
Ballsprüche 248
Ballsuchen 121
Bambusklangspiele 155
Basteln 224
Bauen und Montieren 274 ff.
Bauklötze 113, 214
Baumschmuck 212
„Tief im Keller" 255
Bello der Wachhund 120
Beruferaten 338
Besenstiel 144 ff., 246
Bestickte Streichholzschachteln 211
Besuch auf einem anderen Stern 238 ff.
Bewegen, Sprechen, Singen 32
Bewegte Bilder 283 ff.
Bewegungsanreize 150
Bewegungserlebnisse 86
Bewegungsspiele 28 ff., 39, 40, 47 ff., 83 ff.,
    119, 141 ff., 153, 161 ff., 218 ff.
Bierfilz-Figuren 311
Bilderbücher 22, 32, 62, 93
„Bim, bam, beier" 20
„Blaukraut bleibt Blaukraut" 135
Blechdosenstelzen 212
Bleistiftwettspiel 244
Blinde Kuh 219
Blind schneiden 225
Blinzeln 221
Blumen 189
Blumentopfglocken 34
Bockspringen 243
Bohnenbeet im Glas 101
Bonbonschnappen 119
Bongos 34, 256
Borkenschiffchen 213
Brennen von Ton 96
Brezelschnappen 219
Briefträgerspiel 136
Brotlose Künste 229
Brücken 68, 150
Brücken bauen 245
Brüderchen hilf 252
„Brüderchen, komm tanz mit mir" 57, 85
Bucheckern 186
Buchstabengeschichten 134
Buchstaben-Späße 228
Bücherregal 289
Büroklammernkette 114
Burgball 250

Camera obscura 179
Chemische Hellseherei 299
Chinesisch 229, 336
Clowns 64
Collage-Brief 274

Däumelinchenwiege 206
„Da kommt die Maus" 40
„Da läuft ein Weglein" 19
Dame- und Mühlesteine 204

Das eigene Bild 93
Das eigene Reich 97, 177, 289 ff.
„Das ist der Daumen" 19
„Das Karussell" 84
„Das wilde Tier" 164
Datteln 186
Daumen-Kino 284
Deckchen 209
Dekoration 116, 216, 329
„Der Bauer schickt den Jockel aus" 126 ff.
Der Bus 24
Der Dieb kommt! 71
Der duftende Wattebausch 221
Der eigene Körper 290 ff.
Der geschickte Reiter 64
„Der ist ins Wasser gefallen" 19
„Der Kaiser von Rom" 246
„Der kleine Bär" 139
„Der Kreisel" 40
„Der Plumpsack" 219, 251
„Der Sandmann ist da" 250
„Der Schneider hat 'ne Maus" 58
Detektivrequisiten 59
„Die fleißigen Handwerker" 57
„Die Katze . . ." 135
Die schwebende Jungfrau 88
„Die Uhren" 73
Die unbekannten Nachbarn 337
Die wilde Meute 335
Dingsbums-Theater 278
„Dornröschen" 81
Dosen 199, 212
Drachen 318 ff.
Drachenspiel 311
Draußen im Sommer 103 ff., 189 ff.
Draußen im Winter 105
Drehen 28
Dreibeinlauf 333
„Drei Chinesen" 134 ff.
Drucken 171, 271 ff.
„Dunkel war's, der Mond schien helle" 127
Durchreibebilder 90

Echo-Spiel 259
Eckengucken 68
Eichhörnchen 192
Eicheln 186, 206 ff.
Eidechsen 192
Eier 322 ff.
Eigenschaftswörter 22
„Eine kleine Dickmadam" 21
„Eine kleine Piepmaus" 55
„Eine Kuh, die saß im Schwalbennest" 127
Einer hat es, einer nicht 336
Einfache Gerichte 188
Einfahrtstor 69
Einkaufspiel 138
Einladungen 116, 328
Ein-Mann-Hörspiel 259
Ein Sack voll . . . 139
„1, 2, 3, alt ist nicht neu" 126

„1, 2, 3, Butter auf den Brei" 128
„1, 2, 3, 4, hinterm Klavier" 128
„1 . . . 7, eine alte Frau kocht Rüben 128
Eisenbahn 113
Eisenbahnspiel 162
„Enemenemu" 128
Engel-Mobile 307
Entdeckungsreisen 26 ff.
Erbsenbeet im Glas 101
Erbsenspiel 138
Ersatzgeräusche 254
Erzählen 124
Eselsohrkino 284
„Es kommt ein Bär . . ." 20
Essen 117 ff., 217, 331
„Es tröpfelt" 56
„Es war einmal ein Mann" 128
Experimente mit Stimme und Sprache 80

Fabulieren 136 ff.
Fadenbilder 274 ff.
Faden wickeln 217
Fahrzeuge 200
Faltdrachen 319
Faltschnitte 306
Familie Meier 332
Fang an - Hör auf - Geschichten 235
Fangballspiel 195
Fangen 65, 146, 164, 251 ff.
Farbe lebt 168 ff.
Farben 92
Farben raten 120
Farbkarussell 290
Farb-Wettrennen 182 ff.
Federn 142
Federzeichnungen 264 ff.
Fernsehprogramm 222
Festvorbereitung 115 ff., 216 ff., 328 ff.
Figuren aus Holzspan 320
Figuren aus Stein 172, 205
Figuren aus Ton 95 ff.
Figurenschattenspiel 281 ff.
Fingerfarben 43 ff.
Fingerkastagnetten 35, 76
Fingerpüppchen 171
Fingerspiele 19 ff., 55 ff., 123
Fischen 221
Flickenteppich 209
Flieger 64
Flöte 35 ff.
Flötentöne aus der Flasche 75
Floß 315
Flugzeug 67, 68, 242
Folien 110
Foppball 249
Formen 94 ff.
Formen raten 120
Forschungsauftrag 175 ff.
Frau Buntrock 140
Frösche 191
Froschhüpfen 218
Früchte 206 ff.
Fühlraten 99
„Fünf kleine Mäuse" 128
Fußgymnastik 29 ff., 71, 148 ff., 245

Galgenspiel 231
Garten auf dem Fensterbrett 300
Garten-Gesellschaftsspiel 187

Garten in der Wohnung 100 ff., 184 ff.
Gartenschlauch 103
Gasthausrequisiten 59
Geflochtene Papiersets 109
Gegensätze 60
Gegenstand suchen 121
Geheimnisvolle Botschaften 234
Geheimtinten 296
Geheimsprachen 228
Gehen 141
Geisterbilder 167
Gelbe Rüben 184
Gemälde auf Sandpapier 267
Gemeinschaftsarbeiten 277
Gemüsesuppekochen 187
Gerader Schneider 243
Geräuschbilder 152 ff.
Geräusche aus der Umwelt 73, 151 ff., 253 ff.
Geräuscheraten 254
Geräuschgeschenke 254
Geräusch-Labyrinth 257
Geräuschlawine 254
Geräuschpuzzle 151
Geräuschspiele 33 ff., 73 ff.
Geschichten 62, 126 ff., 260
Geschichten erfinden 235
Geschichten erzählen 136 ff.
Geschichten nachspielen 160, 222
Geschickte Füße 71, 148 ff.
Geschwister 48
Gesellschaftsspiele 119, 231 ff.
Gespräche 23 ff., 46, 58 ff., 130 ff., 258
Gestalten 224, 277 ff.
Gestalterische Spiele 341 ff.
Gestaltungsspiele 224
Gewebte Bilder 326
Gewinne 117, 217
Gipsguß 174
Gipsreliefs 172 ff.
Girlanden 329
Gitarre 36
Gläser 314
Glasgeräuschspiele 154
Glasröhrchen 292
Glockenspiel 36
Glöckchenbänder 34
Glückwunschkarten 108, 306
Gras 206
Greifen 46
Greifspielzeug 46
Grille 191
Grillrostharfe 76
Großwildjagdspiel 311
Gruppenspiele 85, 138 ff.
Gummitwist 247
Gummizither 77
„Guten Morgen, Herr Maier" 55
„Guten Morgen, ihr Beinchen" 56
„Guten Tag, Frau Montag" 126
„Guten Tag, was wünschen sie" 56

Hängetasche 209
Hänschen Piep 221
„Häschen in der Grube" 57, 250
Häuser aus Karton und Pappe 198
Häuser aus Papier 305
Häuser aus Ton 204
Hampelmänner-Film 286
Hampelmann 242, 317

Hamster 106, 302
Handpuppen 210
Handstand 242
Handtrommeln 77
Handtuchziehen 245
„Hans hackte hartes Holz" 135
Harfe 256
Haselnußaufstrich 298
Haushaltsspiele 50
Haustiere auf Zeit 191 ff.
„Heile, heile Kätzchen" 20
„Heile, heile Segen" 20
Heimkino 179 ff.
Heiß - kalt 60
Helm 193
„Henriette" 247
„Herr Schaffner" 56
Hexentreppen 108
Himmel und Hölle 195
Hindernisrennen 217
Hinkekasten 251
Hinterglasmalerei 270 ff.
„Hinterm Ofen sitzt 'ne Maus" 61
Hochsprung 247
Hören - Sehen - Vergleichen 158
Hören und Bewegen 83
Hören und Reagieren 83
Hör-Rätsel 152
Hörspiele 152, 159, 254
Hohlköpfe 202
Holz 112 ff., 213 ff., 315 ff.
Holzgeräusche 33, 75
Holzspan 320
„Hoppe, hoppe, Reiter" 20, 28 ff.
„Hopp, hopp, ho, Pferdchen frißt kein
   Stroh" 21
„Hopp, hopp, hopp, Pferdchen lauf
   Galopp" 21
Horchen 98
Horchen wie ein Luchs 79
Horchspiele 31 ff., 73, 151
Horchspiel für Indianer 253
Horchspiel vor dem Radio 79
Hühnchen 206
Hüpfen 142 ff.
Hüpfkarussell 247
Hüpfspiele 251
Hüte 119
Hunde 190, 302
Hundert Sätze 138
Hutsuche 119
Hutwettbewerb 217

„Ich bin der Dicke" 19
„Ich bin ein kleiner Pumpernickel" 80
„Ich bin ein Student" 248
„Ich und du, Müllers Kuh" 128
„Ich weiß ein Tier . . ." 62
Igel 192
„Ihr Täubchen" 81
In der Küche 298 ff.
Indianerausrüstung 325
Indianerschmuck 198
Indianerspiel 142
Instrumentalspiel 153
Instrumente, selbstgebaute 34 ff., 76 ff.,
   155 ff., 256 ff.
Instrumentenbauer 159
„Ist ein Mann ins Wasser gefallen" 20

Jägerball 250
Jagen und Fangen 164
„Jetzt steigt Hampelmann" 86
Joghurtbecher 199
Joghurtbecherklangspiel 76
Junger Spritzer ans Werk! 91

Kämpfen 148
Kaffeegeschirr für Puppenstube 207
Kaleidoskop 293
Karten belegen 230
Karten-Kino 284
Kartoffelmann 172
Kartoffeln 184
Kartoffelstempel 171
Karton 110, 122, 198 ff., 309 ff.
Karussellspiel 84
Kasperltheater, Kasperspiel 123, 131 ff.
Kastagnetten 35, 76
Kastanien 186, 206 ff.
Kastanienmännchen 206
Katzen 190, 302
Katze und Vogel 219
Katz und Maus 252
Kaufladenrequisiten 59
Kaufladenutensilien 204
Kaulquappen 191
Kegel 113
Kegeln 66, 255
Kerze 241
Kerze ausblasen 244
Kerzenflotte 330
Kerzenhalter aus Hexentreppen 108
Kerzen-Schaukel 296
Kerzenständer 113
Ketten 114, 207
Kind, Hund und Katze 51 ff.
Kinderbeet 189, 301
Kindergeschichten 61
Kissen 147
Kissenschlacht 147
Klanggeschichte 258
Klangmobile 256
Klangraum 256
Klangspiele 49
Klangtreppe 33
Klangtunnel 78
Klangwand 256
Klapperschlange 213
Klappmesser 242
Klavier 157
Kleben 170 ff., 273 ff.
Klecksografie 266 ff.
„Kleine Kinder können . . ." 135
Kleine Kunststücke 149 ff.
Kleisterzeichnung 268
„Kletterbüblein" 37
Klettern 68 ff.
Kletterpartien 27 ff.
Klingendes Innenleben 255
Kneten und Formen 94 ff.
Knetmassen 94, 203 ff.
Kniereiterverse 20 ff.
Knollen 184
Knopfbilder 211
Kochlöffeltheater 277
Körper 290 ff.
Körpergeräusche 254
Körperkontakt 262

Kofferpacken 232
Kommando Pimperle 220
„Kommt ein Mäuslein" 20
„Kommt ein Mann . . ." 20
Konfettibilder 170
Konzert 258
Kopf 290 ff.
Kopfball 146
Kopffüßler 88
Korken 199, 314
Krabbeln und Erforschen 26 ff.
Krabbeln ohne Gefahr 47 ff.
Krabbelverse 20
Krachpolonaise 218
Kräftemessen 244
Kränze 207
Kräuterbeet 189
Krankenfangerles 335
Krankenhausrequisiten 59
„Kreisel, kleiner Kreisel" 250
Kreiseln 145
Kreisspiele 162, 220 ff.
Kressebeet 189
Kressetopf 100
Kreuzspinne 192
Kriechen 70
Krikelkrakel 41 ff.
Krimskrams-Spiele 155
Kritzelbrief 43
Kröte 191
Krummer Schneider 243
Kuckuckseier 133
Küche 48 ff., 102 ff., 188, 298 ff.
Küchenrequisiten 59
Küchenwaage aus Papier 299
Küchenkiste 188
Kugelbahn 190
Kugelspiele 154
Kunststücke 149 ff.

Lampenspiel 24
Lampion aus Dose 212
Lampion aus Papiermaché 203
Landschaften aus Pappe 198
Laterne 310
„Laterne, Laterne" 226
Laternenumzug 226
Laufen 141 ff., 251 ff.
Laute hören 134
Laute und erste Wörter 18
Lautmalerei 18, 32
Lebendige Buchstaben 169
Leselernverse 134 ff.
Lesespiele 134
Leuchte 310
Libellenlarve 191
Liebes Tier, wie heiß ich denn? 221
Lieder 80 ff.
Lieder als Bewegungsspiele 85 ff.
Lieder als Rollen- und Bewegungsspiel 81
Liederbuch 81, 159 ff.
Liederraten 232, 260
Liederspiele 57 ff., 80 ff., 159 ff., 222
Linolschnitt 272
Lochkamera 179
Lügen-Wettbewerbe 235
Luftballon 65 ff., 146
Luftballonfiguren 202
Luft fangen 98

Luft und Wind 153
Lumpensack 133
Lustige Begebenheiten 231
Lustige Sätze 234 ff.
Lustige Verse 126 ff.

Männchen aus Holz 213
Magischer Arm 292
Magisches Pendel 294
Magnete 178 ff.
Magnettheater 178 ff.
Make-up für alte Schachteln 93
Malen 91 ff., 166 ff., 265 ff.
Mandoline 36
Marionetten 199
Masken aus Borke 214
Masken aus Kartons 199
Masken aus Papiermaché 312
Masken aus Papiertüten 109
Material-Bilder 276
Maus 302
Meerschweinchen 106
„Meine Mi, meine Ma . . ." 134
Meine Nachbarin ist krank 232
„Mein Häuschen . . ." 20
„Mein Hut der hat drei Löcher" 222
„Mein Pferdchen . . ." 157
Menschliche Verhaltensweisen 82
Metall 212
Metallfolie 173 ff.
Metallgeräusche 33, 75
Miniaturwüsten 300 ff.
Mini-Oper 260 ff.
Minispiele auf dem Schoß 48
Mit dem Ball 145 ff.
Mit dem Kissen 147
Mit Nadel und Faden 114, 324 ff.
Mit Seil oder Wäscheleine 142 ff., 246
Mit Stab oder Besenstiel 144 ff., 246 ff.
Modelliermassen 94, 112
Modellierton-Film 286 ff.
Modenschau 341
Möbelkletterei 68 ff.
Möbelpacker 70
Molche 192
Monotypie 271
Montieren 274 ff.
„Morgens früh um sechse" 126
Mosaik 205
Mütterchen, Jäger, Löwe 339
Museum 174 ff., 259
Musikalische Rollenspiele 160
Musikalisches Fingertheater 82
Musik, Bewegung, Tanz 39 ff.
Musik für musikalische Märchen 260
Musikinstrumente 35 ff., 78 ff., 155 ff., 257 ff.
Musikkapelle 159
Musikplatte 124
Musiktheater 82

Nachahmen 222 ff.
Nachahmlieder 57 ff.
Nachahmungsspiele 30
Nadelstichtechnik 174
Nagelbrett 317
Nagelschnur 76
Namen 21 ff.
Namensball 249
Namenspiel 134

Naturbeobachtungen 50 ff.
Neckball 249
Negativ-Schnitt 272

Obst- und Gemüsetheater 279
Öldrucke 294
Optische Spielchen 292 ff.
Ostereier 322
Ostereiermännchen 323

Paketspiel 149
Panflöte 256
Pantomimische Spiele 338 ff.
Pantomimisches Tanzspiel 161
Papier 107 ff., 193 ff., 304 ff.
Papierbälle 112
Papierbatik 168
Papierblumen 308
Papierflechten 197
Papiergeräusche 33, 75
Papierhut 108
Papierketten 108
Papier-Konzert 255
Papiermaché 111 ff., 201 ff., 312 ff.
Papiermenagerie 304
Papier-Mosaik 273
Papierperlen 197
Papierschiffchen schicken 103
Papierschablonen 268
Papierschlangen reißen 334
Papiersets 109
Pappe 110
Papprollenklangspiele 155
Passive Unterhaltung 122 ff., 224 ff.
Periskop 293
Perluntersetzer 324
Petersilienwurzel 184
Pfand einlösen 221, 337
Pfeil und Bogen 316
Pferdefuhrwerk 315 ff.
Pflanzen 300 ff.
Phantasiekonstruktionen 112
Pingpongball-Wettrennen 218
„Pinkepank" 20
Plätzchen aus Ton 94 ff.
Plastik-Geräuschspiele 153 ff.
Plastikschläuche 77
Platz suchen 217
Platz würfeln 332
Plumpsack 219, 251
Positiv-Schnitt 272
Postkarte zum Durchsteigen 304
Postrequisiten 59
Preisangeln 333
Preise 117, 217, 331
Programm 117, 216, 328
Propaganda 336
Psst! 31 ff.
Pulverfarben 92
Puppen 210, 313 ff.
Puppengarten 189
Puppenkleider 113, 210
Puppenmöbel 199
Puppenspiel 131 ff., 313 ff.
Puppenstubenutensilien 204
Puppenwagen 110
Pyramidenbaum 323

Radio 336
Radiospiel 130, 260
Rätsel 62, 128 ff.
Räuchermännchen 196
Rasseln 34, 203
Ratespiele 61, 91, 231
Ratschen 34
Raum- und Gruppenspiele 85
Raupen 192
Reaktionsspiele 40, 71 ff., 83 ff., 119, 161 ff.,
  262
Reiben 34
Reihenfiguren 195
Reime 19 ff., 55 ff., 128 ff.
Reinigungsfirma-Requisiten 59
Reise nach Jerusalem 119, 261
„Reit, Kindchen reit" 21
Relief 172 ff.
Relief-Postkarte 304
Rennautos 104
Rennmaus 106
Reporterspiel 253
Requisiten für das Rollenspiel 59
Rezepte – nicht zum Essen 299
Riechraten 99
Riesenschlange 235
Ring rollen 333
„Ri-ra-rutsch" 163
Rollen 145
Rollenspiele 59, 122, 130 ff., 160, 222 ff.
Roll- und Kullerspiele 49
Roß und Reiter 332
Rot-Grün 72
Rückenwiege 243
Rumbarasseln 155
„Rundadinella" 160

Sachkunde in der Küche 48 ff., 102 ff., 188
Sackhüpfen 218
Saiteninstrument 156
Salamander 192
Samenkörner 185
Sandbilder 170
Sandkasten 190
„Sascha" 260
Schachtelkonstruktionen 199, 309
Schachteln 93, 110, 198 ff., 309 ff.
Schattenraten 99
Schattenrisse 278 ff.
Schattenspiele 279 ff., 340
Schattenspiele zur Musik 82
Schauen 45 ff., 174 ff.
Schaukeln 28
Schaukelpferd 110, 149
Schaumspiele 98
Schellenbaum 156
Schellenkiste 77
Schellentambourin 156
Schiebkarre 243
Schiffchen aus Nußschalen 207
Schiffchen aus Papier 193
Schiffchen aus Styropor 111
Schildkröten 106
Schlaginstrumente 35
Schlangen 192
Schlangenbeschwörer 72
Schlangenkönig 143
Schleusentor 69
„Schluckauf und ich" 20

Schmeckraten 99
„Schmied, der will ein Pferd beschlagen"
  128
Schnaufen 244
Schneckeneier 191
Schneckenwohnung 301 ff.
Schneidersitz 243
Schreibspiele 232 ff.
Schreibtisch 177, 289
Schüttelringe 34
Schuhrennen 218
Schulrequisiten 59
Schwarze Kunst 121
Schwarzer Mann 251
Schwarz weiß … 146
Schwebespiel 180
Schwesterlein, wer klopft 121
Schwingen 143
Seehund 68
Seidenpapierbilder 170
Seifenblasen 295 ff.
Seil 142 ff., 246 ff.
Seilgreifen 245
Sellerie 184
Selbstgebaute Instrumente 34 ff., 76 ff.,
  155 ff., 256 ff.
Selbstgeklebte Bilderbücher 93
Selbstgemachtes Liederbuch 81, 159 ff.
Selbstklebende Folien 110
Seltsame Namen 134
Senfsamen 100
Serviettenring 324
Sets 108, 209
Silben-Klatschen 136
Silbenrätsel 233
Singspiele 38, 40, 82, 159 ff., 250 ff.
Singvögel 192
Sketche 339
Sommer 46, 103 ff., 189 ff.
Span 320
Sparschwein 312
Spaß-Lieder 81
Spiegelspiel 164
Spiegelzeichnen 292
Spiel am Schlagwerk 258
Spiel auf Musikinstrumenten 35 ff., 78 ff., 157 ff.
Spielbewegungen 79, 158
Spiel der Spiele 239 ff.
Spiele am Bach 103 ff.
Spiele am Tisch oder in der Runde 119 ff.
Spiele im Dunkeln oder im Dämmern 99
Spiele im Wald 104
Spiele mit Sätzen, Wörtern und Bildern 132 ff.
Spielereien mit Magneten, Licht und Farbe
  178 ff.
Spiele um den Tisch und im Kreis 220 ff.,
  336 ff.
Spiel mit den Instrumenten der
  Erwachsenen 35 ff., 78 ff., 157 ff., 257 ff.
Spielevorbereitung 117
Spielkiste 69
Spiellieder 57 ff., 80 ff., 159 ff., 222
Spiel mit Atem, Lied und Stimme 259 ff.
Spiel mit der eigenen Stimme 159
Spiel mit der Zymbel 78 ff.
Spiel mit einem Tuch 262
Spiel mit Sprache und Stimme 259
Spielsachenkiste 97
Spielsteine 204

357

Spielszenen 84
Spielzeug 49 ff., 101, 118
Spielzeug aus Korken 314
Spielzeugeimer 110
Sprache, Lied, Musiktheater 36 ff.
Sprachspiele 36 ff., 80 ff.
Sprechplatte 124
Sprechspiele 159 ff.
Springen 142 ff.
Spritztechnik 268
Stab 144 ff., 246
Stadt – Land … 233
Standlinienbild 89
Stegreifspiele 236 ff.
Stehaufmännchen 203, 242
Steinchenwettspiel 245
Steine 172, 205
Steingeräusche 34
Stelzen aus Blechdosen 212
Sterne 196, 212, 320 ff.
Stickbilder 114, 211
Stock suchen 219
Stoff 113 ff., 324 ff.
Stoff-Applikation 273 ff., 324 ff.
Stoffgeräusche 75
Strampeln 46
Strampelspielzeug 46
Streichholzschachteln (s. a. Schachteln) 211, 309
Streichholzschachtel-Staffel 221
Strickliesel 209, 213
Stroh 206, 320 ff.
Strohsterne 320
Stühle beschuhen 333
Styropor 111, 200
Styropormobile 200
Suchspiele 61, 258
Suchspiele auf Instrumenten 158

Tätigkeitswörter 23
Täubchenspiel 119 ff.
Tafelkreide 166 ff.
Tanzen 261
Tanzspiele 39, 83 ff., 161 ff.
Taschentuchmaus 55
Tauziehen 143
„Teddybär" 247
Teddy ist krank 24
Teekessel 229
Telefongespräche 153 ff.
Telefonieren 23
Telefonspiel 130
Telegramme 233
Textilarbeiten 208 ff., 324 ff.
Theaterrequisiten 59
Theaterspielen 124
Tier-ABC 230
Tiere 106, 190 ff., 301 ff.
Tiere aus Hohlkörpern 202 ff.
Tiere aus Holz 213
Tiere aus Papiermaché 112, 201 ff.
Tiere aus Stroh 206
Tiere beobachten 103
Tierstimmen 332
Tiger-Jagd 230
Tischkärtchen 108
Tombola 225
Ton 94 ff., 112, 203 ff., 312
Tonband 32, 255

Tonperlen 204
Topf schlagen 219
Trickfilm 285 ff.
Trickfilmvorschläge 285
Trinkbecher und -gläser 110, 217
Trinken 117 ff., 217, 331
Trommeln 34
Trommelspiele 153, 254
Tropfenspiele 255
Türme aus Papier 275
Tüte für den Schulanfang 171
Turnspiele 63 ff.

Überraschungsschublade 97
Unsinnverse 127
Unwahrscheinliche Gleichgewichte 296 ff.

Vasen-Experiment 186
Verkleiden 122, 222 ff.
Verkleidungskiste 223
Verse 19 ff., 55 ff., 80 ff., 126 ff.
Versenken 337
Versteinert 261
Vers wird zum Lied 260
„Vöglein und Jäger" 162
Vogelfutter 185
Vogelhäuschen 316
„Vorigen Handschuh verlor ich …" 127
Vorlesen 124
Vorspielen 277 ff., 338 ff.
Vorstich 210

Wachskreiden 167
Wachsmalerei 269
Wackelball 66
Wärmeschlange 290
Wäscheleine 142 ff.
Wald 104
Wandbehang 210
Wandbilder 325
Wandern 104
Wandernde Glocke 221
Wanderstab 316
Wandteppich 325
Warte-Sätze 62
Wartespiele 60 ff.
Warum-Spiel 133
Was hat sich verändert? 335
„Was macht meine kleine Geige" 79
Was passiert dann? 62
Wasserfester Trinkbecher 195
Wasser-Glas-Spiele 74
Wasserrad 104
Wasserspiele 30, 49, 74, 98 ff., 180 ff.
Wasser tragen 218
Wasser und Stimme 254
Was steht in der Zeitung? 231
Watte pusten 221
Webrahmen 208
Wecker suchen 120
Weder Ja noch Nein 232
Weidenflöten 156, 315
Weidenzweige 186
Weihnachtsschmuck 204
Weihnachtsstern 196
Weinbergschnecke 191
Wellensittich 190
Wellpappe 198, 309 ff.
Werfen 65 ff., 146

Wer hat den Schuh? 140
„Wer hat die schönsten Schäfchen" 38
Wer hat eine ruhige Hand? 291
Wer ist geschickt? 246
Wer ist stark? 246
Wer kommt in meine Arme? 28
Wer pfeift zuerst 337
Wettlauf mit Verkleiden 334
Wettpuzzlen 332
Wettrennen auf Kinderbeeten 301
Wettspiele 218 ff., 245, 333 ff.
Wickelspiele 25 ff., 118
Wie schleicht die Katze? 90
Wie spät ist es, Wolf? 252
Wind 153
Windpfeil 194
Windrad 289
Winter 46, 105, 190
„Wir geben einen Ball" 126
Wir schneiden uns selber aus 342
Wörter beenden 232
Wörterbuch 136
Wörter-Tip 137
Wo ist dein Bauch? 72
Wo ist's? 120
„Wollt ihr wissen?" 58
Wortgeschichten 61
Wortketten 230
Wortspiele 229 ff.
Wühlspiele 50
Wurzelgemüse-Garten 185
Wurzeln 184
Wurzelwesen 214

Xylophon 36, 256

Ytong 314

Zauberblume 295
Zauberei mit Flüssigkeiten 294 ff.
Zauberkunststücke 340
Zaubermedium 121
Zaubermusik 79
„Zehn kleine Zappelmänner" 35
Zeichensprache 335
Zeichnen 88 ff., 166 ff., 265 ff.
Zeitungen ordnen 334
Ziehharmonika-Monster 267
Zielwurf 66
Zigarrenkisten 213
Zimbeln 78
Zirkusspiel 63 ff., 161
Zither 36
Zitronenkerne 185
Zoobewohner nachahmen 65
Zootrop 179
Zubettgeh-Spiel 61
Zuhören und Zuschauen 60
Zungenbrecher 134 ff.
Zupfholz 76
Zupf-Igel 156
Zupfinstrument 258
Zupfschachtel 34
Zu verkaufen 235
Zweifarbige Blüte 300
Zwiebeln 184
Zwiegespräche 236 ff.
Zwirbelkino 284
„Zwischen zwei Zwetschgenzweigen" 135

Ravensburger®

Weitere Bücher mit kreativen Anregungen für Kinder, Eltern und Erzieher.

Ute & Tilman Michalski
Werkbuch Papier
Das große Standardwerk zum Thema Basteln und Werken mit Papier, mit altbewährten und neuen Werktechniken, mit Papiersorten aller Art und vielen originellen Bastelideen.
ISBN 3-473-**41073**-X

Almuth und Manfred Bartl
Kinderspiele – Kinderpartys
Das neue Spielbuch für Kinder, randvoll mit tollen Spielideen, witzig und voller Spannung, Spiele für drinnen und draußen und viele Tips für die Kinderparty.
ISBN 3-473-**37459**-8

Barbara Cratzius/
Gisela Könemund
**Theaterstücke
zur Weihnachtszeit**
Ein Ratgeber für alle, die zur Weihnachtszeit ein Theaterstück mit Kindern aufführen wollen. Mit Tips für Kostüme, Kulissen, Beleuchtung und Musik.
ISBN 3-473-**41075**-6

Susanne Stöcklin-Meier
**Eins, zwei, drei –
ritsche, ratsche, rei**
Lustige Kinderverse zum Necken, Tanzen, Klatschen, Hüpfen, Spielen und Singen.
ISBN 3-473-**41070**-5

Sabine Lohf
Mein Kindergartenjahr
Eine Fülle von Anregungen und Spielideen für ein buntes Kindergartenjahr. Spielen, malen, basteln, singen: Für jeden Monat gibt es ein großes Angebot an neuen erprobten Ideen.
ISBN 3-473-**41086**-1